目 录

一、法律法规及规范性文件

二、标准

(一)检验标准

(二)相关标准

机动车安全技术检验机构资格管理培训教材

（下篇）

机动车安全技术检验机构资格管理法规汇编

国家质量监督检验检疫总局产品质量监督司　编著

中国质检出版社
中国标准出版社

北京

图书在版编目(CIP)数据

机动车安全技术检验机构资格管理培训教材.下篇,机动车安全技术检验机构资格管理法规汇编/国家质量监督检验检疫总局产品质量监督司编著.—北京:中国标准出版社,2012.11
ISBN 978-7-5066-7027-2

Ⅰ.①机… Ⅱ.①国… Ⅲ.①机构车-安全检查-检测机构-资格认证-教材②机动车-安全检查-检测机构-资格认证-法规-汇编-中国 Ⅳ.①U467.1

中国版本图书馆 CIP 数据核字(2012)第 237018 号

中国质检出版社
中国标准出版社 出版发行
北京市朝阳区和平里西街甲 2 号(100013)
北京市西城区三里河北街 16 号(100045)
网址:www.spc.net.cn
总编室:(010)64275323 发行中心:(010)51780235
读者服务部:(010)68523946
中国标准出版社秦皇岛印刷厂印刷
各地新华书店经销
*
开本 880×1230 1/16 印张 26 字数 795 千字
2012 年 11 月第一版 2012 年 11 月第一次印刷
*
定价 100.00 元

编　委　会

前　　言

2003年10月28日，全国人大十届常委会第五次会议审议通过了《中华人民共和国道路交通安全法》(以下简称《道路交通安全法》)，自2004年5月1日起正式实施。2004年4月28日国务院第49次常务会议通过了《中华人民共和国道路交通安全法实施条例》(以下简称《实施条例》)，自2005年5月1日起实行。《道路交通安全法》及其《实施条例》是关系我国经济社会发展和人民群众生产生活的一件大事，确立了机动车安全技术检验机构(以下简称"安检机构")管理的新模式。主要体现在三个方面：一是建立安检机构资格管理的新制度。《道路交通安全法》第十三条规定"对机动车安全技术检验实行社会化"，《实施条例》第十五条规定："质量技术监督部门负责对机动车安全技术检验机构实行资格管理和计量认证管理，对机动车安全技术检验设备进行检定，对执行国家机动车安全技术检验标准的情况进行监督。"这一规定彻底改变了多年来安检机构由政府设置、政府组织、政府管理的模式。二是满足社会主义市场经济发展的需要，安检机构社会化是社会主义市场经济发展的必然要求，打破了行业垄断，带来了市场竞争，有利于安检机构的健康发展，有利于满足广大人民群众和社会的需求。三是代表行政体制改革的方向。十一届三中全会以来，我国进行了一系列行政体制改革，在转变政府职能的前提下，积极利用社会资源，实现由社会出资、社会兴办，政府监管的新模式，有利于利用社会资源，调动了社会资源从事机动车安全技术检验的积极性。同时，社会化并不意味着政府放弃监管，行政管理部门通过资格许可和后续监督，有利于提高安检机构的检验能力和水平，规范日常检验行为，促进安检机构牢牢坚持科学、公正、廉洁、高效的工作原则，推动机动车安全技术检验事业的健康发展。

为了认真贯彻实施《道路交通安全法》及其《实施条例》，国家质检总局、公安部、国家认监委于2005年联合印发了《关于加强机动车安全技术检验机构管理有关工作的通知》，国家质检总局、国家认监委联合印发了《关于做好机动车安全技术检验机构监督管理接收工作的通知》。随后，国家质检总局按照突出重点、完善制度、细化程序、便于操作的思路和原则，相继发布了《机动车安全技术检验机构资格管理规定》(国家质检总局87号令)等一系列配套规章和规范性文件，进一步明确了各级质量技术监督部门的职责分工，建立健全了资格许可办理程序、现场审查技术条件、资格许可现场审查人员管理、许可证书和印章管理、日常监督管理等相关工作制度。2009年，在各级质量技术监督部门的实践基础上，国家质检总局对安检机构资格管理的规章制度进行了梳理，修订了《机动车安全技术检验机构资格管理规定》(国家质检总局87号令)，发布了

《机动车安全技术检验机构监督管理办法》(国家质检总局121号令),进一步完善了安检机构资格管理制度。

安检机构资格管理人员、现场审查人员、日常监管人员、安检机构管理人员和技术人员具体承担安检机构资格管理工作,其业务知识、技术水平直接决定了这项资格许可工作的公正性、科学性和有效性。为了适应当前安检机构资格管理工作面临的新形势和新要求,认真贯彻实施《道路交通安全法》、《实施条例》和《机动车安全技术检验机构监督管理办法》等法律法规和规章制度,做好安检机构资格管理工作,实现培训管理人员依法履行职责,检验人员按标准开展检验的目的,国家质检总局产品质量监督司组织编写了《机动车安全技术检验机构资格管理培训教材》。这本教材体现了目前安检机构资格管理工作的指导思想和工作原则,系统介绍了安检机构资格管理工作的有关规定和要求,内容全面、系统、实用,是承担安检机构资格管理工作和机动车安全技术检验工作人员提高业务水平的必备教材。

本教材分为《机动车安全技术检验机构资格管理》《机动车安全技术检验知识》《机动车安全技术检验机构资格管理法规汇编》三篇。《机动车安全技术检验机构资格管理》共四章,内容包括:基础知识、机动车安全技术检验机构建设的要求、机动车安全技术检验机构监督管理、审查员的管理和现场核查实施指南。《机动车安全技术检验知识》共四章,内容包括:机动车安全技术检验基础、机动车安全技术检验检测设备、计算机联网检测系统、机动车安全技术检验项目和方法。《机动车安全技术检验机构资格管理法规汇编》汇集了我国现行的机动车安检机构资格管理的法律法规、规章制度、规范性文件、技术标准等内容。

本书在编写过程中得到了中国农业机械化科学研究院、中国机动车辆安全鉴定检测中心、中国质检出版社以及安徽省、广西壮族自治区、云南省、湖北省、河南省、福建省、青海省等质量技术监督局,清华大学、吉林大学、西安职业交通技术学院、扬州职业技术学院、山东省临沂市机动车安全检测站、北京汽车检修有限公司、石家庄华燕交通科技有限公司、深圳市安车检测技术有限公司等单位的大力支持和帮助,在此一并致谢。

由于水平有限,本书难免有些不当之处。希望广大读者批评指正,以便再版和修订时使之更加完善。

编　者

2012年10月29日

一、法律法规及规范性文件

中华人民共和国道路交通安全法

第一章 总 则

第一条 为了维护道路交通秩序，预防和减少交通事故，保护人身安全，保护公民、法人和其他组织的财产安全及其他合法权益，提高通行效率，制定本法。

第二条 中华人民共和国境内的车辆驾驶人、行人、乘车人以及与道路交通活动有关的单位和个人，都应当遵守本法。

第三条 道路交通安全工作，应当遵循依法管理、方便群众的原则，保障道路交通有序、安全、畅通。

第四条 各级人民政府应当保障道路交通安全管理工作与经济建设和社会发展相适应。

县级以上地方各级人民政府应当适应道路交通发展的需要，依据道路交通安全法律、法规和国家有关政策，制定道路交通安全管理规划，并组织实施。

第五条 国务院公安部门负责全国道路交通安全管理工作。县级以上地方各级人民政府公安机关交通管理部门负责本行政区域内的道路交通安全管理工作。

县级以上各级人民政府交通、建设管理部门依据各自职责，负责有关的道路交通工作。

第六条 各级人民政府应当经常进行道路交通安全教育，提高公民的道路交通安全意识。

公安机关交通管理部门及其交通警察执行职务时，应当加强道路交通安全法律、法规的宣传，并模范遵守道路交通安全法律、法规。

机关、部队、企业事业单位、社会团体以及其他组织，应当对本单位的人员进行道路交通安全教育。

教育行政部门、学校应当将道路交通安全教育纳入法制教育的内容。

新闻、出版、广播、电视等有关单位，有进行道路交通安全教育的义务。

第七条 对道路交通安全管理工作，应当加强科学研究，推广、使用先进的管理方法、技术、设备。

第二章 车辆和驾驶人

第一节 机动车、非机动车

第八条 国家对机动车实行登记制度。机动车经公安机关交通管理部门登记后，方可上道路行驶。尚未登记的机动车，需要临时上道路行驶的，应当取得临时通行牌证。

第九条 申请机动车登记，应当提交以下证明、凭证：

（一）机动车所有人的身份证明；

（二）机动车来历证明；

（三）机动车整车出厂合格证明或者进口机动车进口凭证；

（四）车辆购置税的完税证明或者免税凭证；

（五）法律、行政法规规定应当在机动车登记时提交的其他证明、凭证。

公安机关交通管理部门应当自受理申请之日起五个工作日内完成机动车登记审查工作，对符合前款规定条件的，应当发放机动车登记证书、号牌和行驶证；对不符合前款规定条件的，应当向申请人说明不予登记的理由。

公安机关交通管理部门以外的任何单位或者个人不得发放机动车号牌或者要求机动车悬挂其他号牌，本法另有规定的除外。

机动车登记证书、号牌、行驶证的式样由国务院公安部门规定并监制。

第十条 准予登记的机动车应当符合机动车国家安全技术标准。申请机动车登记时，应当接受对该机动车的安全技术检验。但是，经国家机动车产品主管部门依据机动车国家安全技术标准认定的企业生产的机动车型，该车型的新车在出厂时经检验符合机动车国家安全技术标准，获得检验合格证的，免予安全技术检验。

第十一条 驾驶机动车上道路行驶，应当悬挂机动车号牌，放置检验合格标志、保险标志，并随车携带机动车行驶证。

机动车号牌应当按照规定悬挂并保持清晰、完整，不得故意遮挡、污损。

任何单位和个人不得收缴、扣留机动车号牌。

第十二条 有下列情形之一的，应当办理相应的登记：

（一）机动车所有权发生转移的；

（二）机动车登记内容变更的；

（三）机动车用作抵押的；

（四）机动车报废的。

第十三条 对登记后上道路行驶的机动车，应当依照法律、行政法规的规定，根据车辆用途、载客载货数量、使用年限等不同情况，定期进行安全技术检验。对提供机动车行驶证和机动车第三者责任强制保险单的，机动车安全技术检验机构应当予以检验，任何单位不得附加其他条件。对符合机动车国家安全技术标准的，公安机关交通管理部门应当发给检验合格标志。

对机动车的安全技术检验实行社会化。具体办法由国务院规定。

机动车安全技术检验实行社会化的地方，任何单位不得要求机动车到指定的场所进行检验。

公安机关交通管理部门、机动车安全技术检验机构不得要求机动车到指定的场所进行维修、保养。

机动车安全技术检验机构对机动车检验收取费用，应当严格执行国务院价格主管部门核定的收费标准。

第十四条 国家实行机动车强制报废制度，根据机动车的安全技术状况和不同用途，规定不同的报废标准。

应当报废的机动车必须及时办理注销登记。

达到报废标准的机动车不得上道路行驶。报废的大型客、货车及其他营运车辆应当在公安机关交通管理部门的监督下解体。

第十五条 警车、消防车、救护车、工程救险车应当按照规定喷涂标志图案，安装警报器、标志灯具。其他机动车不得喷涂、安装、使用上述车辆专用的或者与其相类似的标志图案、警报器或者标志灯具。

警车、消防车、救护车、工程救险车应当严格按照规定的用途和条件使用。

公路监督检查的专用车辆，应当依照公路法的规定，设置统一的标志和示警灯。

第十六条　任何单位或者个人不得有下列行为：

（一）拼装机动车或者擅自改变机动车已登记的结构、构造或者特征；

（二）改变机动车型号、发动机号、车架号或者车辆识别代号；

（三）伪造、变造或者使用伪造、变造的机动车登记证书、号牌、行驶证、检验合格标志、保险标志；

（四）使用其他机动车的登记证书、号牌、行驶证、检验合格标志、保险标志。

第十七条　国家实行机动车第三者责任强制保险制度，设立道路交通事故社会救助基金。具体办法由国务院规定。

第十八条　依法应当登记的非机动车，经公安机关交通管理部门登记后，方可上道路行驶。

依法应当登记的非机动车的种类，由省、自治区、直辖市人民政府根据当地实际情况规定。

非机动车的外形尺寸、质量、制动器、车铃和夜间反光装置，应当符合非机动车安全技术标准。

第二节　机动车驾驶人

第十九条　驾驶机动车，应当依法取得机动车驾驶证。

申请机动车驾驶证，应当符合国务院公安部门规定的驾驶许可条件；经考试合格后，由公安机关交通管理部门发给相应类别的机动车驾驶证。

持有境外机动车驾驶证的人，符合国务院公安部门规定的驾驶许可条件，经公安机关交通管理部门考核合格的，可以发给中国的机动车驾驶证。

驾驶人应当按照驾驶证载明的准驾车型驾驶机动车；驾驶机动车时，应当随身携带机动车驾驶证。

公安机关交通管理部门以外的任何单位或者个人，不得收缴、扣留机动车驾驶证。

第二十条　机动车的驾驶培训实行社会化，由交通主管部门对驾驶培训学校、驾驶培训班实行资格管理，其中专门的拖拉机驾驶培训学校、驾驶培训班由农业（农业机械）主管部门实行资格管理。

驾驶培训学校、驾驶培训班应当严格按照国家有关规定，对学员进行道路交通安全法律、法规、驾驶技能的培训，确保培训质量。

任何国家机关以及驾驶培训和考试主管部门不得举办或者参与举办驾驶培训学校、驾驶培训班。

第二十一条　驾驶人驾驶机动车上道路行驶前，应当对机动车的安全技术性能进行认真检查；不得驾驶安全设施不全或者机件不符合技术标准等具有安全隐患的机动车。

第二十二条　机动车驾驶人应当遵守道路交通安全法律、法规的规定，按照操作规范安全驾驶、文明驾驶。

饮酒、服用国家管制的精神药品或者麻醉药品，或者患有妨碍安全驾驶机动车的疾病，或者过度疲劳影响安全驾驶的，不得驾驶机动车。

任何人不得强迫、指使、纵容驾驶人违反道路交通安全法律、法规和机动车安全驾驶要求驾驶机动车。

第二十三条 公安机关交通管理部门依照法律、行政法规的规定，定期对机动车驾驶证实施审验。

第二十四条 公安机关交通管理部门对机动车驾驶人违反道路交通安全法律、法规的行为，除依法给予行政处罚外，实行累积记分制度。公安机关交通管理部门对累积记分达到规定分值的机动车驾驶人，扣留机动车驾驶证，对其进行道路交通安全法律、法规教育，重新考试；考试合格的，发还其机动车驾驶证。

对遵守道路交通安全法律、法规，在一年内无累积记分的机动车驾驶人，可以延长机动车驾驶证的审验期。具体办法由国务院公安部门规定。

第三章 道路通行条件

第二十五条 全国实行统一的道路交通信号。

交通信号包括交通信号灯、交通标志、交通标线和交通警察的指挥。

交通信号灯、交通标志、交通标线的设置应当符合道路交通安全、畅通的要求和国家标准，并保持清晰、醒目、准确、完好。

根据通行需要，应当及时增设、调换、更新道路交通信号。增设、调换、更新限制性的道路交通信号，应当提前向社会公告，广泛进行宣传。

第二十六条 交通信号灯由红灯、绿灯、黄灯组成。红灯表示禁止通行，绿灯表示准许通行，黄灯表示警示。

第二十七条 铁路与道路平面交叉的道口，应当设置警示灯、警示标志或者安全防护设施。无人看守的铁路道口，应当在距道口一定距离处设置警示标志。

第二十八条 任何单位和个人不得擅自设置、移动、占用、损毁交通信号灯、交通标志、交通标线。

道路两侧及隔离带上种植的树木或者其他植物，设置的广告牌、管线等，应当与交通设施保持必要的距离，不得遮挡路灯、交通信号灯、交通标志，不得妨碍安全视距，不得影响通行。

第二十九条 道路、停车场和道路配套设施的规划、设计、建设，应当符合道路交通安全、畅通的要求，并根据交通需求及时调整。

公安机关交通管理部门发现已经投入使用的道路存在交通事故频发路段，或者停车场、道路配套设施存在交通安全严重隐患的，应当及时向当地人民政府报告，并提出防范交通事故、消除隐患的建议，当地人民政府应当及时作出处理决定。

第三十条 道路出现坍塌、坑漕、水毁、隆起等损毁或者交通信号灯、交通标志、交通标线等交通设施损毁、灭失的，道路、交通设施的养护部门或者管理部门应当设置警示标志并及时修复。

公安机关交通管理部门发现前款情形，危及交通安全，尚未设置警示标志的，应当及时采取安全措施，疏导交通，并通知道路、交通设施的养护部门或者管理部门。

第三十一条 未经许可，任何单位和个人不得占用道路从事非交通活动。

第三十二条 因工程建设需要占用、挖掘道路，或者跨越、穿越道路架设、增设管线设施，应当事先征得道路主管部门的同意；影响交通安全的，还应当征得公安机关交通管理部门的同意。

施工作业单位应当在经批准的路段和时间内施工作业，并在距离施工作业地点来车方向安全距离处设置明显的安全警示标志，采取防护措施；施工作业完毕，应当迅速清除道路上的障碍物，消除安全隐患，经道路主管部门和公安机关交通管理部门验收合格，符合通行要求后，方可恢复通行。

对未中断交通的施工作业道路，公安机关交通管理部门应当加强交通安全监督检查，维护道路交通秩序。

第三十三条 新建、改建、扩建的公共建筑、商业街区、居住区、大（中）型建筑等，应当配建、增建停车场；停车泊位不足的，应当及时改建或者扩建；投入使用的停车场不得擅自停止使用或者改作他用。

在城市道路范围内，在不影响行人、车辆通行的情况下，政府有关部门可以施划停车泊位。

第三十四条 学校、幼儿园、医院、养老院门前的道路没有行人过街设施的，应当施划人行横道线，设置提示标志。

城市主要道路的人行道，应当按照规划设置盲道。盲道的设置应当符合国家标准。

第四章　道路通行规定

第一节　一般规定

第三十五条 机动车、非机动车实行右侧通行。

第三十六条 根据道路条件和通行需要，道路划分为机动车道、非机动车道和人行道的，机动车、非机动车、行人实行分道通行。没有划分机动车道、非机动车道和人行道的，机动车在道路中间通行，非机动车和行人在道路两侧通行。

第三十七条 道路划设专用车道的，在专用车道内，只准许规定的车辆通行，其他车辆不得进入专用车道内行驶。

第三十八条 车辆、行人应当按照交通信号通行；遇有交通警察现场指挥时，应当按照交通警察的指挥通行；在没有交通信号的道路上，应当在确保安全、畅通的原则下通行。

第三十九条 公安机关交通管理部门根据道路和交通流量的具体情况，可以对机动车、非机动车、行人采取疏导、限制通行、禁止通行等措施。遇有大型群众性活动、大范围施工等情况，需要采取限制交通的措施，或者作出与公众的道路交通活动直接有关的决定，应当提前向社会公告。

第四十条 遇有自然灾害、恶劣气象条件或者重大交通事故等严重影响交通安全的情形，采取其他措施难以保证交通安全时，公安机关交通管理部门可以实行交通管制。

第四十一条 有关道路通行的其他具体规定，由国务院规定。

第二节　机动车通行规定

第四十二条　机动车上道路行驶，不得超过限速标志标明的最高时速。在没有限速标志的路段，应当保持安全车速。

夜间行驶或者在容易发生危险的路段行驶，以及遇有沙尘、冰雹、雨、雪、雾、结冰等气象条件时，应当降低行驶速度。

第四十三条　同车道行驶的机动车，后车应当与前车保持足以采取紧急制动措施的安全距离。有下列情形之一的，不得超车：

（一）前车正在左转弯、掉头、超车的；

（二）与对面来车有会车可能的；

（三）前车为执行紧急任务的警车、消防车、救护车、工程救险车的；

（四）行经铁路道口、交叉路口、窄桥、弯道、陡坡、隧道、人行横道、市区交通流量大的路段等没有超车条件的。

第四十四条　机动车通过交叉路口，应当按照交通信号灯、交通标志、交通标线或者交通警察的指挥通过；通过没有交通信号灯、交通标志、交通标线或者交通警察指挥的交叉路口时，应当减速慢行，并让行人和优先通行的车辆先行。

第四十五条　机动车遇有前方车辆停车排队等候或者缓慢行驶时，不得借道超车或者占用对面车道，不得穿插等候的车辆。

在车道减少的路段、路口，或者在没有交通信号灯、交通标志、交通标线或者交通警察指挥的交叉路口遇到停车排队等候或者缓慢行驶时，机动车应当依次交替通行。

第四十六条　机动车通过铁路道口时，应当按照交通信号或者管理人员的指挥通行；没有交通信号或者管理人员的，应当减速或者停车，在确认安全后通过。

第四十七条　机动车行经人行横道时，应当减速行驶；遇行人正在通过人行横道，应当停车让行。

机动车行经没有交通信号的道路时，遇行人横过道路，应当避让。

第四十八条　机动车载物应当符合核定的载质量，严禁超载；载物的长、宽、高不得违反装载要求，不得遗洒、飘散载运物。

机动车运载超限的不可解体的物品，影响交通安全的，应当按照公安机关交通管理部门指定的时间、路线、速度行驶，悬挂明显标志。在公路上运载超限的不可解体的物品，并应当依照公路法的规定执行。

机动车载运爆炸物品、易燃易爆化学物品以及剧毒、放射性等危险物品，应当经公安机关批准后，按指定的时间、路线、速度行驶，悬挂警示标志并采取必要的安全措施。

第四十九条　机动车载人不得超过核定的人数，客运机动车不得违反规定载货。

第五十条　禁止货运机动车载客。

货运机动车需要附载作业人员的，应当设置保护作业人员的安全措施。

第五十一条　机动车行驶时，驾驶人、乘坐人员应当按规定使用安全带，摩托车驾驶人及乘坐人员应当按规定戴安全头盔。

第五十二条 机动车在道路上发生故障，需要停车排除故障时，驾驶人应当立即开启危险报警闪光灯，将机动车移至不妨碍交通的地方停放；难以移动的，应当持续开启危险报警闪光灯，并在来车方向设置警告标志等措施扩大示警距离，必要时迅速报警。

第五十三条 警车、消防车、救护车、工程救险车执行紧急任务时，可以使用警报器、标志灯具；在确保安全的前提下，不受行驶路线、行驶方向、行驶速度和信号灯的限制，其他车辆和行人应当让行。

警车、消防车、救护车、工程救险车非执行紧急任务时，不得使用警报器、标志灯具，不享有前款规定的道路优先通行权。

第五十四条 道路养护车辆、工程作业车进行作业时，在不影响过往车辆通行的前提下，其行驶路线和方向不受交通标志、标线限制，过往车辆和人员应当注意避让。

洒水车、清扫车等机动车应当按照安全作业标准作业；在不影响其他车辆通行的情况下，可以不受车辆分道行驶的限制，但是不得逆向行驶。

第五十五条 高速公路、大中城市中心城区内的道路，禁止拖拉机通行。其他禁止拖拉机通行的道路，由省、自治区、直辖市人民政府根据当地实际情况规定。

在允许拖拉机通行的道路上，拖拉机可以从事货运，但是不得用于载人。

第五十六条 机动车应当在规定地点停放。禁止在人行道上停放机动车；但是，依照本法第三十三条规定施划的停车泊位除外。

在道路上临时停车的，不得妨碍其他车辆和行人通行。

第三节　非机动车通行规定

第五十七条 驾驶非机动车在道路上行驶应当遵守有关交通安全的规定。非机动车应当在非机动车道内行驶；在没有非机动车道的道路上，应当靠车行道的右侧行驶。

第五十八条 残疾人机动轮椅车、电动自行车在非机动车道内行驶时，最高时速不得超过十五公里。

第五十九条 非机动车应当在规定地点停放。未设停放地点的，非机动车停放不得妨碍其他车辆和行人通行。

第六十条 驾驭畜力车，应当使用驯服的牲畜；驾驭畜力车横过道路时，驾驭人应当下车牵引牲畜；驾驭人离开车辆时，应当拴系牲畜。

第四节　行人和乘车人通行规定

第六十一条 行人应当在人行道内行走，没有人行道的靠路边行走。

第六十二条 行人通过路口或者横过道路，应当走人行横道或者过街设施；通过有交通信号灯的人行横道，应当按照交通信号灯指示通行；通过没有交通信号灯、人行横道的路口，或者在没有过街设施的路段横过道路，应当在确认安全后通过。

第六十三条 行人不得跨越、倚坐道路隔离设施，不得扒车、强行拦车或者实施妨碍道路交通安全的其他行为。

第六十四条 学龄前儿童以及不能辨认或者不能控制自己行为的精神疾病患者、智力障碍者在道路上通行，应当由其监护人、监护人委托的人或者对其负有管理、保护职责的人带领。

盲人在道路上通行，应当使用盲杖或者采取其他导盲手段，车辆应当避让盲人。

第六十五条 行人通过铁路道口时，应当按照交通信号或者管理人员的指挥通行；没有交通信号和管理人员的，应当在确认无火车驶临后，迅速通过。

第六十六条 乘车人不得携带易燃易爆等危险物品，不得向车外抛洒物品，不得有影响驾驶人安全驾驶的行为。

第五节 高速公路的特别规定

第六十七条 行人、非机动车、拖拉机、轮式专用机械车、铰接式客车、全挂拖斗车以及其他设计最高时速低于七十公里的机动车，不得进入高速公路。高速公路限速标志标明的最高时速不得超过一百二十公里。

第六十八条 机动车在高速公路上发生故障时，应当依照本法第五十二条的有关规定办理；但是，警告标志应当设置在故障车来车方向一百五十米以外，车上人员应当迅速转移到右侧路肩上或者应急车道内，并且迅速报警。

机动车在高速公路上发生故障或者交通事故，无法正常行驶的，应当由救援车、清障车拖曳、牵引。

第六十九条 任何单位、个人不得在高速公路上拦截检查行驶的车辆，公安机关的人民警察依法执行紧急公务除外。

第五章 交通事故处理

第七十条 在道路上发生交通事故，车辆驾驶人应当立即停车，保护现场；造成人身伤亡的，车辆驾驶人应当立即抢救受伤人员，并迅速报告执勤的交通警察或者公安机关交通管理部门。因抢救受伤人员变动现场的，应当标明位置。乘车人、过往车辆驾驶人、过往行人应当予以协助。

在道路上发生交通事故，未造成人身伤亡，当事人对事实及成因无争议的，可以即行撤离现场，恢复交通，自行协商处理损害赔偿事宜；不即行撤离现场的，应当迅速报告执勤的交通警察或者公安机关交通管理部门。

在道路上发生交通事故，仅造成轻微财产损失，并且基本事实清楚的，当事人应当先撤离现场再进行协商处理。

第七十一条 车辆发生交通事故后逃逸的，事故现场目击人员和其他知情人员应当向公安机关交通管理部门或者交通警察举报。举报属实的，公安机关交通管理部门应当给予奖励。

第七十二条 公安机关交通管理部门接到交通事故报警后，应当立即派交通警察赶赴现场，先组织抢救受伤人员，并采取措施，尽快恢复交通。

交通警察应当对交通事故现场进行勘验、检查，收集证据；因收集证据的需要，可以扣留事故车辆，但是应当妥善保管，以备核查。

对当事人的生理、精神状况等专业性较强的检验，公安机关交通管理部门应当委托专门机构进行鉴定。鉴定结论应当由鉴定人签名。

第七十三条 公安机关交通管理部门应当根据交通事故现场勘验、检查、调查情况和有关的检验、鉴定结论，及时制作交通事故认定书，作为处理交通事故的证据。交通事故认定书应当载明交通事故的基本事实、成因和当事人的责任，并送达当事人。

第七十四条 对交通事故损害赔偿的争议，当事人可以请求公安机关交通管理部门调解，也可以直接向人民法院提起民事诉讼。

经公安机关交通管理部门调解，当事人未达成协议或者调解书生效后不履行的，当事人可以向人民法院提起民事诉讼。

第七十五条 医疗机构对交通事故中的受伤人员应当及时抢救，不得因抢救费用未及时支付而拖延救治。肇事车辆参加机动车第三者责任强制保险的，由保险公司在责任限额范围内支付抢救费用；抢救费用超过责任限额的，未参加机动车第三者责任强制保险或者肇事后逃逸的，由道路交通事故社会救助基金先行垫付部分或者全部抢救费用，道路交通事故社会救助基金管理机构有权向交通事故责任人追偿。

第七十六条 机动车发生交通事故造成人身伤亡、财产损失的，由保险公司在机动车第三者责任强制保险责任限额范围内予以赔偿；不足的部分，按照下列规定承担赔偿责任：

（一）机动车之间发生交通事故的，由有过错的一方承担赔偿责任；双方都有过错的，按照各自过错的比例分担责任。

（二）机动车与非机动车驾驶人、行人之间发生交通事故，非机动车驾驶人、行人没有过错的，由机动车一方承担赔偿责任；有证据证明非机动车驾驶人、行人有过错的，根据过错程度适当减轻机动车一方的赔偿责任；机动车一方没有过错的，承担不超过百分之十的赔偿责任。

交通事故的损失是由非机动车驾驶人、行人故意碰撞机动车造成的，机动车一方不承担赔偿责任。

第七十七条 车辆在道路以外通行时发生的事故，公安机关交通管理部门接到报案的，参照本法有关规定办理。

第六章　执法监督

第七十八条 公安机关交通管理部门应当加强对交通警察的管理，提高交通警察的素质和管理道路交通的水平。

公安机关交通管理部门应当对交通警察进行法制和交通安全管理业务培训、考核。交通警察经考核不合格的，不得上岗执行职务。

第七十九条 公安机关交通管理部门及其交通警察实施道路交通安全管理，应当依据法定的职权和程序，简化办事手续，做到公正、严格、文明、高效。

第八十条 交通警察执行职务时，应当按照规定着装，佩戴人民警察标志，持有人民警察证件，保持警容严整，举止端庄，指挥规范。

第八十一条 依照本法发放牌证等收取工本费，应当严格执行国务院价格主管部门核定的收费标准，并全部上缴国库。

第八十二条 公安机关交通管理部门依法实施罚款的行政处罚，应当依照有关法律、行政法规的规定，实施罚款决定与罚款收缴分离；收缴的罚款以及依法没收的违法所得，应当全部上缴国库。

第八十三条 交通警察调查处理道路交通安全违法行为和交通事故，有下列情形之一的，应当回避：

（一）是本案的当事人或者当事人的近亲属；

（二）本人或者其近亲属与本案有利害关系；

（三）与本案当事人有其他关系，可能影响案件的公正处理。

第八十四条 公安机关交通管理部门及其交通警察的行政执法活动，应当接受行政监察机关依法实施的监督。

公安机关督察部门应当对公安机关交通管理部门及其交通警察执行法律、法规和遵守纪律的情况依法进行监督。

上级公安机关交通管理部门应当对下级公安机关交通管理部门的执法活动进行监督。

第八十五条 公安机关交通管理部门及其交通警察执行职务，应当自觉接受社会和公民的监督。

任何单位和个人都有权对公安机关交通管理部门及其交通警察不严格执法以及违法违纪行为进行检举、控告。收到检举、控告的机关，应当依据职责及时查处。

第八十六条 任何单位不得给公安机关交通管理部门下达或者变相下达罚款指标；公安机关交通管理部门不得以罚款数额作为考核交通警察的标准。

公安机关交通管理部门及其交通警察对超越法律、法规规定的指令，有权拒绝执行，并同时向上级机关报告。

第七章 法律责任

第八十七条 公安机关交通管理部门及其交通警察对道路交通安全违法行为，应当及时纠正。

公安机关交通管理部门及其交通警察应当依据事实和本法的有关规定对道路交通安全违法行为予以处罚。对于情节轻微，未影响道路通行的，指出违法行为，给予口头警告后放行。

第八十八条 对道路交通安全违法行为的处罚种类包括：警告、罚款、暂扣或者吊销机动车驾驶证、拘留。

第八十九条 行人、乘车人、非机动车驾驶人违反道路交通安全法律、法规关于道路通行规定的，处警告或者五元以上五十元以下罚款；非机动车驾驶人拒绝接受罚款处罚的，可以扣留其非机动车。

第九十条 机动车驾驶人违反道路交通安全法律、法规关于道路通行规定的，处警告或者二十元以上二百元以下罚款。本法另有规定的，依照规定处罚。

第九十一条 饮酒后驾驶机动车的，处暂扣六个月机动车驾驶证，并处一千元以上二千元以下罚款。因饮酒后驾驶机动车被处罚，再次饮酒后驾驶机动车的，处十日以下拘留，并处一千元以上二千元以下罚款，吊销机动车驾驶证。

醉酒驾驶机动车的，由公安机关交通管理部门约束至酒醒，吊销机动车驾驶证，依法追究刑事责任；五年内不得重新取得机动车驾驶证。

饮酒后驾驶营运机动车的，处十五日拘留，并处五千元罚款，吊销机动车驾驶证，五年内不得重新取得机动车驾驶证。

醉酒驾驶营运机动车的，由公安机关交通管理部门约束至酒醒，吊销机动车驾驶证，依法追究刑事责任；十年内不得重新取得机动车驾驶证，重新取得机动车驾驶证后，不得驾驶营运机动车。

饮酒后或者醉酒驾驶机动车发生重大交通事故，构成犯罪的，依法追究刑事责任，并由公安机关交通管理部门吊销机动车驾驶证，终生不得重新取得机动车驾驶证。

第九十二条 公路客运车辆载客超过额定乘员的，处二百元以上五百元以下罚款；超过额定乘员百分之二十或者违反规定载货的，处五百元以上二千元以下罚款。

货运机动车超过核定载质量的，处二百元以上五百元以下罚款；超过核定载质量百分之三十或者违反规定载客的，处五百元以上二千元以下罚款。

有前两款行为的，由公安机关交通管理部门扣留机动车至违法状态消除。

运输单位的车辆有本条第一款、第二款规定的情形，经处罚不改的，对直接负责的主管人员处二千元以上五千元以下罚款。

第九十三条 对违反道路交通安全法律、法规关于机动车停放、临时停车规定的，可以指出违法行为，并予以口头警告，令其立即驶离。

机动车驾驶人不在现场或者虽在现场但拒绝立即驶离，妨碍其他车辆、行人通行的，处二十元以上二百元以下罚款，并可以将该机动车拖移至不妨碍交通的地点或者公安机关交通管理部门指定的地点停放。公安机关交通管理部门拖车不得向当事人收取费用，并应当及时告知当事人停放地点。

因采取不正确的方法拖车造成机动车损坏的，应当依法承担补偿责任。

第九十四条 机动车安全技术检验机构实施机动车安全技术检验超过国务院价格主管部门核定的收费标准收取费用的，退还多收取的费用，并由价格主管部门依照《中华人民共和国价格法》的有关规定给予处罚。

机动车安全技术检验机构不按照机动车国家安全技术标准进行检验，出具虚假检验结果的，由公安机关交通管理部门处所收检验费用五倍以上十倍以下罚款，并依法撤销其检验资格；构成犯罪的，依法追究刑事责任。

第九十五条 上道路行驶的机动车未悬挂机动车号牌，未放置检验合格标志、保险标志，或者未随车携带行驶证、驾驶证的，公安机关交通管理部门应当扣留机动车，通知当事人提供相应的牌证、标志或者补办相应手续，并可以依照本法第九十条的规定予以处罚。当事人提供相应的牌证、标志或者补办相应手续的，应当及时退还机动车。

故意遮挡、污损或者不按规定安装机动车号牌的，依照本法第九十条的规定予以处罚。

第九十六条 伪造、变造或者使用伪造、变造的机动车登记证书、号牌、行驶证、驾驶证的，由公安机关交通管理部门予以收缴，扣留该机动车，处十五日以下拘留，并处二千元以上五千元以下罚款；构成犯罪的，依法追究刑事责任。

伪造、变造或者使用伪造、变造的检验合格标志、保险标志的，由公安机关交通管理部门予以收缴，扣留该机动车，处十日以下拘留，并处一千元以上三千元以下罚款；构成犯罪的，依法追究刑事责任。

使用其他车辆的机动车登记证书、号牌、行驶证、检验合格标志、保险标志的，由公安机关交通管理部门予以收缴，扣留该机动车，处二千元以上五千元以下罚款。

当事人提供相应的合法证明或者补办相应手续的，应当及时退还机动车。

第九十七条　非法安装警报器、标志灯具的，由公安机关交通管理部门强制拆除，予以收缴，并处二百元以上二千元以下罚款。

第九十八条　机动车所有人、管理人未按照国家规定投保机动车第三者责任强制保险的，由公安机关交通管理部门扣留车辆至依照规定投保后，并处依照规定投保最低责任限额应缴纳的保险费的二倍罚款。

依照前款缴纳的罚款全部纳入道路交通事故社会救助基金。具体办法由国务院规定。

第九十九条　有下列行为之一的，由公安机关交通管理部门处二百元以上二千元以下罚款：

（一）未取得机动车驾驶证、机动车驾驶证被吊销或者机动车驾驶证被暂扣期间驾驶机动车的；

（二）将机动车交由未取得机动车驾驶证或者机动车驾驶证被吊销、暂扣的人驾驶的；

（三）造成交通事故后逃逸，尚不构成犯罪的；

（四）机动车行驶超过规定时速百分之五十的；

（五）强迫机动车驾驶人违反道路交通安全法律、法规和机动车安全驾驶要求驾驶机动车，造成交通事故，尚不构成犯罪的；

（六）违反交通管制的规定强行通行，不听劝阻的；

（七）故意损毁、移动、涂改交通设施，造成危害后果，尚不构成犯罪的；

（八）非法拦截、扣留机动车辆，不听劝阻，造成交通严重阻塞或者较大财产损失的。

行为人有前款第二项、第四项情形之一的，可以并处吊销机动车驾驶证；有第一项、第三项、第五项至第八项情形之一的，可以并处十五日以下拘留。

第一百条　驾驶拼装的机动车或者已达到报废标准的机动车上道路行驶的，公安机关交通管理部门应当予以收缴，强制报废。

对驾驶前款所列机动车上道路行驶的驾驶人，处二百元以上二千元以下罚款，并吊销机动车驾驶证。

出售已达到报废标准的机动车的，没收违法所得，处销售金额等额的罚款，对该机动车依照本条第一款的规定处理。

第一百零一条　违反道路交通安全法律、法规的规定，发生重大交通事故，构成犯罪的，依法追究刑事责任，并由公安机关交通管理部门吊销机动车驾驶证。

造成交通事故后逃逸的，由公安机关交通管理部门吊销机动车驾驶证，且终生不得重新取得机动车驾驶证。

第一百零二条　对六个月内发生二次以上特大交通事故负有主要责任或者全部责任的专业运

输单位，由公安机关交通管理部门责令消除安全隐患，未消除安全隐患的机动车，禁止上道路行驶。

第一百零三条 国家机动车产品主管部门未按照机动车国家安全技术标准严格审查，许可不合格机动车型投入生产的，对负有责任的主管人员和其他直接责任人员给予降级或者撤职的行政处分。

机动车生产企业经国家机动车产品主管部门许可生产的机动车型，不执行机动车国家安全技术标准或者不严格进行机动车成品质量检验，致使质量不合格的机动车出厂销售的，由质量技术监督部门依照《中华人民共和国产品质量法》的有关规定给予处罚。

擅自生产、销售未经国家机动车产品主管部门许可生产的机动车型的，没收非法生产、销售的机动车成品及配件，可以并处非法产品价值三倍以上五倍以下罚款；有营业执照的，由工商行政管理部门吊销营业执照，没有营业执照的，予以查封。

生产、销售拼装的机动车或者生产、销售擅自改装的机动车的，依照本条第三款的规定处罚。

有本条第二款、第三款、第四款所列违法行为，生产或者销售不符合机动车国家安全技术标准的机动车，构成犯罪的，依法追究刑事责任。

第一百零四条 未经批准，擅自挖掘道路、占用道路施工或者从事其他影响道路交通安全活动的，由道路主管部门责令停止违法行为，并恢复原状，可以依法给予罚款；致使通行的人员、车辆及其他财产遭受损失的，依法承担赔偿责任。

有前款行为，影响道路交通安全活动的，公安机关交通管理部门可以责令停止违法行为，迅速恢复交通。

第一百零五条 道路施工作业或者道路出现损毁，未及时设置警示标志、未采取防护措施，或者应当设置交通信号灯、交通标志、交通标线而没有设置或者应当及时变更交通信号灯、交通标志、交通标线而没有及时变更，致使通行的人员、车辆及其他财产遭受损失的，负有相关职责的单位应当依法承担赔偿责任。

第一百零六条 在道路两侧及隔离带上种植树木、其他植物或者设置广告牌、管线等，遮挡路灯、交通信号灯、交通标志，妨碍安全视距的，由公安机关交通管理部门责令行为人排除妨碍；拒不执行的，处二百元以上二千元以下罚款，并强制排除妨碍，所需费用由行为人负担。

第一百零七条 对道路交通违法行为人予以警告、二百元以下罚款，交通警察可以当场作出行政处罚决定，并出具行政处罚决定书。

行政处罚决定书应当载明当事人的违法事实、行政处罚的依据、处罚内容、时间、地点以及处罚机关名称，并由执法人员签名或者盖章。

第一百零八条 当事人应当自收到罚款的行政处罚决定书之日起十五日内，到指定的银行缴纳罚款。

对行人、乘车人和非机动车驾驶人的罚款，当事人无异议的，可以当场予以收缴罚款。

罚款应当开具省、自治区、直辖市财政部门统一制发的罚款收据；不出具财政部门统一制发的罚款收据的，当事人有权拒绝缴纳罚款。

第一百零九条 当事人逾期不履行行政处罚决定的，作出行政处罚决定的行政机关可以采取下列措施：

（一）到期不缴纳罚款的，每日按罚款数额的百分之三加处罚款；

（二）申请人民法院强制执行。

第一百一十条 执行职务的交通警察认为应当对道路交通违法行为人给予暂扣或者吊销机动车驾驶证处罚的，可以先予扣留机动车驾驶证，并在二十四小时内将案件移交公安机关交通管理部门处理。

道路交通违法行为人应当在十五日内到公安机关交通管理部门接受处理。无正当理由逾期未接受处理的，吊销机动车驾驶证。

公安机关交通管理部门暂扣或者吊销机动车驾驶证的，应当出具行政处罚决定书。

第一百一十一条 对违反本法规定予以拘留的行政处罚，由县、市公安局、公安分局或者相当于县一级的公安机关裁决。

第一百一十二条 公安机关交通管理部门扣留机动车、非机动车，应当当场出具凭证，并告知当事人在规定期限内到公安机关交通管理部门接受处理。

公安机关交通管理部门对被扣留的车辆应当妥善保管，不得使用。

逾期不来接受处理，并且经公告三个月仍不来接受处理的，对扣留的车辆依法处理。

第一百一十三条 暂扣机动车驾驶证的期限从处罚决定生效之日起计算；处罚决定生效前先予扣留机动车驾驶证的，扣留一日折抵暂扣期限一日。

吊销机动车驾驶证后重新申请领取机动车驾驶证的期限，按照机动车驾驶证管理规定办理。

第一百一十四条 公安机关交通管理部门根据交通技术监控记录资料，可以对违法的机动车所有人或者管理人依法予以处罚。对能够确定驾驶人的，可以依照本法的规定依法予以处罚。

第一百一十五条 交通警察有下列行为之一的，依法给予行政处分：

（一）为不符合法定条件的机动车发放机动车登记证书、号牌、行驶证、检验合格标志的；

（二）批准不符合法定条件的机动车安装、使用警车、消防车、救护车、工程救险车的警报器、标志灯具，喷涂标志图案的；

（三）为不符合驾驶许可条件、未经考试或者考试不合格人员发放机动车驾驶证的；

（四）不执行罚款决定与罚款收缴分离制度或者不按规定将依法收取的费用、收缴的罚款及没收的违法所得全部上缴国库的；

（五）举办或者参与举办驾驶学校或者驾驶培训班、机动车修理厂或者收费停车场等经营活动的；

（六）利用职务上的便利收受他人财物或者谋取其他利益的；

（七）违法扣留车辆、机动车行驶证、驾驶证、车辆号牌的；

（八）使用依法扣留的车辆的；

（九）当场收取罚款不开具罚款收据或者不如实填写罚款额的；

（十）徇私舞弊，不公正处理交通事故的；

（十一）故意刁难，拖延办理机动车牌证的；

（十二）非执行紧急任务时使用警报器、标志灯具的；

（十三）违反规定拦截、检查正常行驶的车辆的；

（十四）非执行紧急公务时拦截搭乘机动车的；

（十五）不履行法定职责的。

公安机关交通管理部门有前款所列行为之一的，对直接负责的主管人员和其他直接责任人员给予相应的行政处分。

第一百一十六条 依照本法第一百一十五条的规定，给予交通警察行政处分的，在作出行政处分决定前，可以停止其执行职务；必要时，可以予以禁闭。

依照本法第一百一十五条的规定，交通警察受到降级或者撤职行政处分的，可以予以辞退。

交通警察受到开除处分或者被辞退的，应当取消警衔；受到撤职以下行政处分的交通警察，应当降低警衔。

第一百一十七条 交通警察利用职权非法占有公共财物，索取、收受贿赂，或者滥用职权、玩忽职守，构成犯罪的，依法追究刑事责任。

第一百一十八条 公安机关交通管理部门及其交通警察有本法第一百一十五条所列行为之一，给当事人造成损失的，应当依法承担赔偿责任。

第八章 附 则

第一百一十九条 本法中下列用语的含义：

（一）“道路”，是指公路、城市道路和虽在单位管辖范围但允许社会机动车通行的地方，包括广场、公共停车场等用于公众通行的场所。

（二）“车辆”，是指机动车和非机动车。

（三）“机动车”，是指以动力装置驱动或者牵引，上道路行驶的供人员乘用或者用于运送物品以及进行工程专项作业的轮式车辆。

（四）“非机动车”，是指以人力或者畜力驱动，上道路行驶的交通工具，以及虽有动力装置驱动但设计最高时速、空车质量、外形尺寸符合有关国家标准的残疾人机动轮椅车、电动自行车等交通工具。

（五）“交通事故”，是指车辆在道路上因过错或者意外造成的人身伤亡或者财产损失的事件。

第一百二十条 中国人民解放军和中国人民武装警察部队在编机动车牌证、在编机动车检验以及机动车驾驶人考核工作，由中国人民解放军、中国人民武装警察部队有关部门负责。

第一百二十一条 对上道路行驶的拖拉机，由农业（农业机械）主管部门行使本法第八条、第九条、第十三条、第十九条、第二十三条规定的公安机关交通管理部门的管理职权。

农业（农业机械）主管部门依照前款规定行使职权，应当遵守本法有关规定，并接受公安机关交通管理部门的监督；对违反规定的，依照本法有关规定追究法律责任。

本法施行前由农业（农业机械）主管部门发放的机动车牌证，在本法施行后继续有效。

第一百二十二条 国家对入境的境外机动车的道路交通安全实施统一管理。

第一百二十三条 省、自治区、直辖市人民代表大会常务委员会可以根据本地区的实际情况，在本法规定的罚款幅度内，规定具体的执行标准。

第一百二十四条 本法自2004年5月1日起施行。

中华人民共和国道路交通安全法实施条例

第一章　总　　则

第一条　根据《中华人民共和国道路交通安全法》(以下简称道路交通安全法)的规定,制定本条例。

第二条　中华人民共和国境内的车辆驾驶人、行人、乘车人以及与道路交通活动有关的单位和个人,应当遵守道路交通安全法和本条例。

第三条　县级以上地方各级人民政府应当建立、健全道路交通安全工作协调机制,组织有关部门对城市建设项目进行交通影响评价,制定道路交通安全管理规划,确定管理目标,制定实施方案。

第二章　车辆和驾驶人

第一节　机　动　车

第四条　机动车的登记,分为注册登记、变更登记、转移登记、抵押登记和注销登记。

第五条　初次申领机动车号牌、行驶证的,应当向机动车所有人住所地的公安机关交通管理部门申请注册登记。申请机动车注册登记,应当交验机动车,并提交以下证明、凭证:

(一)机动车所有人的身份证明;

(二)购车发票等机动车来历证明;

(三)机动车整车出厂合格证明或者进口机动车进口凭证;

(四)车辆购置税完税证明或者免税凭证;

(五)机动车第三者责任强制保险凭证;

(六)法律、行政法规规定应当在机动车注册登记时提交的其他证明、凭证。

不属于国务院机动车产品主管部门规定免予安全技术检验的车型的,还应当提供机动车安全技术检验合格证明。

第六条　已注册登记的机动车有下列情形之一的,机动车所有人应当向登记该机动车的公安机关交通管理部门申请变更登记:

(一)改变机动车车身颜色的;

(二)更换发动机的;

(三)更换车身或者车架的;

(四)因质量有问题,制造厂更换整车的;

(五)营运机动车改为非营运机动车或者非营运机动车改为营运机动车的;

(六)机动车所有人的住所迁出或者迁入公安机关交通管理部门管辖区域的。

申请机动车变更登记,应当提交下列证明、凭证,属于前款第(一)项、第(二)项、第(三)项、第

(四)项、第(五)项情形之一的,还应当交验机动车;属于前款第(二)项、第(三)项情形之一的,还应当同时提交机动车安全技术检验合格证明:

(一)机动车所有人的身份证明;

(二)机动车登记证书;

(三)机动车行驶证。

机动车所有人的住所在公安机关交通管理部门管辖区域内迁移、机动车所有人的姓名(单位名称)或者联系方式变更的,应当向登记该机动车的公安机关交通管理部门备案。

第七条 已注册登记的机动车所有权发生转移的,应当及时办理转移登记。

申请机动车转移登记,当事人应当向登记该机动车的公安机关交通管理部门交验机动车,并提交以下证明、凭证:

(一)当事人的身份证明;

(二)机动车所有权转移的证明、凭证;

(三)机动车登记证书;

(四)机动车行驶证。

第八条 机动车所有人将机动车作为抵押物抵押的,机动车所有人应当向登记该机动车的公安机关交通管理部门申请抵押登记。

第九条 已注册登记的机动车达到国家规定的强制报废标准的,公安机关交通管理部门应当在报废期满的2个月前通知机动车所有人办理注销登记。机动车所有人应当在报废期满前将机动车交售给机动车回收企业,由机动车回收企业将报废的机动车登记证书、号牌、行驶证交公安机关交通管理部门注销。机动车所有人逾期不办理注销登记的,公安机关交通管理部门应当公告该机动车登记证书、号牌、行驶证作废。

因机动车灭失申请注销登记的,机动车所有人应当向公安机关交通管理部门提交本人身份证明,交回机动车登记证书。

第十条 办理机动车登记的申请人提交的证明、凭证齐全、有效的,公安机关交通管理部门应当当场办理登记手续。

人民法院、人民检察院以及行政执法部门依法查封、扣押的机动车,公安机关交通管理部门不予办理机动车登记。

第十一条 机动车登记证书、号牌、行驶证丢失或者损毁,机动车所有人申请补发的,应当向公安机关交通管理部门提交本人身份证明和申请材料。公安机关交通管理部门经与机动车登记档案核实后,在收到申请之日起15日内补发。

第十二条 税务部门、保险机构可以在公安机关交通管理部门的办公场所集中办理与机动车有关的税费缴纳、保险合同订立等事项。

第十三条 机动车号牌应当悬挂在车前、车后指定位置,保持清晰、完整。重型、中型载货汽车及其挂车、拖拉机及其挂车的车身或者车厢后部应当喷涂放大的牌号,字样应当端正并保持清晰。

机动车检验合格标志、保险标志应当粘贴在机动车前窗右上角。

机动车喷涂、粘贴标识或者车身广告的,不得影响安全驾驶。

第十四条 用于公路营运的载客汽车、重型载货汽车、半挂牵引车应当安装、使用符合国家标准的行驶记录仪。交通警察可以对机动车行驶速度、连续驾驶时间以及其他行驶状态信息进行检查。安装行驶记录仪可以分步实施，实施步骤由国务院机动车产品主管部门会同有关部门规定。

第十五条 机动车安全技术检验由机动车安全技术检验机构实施。机动车安全技术检验机构应当按照国家机动车安全技术检验标准对机动车进行检验，对检验结果承担法律责任。

质量技术监督部门负责对机动车安全技术检验机构实行资格管理和计量认证管理，对机动车安全技术检验设备进行检定，对执行国家机动车安全技术检验标准的情况进行监督。

机动车安全技术检验项目由国务院公安部门会同国务院质量技术监督部门规定。

第十六条 机动车应当从注册登记之日起，按照下列期限进行安全技术检验：

（一）营运载客汽车 5 年以内每年检验 1 次；超过 5 年的，每 6 个月检验 1 次；

（二）载货汽车和大型、中型非营运载客汽车 10 年以内每年检验 1 次；超过 10 年的，每 6 个月检验 1 次；

（三）小型、微型非营运载客汽车 6 年以内每 2 年检验 1 次；超过 6 年的，每年检验 1 次；超过 15 年的，每 6 个月检验 1 次；

（四）摩托车 4 年以内每 2 年检验 1 次；超过 4 年的，每年检验 1 次；

（五）拖拉机和其他机动车每年检验 1 次。

营运机动车在规定检验期限内经安全技术检验合格的，不再重复进行安全技术检验。

第十七条 已注册登记的机动车进行安全技术检验时，机动车行驶证记载的登记内容与该机动车的有关情况不符，或者未按照规定提供机动车第三者责任强制保险凭证的，不予通过检验。

第十八条 警车、消防车、救护车、工程救险车标志图案的喷涂以及警报器、标志灯具的安装、使用规定，由国务院公安部门制定。

第二节　机动车驾驶人

第十九条 符合国务院公安部门规定的驾驶许可条件的人，可以向公安机关交通管理部门申请机动车驾驶证。

机动车驾驶证由国务院公安部门规定式样并监制。

第二十条 学习机动车驾驶，应当先学习道路交通安全法律、法规和相关知识，考试合格后，再学习机动车驾驶技能。

在道路上学习驾驶，应当按照公安机关交通管理部门指定的路线、时间进行。在道路上学习机动车驾驶技能应当使用教练车，在教练员随车指导下进行，与教学无关的人员不得乘坐教练车。学员在学习驾驶中有道路交通安全违法行为或者造成交通事故的，由教练员承担责任。

第二十一条 公安机关交通管理部门应当对申请机动车驾驶证的人进行考试，对考试合格的，在 5 日内核发机动车驾驶证；对考试不合格的，书面说明理由。

第二十二条 机动车驾驶证的有效期为 6 年，本条例另有规定的除外。

机动车驾驶人初次申领机动车驾驶证后的 12 个月为实习期。在实习期内驾驶机动车的，应当在车身后部粘贴或者悬挂统一式样的实习标志。

机动车驾驶人在实习期内不得驾驶公共汽车、营运客车或者执行任务的警车、消防车、救护车、工程救险车以及载有爆炸物品、易燃易爆化学物品、剧毒或者放射性等危险物品的机动车；驾驶的机动车不得牵引挂车。

第二十三条 公安机关交通管理部门对机动车驾驶人的道路交通安全违法行为除给予行政处罚外，实行道路交通安全违法行为累积记分(以下简称记分)制度，记分周期为 12 个月。对在一个记分周期内记分达到 12 分的，由公安机关交通管理部门扣留其机动车驾驶证，该机动车驾驶人应当按照规定参加道路交通安全法律、法规的学习并接受考试。考试合格的，记分予以清除，发还机动车驾驶证；考试不合格的，继续参加学习和考试。

应当给予记分的道路交通安全违法行为及其分值，由国务院公安部门根据道路交通安全违法行为的危害程度规定。

公安机关交通管理部门应当提供记分查询方式供机动车驾驶人查询。

第二十四条 机动车驾驶人在一个记分周期内记分未达到 12 分，所处罚款已经缴纳的，记分予以清除；记分虽未达到 12 分，但尚有罚款未缴纳的，记分转入下一记分周期。

机动车驾驶人在一个记分周期内记分 2 次以上达到 12 分的，除按照第二十三条的规定扣留机动车驾驶证、参加学习、接受考试外，还应当接受驾驶技能考试。考试合格的，记分予以清除，发还机动车驾驶证；考试不合格的，继续参加学习和考试。接受驾驶技能考试的，按照本人机动车驾驶证载明的最高准驾车型考试。

第二十五条 机动车驾驶人记分达到 12 分，拒不参加公安机关交通管理部门通知的学习，也不接受考试的，由公安机关交通管理部门公告其机动车驾驶证停止使用。

第二十六条 机动车驾驶人在机动车驾驶证的 6 年有效期内，每个记分周期均未达到 12 分的，换发 10 年有效期的机动车驾驶证；在机动车驾驶证的 10 年有效期内，每个记分周期均未达到 12 分的，换发长期有效的机动车驾驶证。

换发机动车驾驶证时，公安机关交通管理部门应当对机动车驾驶证进行审验。

第二十七条 机动车驾驶证丢失、损毁，机动车驾驶人申请补发的，应当向公安机关交通管理部门提交本人身份证明和申请材料。公安机关交通管理部门经与机动车驾驶证档案核实后，在收到申请之日起 3 日内补发。

第二十八条 机动车驾驶人在机动车驾驶证丢失、损毁、超过有效期或者被依法扣留、暂扣期间以及记分达到 12 分的，不得驾驶机动车。

第三章 道路通行条件

第二十九条 交通信号灯分为：机动车信号灯、非机动车信号灯、人行横道信号灯、车道信号灯、方向指示信号灯、闪光警告信号灯、道路与铁路平面交叉道口信号灯。

第三十条 交通标志分为：指示标志、警告标志、禁令标志、指路标志、旅游区标志、道路施工安全标志和辅助标志。

道路交通标线分为：指示标线、警告标线、禁止标线。

第三十一条 交通警察的指挥分为：手势信号和使用器具的交通指挥信号。

第三十二条 道路交叉路口和行人横过道路较为集中的路段应当设置人行横道、过街天桥或者过街地下通道。

在盲人通行较为集中的路段，人行横道信号灯应当设置声响提示装置。

第三十三条 城市人民政府有关部门可以在不影响行人、车辆通行的情况下，在城市道路上施划停车泊位，并规定停车泊位的使用时间。

第三十四条 开辟或者调整公共汽车、长途汽车的行驶路线或者车站，应当符合交通规划和安全、畅通的要求。

第三十五条 道路养护施工单位在道路上进行养护、维修时，应当按照规定设置规范的安全警示标志和安全防护设施。道路养护施工作业车辆、机械应当安装示警灯，喷涂明显的标志图案，作业时应当开启示警灯和危险报警闪光灯。对未中断交通的施工作业道路，公安机关交通管理部门应当加强交通安全监督检查。发生交通阻塞时，及时做好分流、疏导，维护交通秩序。

道路施工需要车辆绕行的，施工单位应当在绕行处设置标志；不能绕行的，应当修建临时通道，保证车辆和行人通行。需要封闭道路中断交通的，除紧急情况外，应当提前5日向社会公告。

第三十六条 道路或者交通设施养护部门、管理部门应当在急弯、陡坡、临崖、临水等危险路段，按照国家标准设置警告标志和安全防护设施。

第三十七条 道路交通标志、标线不规范，机动车驾驶人容易发生辨认错误的，交通标志、标线的主管部门应当及时予以改善。

道路照明设施应当符合道路建设技术规范，保持照明功能完好。

第四章 道路通行规定

第一节 一般规定

第三十八条 机动车信号灯和非机动车信号灯表示：

（一）绿灯亮时，准许车辆通行，但转弯的车辆不得妨碍被放行的直行车辆、行人通行；

（二）黄灯亮时，已越过停止线的车辆可以继续通行；

（三）红灯亮时，禁止车辆通行。

在未设置非机动车信号灯和人行横道信号灯的路口，非机动车和行人应当按照机动车信号灯的表示通行。

红灯亮时，右转弯的车辆在不妨碍被放行的车辆、行人通行的情况下，可以通行。

第三十九条 人行横道信号灯表示：

（一）绿灯亮时，准许行人通过人行横道；

（二）红灯亮时，禁止行人进入人行横道，但是已经进入人行横道的，可以继续通过或者在道路中心线处停留等候。

第四十条 车道信号灯表示：

（一）绿色箭头灯亮时，准许本车道车辆按指示方向通行；

（二）红色叉形灯或者箭头灯亮时，禁止本车道车辆通行。

第四十一条 方向指示信号灯的箭头方向向左、向上、向右分别表示左转、直行、右转。

第四十二条 闪光警告信号灯为持续闪烁的黄灯，提示车辆、行人通行时注意瞭望，确认安全后通过。

第四十三条 道路与铁路平面交叉道口有两个红灯交替闪烁或者一个红灯亮时，表示禁止车辆、行人通行；红灯熄灭时，表示允许车辆、行人通行。

第二节 机动车通行规定

第四十四条 在道路同方向划有2条以上机动车道的，左侧为快速车道，右侧为慢速车道。在快速车道行驶的机动车应当按照快速车道规定的速度行驶，未达到快速车道规定的行驶速度的，应当在慢速车道行驶。摩托车应当在最右侧车道行驶。有交通标志标明行驶速度的，按照标明的行驶速度行驶。慢速车道内的机动车超越前车时，可以借用快速车道行驶。

在道路同方向划有2条以上机动车道的，变更车道的机动车不得影响相关车道内行驶的机动车的正常行驶。

第四十五条 机动车在道路上行驶不得超过限速标志、标线标明的速度。在没有限速标志、标线的道路上，机动车不得超过下列最高行驶速度：

（一）没有道路中心线的道路，城市道路为每小时30公里，公路为每小时40公里；

（二）同方向只有1条机动车道的道路，城市道路为每小时50公里，公路为每小时70公里。

第四十六条 机动车行驶中遇有下列情形之一的，最高行驶速度不得超过每小时30公里，其中拖拉机、电瓶车、轮式专用机械车不得超过每小时15公里：

（一）进出非机动车道，通过铁路道口、急弯路、窄路、窄桥时；

（二）掉头、转弯、下陡坡时；

（三）遇雾、雨、雪、沙尘、冰雹，能见度在50米以内时；

（四）在冰雪、泥泞的道路上行驶时；

（五）牵引发生故障的机动车时。

第四十七条 机动车超车时，应当提前开启左转向灯、变换使用远、近光灯或者鸣喇叭。在没有道路中心线或者同方向只有1条机动车道的道路上，前车遇后车发出超车信号时，在条件许可的情况下，应当降低速度、靠右让路。后车应当在确认有充足的安全距离后，从前车的左侧超越，在与被超车辆拉开必要的安全距离后，开启右转向灯，驶回原车道。

第四十八条 在没有中心隔离设施或者没有中心线的道路上，机动车遇相对方向来车时应当遵守下列规定：

（一）减速靠右行驶，并与其他车辆、行人保持必要的安全距离；

（二）在有障碍的路段，无障碍的一方先行；但有障碍的一方已驶入障碍路段而无障碍的一方未驶入时，有障碍的一方先行；

（三）在狭窄的坡路，上坡的一方先行；但下坡的一方已行至中途而上坡的一方未上坡时，下坡的一方先行；

（四）在狭窄的山路，不靠山体的一方先行；

（五）夜间会车应当在距相对方向来车150米以外改用近光灯，在窄路、窄桥与非机动车会车时应当使用近光灯。

第四十九条　机动车在有禁止掉头或者禁止左转弯标志、标线的地点以及在铁路道口、人行横道、桥梁、急弯、陡坡、隧道或者容易发生危险的路段，不得掉头。

机动车在没有禁止掉头或者没有禁止左转弯标志、标线的地点可以掉头，但不得妨碍正常行驶的其他车辆和行人的通行。

第五十条　机动车倒车时，应当察明车后情况，确认安全后倒车。不得在铁路道口、交叉路口、单行路、桥梁、急弯、陡坡或者隧道中倒车。

第五十一条　机动车通过有交通信号灯控制的交叉路口，应当按照下列规定通行：

（一）在划有导向车道的路口，按所需行进方向驶入导向车道；

（二）准备进入环形路口的让已在路口内的机动车先行；

（三）向左转弯时，靠路口中心点左侧转弯。转弯时开启转向灯，夜间行驶开启近光灯；

（四）遇放行信号时，依次通过；

（五）遇停止信号时，依次停在停止线以外。没有停止线的，停在路口以外；

（六）向右转弯遇有同车道前车正在等候放行信号时，依次停车等候；

（七）在没有方向指示信号灯的交叉路口，转弯的机动车让直行的车辆、行人先行。相对方向行驶的右转弯机动车让左转弯车辆先行。

第五十二条　机动车通过没有交通信号灯控制也没有交通警察指挥的交叉路口，除应当遵守第五十一条第（二）项、第（三）项的规定外，还应当遵守下列规定：

（一）有交通标志、标线控制的，让优先通行的一方先行；

（二）没有交通标志、标线控制的，在进入路口前停车瞭望，让右方道路的来车先行；

（三）转弯的机动车让直行的车辆先行；

（四）相对方向行驶的右转弯的机动车让左转弯的车辆先行。

第五十三条　机动车遇有前方交叉路口交通阻塞时，应当依次停在路口以外等候，不得进入路口。

机动车在遇有前方机动车停车排队等候或者缓慢行驶时，应当依次排队，不得从前方车辆两侧穿插或者超越行驶，不得在人行横道、网状线区域内停车等候。

机动车在车道减少的路口、路段，遇有前方机动车停车排队等候或者缓慢行驶的，应当每车道一辆依次交替驶入车道减少后的路口、路段。

第五十四条　机动车载物不得超过机动车行驶证上核定的载质量，装载长度、宽度不得超出车厢，并应当遵守下列规定：

（一）重型、中型载货汽车，半挂车载物，高度从地面起不得超过 4 米，载运集装箱的车辆不得超过 4.2 米；

（二）其他载货的机动车载物，高度从地面起不得超过 2.5 米；

（三）摩托车载物，高度从地面起不得超过 1.5 米，长度不得超出车身 0.2 米。两轮摩托车载物宽度左右各不得超出车把 0.15 米；三轮摩托车载物宽度不得超过车身。

载客汽车除车身外部的行李架和内置的行李箱外，不得载货。载客汽车行李架载货，从车顶起高度不得超过 0.5 米，从地面起高度不得超过 4 米。

转弯的，依次等候。

第六十九条 非机动车通过没有交通信号灯控制也没有交通警察指挥的交叉路口，除应当遵守第六十八条第（一）项、第（二）项和第（三）项的规定外，还应当遵守下列规定：

（一）有交通标志、标线控制的，让优先通行的一方先行；

（二）没有交通标志、标线控制的，在路口外慢行或者停车瞭望，让右方道路的来车先行；

（三）相对方向行驶的右转弯的非机动车让左转弯的车辆先行。

第七十条 驾驶自行车、电动自行车、三轮车在路段上横过机动车道，应当下车推行，有人行横道或者行人过街设施的，应当从人行横道或者行人过街设施通过；没有人行横道、没有行人过街设施或者不便使用行人过街设施的，在确认安全后直行通过。

因非机动车道被占用无法在本车道内行驶的非机动车，可以在受阻的路段借用相邻的机动车道行驶，并在驶过被占用路段后迅速驶回非机动车道。机动车遇此情况应当减速让行。

第七十一条 非机动车载物，应当遵守下列规定：

（一）自行车、电动自行车、残疾人机动轮椅车载物，高度从地面起不得超过 1.5 米，宽度左右各不得超出车把 0.15 米，长度前端不得超出车轮，后端不得超出车身 0.3 米；

（二）三轮车、人力车载物，高度从地面起不得超过 2 米，宽度左右各不得超出车身 0.2 米，长度不得超出车身 1 米；

（三）畜力车载物，高度从地面起不得超过 2.5 米，宽度左右各不得超出车身 0.2 米，长度前端不得超出车辕，后端不得超出车身 1 米。

自行车载人的规定，由省、自治区、直辖市人民政府根据当地实际情况制定。

第七十二条 在道路上驾驶自行车、三轮车、电动自行车、残疾人机动轮椅车应当遵守下列规定：

（一）驾驶自行车、三轮车必须年满 12 周岁；

（二）驾驶电动自行车和残疾人机动轮椅车必须年满 16 周岁；

（三）不得醉酒驾驶；

（四）转弯前应当减速慢行，伸手示意，不得突然猛拐，超越前车时不得妨碍被超越的车辆行驶；

（五）不得牵引、攀扶车辆或者被其他车辆牵引，不得双手离把或者手中持物；

（六）不得扶身并行、互相追逐或者曲折竞驶；

（七）不得在道路上骑独轮自行车或者 2 人以上骑行的自行车；

（八）非下肢残疾的人不得驾驶残疾人机动轮椅车；

（九）自行车、三轮车不得加装动力装置；

（十）不得在道路上学习驾驶非机动车。

第七十三条 在道路上驾驭畜力车应当年满 16 周岁，并遵守下列规定：

（一）不得醉酒驾驭；

（二）不得并行，驾驭人不得离开车辆；

（三）行经繁华路段、交叉路口、铁路道口、人行横道、急弯路、宽度不足 4 米的窄路或者窄桥、陡坡、隧道或者容易发生危险的路段，不得超车。驾驭两轮畜力车应当下车牵引牲畜；

（四）不得使用未经驯服的牲畜驾车，随车幼畜须拴系；

（五）停放车辆应当拉紧车闸，拴系牲畜。

第四节　行人和乘车人通行规定

第七十四条　行人不得有下列行为：

（一）在道路上使用滑板、旱冰鞋等滑行工具；

（二）在车行道内坐卧、停留、嬉闹；

（三）追车、抛物击车等妨碍道路交通安全的行为。

第七十五条　行人横过机动车道，应当从行人过街设施通过；没有行人过街设施的，应当从人行横道通过；没有人行横道的，应当观察来往车辆的情况，确认安全后直行通过，不得在车辆临近时突然加速横穿或者中途倒退、折返。

第七十六条　行人列队在道路上通行，每横列不得超过 2 人，但在已经实行交通管制的路段不受限制。

第七十七条　乘坐机动车应当遵守下列规定：

（一）不得在机动车道上拦乘机动车；

（二）在机动车道上不得从机动车左侧上下车；

（三）开关车门不得妨碍其他车辆和行人通行；

（四）机动车行驶中，不得干扰驾驶，不得将身体任何部分伸出车外，不得跳车；

（五）乘坐两轮摩托车应当正向骑坐。

第五节　高速公路的特别规定

第七十八条　高速公路应当标明车道的行驶速度，最高车速不得超过每小时 120 公里，最低车速不得低于每小时 60 公里。

在高速公路上行驶的小型载客汽车最高车速不得超过每小时 120 公里，其他机动车不得超过每小时 100 公里，摩托车不得超过每小时 80 公里。

同方向有 2 条车道的，左侧车道的最低车速为每小时 100 公里；同方向有 3 条以上车道的，最左侧车道的最低车速为每小时 110 公里，中间车道的最低车速为每小时 90 公里。道路限速标志标明的车速与上述车道行驶车速的规定不一致的，按照道路限速标志标明的车速行驶。

第七十九条　机动车从匝道驶入高速公路，应当开启左转向灯，在不妨碍已在高速公路内的机动车正常行驶的情况下驶入车道。

机动车驶离高速公路时，应当开启右转向灯，驶入减速车道，降低车速后驶离。

第八十条　机动车在高速公路上行驶，车速超过每小时 100 公里时，应当与同车道前车保持 100 米以上的距离，车速低于每小时 100 公里时，与同车道前车距离可以适当缩短，但最小距离不得少于 50 米。

第八十一条　机动车在高速公路上行驶，遇有雾、雨、雪、沙尘、冰雹等低能见度气象条件时，应当遵守下列规定：

（一）能见度小于 200 米时，开启雾灯、近光灯、示廓灯和前后位灯，车速不得超过每小时 60 公里，与同车道前车保持 100 米以上的距离；

（二）能见度小于 100 米时，开启雾灯、近光灯、示廓灯、前后位灯和危险报警闪光灯，车速不得超过每小时 40 公里，与同车道前车保持 50 米以上的距离；

（三）能见度小于 50 米时，开启雾灯、近光灯、示廓灯、前后位灯和危险报警闪光灯，车速不得超过每小时 20 公里，并从最近的出口尽快驶离高速公路。

遇有前款规定情形时，高速公路管理部门应当通过显示屏等方式发布速度限制、保持车距等提示信息。

第八十二条 机动车在高速公路上行驶，不得有下列行为：

（一）倒车、逆行、穿越中央分隔带掉头或者在车道内停车；

（二）在匝道、加速车道或者减速车道上超车；

（三）骑、轧车行道分界线或者在路肩上行驶；

（四）非紧急情况时在应急车道行驶或者停车；

（五）试车或者学习驾驶机动车。

第八十三条 在高速公路上行驶的载货汽车车厢不得载人。两轮摩托车在高速公路行驶时不得载人。

第八十四条 机动车通过施工作业路段时，应当注意警示标志，减速行驶。

第八十五条 城市快速路的道路交通安全管理，参照本节的规定执行。

高速公路、城市快速路的道路交通安全管理工作，省、自治区、直辖市人民政府公安机关交通管理部门可以指定设区的市人民政府公安机关交通管理部门或者相当于同级的公安机关交通管理部门承担。

第五章　交通事故处理

第八十六条 机动车与机动车、机动车与非机动车在道路上发生未造成人身伤亡的交通事故，当事人对事实及成因无争议的，在记录交通事故的时间、地点、对方当事人的姓名和联系方式、机动车牌号、驾驶证号、保险凭证号、碰撞部位，并共同签名后，撤离现场，自行协商损害赔偿事宜。当事人对交通事故事实及成因有争议的，应当迅速报警。

第八十七条 非机动车与非机动车或者行人在道路上发生交通事故，未造成人身伤亡，且基本事实及成因清楚的，当事人应当先撤离现场，再自行协商处理损害赔偿事宜。当事人对交通事故事实及成因有争议的，应当迅速报警。

第八十八条 机动车发生交通事故，造成道路、供电、通讯等设施损毁的，驾驶人应当报警等候处理，不得驶离。机动车可以移动的，应当将机动车移至不妨碍交通的地点。公安机关交通管理部门应当将事故有关情况通知有关部门。

第八十九条 公安机关交通管理部门或者交通警察接到交通事故报警，应当及时赶赴现场，对未造成人身伤亡，事实清楚，并且机动车可以移动的，应当在记录事故情况后责令当事人撤离现场，恢复交通。对拒不撤离现场的，予以强制撤离。

对属于前款规定情况的道路交通事故，交通警察可以适用简易程序处理，并当场出具事故认定书。当事人共同请求调解的，交通警察可以当场对损害赔偿争议进行调解。

对道路交通事故造成人员伤亡和财产损失需要勘验、检查现场的，公安机关交通管理部门应当按照勘查现场工作规范进行。现场勘查完毕，应当组织清理现场，恢复交通。

第九十条 投保机动车第三者责任强制保险的机动车发生交通事故，因抢救受伤人员需要保险公司支付抢救费用的，由公安机关交通管理部门通知保险公司。

抢救受伤人员需要道路交通事故救助基金垫付费用的，由公安机关交通管理部门通知道路交通事故社会救助基金管理机构。

第九十一条 公安机关交通管理部门应当根据交通事故当事人的行为对发生交通事故所起的作用以及过错的严重程度，确定当事人的责任。

第九十二条 发生交通事故后当事人逃逸的，逃逸的当事人承担全部责任。但是，有证据证明对方当事人也有过错的，可以减轻责任。

当事人故意破坏、伪造现场、毁灭证据的，承担全部责任。

第九十三条 公安机关交通管理部门对经过勘验、检查现场的交通事故应当在勘查现场之日起 10 日内制作交通事故认定书。对需要进行检验、鉴定的，应当在检验、鉴定结果确定之日起 5 日内制作交通事故认定书。

第九十四条 当事人对交通事故损害赔偿有争议，各方当事人一致请求公安机关交通管理部门调解的，应当在收到交通事故认定书之日起 10 日内提出书面调解申请。

对交通事故致死的，调解从办理丧葬事宜结束之日起开始；对交通事故致伤的，调解从治疗终结或者定残之日起开始；对交通事故造成财产损失的，调解从确定损失之日起开始。

第九十五条 公安机关交通管理部门调解交通事故损害赔偿争议的期限为 10 日。调解达成协议的，公安机关交通管理部门应当制作调解书送交各方当事人，调解书经各方当事人共同签字后生效；调解未达成协议的，公安机关交通管理部门应当制作调解终结书送交各方当事人。

交通事故损害赔偿项目和标准依照有关法律的规定执行。

第九十六条 对交通事故损害赔偿的争议，当事人向人民法院提起民事诉讼的，公安机关交通管理部门不再受理调解申请。

公安机关交通管理部门调解期间，当事人向人民法院提起民事诉讼的，调解终止。

第九十七条 车辆在道路以外发生交通事故，公安机关交通管理部门接到报案的，参照道路交通安全法和本条例的规定处理。

车辆、行人与火车发生的交通事故以及在渡口发生的交通事故，依照国家有关规定处理。

第六章 执法监督

第九十八条 公安机关交通管理部门应当公开办事制度、办事程序，建立警风警纪监督员制度，自觉接受社会和群众的监督。

第九十九条 公安机关交通管理部门及其交通警察办理机动车登记，发放号牌，对驾驶人考试、发证，处理道路交通安全违法行为，处理道路交通事故，应当严格遵守有关规定，不得越权执法，不得延迟履行职责，不得擅自改变处罚的种类和幅度。

第一百条　公安机关交通管理部门应当公布举报电话，受理群众举报投诉，并及时调查核实，反馈查处结果。

第一百零一条　公安机关交通管理部门应当建立执法质量考核评议、执法责任制和执法过错追究制度，防止和纠正道路交通安全执法中的错误或者不当行为。

第七章　法律责任

第一百零二条　违反本条例规定的行为，依照道路交通安全法和本条例的规定处罚。

第一百零三条　以欺骗、贿赂等不正当手段取得机动车登记或者驾驶许可的，收缴机动车登记证书、号牌、行驶证或者机动车驾驶证，撤销机动车登记或者机动车驾驶许可；申请人在3年内不得申请机动车登记或者机动车驾驶许可。

第一百零四条　机动车驾驶人有下列行为之一，又无其他机动车驾驶人即时替代驾驶的，公安机关交通管理部门除依法给予处罚外，可以将其驾驶的机动车移至不妨碍交通的地点或者有关部门指定的地点停放：

（一）不能出示本人有效驾驶证的；

（二）驾驶的机动车与驾驶证载明的准驾车型不符的；

（三）饮酒、服用国家管制的精神药品或者麻醉药品、患有妨碍安全驾驶的疾病，或者过度疲劳仍继续驾驶的；

（四）学习驾驶人员没有教练人员随车指导单独驾驶的。

第一百零五条　机动车驾驶人有饮酒、醉酒、服用国家管制的精神药品或者麻醉药品嫌疑的，应当接受测试、检验。

第一百零六条　公路客运载客汽车超过核定乘员、载货汽车超过核定载质量的，公安机关交通管理部门依法扣留机动车后，驾驶人应当将超载的乘车人转运、将超载的货物卸载，费用由超载机动车的驾驶人或者所有人承担。

第一百零七条　依照道路交通安全法第九十二条、第九十五条、第九十六条、第九十八条的规定被扣留的机动车，驾驶人或者所有人、管理人30日内没有提供被扣留机动车的合法证明，没有补办相应手续，或者不前来接受处理，经公安机关交通管理部门通知并且经公告3个月仍不前来接受处理的，由公安机关交通管理部门将该机动车送交有资格的拍卖机构拍卖，所得价款上缴国库；非法拼装的机动车予以拆除；达到报废标准的机动车予以报废；机动车涉及其他违法犯罪行为的，移交有关部门处理。

第一百零八条　交通警察按照简易程序当场作出行政处罚的，应当告知当事人道路交通安全违法行为的事实、处罚的理由和依据，并将行政处罚决定书当场交付被处罚人。

第一百零九条　对道路交通安全违法行为人处以罚款或者暂扣驾驶证处罚的，由违法行为发生地的县级以上人民政府公安机关交通管理部门或者相当于同级的公安机关交通管理部门作出决定；对处以吊销机动车驾驶证处罚的，由设区的市人民政府公安机关交通管理部门或者相当于同级的公安机关交通管理部门作出决定。

公安机关交通管理部门对非本辖区机动车的道路交通安全违法行为没有当场处罚的，可以由机动车登记地的公安机关交通管理部门处罚。

第一百一十条 当事人对公安机关交通管理部门及其交通警察的处罚有权进行陈述和申辩，交通警察应当充分听取当事人的陈述和申辩，不得因当事人陈述、申辩而加重其处罚。

第八章 附 则

第一百一十一条 本条例所称上道路行驶的拖拉机，是指手扶拖拉机等最高设计行驶速度不超过每小时20公里的轮式拖拉机和最高设计行驶速度不超过每小时40公里、牵引挂车方可从事道路运输的轮式拖拉机。

第一百一十二条 农业(农业机械)主管部门应当定期向公安机关交通管理部门提供拖拉机登记、安全技术检验以及拖拉机驾驶证发放的资料、数据。公安机关交通管理部门对拖拉机驾驶人作出暂扣、吊销驾驶证处罚或者记分处理的，应当定期将处罚决定书和记分情况通报有关的农业(农业机械)主管部门。吊销驾驶证的，还应当将驾驶证送交有关的农业(农业机械)主管部门。

第一百一十三条 境外机动车入境行驶，应当向入境地的公安机关交通管理部门申请临时通行号牌、行驶证。临时通行号牌、行驶证应当根据行驶需要，载明有效日期和允许行驶的区域。

入境的境外机动车申请临时通行号牌、行驶证以及境外人员申请机动车驾驶许可的条件、考试办法由国务院公安部门规定。

第一百一十四条 机动车驾驶许可考试的收费标准，由国务院价格主管部门规定。

第一百一十五条 本条例自2004年5月1日起施行。1960年2月11日国务院批准、交通部发布的《机动车管理办法》，1988年3月9日国务院发布的《中华人民共和国道路交通管理条例》，1991年9月22日国务院发布的《道路交通事故处理办法》，同时废止。

中华人民共和国行政许可法

第一章　总　　则

第一条　为了规范行政许可的设定和实施，保护公民、法人和其他组织的合法权益，维护公共利益和社会秩序，保障和监督行政机关有效实施行政管理，根据宪法，制定本法。

第二条　本法所称行政许可，是指行政机关根据公民、法人或者其他组织的申请，经依法审查，准予其从事特定活动的行为。

第三条　行政许可的设定和实施，适用本法。

有关行政机关对其他机关或者对其直接管理的事业单位的人事、财务、外事等事项的审批，不适用本法。

第四条　设定和实施行政许可，应当依照法定的权限、范围、条件和程序。

第五条　设定和实施行政许可，应当遵循公开、公平、公正的原则。

有关行政许可的规定应当公布；未经公布的，不得作为实施行政许可的依据。行政许可的实施和结果，除涉及国家秘密、商业秘密或者个人隐私的外，应当公开。

符合法定条件、标准的，申请人有依法取得行政许可的平等权利，行政机关不得歧视。

第六条　实施行政许可，应当遵循便民的原则，提高办事效率，提供优质服务。

第七条　公民、法人或者其他组织对行政机关实施行政许可，享有陈述权、申辩权；有权依法申请行政复议或者提起行政诉讼；其合法权益因行政机关违法实施行政许可受到损害的，有权依法要求赔偿。

第八条　公民、法人或者其他组织依法取得的行政许可受法律保护，行政机关不得擅自改变已经生效的行政许可。

行政许可所依据的法律、法规、规章修改或者废止，或者准予行政许可所依据的客观情况发生重大变化的，为了公共利益的需要，行政机关可以依法变更或者撤回已经生效的行政许可。由此给公民、法人或者其他组织造成财产损失的，行政机关应当依法给予补偿。

第九条　依法取得的行政许可，除法律、法规规定依照法定条件和程序可以转让的外，不得转让。

第十条　县级以上人民政府应当建立健全对行政机关实施行政许可的监督制度，加强对行政机关实施行政许可的监督检查。

行政机关应当对公民、法人或者其他组织从事行政许可事项的活动实施有效监督。

第二章　行政许可的设定

第十一条　设定行政许可，应当遵循经济和社会发展规律，有利于发挥公民、法人或者其他组织的积极性、主动性，维护公共利益和社会秩序，促进经济、社会和生态环境协调发展。

第十二条　下列事项可以设定行政许可：

（一）直接涉及国家安全、公共安全、经济宏观调控、生态环境保护以及直接关系人身健康、生命财产安全等特定活动，需要按照法定条件予以批准的事项；

（二）有限自然资源开发利用、公共资源配置以及直接关系公共利益的特定行业的市场准入等，需要赋予特定权利的事项；

（三）提供公众服务并且直接关系公共利益的职业、行业，需要确定具备特殊信誉、特殊条件或者特殊技能等资格、资质的事项；

（四）直接关系公共安全、人身健康、生命财产安全的重要设备、设施、产品、物品，需要按照技术标准、技术规范，通过检验、检测、检疫等方式进行审定的事项；

（五）企业或者其他组织的设立等，需要确定主体资格的事项；

（六）法律、行政法规规定可以设定行政许可的其他事项。

第十三条 本法第十二条所列事项，通过下列方式能够予以规范的，可以不设行政许可：

（一）公民、法人或者其他组织能够自主决定的；

（二）市场竞争机制能够有效调节的；

（三）行业组织或者中介机构能够自律管理的；

（四）行政机关采用事后监督等其他行政管理方式能够解决的。

第十四条 本法第十二条所列事项，法律可以设定行政许可。尚未制定法律的，行政法规可以设定行政许可。

必要时，国务院可以采用发布决定的方式设定行政许可。实施后，除临时性行政许可事项外，国务院应当及时提请全国人民代表大会及其常务委员会制定法律，或者自行制定行政法规。

第十五条 本法第十二条所列事项，尚未制定法律、行政法规的，地方性法规可以设定行政许可；尚未制定法律、行政法规和地方性法规的，因行政管理的需要，确需立即实施行政许可的，省、自治区、直辖市人民政府规章可以设定临时性的行政许可。临时性的行政许可实施满一年需要继续实施的，应当提请本级人民代表大会及其常务委员会制定地方性法规。

地方性法规和省、自治区、直辖市人民政府规章，不得设定应当由国家统一确定的公民、法人或者其他组织的资格、资质的行政许可；不得设定企业或者其他组织的设立登记及其前置性行政许可。其设定的行政许可，不得限制其他地区的个人或者企业到本地区从事生产经营和提供服务，不得限制其他地区的商品进入本地区市场。

第十六条 行政法规可以在法律设定的行政许可事项范围内，对实施该行政许可作出具体规定。

地方性法规可以在法律、行政法规设定的行政许可事项范围内，对实施该行政许可作出具体规定。

规章可以在上位法设定的行政许可事项范围内，对实施该行政许可作出具体规定。

法规、规章对实施上位法设定的行政许可作出的具体规定，不得增设行政许可；对行政许可条件作出的具体规定，不得增设违反上位法的其他条件。

第十七条 除本法第十四条、第十五条规定的外，其他规范性文件一律不得设定行政许可。

第十八条 设定行政许可，应当规定行政许可的实施机关、条件、程序、期限。

第十九条 起草法律草案、法规草案和省、自治区、直辖市人民政府规章草案，拟设定行政许可的，起草单位应当采取听证会、论证会等形式听取意见，并向制定机关说明设定该行政许可的必要性、对经济和社会可能产生的影响以及听取和采纳意见的情况。

第二十条 行政许可的设定机关应当定期对其设定的行政许可进行评价；对已设定的行政许可，认为通过本法第十三条所列方式能够解决的，应当对设定该行政许可的规定及时予以修改或者废止。

行政许可的实施机关可以对已设定的行政许可的实施情况及存在的必要性适时进行评价，并将意见报告该行政许可的设定机关。

公民、法人或者其他组织可以向行政许可的设定机关和实施机关就行政许可的设定和实施提出意见和建议。

第二十一条 省、自治区、直辖市人民政府对行政法规设定的有关经济事务的行政许可，根据本行政区域经济和社会发展情况，认为通过本法第十三条所列方式能够解决的，报国务院批准后，可以在本行政区域内停止实施该行政许可。

第三章 行政许可的实施机关

第二十二条 行政许可由具有行政许可权的行政机关在其法定职权范围内实施。

第二十三条 法律、法规授权的具有管理公共事务职能的组织，在法定授权范围内，以自己的名义实施行政许可。被授权的组织适用本法有关行政机关的规定。

第二十四条 行政机关在其法定职权范围内，依照法律、法规、规章的规定，可以委托其他行政机关实施行政许可。委托机关应当将受委托行政机关和受委托实施行政许可的内容予以公告。

委托行政机关对受委托行政机关实施行政许可的行为应当负责监督，并对该行为的后果承担法律责任。

受委托行政机关在委托范围内，以委托行政机关名义实施行政许可；不得再委托其他组织或者个人实施行政许可。

第二十五条 经国务院批准，省、自治区、直辖市人民政府根据精简、统一、效能的原则，可以决定一个行政机关行使有关行政机关的行政许可权。

第二十六条 行政许可需要行政机关内设的多个机构办理的，该行政机关应当确定一个机构统一受理行政许可申请，统一送达行政许可决定。

行政许可依法由地方人民政府两个以上部门分别实施的，本级人民政府可以确定一个部门受理行政许可申请并转告有关部门分别提出意见后统一办理，或者组织有关部门联合办理、集中办理。

第二十七条 行政机关实施行政许可，不得向申请人提出购买指定商品、接受有偿服务等不正当要求。

行政机关工作人员办理行政许可，不得索取或者收受申请人的财物，不得谋取其他利益。

第二十八条 对直接关系公共安全、人身健康、生命财产安全的设备、设施、产品、物品的检验、检测、检疫，除法律、行政法规规定由行政机关实施的外，应当逐步由符合法定条件的专业技术组织实施。专业技术组织及其有关人员对所实施的检验、检测、检疫结论承担法律责任。

第四章　行政许可的实施程序

第一节　申请与受理

第二十九条　公民、法人或者其他组织从事特定活动，依法需要取得行政许可的，应当向行政机关提出申请。申请书需要采用格式文本的，行政机关应当向申请人提供行政许可申请书格式文本。申请书格式文本中不得包含与申请行政许可事项没有直接关系的内容。

申请人可以委托代理人提出行政许可申请。但是，依法应当由申请人到行政机关办公场所提出行政许可申请的除外。

行政许可申请可以通过信函、电报、电传、传真、电子数据交换和电子邮件等方式提出。

第三十条　行政机关应当将法律、法规、规章规定的有关行政许可的事项、依据、条件、数量、程序、期限以及需要提交的全部材料的目录和申请书示范文本等在办公场所公示。

申请人要求行政机关对公示内容予以说明、解释的，行政机关应当说明、解释，提供准确、可靠的信息。

第三十一条　申请人申请行政许可，应当如实向行政机关提交有关材料和反映真实情况，并对其申请材料实质内容的真实性负责。行政机关不得要求申请人提交与其申请的行政许可事项无关的技术资料和其他材料。

第三十二条　行政机关对申请人提出的行政许可申请，应当根据下列情况分别作出处理：

（一）申请事项依法不需要取得行政许可的，应当即时告知申请人不受理；

（二）申请事项依法不属于本行政机关职权范围的，应当即时作出不予受理的决定，并告知申请人向有关行政机关申请；

（三）申请材料存在可以当场更正的错误的，应当允许申请人当场更正；

（四）申请材料不齐全或者不符合法定形式的，应当当场或者在五日内一次告知申请人需要补正的全部内容，逾期不告知的，自收到申请材料之日起即为受理；

（五）申请事项属于本行政机关职权范围，申请材料齐全、符合法定形式，或者申请人按照本行政机关的要求提交全部补正申请材料的，应当受理行政许可申请。

行政机关受理或者不予受理行政许可申请，应当出具加盖本行政机关专用印章和注明日期的书面凭证。

第三十三条　行政机关应当建立和完善有关制度，推行电子政务，在行政机关的网站上公布行政许可事项，方便申请人采取数据电文等方式提出行政许可申请；应当与其他行政机关共享有关行政许可信息，提高办事效率。

第二节　审查与决定

第三十四条　行政机关应当对申请人提交的申请材料进行审查。

申请人提交的申请材料齐全、符合法定形式，行政机关能够当场作出决定的，应当当场作出书面的行政许可决定。

根据法定条件和程序，需要对申请材料的实质内容进行核实的，行政机关应当指派两名以上工作人员进行核查。

第三十五条 依法应当先经下级行政机关审查后报上级行政机关决定的行政许可，下级行政机关应当在法定期限内将初步审查意见和全部申请材料直接报送上级行政机关。上级行政机关不得要求申请人重复提供申请材料。

第三十六条 行政机关对行政许可申请进行审查时，发现行政许可事项直接关系他人重大利益的，应当告知该利害关系人。申请人、利害关系人有权进行陈述和申辩。行政机关应当听取申请人、利害关系人的意见。

第三十七条 行政机关对行政许可申请进行审查后，除当场作出行政许可决定的外，应当在法定期限内按照规定程序作出行政许可决定。

第三十八条 申请人的申请符合法定条件、标准的，行政机关应当依法作出准予行政许可的书面决定。

行政机关依法作出不予行政许可的书面决定的，应当说明理由，并告知申请人享有依法申请行政复议或者提起行政诉讼的权利。

第三十九条 行政机关作出准予行政许可的决定，需要颁发行政许可证件的，应当向申请人颁发加盖本行政机关印章的下列行政许可证件：

（一）许可证、执照或者其他许可证书；

（二）资格证、资质证或者其他合格证书；

（三）行政机关的批准文件或者证明文件；

（四）法律、法规规定的其他行政许可证件。

行政机关实施检验、检测、检疫的，可以在检验、检测、检疫合格的设备、设施、产品、物品上加贴标签或者加盖检验、检测、检疫印章。

第四十条 行政机关作出的准予行政许可决定，应当予以公开，公众有权查阅。

第四十一条 法律、行政法规设定的行政许可，其适用范围没有地域限制的，申请人取得的行政许可在全国范围内有效。

第三节 期 限

第四十二条 除可以当场作出行政许可决定的外，行政机关应当自受理行政许可申请之日起二十日内作出行政许可决定。二十日内不能作出决定的，经本行政机关负责人批准，可以延长十日，并应当将延长期限的理由告知申请人。但是，法律、法规另有规定的，依照其规定。

依照本法第二十六条的规定，行政许可采取统一办理或者联合办理、集中办理的，办理的时间不得超过四十五日；四十五日内不能办结的，经本级人民政府负责人批准，可以延长十五日，并应当将延长期限的理由告知申请人。

第四十三条 依法应当先经下级行政机关审查后报上级行政机关决定的行政许可，下级行政机关应当自其受理行政许可申请之日起二十日内审查完毕。但是，法律、法规另有规定的，依照其规定。

第四十四条 行政机关作出准予行政许可的决定，应当自作出决定之日起十日内向申请人颁发、送达行政许可证件，或者加贴标签、加盖检验、检测、检疫印章。

第四十五条 行政机关作出行政许可决定，依法需要听证、招标、拍卖、检验、检测、检疫、鉴定和专家评审的，所需时间不计算在本节规定的期限内。行政机关应当将所需时间书面告知申请人。

第四节 听 证

第四十六条 法律、法规、规章规定实施行政许可应当听证的事项，或者行政机关认为需要听证的其他涉及公共利益的重大行政许可事项，行政机关应当向社会公告，并举行听证。

第四十七条 行政许可直接涉及申请人与他人之间重大利益关系的，行政机关在作出行政许可决定前，应当告知申请人、利害关系人享有要求听证的权利；申请人、利害关系人在被告知听证权利之日起五日内提出听证申请的，行政机关应当在二十日内组织听证。

申请人、利害关系人不承担行政机关组织听证的费用。

第四十八条 听证按照下列程序进行：

（一）行政机关应当于举行听证的七日前将举行听证的时间、地点通知申请人、利害关系人，必要时予以公告；

（二）听证应当公开举行；

（三）行政机关应当指定审查该行政许可申请的工作人员以外的人员为听证主持人，申请人、利害关系人认为主持人与该行政许可事项有直接利害关系的，有权申请回避；

（四）举行听证时，审查该行政许可申请的工作人员应当提供审查意见的证据、理由，申请人、利害关系人可以提出证据，并进行申辩和质证；

（五）听证应当制作笔录，听证笔录应当交听证参加人确认无误后签字或者盖章。

行政机关应当根据听证笔录，作出行政许可决定。

第五节 变更与延续

第四十九条 被许可人要求变更行政许可事项的，应当向作出行政许可决定的行政机关提出申请；符合法定条件、标准的，行政机关应当依法办理变更手续。

第五十条 被许可人需要延续依法取得的行政许可的有效期的，应当在该行政许可有效期届满三十日前向作出行政许可决定的行政机关提出申请。但是，法律、法规、规章另有规定的，依照其规定。

行政机关应当根据被许可人的申请，在该行政许可有效期届满前作出是否准予延续的决定；逾期未作决定的，视为准予延续。第六节特别规定

第五十一条 实施行政许可的程序，本节有规定的，适用本节规定；本节没有规定的，适用本章其他有关规定。

第五十二条 国务院实施行政许可的程序，适用有关法律、行政法规的规定。

第五十三条 实施本法第十二条第二项所列事项的行政许可的，行政机关应当通过招标、拍卖等公平竞争的方式作出决定。但是，法律、行政法规另有规定的，依照其规定。

行政机关通过招标、拍卖等方式作出行政许可决定的具体程序，依照有关法律、行政法规的规定。

行政机关按照招标、拍卖程序确定中标人、买受人后，应当作出准予行政许可的决定，并依法向中标人、买受人颁发行政许可证件。

行政机关违反本条规定，不采用招标、拍卖方式，或者违反招标、拍卖程序，损害申请人合法权益的，申请人可以依法申请行政复议或者提起行政诉讼。

第五十四条 实施本法第十二条第三项所列事项的行政许可，赋予公民特定资格，依法应当举行国家考试的，行政机关根据考试成绩和其他法定条件作出行政许可决定；赋予法人或者其他组织特定的资格、资质的，行政机关根据申请人的专业人员构成、技术条件、经营业绩和管理水平等的考核结果作出行政许可决定。但是，法律、行政法规另有规定的，依照其规定。

公民特定资格的考试依法由行政机关或者行业组织实施，公开举行。行政机关或者行业组织应当事先公布资格考试的报名条件、报考办法、考试科目以及考试大纲。但是，不得组织强制性的资格考试的考前培训，不得指定教材或者其他助考材料。

第五十五条 实施本法第十二条第四项所列事项的行政许可的，应当按照技术标准、技术规范依法进行检验、检测、检疫，行政机关根据检验、检测、检疫的结果作出行政许可决定。

行政机关实施检验、检测、检疫，应当自受理申请之日起五日内指派两名以上工作人员按照技术标准、技术规范进行检验、检测、检疫。不需要对检验、检测、检疫结果作进一步技术分析即可认定设备、设施、产品、物品是否符合技术标准、技术规范的，行政机关应当当场作出行政许可决定。

行政机关根据检验、检测、检疫结果，作出不予行政许可决定的，应当书面说明不予行政许可所依据的技术标准、技术规范。

第五十六条 实施本法第十二条第五项所列事项的行政许可，申请人提交的申请材料齐全、符合法定形式的，行政机关应当当场予以登记。需要对申请材料的实质内容进行核实的，行政机关依照本法第三十四条第三款的规定办理。

第五十七条 有数量限制的行政许可，两个或者两个以上申请人的申请均符合法定条件、标准的，行政机关应当根据受理行政许可申请的先后顺序作出准予行政许可的决定。但是，法律、行政法规另有规定的，依照其规定。

第五章 行政许可的费用

第五十八条 行政机关实施行政许可和对行政许可事项进行监督检查，不得收取任何费用。但是，法律、行政法规另有规定的，依照其规定。

行政机关提供行政许可申请书格式文本，不得收费。

行政机关实施行政许可所需经费应当列入本行政机关的预算，由本级财政予以保障，按照批准的预算予以核拨。

第五十九条 行政机关实施行政许可，依照法律、行政法规收取费用的，应当按照公布的法定项目和标准收费；所收取的费用必须全部上缴国库，任何机关或者个人不得以任何形式截留、挪用、私分或者变相私分。财政部门不得以任何形式向行政机关返还或者变相返还实施行政许可所收取的费用。

第六章　监督检查

第六十条 上级行政机关应当加强对下级行政机关实施行政许可的监督检查，及时纠正行政许可实施中的违法行为。

第六十一条 行政机关应当建立健全监督制度，通过核查反映被许可人从事行政许可事项活动情况的有关材料，履行监督责任。

行政机关依法对被许可人从事行政许可事项的活动进行监督检查时，应当将监督检查的情况和处理结果予以记录，由监督检查人员签字后归档。公众有权查阅行政机关监督检查记录。

行政机关应当创造条件，实现与被许可人、其他有关行政机关的计算机档案系统互联，核查被许可人从事行政许可事项活动情况。

第六十二条 行政机关可以对被许可人生产经营的产品依法进行抽样检查、检验、检测，对其生产经营场所依法进行实地检查。检查时，行政机关可以依法查阅或者要求被许可人报送有关材料；被许可人应当如实提供有关情况和材料。

行政机关根据法律、行政法规的规定，对直接关系公共安全、人身健康、生命财产安全的重要设备、设施进行定期检验。对检验合格的，行政机关应当发给相应的证明文件。

第六十三条 行政机关实施监督检查，不得妨碍被许可人正常的生产经营活动，不得索取或者收受被许可人的财物，不得谋取其他利益。

第六十四条 被许可人在作出行政许可决定的行政机关管辖区域外违法从事行政许可事项活动的，违法行为发生地的行政机关应当依法将被许可人的违法事实、处理结果抄告作出行政许可决定的行政机关。

第六十五条 个人和组织发现违法从事行政许可事项的活动，有权向行政机关举报，行政机关应当及时核实、处理。

第六十六条 被许可人未依法履行开发利用自然资源义务或者未依法履行利用公共资源义务的，行政机关应当责令限期改正；被许可人在规定期限内不改正的，行政机关应当依照有关法律、行政法规的规定予以处理。

第六十七条 取得直接关系公共利益的特定行业的市场准入行政许可的被许可人，应当按照国家规定的服务标准、资费标准和行政机关依法规定的条件，向用户提供安全、方便、稳定和价格合理的服务，并履行普遍服务的义务；未经作出行政许可决定的行政机关批准，不得擅自停业、歇业。

被许可人不履行前款规定的义务的，行政机关应当责令限期改正，或者依法采取有效措施督促其履行义务。

第六十八条 对直接关系公共安全、人身健康、生命财产安全的重要设备、设施，行政机关应当督促设计、建造、安装和使用单位建立相应的自检制度。

行政机关在监督检查时，发现直接关系公共安全、人身健康、生命财产安全的重要设备、设施存在安全隐患的，应当责令停止建造、安装和使用，并责令设计、建造、安装和使用单位立即改正。

第六十九条 有下列情形之一的，作出行政许可决定的行政机关或者其上级行政机关，根据利害关系人的请求或者依据职权，可以撤销行政许可：

（一）行政机关工作人员滥用职权、玩忽职守作出准予行政许可决定的；

（二）超越法定职权作出准予行政许可决定的；

（三）违反法定程序作出准予行政许可决定的；

（四）对不具备申请资格或者不符合法定条件的申请人准予行政许可的；

（五）依法可以撤销行政许可的其他情形。

被许可人以欺骗、贿赂等不正当手段取得行政许可的，应当予以撤销。

依照前两款的规定撤销行政许可，可能对公共利益造成重大损害的，不予撤销。

依照本条第一款的规定撤销行政许可，被许可人的合法权益受到损害的，行政机关应当依法给予赔偿。依照本条第二款的规定撤销行政许可的，被许可人基于行政许可取得的利益不受保护。

第七十条 有下列情形之一的，行政机关应当依法办理有关行政许可的注销手续：

（一）行政许可有效期届满未延续的；

（二）赋予公民特定资格的行政许可，该公民死亡或者丧失行为能力的；

（三）法人或者其他组织依法终止的；

（四）行政许可依法被撤销、撤回，或者行政许可证件依法被吊销的；

（五）因不可抗力导致行政许可事项无法实施的；

（六）法律、法规规定的应当注销行政许可的其他情形。

第七章 法律责任

第七十一条 违反本法第十七条规定设定的行政许可，有关机关应当责令设定该行政许可的机关改正，或者依法予以撤销。

第七十二条 行政机关及其工作人员违反本法的规定，有下列情形之一的，由其上级行政机关或者监察机关责令改正；情节严重的，对直接负责的主管人员和其他直接责任人员依法给予行政处分：

（一）对符合法定条件的行政许可申请不予受理的；

（二）不在办公场所公示依法应当公示的材料的；

（三）在受理、审查、决定行政许可过程中，未向申请人、利害关系人履行法定告知义务的；

（四）申请人提交的申请材料不齐全、不符合法定形式，不一次告知申请人必须补正的全部内容的；

（五）未依法说明不受理行政许可申请或者不予行政许可的理由的；

（六）依法应当举行听证而不举行听证的。

第七十三条 行政机关工作人员办理行政许可、实施监督检查，索取或者收受他人财物或者谋取其他利益，构成犯罪的，依法追究刑事责任；尚不构成犯罪的，依法给予行政处分。

第七十四条 行政机关实施行政许可，有下列情形之一的，由其上级行政机关或者监察机关责令改正，对直接负责的主管人员和其他直接责任人员依法给予行政处分；构成犯罪的，依法追究刑事责任：

（一）对不符合法定条件的申请人准予行政许可或者超越法定职权作出准予行政许可决定的；

（二）对符合法定条件的申请人不予行政许可或者不在法定期限内作出准予行政许可决定的；

（三）依法应当根据招标、拍卖结果或者考试成绩择优作出准予行政许可决定，未经招标、拍卖或者考试，或者不根据招标、拍卖或者考试成绩结果择优作出准予行政许可决定的。

第七十五条 行政机关实施行政许可，擅自收费或者不按照法定项目和标准收费的，由其上级行政机关或者监察机关责令退还非法收取的费用；对直接负责的主管人员和其他直接责任人员依法给予行政处分。

截留、挪用、私分或者变相私分实施行政许可依法收取的费用的，予以追缴；对直接负责的主管人员和其他直接责任人员依法给予行政处分；构成犯罪的，依法追究刑事责任。

第七十六条 行政机关违法实施行政许可，给当事人的合法权益造成损害的，应当依照国家赔偿法的规定给予赔偿。

第七十七条 行政机关不依法履行监督职责或者监督不力，造成严重后果的，由其上级行政机关或者监察机关责令改正，对直接负责的主管人员和其他直接责任人员依法给予行政处分；构成犯罪的，依法追究刑事责任。

第七十八条 行政许可申请人隐瞒有关情况或者提供虚假材料申请行政许可的，行政机关不予受理或者不予行政许可，并给予警告；行政许可申请属于直接关系公共安全、人身健康、生命财产安全事项的，申请人在一年内不得再次申请该行政许可。

第七十九条 被许可人以欺骗、贿赂等不正当手段取得行政许可的，行政机关应当依法给予行政处罚；取得的行政许可属于直接关系公共安全、人身健康、生命财产安全事项的，申请人在三年内不得再次申请该行政许可；构成犯罪的，依法追究刑事责任。

第八十条 被许可人有下列行为之一的，行政机关应当依法给予行政处罚；构成犯罪的，依法追究刑事责任：

（一）涂改、倒卖、出租、出借行政许可证件，或者以其他形式非法转让行政许可的；

（二）超越行政许可范围进行活动的；

（三）向负责监督检查的行政机关隐瞒有关情况、提供虚假材料或者拒绝提供反映其活动情况的真实材料的；

（四）法律、法规、规章规定的其他违法行为。

第八十一条 公民、法人或者其他组织未经行政许可，擅自从事依法应当取得行政许可的活动的，行政机关应当依法采取措施予以制止，并依法给予行政处罚；构成犯罪的，依法追究刑事责任。

第八章　附　　则

第八十二条　本法规定的行政机关实施行政许可的期限以工作日计算，不含法定节假日。

第八十三条　本法自2004年7月1日起施行。

本法施行前有关行政许可的规定，制定机关应当依照本法规定予以清理；不符合本法规定的，自本法施行之日起停止执行。

机动车安全技术检验机构监督管理办法

（国家质检总局第121号令）

第一章 总 则

第一条 为了加强对机动车安全技术检验机构的监督管理，根据《中华人民共和国行政许可法》、《中华人民共和国道路交通安全法》及其实施条例、《中华人民共和国计量法》及其实施细则等有关法律法规，制定本办法。

第二条 机动车安全技术检验机构（以下简称“安检机构”）开展机动车安全技术检验以及对安检机构实施监督管理应当遵守本办法。

本办法所称机动车安全技术检验，是指根据《中华人民共和国道路交通安全法》及其实施条例规定，按照机动车国家安全技术标准等要求，对上道路行驶的机动车进行检验检测的活动，包括机动车注册登记时的初次安全技术检验和登记后的定期安全技术检验。

本办法所称安检机构，是指在中华人民共和国境内，根据《中华人民共和国道路交通安全法》及其实施条例的规定，按照机动车国家安全技术标准等要求，对上道路行驶的机动车进行检验，并向社会出具公证数据的检验机构。

第三条 国家质量监督检验检疫总局（以下简称“国家质检总局”）对全国安检机构实施统一监督管理。

各省级质量技术监督部门负责本行政区域内安检机构的监督管理工作。市县级质量技术监督部门在各自的职责范围内负责本行政区域内安检机构的监督管理工作。

第四条 各级质量技术监督部门应当遵循科学、公正、廉洁、高效的原则，依法对安检机构实施监督管理。

第五条 安检机构应当严格依据国家有关法律法规规定，按照机动车国家安全技术标准和有关规定对机动车实施检验，并对检验结果负责。

第二章 安检机构资格许可

第六条 安检机构的设置，应当遵循统筹规划、合理布局、方便检测的原则。

第七条 国家对安检机构实行资格管理和计量认证管理。

安检机构应当依照国家有关法律法规的规定，取得计量认证、检验资格许可后，方可在批准的检验范围内承担机动车安全技术检验。

省级质量技术监督部门负责实施本行政区域内安检机构检验资格许可申请的受理、审查、决定和发证。

第八条 安检机构的计量认证管理依照计量有关法律法规的规定执行。

第九条 安检机构计量认证、检验资格许可的申请及其受理、现场审查、发证应当一并办理。

第十条 申请取得安检机构检验资格许可，应当具备以下基本条件：

（一）具有法人资格；

（二）具有满足机动车安全技术检验工作需要的，并经省级质量技术监督部门考核合格的从事机动车安全技术检验工作的技术人员；

（三）有完善的工作管理制度，有齐全的机动车安全技术检验标准等技术规范文件资料；

（四）具有申请检测车辆类型和项目所需的机动车安全技术检验的设备及其校准设备；

（五）机动车安全技术检验设备应当通过合法有效的型式认定，在用计量器具应当依法经质量技术监督部门授权的计量技术机构计量检定合格或校准，并在检定或校准有效期内；

（六）具有满足机动车安全技术检验的设施、工作场所和工作环境；

（七）其他应当具备的条件。

第十一条 申请安检机构检验资格许可，应当向所在地省级质量技术监督部门提交以下申请材料：

（一）申请书；

（二）法人证明及复印件；

（三）检验人员考核合格证书及复印件；

（四）计量器具检定或校准证书及复印件；

（五）检测线配置明细以及检测、校准设备清单；

（六）地理位置、场地及厂房平面图，相应的所有权或合法使用权证明及复印件；

（七）其他有关合法证明材料。

第十二条 省级质量技术监督部门接到申请后，应当按照《中华人民共和国行政许可法》关于许可受理的规定，根据申请不同情况，分别做出处理。

第十三条 省级质量技术监督部门在受理申请后，应当及时组织审查人员对申请人进行审查，审查包括资料审查和现场核查。

审查人员应当具备相应的专业知识和实践工作经验。

第十四条 省级质量技术监督部门对申请人进行审查后，应当根据《中华人民共和国行政许可法》关于许可审查和决定的程序、期限等规定，作出是否批准检验资格许可的决定。

第十五条 省级质量技术监督部门应当及时向获得检验资格许可的申请人颁发安检机构检验资格许可证书和检验专用印章。

安检机构检验资格许可证书的式样、编号规则和检验专用印章的式样，由国家质检总局统一规定。

第十六条 安检机构检验资格许可证书有效期为3年。

安检机构检验资格有效期期满，继续从事机动车安全技术检验活动的，应当于期满前3个月向所在地省级质量技术监督部门重新提出申请；安检机构迁址、改建或增加检测线的应当及时向省级质量技术监督部门提出申请；申请的受理、审查和决定按照本规定执行。

第三章　安检机构行为规范

第十七条　安检机构应当遵循独立、客观、公正、诚信的原则开展机动车安全技术检验活动。

第十八条　安检机构应当保持信息系统通畅，及时向质量技术监督部门提供机动车安全技术检验信息。

第十九条　安检机构应当保证在用设备正常完好，在用计量器具依法进行计量检定或校准，并按照质量技术监督部门的要求定期参加检验能力比对试验。

第二十条　安检机构应当建立健全各项规章制度和机动车安全技术检验档案，按照国家有关规定对检验结果和有关技术资料进行保存，有保密要求的，应当遵守保密规定。

第二十一条　安检机构应当加强机动车安全技术检验人员培训和内部管理，不断提高检验服务水平。

第二十二条　安检机构应当接受质量技术监督部门的监督检查和管理，每年1月底之前向所在地质量技术监督部门提交上年度工作报告。

年度工作报告内容应当包括：

（一）安检机构基本情况；

（二）机动车年检验车型及其数量等以及机动车安全技术检验业务开展情况；

（三）在用检测设备的变更情况和计量器具检定或校准情况；

（四）检验人员培训、考核及变更情况；

（五）投诉、异议处理情况；

（六）其他应当报告的事项。

第二十三条　安检机构在机动车安全技术检验活动中发现普遍性质量安全问题的，应当及时向质量技术监督部门等有关部门报告。

第二十四条　安检机构如需停止机动车安全技术检验工作3个月以上的，应当报省级质量技术监督部门备案，上交检验资格许可证书和检验专用印章，并于停业前1个月向社会公告。

安检机构停止机动车安全技术检验工作1年以上的，由省级质量技术监督部门注销安检机构检验资格。

第二十五条　安检机构不得有下列行为：

（一）涂改、倒卖、出租、出借检验资格许可证书；

（二）超出批准的检验范围开展机动车安全技术检验；

（三）不按照机动车国家安全技术标准进行检验；

（四）未经检验即出具检验报告等出具虚假检验结果的行为；

（五）要求机动车到指定的场所进行维修、保养；

（六）使用未经省级质量技术监督部门考核或者考核不合格的人员从事检验工作；

（七）无正当理由推诿或拒绝处理用户的投诉或异议；

（八）其他违法行为。

第四章 监督管理

第二十六条 各级质量技术监督部门应当在各自的职责范围内，对本行政区域内安检机构及其工作情况组织监督检查。

监督检查可以采取以下方式进行：

（一）查阅原始检验记录、检验报告；

（二）现场检查机动车安全技术检验过程；

（三）检验能力比对试验；

（四）审核年度工作报告；

（五）听取有关方面对安检机构机动车安全技术检验工作的评价；

（六）调查处理投诉案件；

（七）联网监察或者其他能够反映安检机构工作质量的监督检查方式。

第二十七条 各级质量技术监督部门在进行监督检查时，应当记录监督检查的情况和处理结果，由监督检查人员签字后归档。

第二十八条 县级以上地方质量技术监督部门对在安检机构监督检查工作中发现的问题，应当依法进行处理。对发现的重大问题，应当及时向上级质量技术监督部门汇报，并将情况通报公安机关交通管理部门等相关部门。

第二十九条 各级质量技术监督部门应当建立投诉举报制度，接受投诉举报的质量技术监督部门应当及时核实、处理。

第三十条 各级质量技术监督部门在监督检查或者受理投诉举报时，发现安检机构不按照机动车国家安全技术标准开展机动车安全技术检验，出具虚假检验结果的，应当及时移交公安机关交通管理部门。

第五章 法律责任

第三十一条 未取得检验资格许可证书擅自开展机动车安全技术检验的，由县级以上地方质量技术监督部门予以警告，并处3万元以下罚款。安检机构超出批准的检验范围开展机动车安全技术检验的，由县级以上地方质量技术监督部门责令改正，处3万元以下罚款；情节严重的，由省级质量技术监督部门撤销安检机构检验资格。

第三十二条 有下列情形之一的，构成犯罪的，依法追究刑事责任；构成有关法律法规规定的违法行为的，依法予以行政处罚；未构成有关法律法规规定的违法行为的，由县级以上地方质量技术监督部门予以警告，并处3万元以下罚款；情节严重的，由省级质量技术监督部门依法撤销安检机构检验资格：

（一）涂改、倒卖、出租、出借检验资格证书的；

（二）未按照规定参加检验能力比对试验的；

（三）未按照国家有关规定对检验结果和有关技术资料进行保存，逾期未改的；

（四）未经省级质量技术监督部门批准，擅自迁址、改建或增加检测线开展机动车安全技术检验的；

（五）拒不接受监督检查和管理的。

第三十三条 安检机构使用未经考核或者考核不合格的人员从事机动车安全技术检验工作的，由县级以上地方质量技术监督部门予以警告，并处安检机构5千元以上1万元以下罚款；情节严重的，由省级质量技术监督部门依法撤销安检机构检验资格。

第三十四条 有下列情形之一的，由县级以上地方质量技术监督部门责令改正，逾期不改正的，处以1万元以下罚款：

（一）未按照规定提交年度工作报告或检验信息的；

（二）要求机动车到指定的场所进行维修、保养的；

（三）推诿或拒绝处理用户的投诉或异议的。

第三十五条 安检机构停止机动车安全技术检验工作3个月以上，未报省级质量技术监督部门备案的，或未上交检验资格证书、检验专用印章的，或停止机动车安全技术检验未向社会公告的，由县级以上地方质量技术监督部门责令改正，并处1万元以上3万元以下罚款。

第三十六条 安检机构不按照机动车国家安全技术标准开展机动车安全技术检验，未经检验即出具检验报告等出具虚假检验结果的，由有关部门依法予以处罚。

第三十七条 从事机动车安全技术检验工作的人员在检验活动中接受贿赂，以职谋私的，由省级质量技术监督部门依法撤销其考核合格资质；情节严重的，移送有关部门追究责任。

第三十八条 质量技术监督部门的工作人员在安检机构监督管理活动中滥用职权、玩忽职守、徇私舞弊的，依法给予行政处分；构成犯罪的，依法追究刑事责任。

第六章 附 则

第三十九条 承担进出口机动车安全技术检验的机构的监督管理，按照《中华人民共和国进出口商品检验法》及其实施条例的有关规定执行。

第四十条 军用及特殊管理的机动车安全技术检验，按照有关规定执行。

第四十一条 本办法由国家质检总局负责解释。

第四十二条 本办法自2009年12月1日起施行。2006年2月27日国家质检总局发布的《机动车安全技术检验机构管理规定》同时废止。

关于印发《机动车安全技术检验机构检验资格许可办理程序》等5个规范性文件的通知

（国质检监[2009]521号）

各省、自治区、直辖市质量技术监督局：

为了加强机动车安全技术检验机构的资格管理工作，规范机动车安全技术检验行为，促进机动车安全技术检验机构健康有序发展。依据《中华人民共和国道路交通安全法》及其实施条例、《机动车安全技术检验机构监督管理办法》（国家质量监督检验检疫总局令第121号），总局制定了《机动车安全技术检验机构检验资格许可办理程序》、《机动车安全技术检验机构检验资格许可技术条件》、《机动车安全技术检验机构检验资格许可审查员管理规定》、《机动车安全技术检验机构检验资格许可证书和检验专用章管理规范》、《机动车安全技术检验机构监督管理规范》，现印发你们，请遵照执行。总局制定的原《机动车安全技术检验机构资格许可办理程序》（国质检监[2006]378号）、《机动车安全技术检验机构常规检验资格许可审查员管理办法》（国质检监[2006]380号）、《机动车安全技术检验机构常规检验资格许可技术条件》（国质检监[2006]379号）、《机动车安全技术检验机构监督管理规范》（国质检监[2007]369号）、《机动车安全技术检验机构检验资格许可证书管理规范》（国质检监[2007]369号）、《机动车安全技术检验机构设置规划管理规定》（国质检监[2007]127号）同时废止。

二〇〇九年十一月二十六日

机动车安全技术检验机构监督管理规范

一、总则

为了规范机动车安全技术检验机构(以下简称安检机构)监督管理工作,不断提高安检机构检验技术水平,促进安检机构健康有序发展,保护人民群众的合法权益,根据《中华人民共和国道路交通安全法》及其实施条例、《机动车安全技术检验机构监督管理办法》(国家质量监督检验检疫总局令第121号),制定本规范。

二、监督管理的范围

(一)对安检机构的监督管理主要包括:对安检机构检验资格许可工作人员的监督,对获得检验资格许可安检机构的日常监督,对未获得检验资格许可的机构开展检验活动的查处等。

(二)对安检机构资格许可工作人员的监督主要包括对安检机构资格许可工作中涉及受理、审查、批准的有关人员的监督。

(三)对获得检验资格许可安检机构的监督主要包括:资格有效性的情况;依法开展检验工作的情况;技术条件的保持情况;计量认证的情况;检验仪器设备的检定或者校准情况及其是否处于完好的状态;检验技术人员的培训提高情况;检验结果的真实性、准确性等。

三、质量技术监督部门的职责

(一)县级以上地方质量技术监督部门应当在各自的职责范围内,负责对本行政区域内安检机构的监督管理。监督检查中发现的问题,应当依法进行处理。对发现的重大问题,应当及时向上级质量技术监督部门报告,并将情况通报公安交通管理等相关部门。

(二)国家质检总局职责

1. 指导地方质量技术监督部门开展的安检机构监督检查工作。

2. 对机动车安检机构开展监督抽查。

3. 及时组织处理对安检机构的投诉和举报。

(三)地方质量技术监督部门职责

1. 依据法律、法规的规定,组织对安检机构的监督抽查。

2. 根据需要可以组织安检机构进行比对试验,督促安检机构保持必要的检验能力。

3. 通报安检机构监管信息。

4. 及时处理对安检机构的投诉和举报,调查处理安检机构的违法违规行为。

5. 每年向上级质量技术监督部门提交机动车安检机构资格管理工作报告。

四、质量技术监督部门资格管理人员的要求

(一)依法进行安检机构的受理、审查、批准。不得违反工作程序对安检机构进行许可。

(二)在受理、审查、决定过程中,应当向申请人、利害关系人履行法定告知义务。

（三）申请人提交的申请材料不齐全、不符合法定形式，受理人员应当一次书面告知申请人必须补正的全部内容，除非现场能及时完成更改的。

（四）在办理安检机构资格许可时，不得索取或者收受申请人财物或者谋取其他利益。

（五）及时查处并报告安检机构的违法违规事实，积极查处无证安检的行为。

五、安检机构的职责和守则

（一）安检机构的职责：

1. 遵循独立、客观、公正、诚信的原则开展机动车安全技术检验活动；

2. 保持信息系统通畅，及时向质量技术监督部门提供机动车安全技术检验信息；

3. 保证在用设备正常完好，在用计量器具依法进行计量检定或校准，并按照质量技术监督部门的要求参加检验能力比对试验；

4. 建立健全各项规章制度和机动车安全技术检验档案，按照国家有关规定对检验结果和有关技术资料进行保存，有保密要求的，遵守保密规定；

5. 加强机动车安全技术检验人员培训和内部管理；

6. 接受质量技术监督部门的监督检查和管理，每年 1 月底之前向所在地质量技术监督部门提交上一年度工作报告；

7. 在机动车安全技术检验活动中发现普遍性质量安全问题的，应当及时向质量技术监督部门等有关部门报告；

8. 安检机构如需停止机动车安全技术检验工作 3 个月以上的，应当报省级质量技术监督部门备案，上交检验资格许可证书和检验专用印章，并向社会公告；

9. 建立严格的报告审批制度，对检验报告的真实性、准确性负责；

10. 有条件的地方可以与质量技术监督部门联网；

11. 积极配合各级质量技术监督部门的监督检查，如实提供有关情况和材料。

（二）安检机构守则：

1. 不得涂改、倒卖、出租、出借检验资格许可证书；

2. 不得超出许可的检验范围开展机动车安全技术检验；

3. 按照国家机动车安全技术标准进行检验；

4. 不得出具虚假检测结果；

5. 不得要求机动车到指定的场所进行维修、保养；

6. 不得使用未经省级质量技术监督部门考核合格的人员从事检验工作；

7. 不得推诿或拒绝处理用户的投诉或异议；

8. 不得在工作中以权谋私、索要或者收取礼品、礼金及其他物品，收取贿赂；

9. 不得从事其他法律法规禁止的行为。

六、主要监管方式

（一）对安检机构资格许可行政审批人员的监督管理主要通过检查许可工作过程中的有关资料、行政相对人的投诉和有关工作汇报等方式进行。

（二）对安检机构的监管方式主要有：查阅原始检验记录、检验报告，现场检查机动车安全技术检验过程，组织检验能力比对试验，审核年度工作报告，听取有关方面对安检机构机动车安全技术检验工作的评价，调查处理投诉案件，其他能够反映安检机构工作质量的监督检查方式等。

1. 查阅原始检验记录和检验报告：质量技术监督部门组织对安检机构检验机动车的原始检验记录和所出具的检验报告进行抽样检查。检查原始检验记录和检验报告的内容，应当符合有关规定，结论应当真实、准确。同一辆机动车的原始检验记录和检验报告中的检验数据应当一致，若同一辆机动车的原始检验记录和检验报告中的检验数据不一致，应当组织技术人员进行分析，对因人为因素造成的，应当追究有关人员的责任。已实现联网监察安检机构的地区，可以通过网络进行抽查。

2. 现场检查机动车安全技术检验过程：主要检查安检机构是否存在违法、违规的行为；检验项目的齐全性和检验结果判定的准确性；检查检验工作流程的符合性；检查计量认证证书和检验资格许可证书是否在有效期内；检查检验所用仪器、设备的准确度和有效性以及是否按期进行检定或校准，检查原始记录和检验报告是否正确、规范、保存完好。针对问题突出的有关项目组织开展的检查。可针对审查安检机构年度工作报告中发现的问题和有关部门、群众反映的问题进行的抽查。根据工作需要，质量技术监督部门可以就专项内容进行检查，如检查仪器设备的检定或校准情况，是否有出具虚假数据的情况，是否有漏检、少检项目或不检车只收费的情况等。

3. 检验能力比对试验：质量技术监督部门组织安检机构进行检验能力比对试验，考察安检机构检验水平。

4. 审核年度工作报告：质量技术监督部门每年组织对安检机构年度工作报告进行审核。年度工作报告应当反映安检机构的有关变化、资格许可条件的保持和检查等情况，包括：

(1) 安检机构基本情况；

(2) 机动车年检验车型及其数量等机动车安全技术检验业务开展情况；

(3) 在用检测设备的变更情况和计量器具检定或校准情况；

(4) 检验人员培训、考核情况，人员变更情况；

(5) 投诉、异议处理情况；

(6) 其他应当报告的事项。

5. 听取有关方面对安检机构机动车安全技术检验工作的评价：质量技术监督部门通过走访、电话、征求意见表、座谈会的方式保持与当地公安交通管理部门、被检车辆所有人或者使用人以及社会各界人士的沟通，征询他们对安检工作的建议，就安检机构的检验流程、检验质量等诸方面广泛地听取意见，并及时汇总整理形成书面材料。反映的问题一经核实，均要求安检机构限期整改，并跟踪检查。

6. 调查处理投诉案件：质量技术监督部门在接到投诉案件时，应当及时做好记录、调查、处理、存档工作。重大案件应当报上级质量技术监督部门，调查情况属实时，应当对产生的原因、案件造成的影响进行分析，并依法对责任机构进行处理。

7. 联网监察：在有条件的地区可通过计算机联网管理系统对安检工作进行适时、有效监管。通过联网系统的实时监测功能，检查安检机构检测线的检测情况，检查对国家机动车安全技术现行有效检验标准的执行情况；查阅检验报告；抽查是否存在不按照标准进行检验，是否存在超许可范围检验的现象。

七、质量技术监督部门实施监督检查的要求

（一）工作人员应当熟悉相关法律、法规、规章和国家有关规定。

（二）监督检查不得事先通知被检查安检机构。

（三）监督检查中尽量避免影响安检机构的正常经营活动。

（四）不得索取或者收受安检机构的财物或者谋取其他利益。

（五）在实施监督检查时，应当有2名或2名以上工作人员参加并出示有效证件。

（六）实施监督检查时，应当记录监督检查的情况和处理结果，由监督检查人员和被检查机构的代表签字确认。监督检查情况和处理结果应当及时归档，并保存3年。

八、监督检查结果的处理

（一）组织实施监督检查的部门应当及时将检查结果通知被检查安检机构，同时向有关方面通报情况。

（二）对监督检查发现的问题，应当责令限期整改。安检机构整改完成后，应当向组织检查的部门提交整改报告。组织检查的部门应当对安检机构整改情况进行核查。

（三）对监督检查发现的违法违规行为，依法实施处罚。

（四）对依法撤销检验资格许可的，省级质量技术监督部门应当及时通报公安交通管理部门并予以公告。

（五）安检机构的检验资格许可被撤销后，必须立即停止机动车安全技术检验活动。

九、违法行为的查处

（一）查处范围：

1. 未取得计量认证证书和检验资格许可证书擅自开展机动车安全技术检验的；

2. 安检机构在用计量器具未经计量检定、超过检定周期、经检定不合格继续使用的；

3. 安检机构超出许可检验范围开展机动车安全技术检验的；

4. 涂改、倒卖、出租、出借检验资格证书的；

5. 不按照规定参加比对试验的；

6. 未按照国家有关规定对检验结果和有关技术资料进行保存，逾期未改的；

7. 未经省级质量技术监督部门批准，擅自迁址、改建或者增加检测线开展机动车安全技术检验的；

8. 拒不接受监督检查和管理的；

9. 使用未经考核或者考核不合格的人员从事机动车安全技术检验工作的；

10. 未按照规定提交年度工作报告或者检验信息的；

11. 要求机动车到指定的场所进行维修、保养的；

12. 推诿或拒绝处理用户的投诉或异议的；

13. 安检机构停止机动车安全技术检验工作3个月以上，未报省级质量技术监督部门备案的，

或未上缴检验资格证书、检验专用章的，或停止机动车安全技术检验未向社会公告的；

14. 出具虚假检验结果的。

（二）对无证从事安检的责任者，各级质量技术监督部门应当视情节轻重，依照有关法律、法规的规定予以处罚。构成犯罪的，移送司法机关追究其刑事责任。

（三）获证安检机构未在检验报告上标明检验资格许可证编号和未在检验报告上加盖检验专用章的，应当责令改正，逾期不改正的，予以通报批评，对连续两次通报批评仍不改正的安检机构，应当组织安检机构负责人和有关责任人员进行学习，重新对有关责任人员进行检验资格考核。

十、安检机构检验资格许可的撤销和注销

（一）撤销

有下列情形之一的，许可审批机关应当撤销检验资格许可，但是撤销检验资格许可可能对公共利益造成重大损害的除外：

1. 行政机关工作人员滥用职权、玩忽职守做出准予检验资格许可决定的；
2. 超越法定职权做出准予检验资格许可决定的；
3. 违反法定程序做出准予检验资格许可决定的；
4. 对不具备申请资格或者不符合法定条件的申请人准予检验资格许可的；
5. 被许可人以欺骗、贿赂等不正当手段取得检验资格许可的；
6. 安检机构不履行职责、违反安检机构守则，情节严重的；
7. 依法可以撤销检验资格许可的其他情形。

（二）注销

有下列情形之一的，许可审批机关应当注销检验资格许可，并办理有关手续：

1. 被许可人不再从事机动车安全技术检验的；
2. 检验资格许可有效期满未按规定重新申请取证的；
3. 法人资格依法终止的；
4. 因不可抗力导致行政许可事项无法实施的；
5. 安检机构停止机动车安全技术检验工作 1 年以上的；
6. 法律、法规规定的应当注销检验资格许可的其他情形；
7. 对注销检验资格许可的，省级质量技术监督部门应当及时通报公安交通管理部门，并予以公告。

十一、其他

从事机动车安全技术检验工作的人员在检验活动中接受贿赂，以职谋私的，由省级质量技术监督部门依法撤销其考核合格资质。

十二、机动车安检机构对机动车安检许可、行政处罚的异议

对行政处罚有异议的，可以依法申请行政复议或者提起行政诉讼。

机动车安全技术检验机构检验资格许可办理程序

第一章　申请和受理

第一条　机动车安全技术检验机构(以下简称“安检机构”)申请机动车安全技术检验资格许可的或者检验资格许可变更、延续的,应当向其所在地省级质量技术监督部门提出申请(提出申请的安检机构以下简称“申请人”),并提交以下申请材料:

(一)《机动车安全技术检验机构检验资格许可申请书》;

(二)法人证明及复印件;

(三)检验人员考核合格证书及复印件;

(四)计量器具检定或者校准证书及复印件;

(五)地理位置、场地及厂房平面图,相应的所有权或者合法使用权证明及复印件;

(六)其他有关证明材料。

本条第(二)至(五)项的原件在受理时确认了复印件的真实性后归还申请人。上述申请书原件和其他材料复印件一式2份。

第二条　对没有通过计量认证或者计量认证有效期到期需要复评审的,申请人应当同时提交计量认证申请,由安检机构检验资格许可申请受理部门一同办理。

第三条　省级质量技术监督部门收到申请人的申请后,对申请材料的内容和完整性符合《机动车安全技术检验机构监督管理办法》(国家质量监督检验检疫总局令第121号,以下简称“《管理办法》”)要求的,准予受理,在申请书中填写受理意见,并自收到申请人申请之日起5日内向申请人发送《行政许可申请受理决定书》。

第四条　对申请材料的内容和完整性不符合《管理办法》要求,但可以通过补正达到要求的,应当当场或者在5日内向申请人发送《行政许可申请材料补正告知书》一次告知,逾期不告知的,自收到申请材料之日起即为受理;对申请材料的内容和完整性不符合要求的,应当做出不予受理的决定,在申请书中填写受理意见,并在5日内向申请人发出《行政许可申请不予受理决定书》。

第二章　资料审查和现场核查

第五条　省级质量技术监督部门组织对受理的申请人申请资料进行审查,对现场检验能力、管理状况进行核查。

第六条　省级质量技术监督部门委派2名以上(含)审查员组成审查组负责完成现场核查工作。

第七条　从事现场核查的审查员,应当符合《机动车安全技术检验机构检验资格许可审查员管理规定》的规定。

第八条 现场核查前，应当向申请人送达《机动车安全技术检验机构检验资格许可技术条件现场核查告知书》(以下简称《现场核查告知书》)，《现场核查告知书》可以采用电话、传真、电子邮件等方式送达，并必须在正式核查前将《现场核查告知书》原件送交申请人。

第九条 申请人应当予以配合，保证现场核查工作有序进行。

第十条 审查员对申请人现场核查结果负责，并实行组长负责制。

第十一条 审查组应当在规定的时间内完成对申请人的现场核查，并形成《机动车安全技术检验机构检验资格许可技术条件现场核查报告》(以下简称《现场核查报告》)。

第十二条 《现场核查报告》结论分为“合格”和“不合格”。

第十三条 《现场核查报告》结论为“合格”的，报省级质量技术监督部门。

第十四条 《现场核查报告》结论为“不合格”的，审查组应当填写《机动车安全技术检验机构检验资格许可技术条件现场核查不符合项目汇总表》(以下简称《现场核查不符合项目汇总表》)一式2份，审查组和申请人双方签字确认，各保存1份，核查组将《现场核查报告》和《现场核查不符合项目汇总表》报省级质量技术监督部门。

第十五条 省级质量技术监督部门对有关资料进行审核，在申请书中填写审核结论。

第十六条 《现场核查报告》结论为“不合格”的申请人应当在规定时限内完成整改纠正，并向省级质量技术监督部门提交《机动车安全技术检验机构检验资格许可技术条件现场核查不符合项目纠正报告》、纠正后状态的相关佐证资料及纠正措施(防止不符合再发生的相关资料)。经省级质量技术监督部门审核，对不需要现场再确认的不符合项目，审核合格的，审核结论为“合格”;对需要现场再确认的不符合项目，由省级质量技术监督部门决定现场再确认的方式，现场再确认人员(一般应当为审查员)填写《机动车安全技术检验机构检验资格许可技术条件现场核查补充报告》(以下简称《现场核查补充报告》)。现场再确认合格的，经省级质量技术监督部门审核合格的，审核结论为“合格”。

第十七条 对整改纠正后仍不合格的申请人，省级质量技术监督部门确定申请人现场核查结论“不合格”，并由省级质量技术监督部门及时送达《机动车安全技术检验机构检验资格许可技术条件现场核查结论告知书》(以下简称《现场核查结论告知书》。

第十八条 申请人对现场核查结论有异议的，可以在接到《现场核查结论告知书》之日起15日内，向省级质量技术监督部门提交书面异议申请。

第三章 许可的批准

第十九条 省级质量技术监督部门应当在对申请人进行资料审查和现场核查后，作出是否准予检验资格许可的决定。

第二十条 作出“准予行政许可”决定后的10日内，省级质量技术监督部门应当将检验资格许可证书和检验专用章颁发给申请人。做出“不予行政许可”决定后，省级质量技术监督部门应当向申请人发送《不予行政许可决定书》，并写明不予行政许可的理由。

第二十一条 对准予行政许可的申请人，省级质量技术监督部门应当向社会公布。

第四章　变更与延续

第二十二条　申请人在获得了检验资格许可后，需要变更“申请人名称”、“法定代表人”、“申请人住所”、“检验车型范围减少”等信息的，申请人可以向省级质量技术监督部门提交1份《机动车安全技术检验机构信息变更说明书》和相关证明材料备案。

第二十三条　申请人变更检测场所（迁址）、增加检测线、增加检验车型等检测条件的，应当提出申请，提交《机动车安全技术检验机构检验资格许可申请书》，办理程序参照第一章至第三章的规定执行。

第二十四条　对需要变更检验资格许可证书和检验专用章的，省级质量技术监督部门应当及时给与变更。

第二十五条　安检机构检验资格许可证书有效期为3年。

安检机构检验资格许可有效期满，继续从事机动车安全技术检验活动的，应当于期满前3个月向所在地省级质量技术监督部门重新提出申请。

第五章　其　　他

第二十六条　对有两个或者两个以上检测场所的安检机构，每个检测场所应当分别申请、受理、审核、批准。

检测场所是指具有完整的可单独承担机动车安全技术检验的一个检测场（站），通常在同一地点，可以有一条检测线，也可以有多条检测线。

第二十七条　安检机构检验资格许可的有关文书，由国家质量监督检验检疫总局统一规定，文书格式见附件1至12。

附件：

1. 机动车安全技术检验机构检验资格许可申请书
2. 行政许可申请受理决定书
3. 行政许可申请材料补正告知书
4. 行政许可申请不予受理决定书
5. 机动车安全技术检验机构检验资格许可技术条件现场核查告知书
6. 机动车安全技术检验机构检验资格许可技术条件现场核查报告
7. 机动车安全技术检验机构检验资格许可技术条件现场核查不符合项目汇总表
8. 机动车安全技术检验机构检验资格许可技术条件现场核查不符合项目纠正报告
9. 机动车安全技术检验机构检验资格许可技术条件现场核查补充报告
10. 机动车安全技术检验机构检验资格许可技术条件现场核查结论告知书
11. 不予行政许可决定书
12. 机动车安全技术检验机构信息变更说明书
13. 机动车安全技术检验机构检验资格许可工作流程图

附件 1：

机动车安全技术检验机构检验资格许可

申　请　书

机构名称：________（公章）________

联系电话：____________________

联　系　人：____________________

申请类别：____________________

资格证号：（仅申请换证时填写）

申请日期：　　年　　月　　日

国家质量监督检验检疫总局印制

一、申请机构基本情况

检验机构名称			
检验机构住所	省　　市(地)　区(县)　乡(镇)　路(街道)　号		
检测场所地址	省　　市(地)　区(县)　乡(镇)　路(街道)　号		
邮政编码		电　　话	
传　　真		电子邮箱	
企(事)业代码号		经济类型	
法定代表人		联系人	
固定资产 (万元)		注册或开办资金 (万元)	
技术负责人		质量负责人	
检验技术 人员总数		从业人员总数	
成立日期		经营期限(如有)	
其他需要 说明的情况			

二、申请检验车型的基本情况

<table>
<tr><td>项目总投资（万元）</td><td colspan="3"></td></tr>
<tr><td>大型车检测线数量</td><td></td><td>设计年检验能力（辆）</td><td></td></tr>
<tr><td>小型车检测线数量</td><td></td><td>设计年检验能力（辆）</td><td></td></tr>
<tr><td>两轮摩托车
检测线数量</td><td></td><td>设计年检验能力（辆）</td><td></td></tr>
<tr><td>三轮摩托车检
测线数量</td><td></td><td>设计年检验能力（辆）</td><td></td></tr>
<tr><td>其他形式检测
线数量及说明</td><td colspan="3"></td></tr>
<tr><td>其他车型检
验能力（辆）</td><td colspan="3"></td></tr>
<tr><td>车型名称</td><td colspan="2">车型代号</td><td>申请检验车型范围</td></tr>
<tr><td>大型客车、
城市公交车</td><td colspan="2">A1、A3</td><td></td></tr>
<tr><td>大型货车</td><td colspan="2">B2</td><td></td></tr>
<tr><td>牵引车</td><td colspan="2">A2</td><td></td></tr>
<tr><td>中型客车、小型汽
车、小型自动挡汽车</td><td colspan="2">B1、C1、C2</td><td></td></tr>
<tr><td>低速货车</td><td colspan="2">C3</td><td></td></tr>
<tr><td>三轮汽车、普通
三轮摩托车</td><td colspan="2">C4、D</td><td></td></tr>
<tr><td>摩托车</td><td colspan="2">E、F</td><td></td></tr>
<tr><td>轮式自行机械车</td><td colspan="2">M</td><td></td></tr>
</table>

三、机构主要负责人和检验技术人员情况

序号	姓　名	性别	身份证号码	职务	职称	学历	所学专业	从事机动车检验年限	工作岗位

四、主要检测仪器、设备和相关校准设备清单

序号	名　称	规格型号	不确定度（准确度、精度等级）	完好状态	生产企业	购置日期	检定（或校准）有效期

四、主要检测仪器、设备和相关校准设备清单（附页）

序号	名　称	规格型号	不确定度（准确度、精度等级）	完好状态	生产企业	购置日期	检定（或校准）有效期

五、检测线检验工位和仪器、设备布置图

五、检测线检验工位和仪器、设备布置图(附页)

六、受理、审查、批准意见

<table>
<tr><td>受理意见</td><td>

经手人(签字)　　　　年　月　日(盖章)</td></tr>
<tr><td rowspan="2">审核结论</td><td>

审核人员签字　　　　年　月　日</td></tr>
<tr><td>

审核人员签字　　　　年　月　日</td></tr>
<tr><td>审批意见</td><td>

年　月　日(盖章)</td></tr>
</table>

七、提交的文件资料目录

序号	文件资料名称	页数
1	申请人法人证明复印件	
2	检验人员考核合格证明复印件	
3	计量器具检定或者校准证书复印件	
4	检测场所地理位置、场地平面图，检测厂房、土地所有权或者合法使用权证明复印件	
5	其他要求提供的有关证明材料	

机动车安全技术检验机构检验资格许可申请书
填写说明

1　适用范围

《机动车安全技术检验机构检验资格许可申请书》(以下简称《申请书》)适用于机动车安全技术检验机构(以下简称"机构")发证、延续、迁址、增项等的检验资格许可申请。增项包括增加检验车型、增加检测线等。

2　封面

2.1　机构名称:填写机构企业法人、事业法人、社团法人证书上的注册名称,并加盖公章。

2.2　联系电话:填写有效的联系电话(固定电话必须填写)。

2.3　联 系 人:填写机构负责办理许可工作的人员姓名。

2.4　申请类别:根据机构申请的情况分别填写"发证、迁址、增项、延续、其他",增加检验车型、增加检测线等的,填写"增项"。

2.5　资格证号:该项内容在迁址、增项、延续等申请换证时填写,新申请机构填写"/"符号。

2.6　申请日期:填写机构的实际申请时间,用大写数字填写,如:"二〇〇九年三月十五日"。

3　申请机构基本情况

3.1　机构名称、住所、经济类型等:填写企业法人、事业法人、社团法人证书上的名称、住所、经济类型等。

3.2　检测场所地址:填写申请机构实际进行车辆检测场地的详细地址,要注明省(自治区、直辖市)、市(地)、区(县)、路(街道、社区、乡、镇)、号(村)等。

3.3　技术负责人:一般为负责本机构总体技术工作的人员,在相应的栏内填写姓名。

3.4　质量负责人:指对日常的安检机构检验工作质量进行全面管理的负责人员,在相应的栏内填写姓名。

3.5　技术负责人和质量负责人可以兼任,但不能由一人同时兼任。

3.6　检验技术人员总数:指具有相应机动车安全技术检验业务知识,并经省级质量技术监督部门考核合格的从事机动车安全技术检验工作的技术人员。

4　申请检验车型的基本情况

4.1　设计年检验能力:指在正常工作情况下(不需加班),本检测线一年的平均检验能力,单位(辆)。

4.2　大型车检测线数量:指本机构所拥有的能检测大型车(载重>3 吨)的检测线数量。

4.3　小型车检测线数量:指本机构所拥有的能检测小型车(载重≤3 吨)的检测线数量。

4.4　两轮摩托车检测线数量:指本机构所拥有的能检测摩托车(含轻便摩托车)的检测线数量。

4.5　三轮摩托车检测线数量:指本机构所拥有的能检测三轮摩托车(含三轮汽车)的检测线数量(同时具有检测两轮摩托车功能的予以注明"两、三轮综合检测线")。

4.6　其他形式检测线数量及说明:上述4种检测线之外的其他检测线数量能力的说明。

4.7　其他车型检验能力:指本机构所能完成的上述4种检测线不能检测的车型的检测能力。

4.8　车型代号:见公安部令第91号。

4.9　申请检验车型范围:指本机构申请所能从事检验的车型范围。

5　机构主要负责人和检验技术人员情况

5.1　技术负责人和质量负责人,兼职时在工作岗位栏内用"(兼)"标注。

5.2　职务填写方式:行政职务/技术职务,当只有一个时填写一个即可。

5.3　一页写不下时可附页,并写明"三、机构主要负责人和检验技术人员情况(附页)"。

6　主要检测仪器、设备和相关校准设备清单

6.1　主要检测仪器、设备和相关校准设备清单,一页写不下时可附页,并写明"四、主要检测仪器、设备和相关校准设备清单(附页)"。

6.2　不确定度:指采用该仪器或者设备测试结果的不确定度,应当同时标注置信因子(或者包含因子)k,k=2时可不填写k值。对没有进行不确定度分析的设备,也可填写设备的准确度或者精度等级。

6.3　主要检测仪器、设备指本机构内满足GB 21861—2008《机动车安全技术检验项目和方法》标准中规定检验项目所应具备的检测设备,以及其他单台价值2000元及以上的全部仪器、设备。

7　检测线检验工位和仪器、设备布置图

7.1　提供一套布置图,一页填写不下时可附页,并写明"五、检测线检验工位和仪器、设备布置图(附页)"。

7.2　该布置图是检测线相关的布置图,不同于检测场所地理位置、场地厂房平面图。

8　受理、审查、批准意见

8.1　受理意见

由省级质量技术监督部门填写"同意受理"或者"不同意受理",写明收到申请材料的日期并注明受理申请的日期,加盖省级质量技术监督部门受理专用章。作出不同意受理意见时要写明理由。

8.2　审核结论

审核结论由省级质量技术监督部门组织对有关材料审核确认,并填写"合格"或者"不合格"结论,审核人员签字,注明填写日期。审核结论项目有两栏,当第一次对安检机构的现场核查结果为不合格时,核查组的委派部门在第一栏内填写审核结论和拟办意见,如需要组织有关人员进行第二次现场复查时,对复查结果的审核结论填写在第二栏内。审核结论栏内要详细记录核查过程。

8.3　审批意见

省级质量技术监督部门负责审批,填写"同意许可"或者"不予许可",做出"不予许可"意见时要写明理由。审批人员签字或者盖章,注明填写日期。

9　提交的文件资料目录

提交的文件资料应当至少包括:

(1)申请人法人证明复印件;

(2)检验人员考核合格证明复印件;

(3) 计量器具检定或者校准证书复印件;

(4) 安检机构地理位置、场地及厂房平面图,相应的所有权或者合法使用权证明复印件;

(5) 其他要求提供的有关证明材料。

10 其他

10.1 填写要实事求是,不得弄虚作假。

10.2 申请书一律用 A4 纸填写(或者打印),字迹清晰,工整,不得涂改。

10.3 有关内容填写不下时可增加附页或者续表。

10.4 法律法规要求的有关证明。

附件2：

行政许可申请受理决定书

（　　）受字[　　　]第　　号

________________：

你(单位)提出____机动车安全技术检验机构检验资格____的申请和所提供(出示)的材料，符合该项目申请条件。根据《行政许可法》第三十二条第五项规定，决定予以受理。

如需咨询，请与____________联系，电话____________

（许可专用章）

年　月　日

附件3：

行政许可申请材料补正告知书

（　　　）补告字[　　　]第　　号

________________：

你（单位）申请的＿机动车安全技术检验机构检验资格＿，所提供（出示）的材料不齐全/不符合法定形式。根据《行政许可法》第三十二条第三、四项规定，请做如下补正：

____

____

____

____

______________。

如需咨询，请与______________联系，电话______________

（许可专用章）

年　　月　　日

附件 4：

行政许可申请不予受理决定书

（　　　）未受字[　　　]第　　号

________________：

你（单位）申请的____机动车安全技术检验机构检验资格____（1）（不予受理的原因），（不予受理的依据）；（2）（不予受理的原因），（不予受理的依据）；……，决定不予受理。

（许可专用章）

年　月　日

说明：

1.“不予受理的原因”,“不予受理的依据”示例如下：

(1)不具有法人资格,根据《机动车安全技术检验机构监督管理办法》(国家质量监督检验检疫总局令第121号)第十条第一项的规定；

(2)检验人员没有经过省级质量技术监督部门考核合格,根据《机动车安全技术检验机构监督管理办法》(国家质量监督检验检疫总局令第121号)第十条第二项的规定；

(3)隐瞒有关情况；提供虚假材料申请行政许可未满一年,根据《行政许可法》第七十八条的规定；

(4)以欺骗、贿赂等不正当手段取得行政许可处罚未满三年,根据《行政许可法》第七十九条的规定；

2. 对不予受理的原因和依据,要全部列出。

附件5：

机动车安全技术检验机构检验资格许可技术条件现场核查告知书

________________________：

根据你单位的申请，我局现委派　　　　　　　等　　名人员组成审查组，对你单位申请机动车安全技术检验机构检验资格许可的技术条件进行现场核查，请予配合。

如对委派的审查组人员有异议请及时提出并说明理由。

联系人：　　　　　　　　联系电话：

核查组成员名单：

	姓　名	所属单位	职称/职务
审查组长			
审查员			

（委派部门专用章）

年　　月　　日

附件 6：

机动车安全技术检验机构检验资格许可技术条件现场核查报告

核查编号：________

<table>
<tr><td colspan="3">受核查机构名称：</td><td colspan="3">申请检验车型＊：</td></tr>
<tr><td colspan="3">受核查机构住所：</td><td>邮编：</td><td colspan="2">电话：</td></tr>
<tr><td colspan="3">检测场所地址：</td><td>联系人：</td><td colspan="2">传真：</td></tr>
<tr><td>审查结论</td><td colspan="3">核查组根据《机动车安全技术检验机构监督管理办法》和《机动车安全技术检验机构检验资格许可技术条件》中的规定，于____年____月____日至____月____日对该机构进行了核查，共计核查出：
不符合____项。
经评价，本核查组对该机构的核查结论是：__________________。
（注：核查结论填写：合格或者不合格）</td><td colspan="2">审查组长：
年　月　日
核查组织单位（章）：
年　月　日</td></tr>
<tr><td rowspan="5">审查组成员</td><td>姓名（签字）</td><td>单　位</td><td>职称（职务）</td><td>核查分工</td><td>审查员证书编号</td></tr>
<tr><td></td><td></td><td></td><td></td><td></td></tr>
<tr><td></td><td></td><td></td><td></td><td></td></tr>
<tr><td></td><td></td><td></td><td></td><td></td></tr>
<tr><td></td><td></td><td></td><td></td><td></td></tr>
</table>

注：如核查结论为合格，则只填写核查合格的申请检验车型。

受核查机构负责人签字：

附件 7：

核查编号：________

机动车安全技术检验机构检验资格许可技术条件
现场核查不符合项目汇总表

共　页第　页

<table>
<tr><td colspan="2">受核查机构名称</td><td colspan="2"></td></tr>
<tr><td>序号</td><td>不符合
条款号</td><td colspan="2">不符合内容描述</td></tr>
<tr><td></td><td></td><td colspan="2"></td></tr>
<tr><td></td><td></td><td colspan="2"></td></tr>
<tr><td></td><td></td><td colspan="2"></td></tr>
<tr><td></td><td></td><td colspan="2"></td></tr>
<tr><td></td><td></td><td colspan="2"></td></tr>
<tr><td></td><td></td><td colspan="2"></td></tr>
<tr><td></td><td></td><td colspan="2"></td></tr>
<tr><td></td><td></td><td colspan="2"></td></tr>
<tr><td></td><td></td><td colspan="2"></td></tr>
<tr><td></td><td></td><td colspan="2"></td></tr>
<tr><td></td><td></td><td colspan="2"></td></tr>
<tr><td></td><td></td><td colspan="2"></td></tr>
<tr><td></td><td></td><td colspan="2"></td></tr>
<tr><td colspan="3">审查组长（签字）：

年　　月　　日</td><td>受核查机构代表（签字）：

年　　月　　日</td></tr>
<tr><td>备
注</td><td colspan="3"></td></tr>
</table>

附件 8：

核查编号：________

机动车安全技术检验机构检验资格许可技术条件
现场核查不符合项目纠正报告

受核查机构名称（盖章）：　　　　　　　　　　年　　月　　日

序号	需纠正条款号	存在问题	原因分析	纠正方法	责任部门	完成时间	完成情况

注：请附纠正已完成并达到要求的佐证材料，写不下时可附页。

附件9：

核查编号：________

机动车安全技术检验机构检验资格许可技术条件现场核查补充报告

<table>
<tr><td>受核查机构名称</td><td colspan="3"></td></tr>
<tr><td>检测场所地址</td><td colspan="3"></td></tr>
<tr><td>法定代表人</td><td></td><td>申请检验类型</td><td></td></tr>
<tr><td>联系人</td><td></td><td>联系电话</td><td></td></tr>
<tr><td>申请检验车型</td><td colspan="3"></td></tr>
<tr><td>审查组长</td><td></td><td>联系电话</td><td></td></tr>
<tr><td>核查的不符合项目</td><td colspan="2">纠正确认情况描述</td><td>佐证材料说明</td></tr>
<tr><td></td><td colspan="2"></td><td></td></tr>
<tr><td></td><td colspan="2"></td><td></td></tr>
<tr><td></td><td colspan="2"></td><td></td></tr>
<tr><td></td><td colspan="2"></td><td></td></tr>
<tr><td></td><td colspan="2"></td><td></td></tr>
<tr><td></td><td colspan="2"></td><td></td></tr>
<tr><td></td><td colspan="2"></td><td></td></tr>
<tr><td></td><td colspan="2"></td><td></td></tr>
<tr><td></td><td colspan="2"></td><td></td></tr>
<tr><td></td><td colspan="2"></td><td></td></tr>
<tr><td>纠正后的
复核结论</td><td colspan="3">

复核人员签字：　　　　　　　　年　　月　　日</td></tr>
</table>

受核查机构负责人签字：

注：核查的不符合项目填写不下时可附页。

附件 10:

机动车安全技术检验机构检验资格许可技术条件现场核查结论告知书

________________:

地址________________邮编__________电话__________

法定代表人______________职务__________电话__________

你(单位)申请__机动车安全技术检验机构检验资格许可__,经现场技术条件核查,不符合《机动车安全技术检验机构检验资格许可技术条件》的规定要求,现场核查结论为不合格,特此告知。

如对现场核查结论有异议,可在收到本告知书后的 15 日内,向__________质量技术监督局提出书面异议申请。

__________质量技术监督局联系方式:

邮政编码:

通信地址:

联 系 人:

联系电话:

传　　真:

(单位印章)

年　月　日

附件 11:

不予行政许可决定书

(　　　)未许字[　　　]第　　号

________________:

企(事)业代码号________________________

地址____________________邮编__________电话______

法定代表人________________职务__________电话______

你(单位)申请__机动车安全技术检验机构检验资格__,经核查,不符合该项目规定要求,决定________________。

理由____

____。

如不服本决定,可以在收到本决定之日起60日内,依法向________或者__________申请行政复议或者3个月内(法律、法规另有规定的按照规定)向人民法院提起行政诉讼。

(单位印章)

年　月　日

附件 12：

机动车安全技术检验机构信息

变更说明书

机构名称：________________（公章）________________

联系电话：________________________________

联 系 人：________________________________

申请日期：__________年____月____日________

国家质量监督检验检疫总局印制

一、申请机构基本情况

<table>
<tr><td>现机构名称</td><td colspan="3"></td></tr>
<tr><td>现住所</td><td colspan="3"></td></tr>
<tr><td>检测场所地址</td><td colspan="3">省(区、市)　市(地)　区(县)
乡(镇)　路(街道)　号</td></tr>
<tr><td>邮政编码</td><td></td><td>电　　话</td><td></td></tr>
<tr><td>传　　真</td><td></td><td>联 系 人</td><td></td></tr>
<tr><td>资格证号</td><td></td><td>有效期</td><td>年　月　日一　　年　月　日</td></tr>
<tr><td>变更内容</td><td colspan="3"></td></tr>
<tr><td>变更原因
(简要)</td><td colspan="3"></td></tr>
</table>

二、变更内容

变更事项	变更前	变更后
机构名称		
机构住所		
法定代表人		
检验车型范围		

现机构负责人签字:

年　　月　　日

三、提交的文件资料目录

序号	文件资料名称	页数
1		
2		
3		
4		
5		
6		
7		
8		

<table>
<tr><td colspan="2">省(自治区、直辖市)质量技术监督局
受理与审查意见</td></tr>
<tr><td>变更后的核查结论</td><td>审查人员签字：
年　月　日</td></tr>
<tr><td>附加说明</td><td></td></tr>
<tr><td></td><td></td></tr>
<tr><td></td><td></td></tr>
</table>

机动车安全技术检验机构信息变更说明书
填写说明

1. 适用范围

《机动车安全技术检验机构信息变更说明书》适用于机动车安全技术检验机构(以下简称“机构”)的机构名称、法定代表人、减少检验车型范围变更时使用。

2. 封面

2.1 机构名称:填写机构企业法人、事业法人、社团法人证书上的注册名称,并加盖公章。

2.2 联系电话:填写有效的联系电话(固定电话必填)。

2.3 联 系 人:填写机构负责办理变更工作的人员姓名。

2.4 申请日期:填写机构的实际申请时间,用大写数字填写,如:“二〇〇九年三月十五日”。

3. 申请机构基本情况

3.1 现机构名称、现住所:填写机构现在的名称、住所。

3.2 检验场所地址:填写申请机构实际进行车辆检测场地的详细地址,要注明省(自治区、直辖市)、市(地)、区(县)、路(街道、社区、乡、镇)、号(村)等。检测场所不得变更。

3.3 资格证号:填写机构检验资格许可证的编号。

4. 变更内容

4.1 机构名称:变更前为原资格证书中的机构名称,变更后为现机构名称。

4.2 法定代表人:变更前为原资格证书中的法定代表人,变更后现在机构的法定代表人。

4.3 检验车型范围:变更只能用于减少原有检验车型,车型分类方法按公安部令第 91 号的规定执行。

4.4 车型代号:见公安部令第 91 号。

5. 变更后的核查结论

检验机构的变更由省级质量技术监督部门组织核查,并填写“符合变更规定”或者“不符合变更规定”,审查人员签字,注明填写日期。不符合规定时不予备案,写明理由。

6. 其他

6.1 填写要实事求是,不得弄虚作假。

6.2 申请书一律用 A4 纸钢笔填写(或者打印),字迹清晰,工整,不得涂改。

6.3 有关内容填写不下时可增加附页或者续表。

6.4 有关变更请提供相应的证明(复印件)。

附件 13：

机动车安全技术检验机构检验
资格许可工作流程图

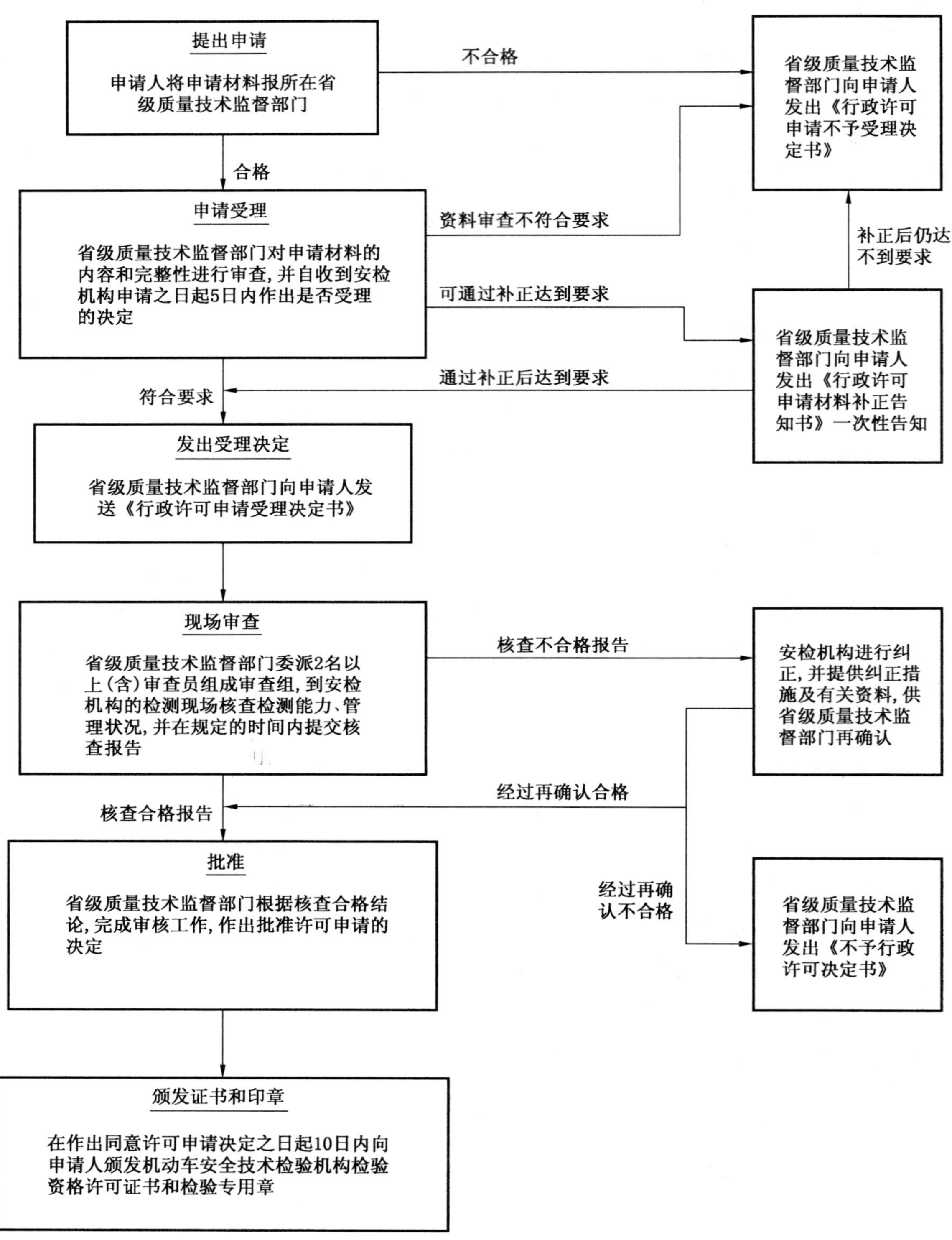

机动车安全技术检验机构检验资格许可技术条件

为了规范机动车安全技术检验(以下简称“安检”)机构的检验资格许可,保障安检机构有序运行和规范安检机构工作,根据《中华人民共和国道路交通安全法》及其实施条例、《中华人民共和国行政许可法》、《中华人民共和国产品质量法》、《中华人民共和国计量法》及其实施细则、《机动车安全技术检验机构监督管理办法》(国家质量监督检验检疫总局令第121号,以下简称《管理办法》)等有关法律、法规和行政规章,制定本技术条件。

一、法人资格

安检机构应当依法设立,具有法人资格,并承担相应的法律责任。

二、依法经营

安检机构应当遵守国家的法律法规,依法经营。企业的经营范围、事业法人和社团法人的业务范围应当涵盖机动车安全技术检验。

三、人员

安检机构应当具有与其从事检验、设备维护检查活动相适应的管理人员和专业技术人员。

(一)安检机构应当设有机构负责人、技术负责人、质量负责人、报告授权签字人,同时还应当设有引车员、外观检验员、底盘检验员、登录员等检验人员以及设备维护人员、网络维护人员。

(二)安检机构的技术负责人、质量负责人、报告授权签字人、检验人员、设备维护人员、网络维护人员等检验技术人员,应当经省级质量技术监督部门考核合格,持证上岗。

(三)安检机构上述岗位人员应当具备以下条件:

1. 机构负责人应当熟悉机动车检验业务,了解与安检相关的法律法规和标准。

2. 技术负责人、质量负责人、报告授权签字人应当具备以下条件:

(1)熟悉相关的法律法规、标准和安检业务;

(2)具有机动车相关专业的大专及以上学历或者中级以上工程技术职称(含)或者技师以上技术等级(含);

(3)熟悉机动车的理论与构造,熟悉各检验工位业务、流程及相关专业知识;

(4)有3年以上的机动车检验的工作经历;

(5)熟悉安检机构资格许可技术条件要求。

3. 检验人员应当具备以下条件:

(1)了解机动车性能、构造及有关使用的一般知识;

(2)熟悉检测仪器设备的结构及性能,熟练掌握检测仪器设备的操作规程;

(3)了解机动车安全技术相关标准,掌握检验项目的技术标准及本机构的检验工艺流程;

(4) 掌握计算机操作技能，登录员应当熟练使用、管理计算机；

(5) 引车员应当持有与检测车型相对应的有效机动车驾驶证；

(6) 外观检查员和底盘检查员还应当熟悉相应的机动车性能、构造及有关使用的专业知识。

4. 设备维护人员应当具备以下条件：

(1) 掌握机动车构造和原理的一般知识；

(2) 掌握检测仪器设备的性能和使用要求，具备检测仪器设备管理知识，能对检测仪器设备进行维护、保养、校准。

5. 网络维护人员应当具备以下条件：

(1) 应当具备计算机及其网络维护、管理、维修等相关知识；

(2) 可以由其他检验技术人员兼任。

四、法律法规、行政规章、技术标准和管理制度

(一) 法律法规和行政规章

安检机构应当具有下列法律法规和行政规章：

1.《中华人民共和国道路交通安全法》及其实施条例；

2.《中华人民共和国产品质量法》；

3.《中华人民共和国计量法》及其实施细则；

4.《中华人民共和国标准化法》；

5.《机动车安全技术检验机构监督管理办法》(国家质检总局令第 121 号)；

(二) 技术标准

1. 安检机构应当具有下列必备标准：

(1) GB 7258《机动车运行安全技术条件》及其相应的修改单；

(2) GB 21861《机动车安全技术检验项目和方法》。

2. 安检机构应当具有与车辆安全、环保有关的相关标准，见附件 1。

3. 安检机构应当具有的检测设备技术标准，见附件 2。

4. 安检机构应当关注机动车安全标准的现行有效性，及时收集有效版本并采用。

(三) 管理制度

1. 安检机构应当制定下列制度并执行：

(1) 安检机构专业技术人员和管理人员的岗位职责；

(2) 安检机构专业技术人员和管理人员的培训、考核制度；

(3) 安检机构专业技术人员和管理人员的行为规范；

(4) 检测仪器设备(含标准物质)的采购、验收、使用、保管、报废等程序或者制度；

(5) 检验事故分析报告程序或者制度；

(6) 检验记录、检验报告等技术文件和资料档案的修改、保存、销毁等程序或者制度及保密制度；

(7) 检测车间管理制度；

(8) 普遍性质量安全问题的分析报告制度；

(9) 安检机构年度报告制度。

2. 安检机构应当建立机动车安全技术检验档案，按照国家有关规定对有关技术资料进行保存，有保密要求的，应当遵守保密规定。

(四) 检验结果的管理

1. 检验记录和检验报告应当签字齐全、完整。

2. 复检或者路试记录、报告也要作为检验结果一并保存，确保检验结果可追溯。

五、检测仪器设备

安检机构应当具备正确进行检验活动所需要的检测仪器设备，汽车主要检测仪器设备应当采用固定式，摩托车检验可以采用移动式。固定式的检测仪器设备通常组成检测线。

(一) 根据检验车型的不同，检测线一般可分为大型车辆检测线、小型车辆检测线及摩托车检测线。

安检机构配置的检测仪器设备应当满足按照 GB 21861《机动车安全技术检验项目和方法》中所规定的项目开展检验的要求。

不同车型检验应当具备的检测线要求见附件 3。

不同车型检测仪器设备、设施的配置见附件 4。

(二) 检测仪器设备应当结构先进、可靠，采用数字式二次仪表并具有数据通讯接口，能够进行联网控制。

(三) 检测仪器设备要通过合法有效的型式认定。

(四) 检测仪器设备上应当有清晰的产品铭牌等标识。

(五) 检测线检测仪器设备应当采用计算机联网，实现自动检测、打印报告。计算机联网检测控制系统，不得改变联网检测仪器设备的测试原理、分辨率、测量结果数据的有效位数和检测结果数据。检测参数的采集、计算、判定应当符合有关标准规定。

(六) 在用检测设备和计量器具，应当经法定或者授权的计量检定机构周期检定、校准或者测试，并取得计量检定合格证、校准或者测试报告，并且在有效期内。校准或者测试报告经过分析确定应当能够满足检验要求。

(七) 检测仪器设备在以下特殊情况下要重新进行检定、校准或者测试。

1. 检测设备修理后；

2. 新购设备使用前；

3. 固定式检验设备移装后；

4. 日常设备检查或者设备期间核查发现有异常时。

(八) 应当有仪器设备的检定周期表，内容包括：仪器设备的名称、编号、检定周期、检定单位、最近检定日期、送检负责人。

(九) 检测仪器设备，应当有明显、统一格式的标识。标识分为“合格”“准用”“停用”三种，并分别以绿、黄、红三种颜色表示。标识的内容包括：仪器编号、检定结论、检定日期及下次检定日期、检定单位。

(十) 应当建立主要检测仪器设备的档案，内容包括设备、仪器合格证书、使用说明书、检定证书、校准或者测试报告、安装基础图、电器原理图、故障及维修记录等。

六、信息联网设施

计算机联网检测系统应当在软硬件上具备与质量技术监督部门及相关业务部门联网的能力，实现信息共享。

七、总体布局

安检机构应当具备固定的工作场所，其工作环境应当保证检验结果的真实、准确。

（一）安检机构周边道路宽阔、交通顺畅、便捷、进出的道路视线良好。

（二）安检机构的场地建筑必须能够满足安检现行标准（如GB 7258、GB 21861等）规定的安检项目的实际需要，有用于安检的检验车间、试验车道、驻车坡道，有业务大厅、停车场、站内道路、办公区、微机房等设施。

1. 试验车道长度和宽度应当满足检验工作的要求，铺设有平坦、硬实、清洁的水泥或者沥青路面，并设有规范的交通标志标线，路面附着系数应当不小于0.7。

2. 应当具备坡度分别为15%和20%的驻车坡道各一个，坡道的长度应当比承检车型的最大轴距长1m，宽度应当比承检车型的最大宽度宽1m，坡道路面附着系数应当不小于0.7。摩托车检验不要求。

3. 停车场地面积应当与检测能力相适应，不得占用站外道路停车。停车场地应当为水泥、沥青或者其他硬地面，能承受车辆的碾压，并在场内划分停车线和车辆行驶通道，保持进出口畅通；要设置足够的消防、安全、照明设备。如检测站内安全性能检测区和尾气排放检测区分开设置，停车场应当分别对应分开设置以避免检测车辆交叉干扰。

4. 站内道路应当为水泥或者沥青路面，并设置交通标志、标线、引导牌。道路应当视线良好、保持通畅。检测线出入口两端的道路应当有一定的坡度，以保证雨水不流入检测线内；但坡度不应过大，便于车辆进出检测线。道路的转弯半径、长度应当能满足各类车辆出入的需要。

5. 业务大厅应当便民，并满足以下要求：

（1）各业务窗口应当分工明确，设置标牌。其数量能满足实际办公的需要；

（2）室内应当宽敞明亮；

（3）大厅内应当设公示栏，公示各种手续规定、收费项目及标准、各岗位职责。

6. 微机房应当符合微机房建筑的有关要求。

7. 应当设置车辆检验流程图、监督橱窗等服务性设施，各设施布局应当合理。

八、检验厂房

为了保证安全技术检验工作的正常进行，检测车间各工位要有相应的检测面积，厂房要宽敞，保证通风、照明、排水、防雨、防火、安全防护等设施良好。

（一）车间内部尺寸和车间出入门尺寸应当满足连续检测相应车型的需要。

（二）检测车间应当充分考虑车间的空气流通，必要时要设有排风装置，加快车间内的空气流动，尽量降低车间内的空气污染。

（三）底盘检查地坑应当有一定的操作空间，照明、通风、信号装置应当齐全。

（四）电缆沟应当便于打开检查，并注意防火、防水、防潮和防鼠。电缆沟应当覆盖好，覆盖件应当有一定的强度并能承受一定的重量。

（五）人行通道应当设置隔离栏与检测通道隔离，宽度不小于1m。

（六）消防通道和消防设施应当符合有关消防规定。

（七）检测车间应当铺设易清除污物的硬地面（如水泥、水磨石等），地面强度应当满足被检车辆的承载要求，行车路面纵向和横向坡度不大于0.1%，制动性能检测工位前、后大型车辆检测线6m内、小型车辆检测线3m内的行车地面附着系数应当不小于0.7（使用平板制动检验台时除外）。

（八）微机房的安全条件应当按《计算机站场地安全要求》（GB 9361）规定的防火C类、防水B类、防雷击B类、防鼠害B类综合执行。

（九）检测车间出入口应当设有引车道和必要的交通标志。

（十）检测车间照明应当符合GB 50034《工业企业照明设计标准》的要求。

（十一）检测车间采光应当符合GB 50033《工业企业采光设计标准》的要求。

（十二）检测车间防火应当符合GB J16《建筑设计防火规范》的要求。

（十三）检测车间防雷设施应当符合GB 50057《建筑物防雷设计规范》的要求。

附件 1：

与机动车安全、环保有关的相关标准

序号	标准编号	标 准 名 称
1	GB 1589	道路车辆外廓尺寸、轴荷及质量限值
2	GB 4094	汽车操纵件、指示器及信号装置的标志
3	GB 4599	汽车用灯丝灯泡前照灯
4	GB 4785	汽车及挂车外部照明和光信号装置的安装规定
5	GB 5948	摩托车白炽丝光源前照灯配光性能
6	GB 8108	车用电子警报器
7	GB 8410	汽车内饰材料的燃烧特性
8	GB 9656	汽车安全玻璃
9	GB 10395.1	农林拖拉机和机械　安全技术要求　第一部分：总则
10	GB 10396	农林拖拉机和机械、草坪和园艺动力机械　安全标志和危险图形　总则
11	GB 11567.1	汽车和挂车侧面防护要求
12	GB 11567.2	汽车和挂车后下部防护要求
13	GB 13392	道路运输危险货物车辆标志
14	GB/T 13594	机动车和挂车防抱制动性能和试验方法
15	GB 13954	特种车辆标志灯具
16	GB 15084	机动车辆后视镜的性能和安装要求
17	GB 15365	摩托车操纵件、指示器及信号装置的图形符号
18	GB 16735	道路车辆　车辆识别代号(VIN)
19	GB 17352	摩托车和轻便摩托车后视镜及其安装要求
20	GB/T 17676	天然气汽车和液化石油气汽车　标志
21	GB 18100	两轮摩托车及轻便摩托车照明和光信号装置的安装规定
22	GB/T 18411	道路车辆产品标牌
23	GB/T 18697	声学　汽车车内噪声测量方法
24	GB/T 19056	汽车行驶记录仪
25	GB 19151	机动车用三角警告牌
26	GB 19152	轻便摩托车前照灯配光性能
27	GA 406	车身反光标识
28	GB 18285	点燃式发动机汽车排气污染物排放限值及测量方法(双怠速法及简易工况法)
29	GB/T 3847	车用压燃式发动机和压燃式发动机汽车排气烟度排放限值及测量方法
30	GB/T 16887	卧铺客车技术条件
31	GB 14621	摩托车和轻便摩托车排气污染物限值及测量方法(怠速法)

附件 2：

安检机构检测设备技术标准

序号	标准编号	标 准 名 称
1	GB/T 11798.1	机动车安全检测设备 检定技术条件 第 1 部分：滑板式汽车侧滑试验台检定技术条件
2	GB/T 11798.2	机动车安全检测设备 检定技术条件 第 2 部分：滚筒反力式制动试验台检定技术条件
3	GB/T 11798.3	机动车安全检测设备 检定技术条件 第 3 部分：汽油车排气分析仪检定技术条件
4	GB/T 11798.4	机动车安全检测设备 检定技术条件 第 4 部分：滚筒式车速表试验台检定技术条件
5	GB/T 11798.5	机动车安全检测设备 检定技术条件 第 5 部分：滤纸式烟度计检定技术条件
6	GB/T 11798.6	机动车安全检测设备 检定技术条件 第 6 部分：对称式前照灯检测仪检定技术条件
7	GB/T 11798.7	机动车安全检测设备 检定技术条件 第 7 部分：轴(轮)重仪检定技术条件
8	GB/T 11798.8	机动车安全检测设备 检定技术条件 第 8 部分：摩托车轮偏检测仪检定技术条件
9	GB/T 11798.9	机动车安全检测设备 检定技术条件 第 9 部分：平板制动试验台检定技术条件
10	GA/T 485	便携式制动性能测试仪
11	JT/T 506	不透光烟度计
12	JT/T 445	汽车底盘测功机

附件3：

不同车型检验应当具备的检测线要求

<table>
<tr><th>车　　型</th><th>检测线要求</th><th>代号</th><th>车 型 说 明</th><th>应当具备的检测仪器设备
(不适用检测线时)</th></tr>
<tr><td>大型客车</td><td rowspan="4">大型车辆检测线</td><td>A1</td><td>大型载客汽车</td><td>三轴及三轴以上车辆可采用路试</td></tr>
<tr><td>牵引车</td><td>A2</td><td>重型、中型全挂、半挂汽车列车</td><td>可采用路试</td></tr>
<tr><td>城市公交车</td><td>A3</td><td>核载10人以上的城市公共汽车</td><td>三轴及三轴以上车辆可采用路试</td></tr>
<tr><td>大型货车</td><td>B2</td><td>重型、中型载货汽车；大、重、中型专项作业车</td><td>三轴及三轴以上车辆可采用路试</td></tr>
<tr><td>中型客车</td><td rowspan="4">小型车辆检测线</td><td>B1</td><td>中型载客汽车(含核载10人以上、19人以下的城市公共汽车)</td><td></td></tr>
<tr><td>小型汽车</td><td>C1</td><td>小型、微型载客汽车以及轻型、微型载货汽车、轻、小、微型专项作业车</td><td></td></tr>
<tr><td>小型自动挡汽车</td><td>C2</td><td>小型、微型自动挡载客汽车以及轻型、微型自动挡载货汽车</td><td></td></tr>
<tr><td>低速货车</td><td>C3</td><td>低速载货汽车(原四轮农用运输车)</td><td></td></tr>
<tr><td>三轮汽车</td><td>三轮汽车检测线</td><td>C4</td><td>三轮汽车</td><td></td></tr>
<tr><td>普通三轮摩托车</td><td>三轮摩托车检测线</td><td>D</td><td>发动机排量大于50ml或者最大设计车速大于50km/h的三轮摩托车</td><td></td></tr>
<tr><td>普通二轮摩托车</td><td rowspan="2">两轮摩托车检测线</td><td>E</td><td>发动机排量大于50ml或者最大设计车速大于50km/h的二轮摩托车</td><td rowspan="2"></td></tr>
<tr><td>轻便摩托车</td><td>F</td><td>发动机排量小于等于50ml，最大设计车速小于等于50km/h的摩托车</td></tr>
<tr><td>轮式自行机械车</td><td></td><td>M</td><td>轮式自行机械车</td><td>可采用路试</td></tr>
<tr><td>无轨电车</td><td></td><td>N</td><td>无轨电车</td><td>可采用路试</td></tr>
<tr><td colspan="5">注：1. 大型车辆检测线检定(或者校准)结果能满足小型车辆检测线要求的，可检测小型车辆。
2. 其他无法上线车辆可采用路试。</td></tr>
</table>

附件 4：

不同车型检测仪器设备、设施的配置

序号	设备、设施名称	承检车型代号										设备相关标准
		A1 A3	A2 B2	B1 C1 C2	C3	C4	D	E F	M	N	轴荷 10 000 kg 以上、三轴及三轴以上车辆	
1	轮重仪	√	√	√	√	√			√			GB/T 11798.7
	滚筒反力式汽车制动检验台	√	√	√	√				√			GB/T 11798.2
2	平板式制动检验台(用于小型车检测线)			√	√				√			GB/T 11798.9
3	滚筒式汽车车速表检验台	√		√	√				√			GB/T 11798.4
4	汽车侧滑检验台	√		√	√				√		√	GB/T 11798.1
5	汽油车排气分析仪 ※	√	√	√			√	√	√	√	√	GB/T 11798.3
6	滤纸式烟度计 ※	√	√	√	√	√			√	√	√	GB/T 11798.5
7	不透光烟度计 ※	√	√	√	√	√			√	√	√	
8	机动车前照灯检测仪	√	√	√	√	√			√	√	√	GB/T 11798.6
9	底盘测功机											承检 20 年以上的非营运乘用车
10	驻车坡道	√	√	√	√	√			√	√	√	
11	试验道路	√	√	√	√	√			√	√	√	
12	声级计	√	√	√	√	√	√	√	√	√	√	GB/T 17181
13	便携式制动性能测试仪	√	√	√	√	√			√	√	√	GA/T 485
14	非接触式汽车速度测试仪	√	√	√	√	√			√	√	√	
15	发动机转速表	√	√	√					√	√	√	
16	踏板力计	√	√	√	√	√			√	√	√	
17	手制动力计	√	√	√	√	√					√	
18	方向盘转向力-转向角检测仪	√	√	√	√	√			√	√	√	
19	透光率计	√	√	√								
20	轮胎花纹深度计	√	√	√	√	√	√	√	√	√	√	
21	轮胎气压表	√	√	√	√	√	√	√	√	√	√	
22	秒表	√	√	√	√	√	√	√	√	√	√	
23	钢卷尺	√	√	√	√	√	√	√	√	√	√	
24	钢直尺	√	√	√	√	√	√	√	√	√	√	
25	摩托车轮重仪						√	√				
26	摩托车制动试验台						√	√				
27	摩托车制动试验设备						√	√				

续表

序号	设备、设施名称	承检车型代号										设备相关标准
		A1 A3	A2 B2	B1 C1 C2	C3	C4	D	E F	M	N	轴荷 10 000 kg 以上、三轴及三轴以上车辆	
28	摩托车测速装置						√	√				
29	摩托车灯光测试装置						√	√				
30	摩托车轮偏仪测试台							√				GB/T 11798.8

注：有√的表示需要配备，设备的功能需满足规定的车型检测，其量程也需满足对应车型的要求。序号 1 和 2 有一种即可；序号 13 和 14 有一种即可。

有※标注的设备在实行环保检验合格标志的地方不要求。

机动车安全技术检验机构检验资格许可审查员管理规定

一、总则

（一）为规范机动车安全技术检验机构（以下简称“安检机构”）检验资格许可核查工作，加强安检机构检验资格许可审查员（以下简称“审查员”）的管理，统一审查员的条件、考核、注册、职责，制定本规定。

（二）审查员由省级质量技术监督部门组织考核、注册、使用和日常管理，报国家质量监督检验检疫总局备案。

二、条件

（一）原则上年龄不超过60周岁，身体健康，所在单位推荐，并具备下列条件之一：

1. 大专（含）以上学历或中级（含）以上专业技术职称，从事车辆相关工作满3年或从事机动车安全技术检验满2年；

2. 中专学历或助理工程师技术职称，从事机动车安检工作满5年。

（二）经省级质量技术监督部门组织的考核合格。

（三）担任组长的审查员还需要具备以下条件：

1. 具有一定的组织、协调和语言文字表达能力；

2. 具有较强的现场条件核查技能和丰富的核查经验。

三、考核

（一）现场条件核查工作程序和机动车安全技术检验流程。

（二）机动车安全技术检验依据的法律法规和有关规定。

（三）机动车安全技术检验依据的技术条件和方法标准。

（四）机动车安全技术检验使用的检测仪器设备的基本性能和适用范围，有关仪器设备的标准，检定规程或校准方法。

（五）质量管理的基本理论和安检机构检验资格许可条件及核查方式、方法、技巧等。

四、注册

（一）经考核合格的人员可以向省级质量技术监督部门申请审查员注册。

（二）审查员注册应当提供下列资料：

1. 审查员申请表，见附件1；

2. 学历证明复印件；

3. 技术职称证明复印件；

4. 其他需要提供的证明文件的复印件。

（三）经省级质量技术监督部门确认合格的申请人员给予注册，发放审查员证书，见附件7。

（四）审查员证书有效期为3年，期满后经考核合格，可以继续申请注册。

（五）国家公务员不得申请注册。

五、职责

（一）审查组长职责

安检机构资格许可审查工作实行审查组长负责制，对核查工作的质量负责。其职责如下：

1. 分配审查组各成员工作，合理编制现场核查计划，严格按程序组织策划现场核查活动；
2. 主持召开首、末次会议，组织实施现场核查活动，组织审查组内部会议，讨论核查情况；
3. 组织完成不符合项的汇总和核查结论的确定，编制现场核查报告；
4. 代表审查组与安检机构沟通和联络，妥善处理核查活动中的异常和争议；
5. 协调审查组内各项工作，指导审查员独立完成任务，并对审查员的工作进行评价；
6. 完成与本次核查工作有关的其他事项；
7. 及时向省级质量技术监督部门提交对安检机构核查的完整资料。

（二）审查组员的职责

1. 在组长的领导下，按分工完成具体的核查工作；
2. 向组长汇报现场核查情况，提交有关的核查记录；
3. 参与核查报告的讨论和确定；
4. 对核查现场所发现的问题提出建议；
5. 对分工审查的项目负责；
6. 协助审查组长完成其他工作。

六、工作纪律

（一）严格遵守《机动车安全技术检验机构检验资格许可审查员守则》，见附件2。

（二）服从省级质量技术监督部门的管理和工作安排。

（三）在接受核查等相关工作时，要事先征得所在工作单位的同意。

七、日常管理

省级质量技术监督部门每年要对注册审查员进行考核，考核方式主要有以下几种：

（一）收集、汇总安检机构的反馈信息，对审查员进行考核；

（二）对审查员现场核查工作质量进行抽查；

（三）对审查员进行年度考核。

八、暂停与注销

（一）凡是出现下列情况之一的，暂停6个月审查员资格，情节严重的注销审查员资格：

1. 不履行审查员职责，未遵守《机动车安全技术检验机构检验资格许可现场核查审查员守则》的；

2. 对安检机构的核查中，一个年度内累计出现 2 次工作失误的；

3. 无故不服从派遣或在其资格有效期内不参加规定项目考核或考核不合格的；

4. 以权谋私，侵害安检机构正当权益的，或借机推销产品和服务项目的。

（二）因本人健康原因或其他原因不能继续从事核查工作，本人提出申请的，予以注销。

（三）凡受到 2 次以上（含）暂停资格的审查员，注销其审查员资格。

（四）被注销的审查员，不得再次申请注册。

九、资格的恢复

对受到暂停资格的审查员，在暂停期间对其过错行为认识深刻，并认真予以纠正的，可在暂停期结束后，由本人提出恢复资格申请，经省级质量技术监督部门批准，予以恢复审查员资格。

附件：

1. 机动车安全技术检验机构检验资格许可审查员申请表
2. 机动车安全技术检验机构检验资格许可现场核查审查员守则
3. 机动车安全技术检验机构检验资格许可审查员注册备案汇总表
4. 机动车安全技术检验机构检验资格许可现场核查审查员声明
5. 机动车安全技术检验机构检验资格许可现场核查审查员承诺
6. 机动车安全技术检验机构检验资格许可现场核查工作反馈单
7. 机动车安全技术检验机构检验资格许可审查员证书

附件 1：

机动车安全技术检验机构检验资格许可
审查员申请表

照片	申请人姓名		性别		出生年月	
	学　历		专业			
	毕业院校				技术职称	
	身份证号码				E-mail	
工作单位					邮　编	
通讯地址					传　真	
联系电话					手　机	
现从事专业及年限						
有关专业技术工作经历说明						
申请人所在单位推荐意见	（单位公章）：　　　　日期：					

有关专业技术工作经历说明：指有关机动车辆检测、车辆设计、制造的学习和工作经历。

附件 2：

机动车安全技术检验机构检验资格许可
现场核查审查员守则

1. 认真执行国家对机动车安检机构有关的法律、法规、规章及有关规定；

2. 参加核查时主动出示审查员证书；

3. 工作中坚持公正科学的原则，实事求是，作风正派，忠于职守，秉公办事；

4. 认真履行职责，严格执行工作程序，依照规定进行核查，保证核查工作质量；

5. 主动回避与本人有经济利益关系的安检机构核查；

6. 不借核查工作向受核查安检机构推销产品和服务；

7. 严格遵守各项廉政纪律，不利用工作之便接受安检机构的馈赠或参加机构安排的娱乐活动；

8. 严格遵守保密制度，不向任何第三方透露受核查安检机构的商业和技术秘密（国家法律法规有规定的除外）；

9. 未经省级质量技术监督部门委托，不擅自开展核查活动。

附件 3：

机动车安全技术检验机构检验资格许可审查员注册备案汇总表

省份：________________ （审批部门公章）

序号	姓名	性别	出生年月	学历	专业	职称/职务	身份证号码	工作单位	联系电话	审查员编号	备注
1											
2											
3											
4											
5											
6											
7											
8											
9											
10											
11											
12											

附件 4：

机动车安全技术检验机构检验资格许可现场核查审查员声明

本人将遵守以下工作纪律：

1. 以客观公正和科学严谨的态度从事核查工作，任何结论都必须以客观事实为依据，不徇私舞弊；

2. 不泄露在核查过程中获得的受核查机构的相关信息；

3. 不接受受核查机构安排的游览、娱乐等活动，不接受馈赠；

4. 如实上报核查结果，对相关事实不隐瞒，不漏报，对所承担的核查结果负责；

5. 在核查工作中所借用的有关资料或物品，在核查工作结束后将及时归还。

声明人：

注：该声明交受核查机构，请给予监督。

附件5：

机动车安全技术检验机构检验资格许可现场核查审查员承诺

1. 自愿参加机动车安全技术检验机构检验资格许可现场核查工作，并已知晓有关工作要求及规定；

2. 过去两年没有与受核查机构发生直接经济利益关系；

3. 以客观、公正和科学、严谨的态度从事核查工作，任何结论都必须以客观事实为依据，不徇私舞弊，对所承担的核查结果负责；

4. 不泄露质量监督部门尚未公布的信息；

5. 不接受受核查机构安排的游览、娱乐等活动，不接受馈赠；

6. 如实上报核查结果，对相关事实不隐瞒，不漏报。

承诺人：

注：该承诺交省级质量技术监督部门。

附件 6：　　　　审查编号：__________

机动车安全技术检验机构检验资格许可
现场核查工作反馈单

<table>
<tr><td>受核查机构名称</td><td colspan="2"></td><td>联系电话</td><td></td></tr>
<tr><td>通讯地址</td><td colspan="2"></td><td>邮政编码</td><td></td></tr>
<tr><td>核查日期</td><td colspan="4">自　　年　　月　　日至　　年　　月　　日</td></tr>
<tr><td>审查组
成　　员</td><td colspan="4">组长：　　　　组员：</td></tr>
<tr><td colspan="2">审查员是否有违反《现场审查员守则》的行为</td><td colspan="3"></td></tr>
<tr><td colspan="2">审查员是否有故意刁难的情况</td><td colspan="3"></td></tr>
<tr><td colspan="2">审查员是否有其他违纪、违法的行为</td><td colspan="3"></td></tr>
<tr><td colspan="5">其他需要说明的问题：</td></tr>
<tr><td>备注</td><td colspan="4">本反馈单要求受核查机构认真如实填写，并请在核查工作结束后 15 日内寄到审查组的派出单位。见下列地址：
邮编：
地址：
收信人：　××××质量技术监督局×××处</td></tr>
</table>

受核查机构负责人签字：　　　　（机构盖章）

年　　月　　日

附件 7：

（封面）

机动车安全技术检验机构
检验资格许可

审查员证书

×××××质量技术监督局

（第1页）

照
片

发证机械盖章

证件编号：__________

发证日期：　　年　月　日

有效期至：　　年　月　日

（第2页）

姓名：__________

性别：__________

出生日期：　　年　月　日

工作单位：______________

____

注册时间：　　年　月　日

（第3页）

考 核 记 录

考核时间	考核结果	审核章

（第4页）

注意事项

1.此证书系机动车安全技术检验机构检验资格许可审查员的有效证件。

2.此证书不得伪造、涂改和转借。

3.如有遗失，必须立即报告发证部门申明作废。

4.换证、调联或撤销时，将此证书交还发证部门。

5.此证书未加盖发证部门公章无效。

（封底）

机动车安全技术检验机构检验资格许可证书和检验专用章管理规范

一、总则

（一）为了规范机动车安全技术检验机构（以下简称“安检机构”）检验资格许可证书和检验专用章的式样、发放、使用、更正、更换、收回、销毁等，制定本规范。

（二）安检机构检验资格许可证书（以下简称“证书”），是由省级质量技术监督部门根据机动车安全技术检验工作的需要，通过法定程序对本行政区域内经核查合格的安检机构颁发的、准予从事机动车安全技术检验的资格证明文件的公开形式。证书只有正本，没有副本。证书自批准之日起3年内有效。

（三）检验专用章（以下简称“印章”）是取得证书的安检机构开展机动车安全技术检验，在出具的检验报告上确认检验报告生效需加盖的印章。印章由省级质量技术监督部门对获得机动车安全技术检验资格许可的安检机构颁发。

二、证书和印章的式样

（一）国家质量监督检验检疫总局统一制定证书和印章的式样，省级质量技术监督部门负责制作，其他任何单位和个人不得仿制。证书上加盖省级质量技术监督部门印章。

（二）证书应当载明机构名称、检验范围、住所、检测地址、证书编号、发证日期、有效日期。

1. 证书上的机构名称应当与企业、事业、社团法人证书上的名称相一致；
2. 证书检验范围应当注明现场条件核查确认的具有检验能力的车辆类型；
3. 证书住所应当注明企业、事业、社团法人证书住所地址；
4. 证书检测地址应当注明安检机构检测场所的地址；
5. 证书有效期应当注明发证部门批准的许可截止日期；
6. 证书式样见附件1。

（三）印章上应当载明机构名称、检验专用章字样。一个安检机构有2个以上独立的检测场所时，印章上应当有检测场所序号标识。印章式样见附件2。

三、证书和印章的使用

（一）安检机构应当将证书悬挂在检测场所、客户能看到的明显位置。

（二）证书上有涂改、挖补或者损毁的，该证书作废。

（三）证书仅供取得检验资格的安检机构使用，不得转借、出让。

（四）印章仅用于机动车安全技术检验报告，检验报告加盖印章后生效。

四、证书和印章的变更

（一）安检机构的证书或印章破损可辨认的，可以向省级质量技术监督部门申请更换新证书，将原证书或印章交回省级质量技术监督部门。

（二）安检机构取得证书后，需要变更机构名称或住所、减少检测车型或减少检测线的，应当向省级质量技术监督部门提交相关证明材料备案，对符合变更规定的，省级质量技术监督部门收回原证书，更换新证书，证书有效期与原证书有效期保持相同。对印章内容需要变更的，省级质量技术监督部门应当同时更换印章。

五、证书和印章的补领

（一）安检机构遗失或者毁损证书、印章的，应当向安检机构所在地省级质量技术监督部门提出补发证书或者印章申请。

（二）由法定代表人携带法人证书和个人身份证件到省级质量技术监督部门登记，申请补发证书，并公开声明原证书或印章作废。

（三）省级质量技术监督部门自受理安检机构补发证书或印章申请之日起5日内，做出是否受理的决定。

（四）省级质量技术监督部门应当自受理安检机构补发证书或印章申请之日起20日内，完成申报材料的书面审核，并做出是否准予补发的决定。对于符合条件的，重新颁发证书，有效期不变；不符合条件的，书面告知申请人，并说明理由。

六、证书和印章的收回和销毁

（一）安检机构违反国家法律、法规和有关规定，被暂时停止检验资格的，或者安检机构需要停止检验工作3个月以上的，由省级质量技术监督部门暂时收回证书和印章，在恢复检验资格时发还。撤销、注销检验资格许可的，由省级质量技术监督部门收回证书和印章。

（二）省级质量技术监督部门负责对收回的作废证书和印章，实行统一销毁。

七、其它情况的处理

（一）安检机构增项，包括在原机构内增加检测线、增加检测车型的，可向省级质量技术监督部门提出申请，取得检验资格许可的，应当重新颁发证书，证书有效期与原证书有效期保持相同，印章不变。

（二）机动车安全技术检验依据的标准内容发生较大变化的，由省级质量技术监督部门决定现有检验资格的有效期，有关决定未发布之前，安检机构原证书和印章继续有效。

标准内容变化较小的，安检机构应当根据标准变化的要求，及时补充检测能力，安检机构持有的原检验资格证书继续有效。影响部分车型检验的，按检验能力变更处理，更换新证书，证书有效期与原证书有效期相同，印章不变。

（三）国家有关法律法规、有关标准及技术要求发生较大改变而修订安检机构检验资格许可技术条件时，国家质检总局将根据需要决定是否重新进行现场核查。对需要重新核查的，收回原有证书标注“作废”字样，重新颁发证书，对不需要重新进行现场核查的，原有证书不变。

（四）在证书有效期内，安检机构的检测设备、检测环境、检验技术人员发生较大变化的（包括检测线重大技术改造等），安检机构应当及时向省级质量技术监督部门提出申请，省级质量技术监督部门应当重新组织进行现场核查。符合要求的，重新颁发证书。证书有效期按重新颁发的日期计算。

（五）安检机构迁址应当向其所在地省级质量技术监督部门提出申请，对符合有关规定的，省级质量技术监督部门应当受理，并组织进行现场核查、审批，对符合要求的，发放新证书，证书的有效期自批准之日起计算。迁址安检机构原有证书收回。需要变更印章的，同时更换印章。

八、证书的编号规则

（一）证书编号由两部分组成，第一部分由两位字母“XK”表示，字母“XK”代表“许可”；第二部分为核查编号，形式如“苏 2009001”，前面的汉字用安检机构所在省份的简称，汉字后面的前 4 位数表示对安检机构核查发证的年份，最后的 3 位数表示安检机构在该省份的许可顺序号，由各省级质量技术监督部门对本行政区域内的安检机构检验资格许可统一编号。

（二）证书变更后采用新的证书编号，补发的证书采用原编号。

附件：1. 检验资格许可证书式样

2. 检验专用章式样

附件1：

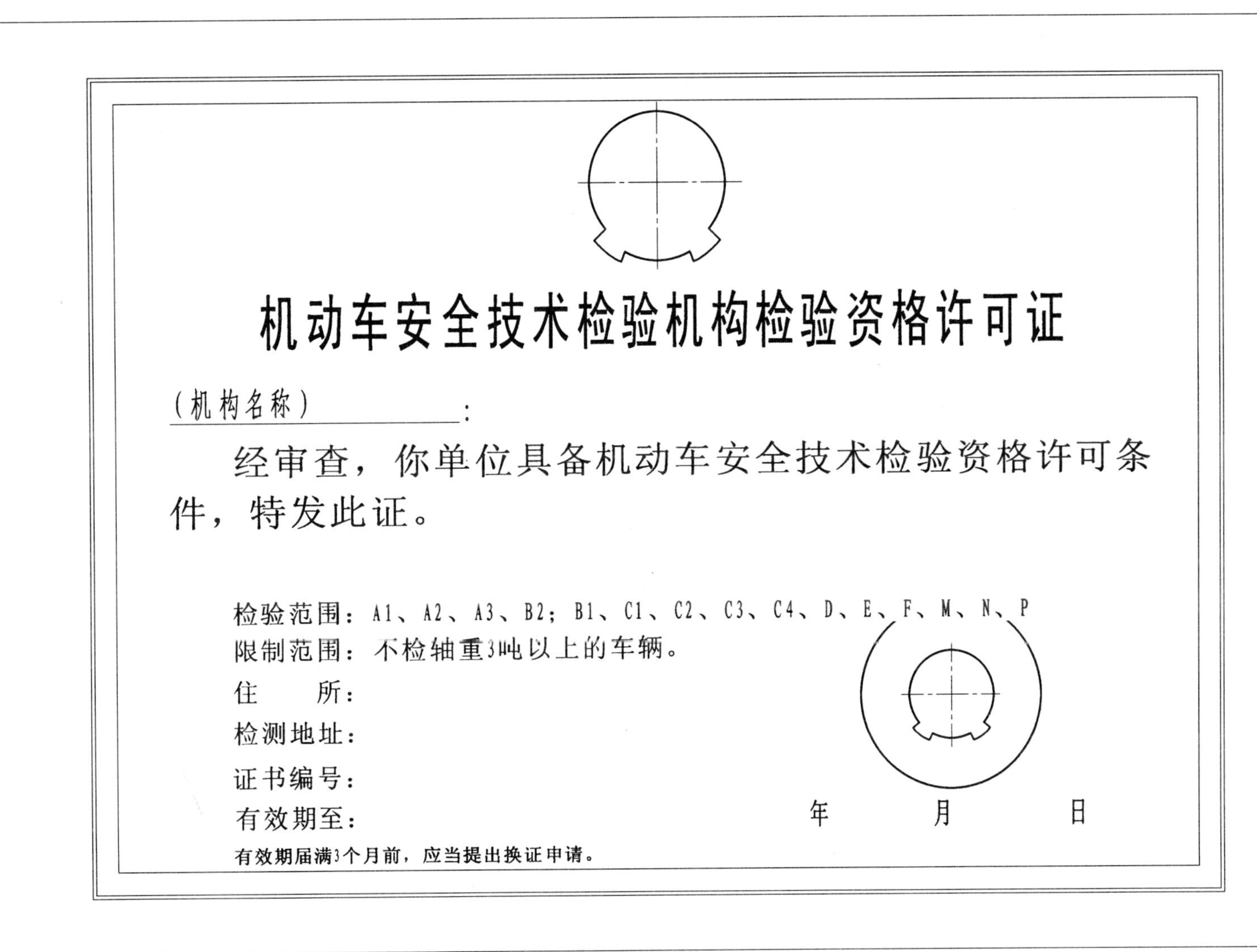

机动车安全技术检验机构检验资格许可证

（机构名称）__________：

经审查，你单位具备机动车安全技术检验资格许可条件，特发此证。

检验范围：A1、A2、A3、B2；B1、C1、C2、C3、C4、D、E、F、M、N、P

限制范围：不检轴重3吨以上的车辆。

住　　所：

检测地址：

证书编号：

有效期至：　　　　年　　　　月　　　　日

有效期届满3个月前，应当提出换证申请。

附件 2：

专用章样式

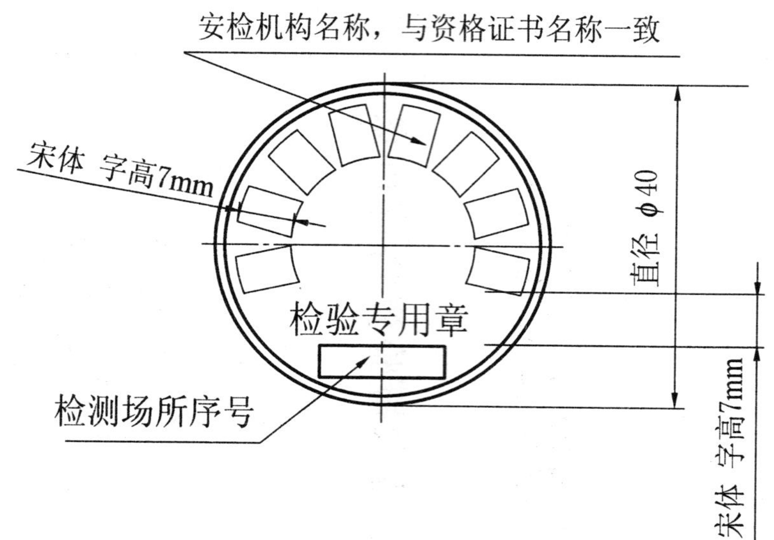

关于加强机动车安全技术检验机构管理有关工作的通知

（国质检监联[2005]39 号）

各省、自治区、直辖市质量技术监督局、公安厅（局）：

为贯彻落实《道路交通安全法》及其实施条例，加强对机动车安全检验技术机构的监督管理，保障上路行驶的机动车的安全性，国家质量监督检验检疫总局（以下简称国家质检总局）、公安部和国家认证认可监督管理委员会（以下简称国家认监委）研究决定，自本通知发布之日至 2005 年 3 月 31 日，机动车安全技术检验机构资格及监督管理工作由公安机关交通管理部门向质检部门移交。现就过渡期内有关事项通知如下：

一、各地质量技术监督部门要会同公安机关交通管理部门，对机动车安全技术检验机构（以下简称车辆安检机构）的资格进行确认。车辆安检机构在公安机关交通管理部门核发的委托书有效期内，可继续承担机动车安全检验工作，但应当申请办理计量认证。检验项目及标准仍按原有关规定执行。有效期满前，愿意继续承担车辆安全检验工作的，可以向当地省级质量技术监督部门申请延长有效期。省级质量技术监督部门应当对申请延长有效期的机构进行审核，对批准延长申请的，征求同级公安机关交通管理部门意见后，报国家质检总局备案。过渡期间，不受理车辆安检机构承担机动车安全检验工作的新的申请。

二、各省级质量技术监督部门应当按照国家质检总局和国家认监委的统一要求，积极做好车辆安检机构的计量认证、计量检定以及实验室认可等工作。组织对车辆安检机构的专用检验设备的检定情况进行检查，对检验人员进行核准登记。发现车辆安检机构使用的检验设备未依法进行计量检定的，应当责令申请检定。未按要求进行检定或检定不合格的，质检部门应当责令其暂停检验工作，并通报当地公安机关交通管理部门。情节严重的，征求同级公安机关交通管理部门意见后，撤销其检验资格。2005 年 4 月 30 日前，各省质量技术监督局应完成对车辆安检机构的计量认证工作，并将通过计量认证的机构报国家认监委。

三、各省级质量技术监督局应及时组织宣传贯彻有关计量检定、计量认证法律法规要求和工作程序，按照国家质检总局指定的教材组织车辆安检机构检验人员的上岗培训，并进行统一考试。未经考核合格、未取得上岗证书的人员，一律不得从事机动车安全技术检验工作。检验人员有违法违纪行为的，应撤销其上岗资格，并依法追究责任。

四、公安机关交通管理部门要会同质检部门，对车辆安检机构检验车辆的情况进行监督。发现车辆安检机构只收费不检车、不执行国家安全技术检验标准、出具虚假检验证明等违法、违规行为的，公安机关交通管理部门依法予以处罚，不予核发检验合格标志，质检部门征求同级公安机关交通管理部门意见后。依法撤销其检验资格。车辆在检验有效期内发生交通事故、经确认车辆安检机构负有责任的，依法追究车辆安检机构及其有关责任人的法律责任。车辆安检机构要与公安机关交通管理部门和省级质量技术监督部门联网，实现计算机打印机动车安全技术检验合格证明。

在过渡期以后，车辆安检机构的监管按有关新规定执行。

五、2005 年 3 月 31 日前，各地公安机关交通管理部门应当对已委托的车辆安检机构进行核实确认，将有关档案资料登记造册，移交同级质量技术监督部门。各地质量技术监督部门应当对移交的材料进行核对，及时上报省级质量技术监督部门。各省级质量技术监督部门于 2005 年 4 月 30 日前报国家质检总局。

过渡期间，各省（区、市）质量技术监督局、公安厅（局）要将贯彻《道路交通安全法》及其实施条例，落实过渡期有关事项情况分别上报国家质检总局和公安部。国家质检总局和公安部将适时组织检查。

六、国家质检总局将会同国家认监委统一向社会公布承担机动车安全技术检验的机构名单。自 2005 年 5 月 1 日起，未列入承担机动车安全技术检验机构名单的机构，一律不得开展机动车安全技术检验工作。违反规定的，由省级质量技术监督部门依法进行查处。

关于做好机动车安全技术检验机构监督管理接收工作的通知

（国质检监联[2005]77 号）

各省、自治区、直辖市质量技术监督局，各直属检验检疫局：

根据《中华人民共和国道路交通安全法》、《道路交通安全法实施条例》和我局与公安部、认监委联合发布的《关于加强机动车安全技术检验管理有关工作的通知》（国质检监联[2005]39 号）的规定，自 2005 年 1 月 21 日至 3 月 31 日，机动车安全技术检验机构（以下简称：机动车安检机构）监督管理工作由公安机关交通管理部门向质检部门移交。为了做好机动车安检机构监督管理的接收工作，现就有关事项通知如下：

一、高度重视，做好机动车安检机构监管职能承接工作

机动车安检机构资格及其监督管理工作，是道路交通安全法及其实施条例赋予质检部门的一项新的职责，各地要组织局内有关职能处（室），认真学习法律、法规的规定，从以人为本、执政为民的高度，充分认识机动车安检机构监管工作的重要意义。各地要按照质检总局、公安部、认监委联合发文和本通知的要求，按照统一领导、分工合作、密切配合的原则，加强与当地公安机关交通管理部门的联系，结合实际研究制订接收机动车安检机构监管职能工作方案，做好承接工作，为全面履行机动车安检机构监管职能打好基础。

二、调查摸底，做好登记备案工作

各地在做好档案资料接收工作的同时，要组织（地）市局对本地区机动车安检机构的人员、检验资质、资产设备、机构性质等基本情况进行一次全面调查、摸底，填写《机动车安检机构调查登记表》（见附表 1），汇总、分析调查摸底情况，于 2005 年 3 月 31 日前，将调查登记表和汇总分析报告一并报总局监督司。

各直属检验检疫局应当依据相关检验检疫法律、法规的规定以及本通知的要求，对承担口岸进出口机动车安全技术检验工作的机构的检验资格进行登记备案，于 2005 年 3 月 31 日前，将承担口岸进出口机动车安全技术检验工作的机构名单及其档案资料报总局检验监管司。

三、督促有关机构做好计量认证和计量检定工作

各地要充分重视机动车安全技术检验机构的计量认证工作，对所有经公安机关交通管理部门委托指定的机动车安检机构，要于 4 月 30 日前将完成和未完成计量认证的机构名单，以附表 2 的形式报国家认监委实验室与检测监管部，8 月 1 日前，应完成所有经公安机关委托指定的机动车安全技术检验机构的计量认证工作。

各地应当对机动车安全技术检验机构的在用计量器具进行一次监督检查。检查的主要内容：

1. 在用计量器具是否依法进行了计量检定(没有计量检定规程的除外);2. 是否具有有效的计量检定证书。对未依法进行计量检定或超过计量检定周期的,应当督促其依法进行检定;对拒不进行检定的,可依据国质检监联[2005]39 号文件的要求,责令其暂停检验工作,并通报当地公安机关交通管理部门。2005 年 3 月 31 日前,将计量监督检查情况填写《机动车安检机构计量检定情况汇总表》(见附表 3),报总局计量司。

四、严格审核有关机动车安检机构延长有效期的申请

根据国质检监联[2005]39 号文件的规定,经公安机关交管部门委托指定的机动车安检机构,在监管工作交接期间委托检验有效期满的,可以允许其提出延长检验有效期的申请。各省质量技术监督局和各直属出入境检验检疫局应当组织所在市(地)有关部门进行审核,指导申请单位填写《延长机动车安检工作有效期审核表》(见附表 4)。经审核符合要求的,征求当地公安机关交管部门同意后,省局可批准其延长检验工作有效期,并正式函复有关申请机构。凡委托检验有效期满未提出延长申请的,或经审核认定不具备继续承担检验工作条件的,一律不得再从事机动车安全技术检验工作。

五、认真做好档案接收工作

公安机关交通管理部门长期对机动车安检机构依法实施严格的监督管理,有着成熟的管理经验,并积累了大量的档案和文件资料。各省质量技术监督局和各直属出入境检验检疫局要虚心向公安机关交管部门学习。在接收移交资料时,应做到全面了解公安机关交管部门对机动车安检机构监督管理的法规、规章、技术规定、标准和有关文件;掌握公安机关交管部门指定承担机动车安全技术检验工作的机动车安检机构档案等材料。

各地应当对接收的档案和有关材料进行归类、汇总,并将汇总情况分别填写《机动车安检机构监管法规文件备案表》(见附表 5)和《机动车安检机构备案表》(见附表 6),于 2005 年 3 月 31 日前报总局监督司和检验监管司。

过渡期间,总局将针对机动车安检机构监管工作进行联合调研,召开座谈会,研究制订《机动车安全技术检验机构监督管理办法》和机动车安检机构必须具备的条件并尽快发布。各地在接收期间不得受理未经公安机关交通管理部门委托指定承担安检任务的机构新的申请。接收过程中遇到问题的,要及时报告总局监督司。

中华人民共和国国家质量监督检验检疫总局
中国国家认证认可监督管理委员会
二〇〇五年三月四日

附表 1：

机动车安检机构基本情况登记调查表

<table>
<tr><td rowspan="10">基本情况</td><td>机构名称</td><td colspan="4"></td><td colspan="3">调查年度 2004 年</td></tr>
<tr><td rowspan="2">机构性质</td><td colspan="3">独立法人</td><td colspan="4" rowspan="2">非独立法人 □</td></tr>
<tr><td>企业法人 □</td><td colspan="2">事业法人 □</td></tr>
<tr><td>地址</td><td colspan="4"></td><td>电话</td><td colspan="2"></td></tr>
<tr><td>邮编</td><td colspan="4"></td><td>传真</td><td colspan="2"></td></tr>
<tr><td>电子邮件</td><td colspan="4"></td><td>网址</td><td colspan="2"></td></tr>
<tr><td rowspan="2">法人代表</td><td>姓名</td><td>性别</td><td>年龄</td><td>学历</td><td>职称</td><td colspan="2">联系电话</td></tr>
<tr><td></td><td></td><td></td><td></td><td></td><td colspan="2"></td></tr>
<tr><td rowspan="2">主管单位</td><td>单位名称</td><td colspan="6"></td></tr>
<tr><td>单位性质</td><td colspan="6">行政部门□ 事业单位□ 社会团体□ 企业集团□</td></tr>
<tr><td rowspan="14">人员情况</td><td colspan="8">在职人员总数： 人</td></tr>
<tr><td colspan="8">职务构成</td></tr>
<tr><td colspan="2">行政人员</td><td colspan="3">检验人员</td><td colspan="3">持证检验人员</td></tr>
<tr><td>人数</td><td>占在职人员比例%</td><td>人数</td><td colspan="2">占在职人员比例%</td><td>人数</td><td colspan="2">占检验人员比例%</td></tr>
<tr><td></td><td></td><td></td><td colspan="2"></td><td></td><td colspan="2"></td></tr>
<tr><td>站长</td><td>是否持证</td><td colspan="3">是□ 否□</td><td>何机构授证</td><td colspan="2"></td></tr>
<tr><td>主任检验员</td><td>是否持证</td><td colspan="3">是□ 否□</td><td>何机构授证</td><td colspan="2"></td></tr>
<tr><td colspan="8">学历构成</td></tr>
<tr><td colspan="2">硕(博)士</td><td colspan="3">大(本)专科</td><td colspan="3">大专以下</td></tr>
<tr><td>人数</td><td>占在职人员比例%</td><td>人数</td><td colspan="2">占在职人员比例%</td><td>人数</td><td colspan="2">占在职人员比例%</td></tr>
<tr><td></td><td></td><td></td><td colspan="2"></td><td></td><td colspan="2"></td></tr>
<tr><td colspan="8"></td></tr>
<tr><td colspan="8"></td></tr>
<tr><td colspan="8"></td></tr>
<tr><td rowspan="5">机构情况</td><td rowspan="5">内部机构</td><td>业务科(室)名称</td><td colspan="4">主 要 业 务</td><td>人数</td><td>大专以上人数</td></tr>
<tr><td>1</td><td colspan="4"></td><td></td><td></td></tr>
<tr><td>2</td><td colspan="4"></td><td></td><td></td></tr>
<tr><td>3</td><td colspan="4"></td><td></td><td></td></tr>
<tr><td>4</td><td colspan="4"></td><td></td><td></td></tr>
</table>

机构情况	分支机构	名称	地　　址	批准单位		
		1				
		2				
		3				
	联合机构	名称	地　　址	批准单位		
		1				
		2				
		3				
安检工作情况	2004年检验业务情况	委托单位	迄止日期（有效日期）	证书号		
		检验数量（台数）	大型车	中、小型车	摩托车	其它
	检验资质	计量认证参数（项目）	认证考核单位	迄止日期（有效日期）	证书号	
		1				
		2				
		3				
		4				
		5				
		6				
		7				
		8				
		9				
		10				
	检验设备	检测线数量	大车线	条	中小车线	条
			摩托车线	条	试验跑道	条
		是否与车管所联网	是□	否□		
		在用检测设备名称	计量检定单位	检定时间	证书号	
		1				
		2				

<table>
<tr><td rowspan="8">安检工作情况</td><td rowspan="8">检验设备</td><td>3</td><td></td><td></td><td></td></tr>
<tr><td>4</td><td></td><td></td><td></td></tr>
<tr><td>5</td><td></td><td></td><td></td></tr>
<tr><td>6</td><td></td><td></td><td></td></tr>
<tr><td>7</td><td></td><td></td><td></td></tr>
<tr><td>8</td><td></td><td></td><td></td></tr>
<tr><td>9</td><td></td><td></td><td></td></tr>
<tr><td>10</td><td></td><td></td><td></td></tr>
<tr><td rowspan="21">2004年资产情况</td><td rowspan="12">资金收入</td><td colspan="4">收入总额　　　　万元，收费标准</td></tr>
<tr><td colspan="4">行政拨款　　　　万元，占总收入比例　　　　%</td></tr>
<tr><td>拨款单位</td><td>拨款项目</td><td>拨款额（万元）</td><td>占行政拨款总额比例%</td></tr>
<tr><td>1</td><td></td><td></td><td></td></tr>
<tr><td>2</td><td></td><td></td><td></td></tr>
<tr><td>3</td><td></td><td></td><td></td></tr>
<tr><td colspan="4">业务收入总额　　　　万元，占总收入比例　　　　%</td></tr>
<tr><td>收费项目</td><td>收费额（万元）</td><td>占业务收入比例%</td><td>收费依据</td></tr>
<tr><td>1</td><td></td><td></td><td></td></tr>
<tr><td>2</td><td></td><td></td><td></td></tr>
<tr><td>3</td><td></td><td></td><td></td></tr>
<tr><td colspan="4">其它收入　　　　万元，占总收入比例　　　　%</td></tr>
<tr><td rowspan="9">资金支出</td><td colspan="4">支出总额　　　　万元，占总收入比例　　　　%</td></tr>
<tr><td>支出项目</td><td colspan="2">支出额（万元）</td><td>占支出总额比例%</td></tr>
<tr><td>检验业务成本</td><td colspan="2"></td><td></td></tr>
<tr><td>检验设备
更新和维护</td><td colspan="2"></td><td></td></tr>
<tr><td>工资支出</td><td colspan="2"></td><td></td></tr>
<tr><td>办公经费</td><td colspan="2"></td><td></td></tr>
<tr><td>其它</td><td colspan="2"></td><td></td></tr>
<tr><td rowspan="2">纳税情况</td><td>营业税</td><td></td><td></td></tr>
<tr><td>所得税</td><td></td><td></td></tr>
</table>

<table>
<tr><td rowspan="17">2004年资产情况</td><td colspan="6">现有资产：　　万元</td></tr>
<tr><td rowspan="14">固定资产</td><td rowspan="10">检测设备</td><td>序号</td><td>在用检测设备名称</td><td>原值</td><td>购置时间</td></tr>
<tr><td>1</td><td></td><td></td><td></td></tr>
<tr><td>2</td><td></td><td></td><td></td></tr>
<tr><td>3</td><td></td><td></td><td></td></tr>
<tr><td>4</td><td></td><td></td><td></td></tr>
<tr><td>5</td><td></td><td></td><td></td></tr>
<tr><td>6</td><td></td><td></td><td></td></tr>
<tr><td>7</td><td></td><td></td><td></td></tr>
<tr><td>8</td><td></td><td></td><td></td></tr>
<tr><td colspan="4">合计　　万元</td></tr>
<tr><td rowspan="3">房产</td><td>办公用房</td><td>面积　　m^2</td><td colspan="2">价值　　万元</td></tr>
<tr><td>检验用房</td><td>面积　　m^2</td><td colspan="2">价值　　万元</td></tr>
<tr><td colspan="4">合计　　万元</td></tr>
<tr><td colspan="5">其它　　万元</td></tr>
<tr><td colspan="6">合计　　万元</td></tr>
<tr><td>流动资金</td><td colspan="5">万元</td></tr>
<tr><td colspan="7">当前安检机构面临的主要问题及困难</td></tr>
<tr><td colspan="7"></td></tr>
</table>

<table>
<tr><td colspan="2">对质检总局在机动车安检机构监督管理工作方面的建议</td></tr>
<tr><td colspan="2"></td></tr>
<tr><td colspan="2">对外用章印模</td></tr>
<tr><td>安检机构章</td><td>安检机构检验业务用章</td></tr>
<tr><td></td><td></td></tr>
</table>

分支机构章	分支机构检验业务用章
联合机构章	联合机构检验业务用章

填表说明：

1. 填表单位应当对表中所填信息的真实性负责，不得虚假隐瞒，不得空项，没有内容的应当填“无”。

2. 法人证书以及所有有关检验资质的证明文件，如计量认证证书及附件、实验室认可证书及附件等，应当提交全部复印件。

3. 表格所填信息量不适当的，可以扩大或缩小表格。

附表 2:

机动车安全技术检验机构计量认证信息汇总表

填报单位:__________省(自治区、直辖市)　　　　　　　　联系电话:

机构名称	地址/邮编	联系人	电话/传真	计量认证证书编号	证书有效起止日期
已通过计量认证的项目					

注:未通过计量认证的也填报此表(有关栏目空着)

附表 3：

机动车安检机构计量检定情况汇总表

省（市）	车辆安检机构总数	车辆安检机构检测线总数	检测线在用计量器具总数	检测线在用计量器具已检定台件数					违法使用计量器具案件数
				总检定台件数	其中				
					质检系统检定台件数	公安系统检定台件数	安检机构检定台件数	其他单位检定台件数	

附表 4：

延长机动车安检工作有效期
审批表

<table>
<tr><td>申请单位</td><td colspan="4"></td><td>性质</td><td></td></tr>
<tr><td rowspan="2">法人代表</td><td>姓名</td><td>性别</td><td>年龄</td><td>学历</td><td>职称</td><td>电话</td></tr>
<tr><td></td><td></td><td></td><td></td><td></td><td></td></tr>
<tr><td>地址</td><td colspan="4"></td><td>邮编</td><td></td></tr>
<tr><td>联系电话</td><td colspan="4"></td><td>传真</td><td></td></tr>
<tr><td colspan="7">申请内容

申请单位（印章）</td></tr>
<tr><td colspan="7">（以上内容由申请单位填写）</td></tr>
<tr><td>审核意见</td><td colspan="6">提示：
1. 计量设备检定情况
2. 计量认证情况
3. 其他

审核单位（印章）
年　　月　　日</td></tr>
<tr><td>公安交管部门意见</td><td colspan="6">交管部门（印章）
年　　月　　日</td></tr>
<tr><td>审批部门意见</td><td colspan="6">审批部门（印章）
年　　月　　日</td></tr>
</table>

附表 5：

机动车安检机构监管法规文件备案表

__________省(市)　　　　　　　　　　　　　　　　　　　　报备单位(印章)

序号	省(市)	法规文件名称	发布单位	备注

附表 6：

机动车安检机构备案表

____________省(市)　　　　　　　　　　　　　　　　　　报备单位(印章)

序号	省(市)	安检机构名称	委托证书号	备注

关于进一步加强机动车安全技术检验机构和机动车安全技术检验工作监管的通知

（国质检监联[2010]126号）

各省、自治区、直辖市及新疆生产建设兵团质量技术监督局、公安厅（局）：

为进一步加强机动车安全技术检验机构（以下简称“安检机构”）和机动车安全技术检验工作的监督管理，规范安检机构检验行为，提高检验水平，切实做好机动车查验工作，经国家质检总局、公安部研究，现就有关问题通知如下：

一、加强安检机构资格许可和监督管理工作

（一）解决部分机动车安检机构不具有法人资格的问题。针对当前部分安检机构没有独立法人资格，不能独立承担法律责任，因而无法获得机动车安检机构资格许可的问题，各地质量技术监督部门、公安机关要密切配合，结合当地实际研究具体实施办法，采取有效措施，切实解决部分机动车安检机构不具有法人资格的问题。

（二）严格安检机构资格许可工作责任制。各省级质量技术监督部门要加大资格许可工作力度，严格按照相关规定开展受理、审查、批准等工作，要建立相互监督制约的许可工作机制，明确该项行政审批工作各个环节工作人员的责任，确保工作合法有效。

（三）依法审查安检机构及其从业人员的资格条件。质量技术监督部门要对安检机构的检验资格许可条件及从业人员上岗资格进行严格审查。对未取得资格许可、计量认证证书，或者资格许可、计量认证过期的，责令暂停检验工作，限期申请办理。对超范围检验的，依法处罚并责令改正，情节严重的，依法撤销其检验资格。对使用未经省级质监部门考核或考核不合格的人员从事检验工作的，要依法处罚并责令改正，情节严重的，依法撤销其检验资格。同时将有关情况通报当地公安机关。

（四）加强对安检机构的监督检查。各省级质量技术监督部门要会同公安机关组织对辖区内安检机构进行监督检查，重点检查检验设备计算机管理系统的参数设置、数据保存、日常维护等情况。对设备未检定或超出检定有效期的，设备老化导致检测数据不准确的，责令停止使用并依法处罚。对检测设备达不到《机动车安全技术检验项目和方法》（GB 21861）要求的，责令限期整改或更新设备，整改不合格的，依法撤销其检验资格。对利用系统软件出具虚假报告的，要予以纠正，并依法处罚。

（五）开展对安检机构的网络监管。有条件的省级质量技术监督部门可以会同公安机关，共同制定安检机构网络监督规定，在安检机构相关工位统一安装视频监控系统，对受检机动车及其检验全过程进行视频监控，实现对安检机构机动车检测工作的数据和视频实时网络监控；督促安检机构使用计算机管理系统对检测设备、数据进行控制、监督和管理。

（六）开展检测能力评估。各地公安机关要会同质量技术监督部门对辖区内安检机构检测线

数量、检测设备、检验人员、检测场地等进行综合评估，并建立安检机构的基础数据库，核定安检机构每日检测车辆数量上限，及时向社会公布，并报省级公安机关和质量技术监督部门备案，对安检机构超出核定工作量检验机动车的，暂停检验工作，责令整改。

二、加强对机动车安全技术检验工作的监管

（一）切实做好机动车查验工作。一是制定完善查验员管理办法。省级公安机关要制定完善机动车查验员资格管理办法，细化相关规章制度，明确查验员的准入资质、承担业务范围、工作职责、配备查验工具、考核监督办法和相关法律责任。二是集中开展业务培训。各地公安机关要积极开展查验员的岗位技能培训、轮岗轮训、查验技能大练兵以及“典型案例分析”、“以案说法”等警示教育活动，提升查验员队伍的理论水平和实战能力。省级公安机关要对查验员进行一次业务培训，考试合格的持证上岗，考试不合格的调离岗位。三是强化对查验工作的监督。各地公安机关交通管理部门要通过现场检查、档案抽查、数据监测、集中暗访等形式，定期或不定期对查验工作进行监督检查。重点对大中型客车、重中型货车、危险品运输车和校车等重点车型的外观查验项目和方法提出明确要求，对查验员不查验就签字、漏检漏查、降低查验标准等问题，要按有关规定严肃处理，追究责任。四是落实对安检机构的监督职责。各地公安机关要配合质量技术监督部门加强对安检机构检验行为的监督，对于不按照国家标准进行检验、出具虚假检验报告的，公安机关交通管理部门不予核发检验合格标志，并依法查处，同时通报质量技术监督部门，暂停其检验工作，情节严重的，撤销其检验资格。

（二）加强对机动车检验工作数据的监督。各地公安机关要利用机动车业务监控平台，加强对机动车业务工作数据的监测分析，及时核查异常检验、委托检验等数据，对存在问题的进行倒查，追究有关人员责任，并将有关情况及时通报省级质量技术监督部门。

（三）严格路面检查。各地公安机关要在路面值勤执法中，加大对逾期未参加安全技术检验、未放置检验合格标志、驾驶具有安全隐患机动车等违法行为的查处力度，对达到国家强制报废标准的机动车，一律予以收缴，强制报废。

（四）严厉打击安检机构参与非法中介的行为。安检机构要通过简化工作流程、设置引导标志、增加导办人员等方式为群众检车提供便利，挤压非法中介的生存空间；要通过设置展板、粘贴标语、发放告知材料，加大宣传告知力度，避免群众上当受骗；要对工作人员进行严格管理和教育，禁止与非法中介相勾结牟取经济利益。安检机构要对场内及周边的非法中介和人员进行清理，对存在扰乱办公秩序、骗取群众钱财等非法中介人员，要及时向公安机关报告，公安机关要依据《治安管理处罚法》等规定进行查处。对安检机构参与非法中介活动，违规开展检验的行为，质量技术监督部门要依法严肃处理。

三、完善长效监管机制

（一）建立机动车安全技术检验工作联席会议制度。各省级质量技术监督部门、公安机关要建立机动车安全技术检验工作联席会议制度。定期召开工作会议，及时通报信息，在各自职责范围内采取措施，切实加强安检机构监管和机动车安全技术检验工作。

（二）建立联合监督检查制度。各省级质量技术监督部门、公安机关要建立联合监督检查制

度，强化安检机构主体责任，定期或者不定期采取明查暗访、档案抽查、数据监测等手段，对当地安检机构开展联合检查。对存在不检验就出具安全技术检验合格证明、为检验不合格车辆出具检验合格证明、用其他车辆替代检验、以及为盗抢车、拼组装车辆、报废车辆、违法改装车辆检验等严重违法违规情形的，各地质量技术监督部门、公安机关要依法处罚，并责令限期整改；情节严重的，撤（吊）销其检验资格。

（三）完善社会监督机制。各地质量技术监督部门、公安机关要建立以媒体曝光、群众举报奖励等为主要形式的社会监督机制，在安检机构、车管所、互联网公布监督举报电话和信箱，鼓励群众监督。对群众举报情况查证属实的，要按照有关规定依法严肃处理。

（四）科学制定发展规划。各省级质量技术监督部门要会同公安机关，对本地机动车检测行业进行调研，根据"统筹规划、合理布局、方便检测"的原则和机动车安检工作的实际情况，可以制定安检机构发展规划，科学合理设置安检机构，引导安检机构良性发展，防止恶性竞争。省级质量技术监督部门在受理新建安检机构的申请时，应征求公安机关交通管理部门的意见。

四、开展机动车安全技术检验工作专项整治行动

针对当前安检机构存在检验行为不规范、出具虚假检验结果、部分检测设备不完善、检验人员素质不高等问题，经国家质检总局、公安部研究决定，近期在全国范围内开展一次机动车安全技术检验工作专项整治行动（方案附后），督促安检机构加强检验工作管理、规范检验行为，严厉打击各种违法行为，进一步加强机动车安全技术检验工作监管，提高机动车安全技术检验水平。

附件：机动车安全技术检验工作专项整治工作方案

附件：

机动车安全技术检验工作专项整治方案

近年来，通过加强机动车安全技术检验工作的监督管理，有力地促进了安检机构整体水平的提高，为上道路行驶机动车的安全性能提供了重要保障。但是，目前在机动车安全技术检验工作中仍然存在检验行为不规范、出具虚假检验结果、部分检测设备不完善、检验人员素质不高等问题，针对上述问题，经国家质检总局、公安部研究决定，在全国范围内开展一次机动车安全技术检验工作专项整治工作，具体方案如下：

一、工作目标

坚持规范、整治和打击相结合的原则，强化安检机构的主体责任意识，落实责任制；强化监管手段和措施，加强检验工作管理；保证所有检测设备都在计量检定（校准）周期之内；规范检验行为，提高检验技术水平；切实做好机动车查验工作监管；建立健全长效监管机制，使违法违规检测行为得到有效遏止。

二、整治重点

本次专项整治工作的重点是对安检机构的资质、检验行为、检验人员、检验设备等内容开展监督检查，切实规范机动车查验工作，组织开展相关培训考核，积极清除非法中介机构和人员，严厉打击各种违法行为。

三、具体措施

（一）集中对辖区内的安检机构进行监督检查。各省级质量技术监督局要会同公安厅（局），组织地方质量技术监督部门和公安机关交通管理部门，组成联合检查组，采取明查暗访、档案抽查、数据监测等手段，集中对本行政辖区内安检机构进行监督检查，重点检查检验资质是否真实有效，人员持证上岗情况，文件资料是否完整，检测设备维护情况，检测环境是否符合要求等内容，针对检查中发现的问题，依法及时作出处理。对不能持续保持应当具备的条件的，要依法责令限期整改，情节严重的，依法吊（撤）销资格许可证书。

（二）依法查处安检机构违法违规检验行为。各省级质量技术监督局要会同公安厅（局），结合本省安检机构的实际情况，集中力量查处安检机构违法违规检验行为，针对无证检验、不检验出报告、更改检验结果、漏检检验项目、出具虚假检验报告等违法违规检验行为，要依据有关法律法规的规定严肃处理，责令停止检验工作，情节严重的，撤销检验资格，涉嫌追究刑事责任的，及时移送司法机关处理；对严重违法安检机构列入“黑名单”，公开曝光。

（三）严厉打击安检机构参与非法中介的行为。安检机构要通过简化工作流程、设置引导标志、增加导办人员等方式为群众检车提供便利，挤压非法中介的生存空间；要通过设置展板、粘贴标语、发放告知材料，加大宣传告知力度，避免群众上当受骗；要对工作人员进行严格管理和教育，禁止与非法中介相勾结牟取经济利益。安检机构要对场内及周边的非法中介和人员进行清理，对存在扰乱办公秩序、骗取群众钱财等非法中介人员，要及时向公安机关报告；公安机关要依据《治安管理处罚法》等规定进行查处。对安检机构参与非法中介活动，违规开展检验的行为，质量技术监督部门要依法严肃处理。

（四）开展培训和考核。各省级质量技术监督局要开展对安检机构人员的考核，重点是加强安检机构工作人员职业道德建设，增强责任感，了解国家政策、规章制度、标准以及工作要求，全面提高安检机构的技术水平。各省级公安机关交通管理部门要积极开展查验员的岗位技能培训、轮岗轮训、查验技能大练兵等活动以及“典型案例分析”、“以案说法”等警示教育活动，提升查验员队伍的理论水平和实战能力。省级公安机关交通管理部门要对查验员进行一次业务培训，考试合格的持证上岗，考试不合格的调离岗位。

（五）核查投诉举报。各地质量技术监督部门要会同公安机关交通管理部门，在安检机构、车管所、互联网公布监督举报电话和信箱，鼓励群众监督。对群众举报情况查证属实的，要按照有关规定严肃处理。

四、有关要求

（一）加强领导，精心组织。各省级质量技术监督局、公安厅（局）要按照统一部署，联合成立专项整治工作领导小组，实行双组长负责制，同时结合实际情况，细化实施方案，认真组织基层质量技术监督部门、公安机关交通管理部门开展此次专项整治工作。

（二）密切配合，形成合力。各省级质量技术监督局、公安厅(局)要进一步加强工作配合，建立密切协作和联系沟通机制，加强信息沟通，相互通报工作进展情况，研究专项整治工作中存在的问题，形成监管合力。

（三）落实责任，强化督查。各省级质量技术监督局、公安厅(局)要适时组织对市(地)级和县级部门开展专项整治行动的情况进行督查，及时发现问题，严格落实整改。对专项整治行动中发现的严重问题，要做到随发现、随处理、随报告。对此次集中整治工作中暂停检验工作的安检机构，要及时向社会公布，合理分流检测工作，满足群众需要。

本方案发布之日起实施，2010 年 9 月 1 日前完成专项整治工作。整治期间请各省级质量技术监督局、公安厅(局)于每月 10 日前将阶段性工作总结及有关统计数据(见附表)分报国家质检总局、公安部，并于 2010 年 9 月 10 日前将本次专项整治工作的书面总结及最终统计数据(见附表)分报国家质检总局、公安部。

附表：开展机动车安全技术检验工作专项整治工作报表

附表 1:

开展机动车安全技术检验工作专项整治工作报表

省(自治区、直辖市)质量技术监督局(盖章)　　　　二〇一〇年　月　日

省份	安检机构监督检查情况					执法查处情况			打击非法中介情况(起)	培训考核安检机构工作人员的情况(人次)
	辖区内安检机构数(家)	检查安检机构数(家)	存在问题安检机构数(家)	督促整改落实的机构数(家)	撤销证书(张)	查处无证机构数(家)	出动执法人员(人次)	查处案件(起)		
北京										
…										
…										
…										
…										
…										
…										
…										
…										
…										

附表 2：

开展机动车安全技术检验工作专项整治工作报表

省(自治区、直辖市)公安厅交警总队(盖章)　　　　二〇一〇年　月　日

省份	安检机构基本情况			监督检查工作情况					培训情况		路面检查情况			打击非法中介情况（查处非法人员人次）	完善工作制度情况（文字表述）
	安检机构数量		安检机构工作人员数量(人)	监督检查安检机构数(家)	撤销安检机构检验资格数（家）	暂停检验工作安检机构数（家）	整改安检机构数（家）	出动警力（人次）	培训查验民警数（人次）	培训非警务查验员数(人次)	查获报废车辆数（辆）	查获逾期未检车辆数(辆)	出动警力（人次）		
	社会化安检机构数（家）	公安部门安检机构数(家)													
北京															
…															
…															
…															
…															
…															
…															
…															
…															
…															
…															
…															

关于进一步加强机动车安全技术检验机构资格许可和监管工作的通知

（国质检监联[2011]179号）

各省、自治区、直辖市质量技术监督局、公安厅（局），新疆生产建设兵团质量技术监督局、公安局：

机动车安全技术检验是一项直接涉及人民群众生命财产安全的重要工作。对机动车安全技术检验机构（以下简称“安检机构”）实施计量认证、资格许可和监督管理是法律赋予各级质量技术监督部门和公安机关的职责。经过几年的工作，安检机构的依法规范性建设取得了较大进展，但存在的问题依然十分严重，尤其是一些机动车检测机构尚未获得安检机构计量认证和资格许可，违法向社会出具检测报告；还有一些安检机构不按标准和规范操作，甚至弄虚作假，检测结果无法采信。为尽快纠正这些问题，经国家质检总局、公安部和国家认监委研究决定，通知如下：

一、全力加快推进计量认证和资格许可工作

各省级质量技术监督部门要会同同级公安机关根据“统筹规划、合理布局、方便检测”的原则和机动车安检工作的实际情况，科学合理设置安检机构，引导安检机构良性发展，防止恶性竞争。要迅速采取有效措施，全力推进资格许可工作，于2011年6月30日前，完成所有安检机构的计量认证和资格许可工作。加快协调解决部分机动车安检机构体制转变的遗留问题，督促安检机构依法申请计量认证和资格许可证书。要集中组织机动车安全技术检验方面的专家开展审查，做好对审查人员的管理，提高工作效率，切实保证工作质量和进度要求，对于符合规定条件的，要按照行政许可法规定的时限做出批准决定。在受理新建安检机构的申请时，应征求公安机关的意见。在计量认证和资格许可工作中，对安检机构技术人员的考核要求统一按照《机动车安全技术检验机构检验资格许可技术条件》（国质检监[2009]521号）执行。

二、全面开展普查专项行动

2011年，各省级质量技术监督部门要会同同级公安机关，完善联合监督检查制度，要对本行政区域内的安检机构开展拉网式的普查专项行动，把“三查三看”做到位。查资质，看安检机构资质是否合法有效，重点是计量认证证书、资格许可证书是否在有效期内，是否存在超过资格许可范围检验的行为。查能力，看获证安检机构是否持续保持发证时的要求，重点是规章制度是否健全，人员是否持证上岗，检验记录和报告是否符合规定，检测仪器设备是否按时检定，检测环境是否符合要求，是否已按要求安装了监控装置等内容。查条件，看获证安检机构是否存在检测条件变化的情况，重点是安检机构迁址、改建、新增机动车安全技术检测线等情况。针对检查清理出的问题，要及时下达整改通知，限期落实整改；对未获得计量认证和资格许可证书擅自开展机动车安全技术检验的安检机构、超出许可的检验范围开展机动车安全技术检验的安检机构、未经批准擅自新增固定式汽车安全技术检测线的安检机构开展检验的违法行为，向社会公布，涉嫌违法犯罪的，及时移送司

法机关，依法追究刑事责任。

三、强化对安检机构检验行为的监督

省级质量技术监督部门、公安机关要结合本地实际，联合制定安检机构检查工作规范，规范安检机构的检验行为。各地公安机关要会同质量技术监督部门，加快推进安检机构的联网工作，搭建机动车安全技术检验监管网络平台，督促安检机构在相关工位安装监控装置，实现机动车检验过程的视频监控和检验合格数据的自动比对。2011 年 6 月 30 日前，各地要完成安检机构与公安机关的联网工作。要根据《机动车安全技术检验项目和方法》(GB 21861)的规定，严格评估核定安检机构及各条检测线每年、每月、每日的最高检测数量，报省级公安机关、质量技术监督部门备案，对安检机构超出核定检验数量的，公安机关、质量技术监督部门要依法予以查处，暂停受理其检验合格报告。要督促安检机构对计算机管理系统采取应有的数据安全防护措施，相关监控视频、图像和数据信息应至少存储两年。要对安检机构检验设备计算机管理系统的参数设置、数据处理、数据保存、数据日志以及日常维护情况进行检查，对检测数据进行分析，对一次检验合格率、复检率、受托检验率过高等异常情形进行重点核查。省级公安机关、质量技术监督部门要定期组织对机动车安全技术检验工作进行明查暗访，对机动车检验业务数据进行分析通报。

四、维护机动车检验工作秩序

各地公安机关、质量技术监督部门要依法指导安检机构进一步规范检验工作程序，合理调整、简化工作流程，不得违规在机动车安全技术检验中把相关部门的检测、收费作为附加条件，不得强制指定维修、调试或者推销产品；推广窗口受理、大厅等候的一窗式检车服务模式，完善引导标志，公示收费标准，增加免费导办人员，为群众检车提供便利。各地公安机关、质量技术监督部门要建立打击非法中介的常态机制，加强对安检机构办公场所及周边的巡逻管控，强化违法证据的固定和收集，依法严处非法中介人员。

五、严格规范计量检定收费管理

各省级质量技术监督部门对安检机构的计量认证收费工作，要严格执行《国家发展改革委、财政部关于计量收费标准及有关问题的通知》(发改价格[2008])74 号)的规定。对安检机构仪器设备的计量检定收费，要严格执行本行政区域内省级物价、财政部门核定的计量检定收费项目和收费标准。计量检定的周期要严格按照检定规程的规定执行，不得随意缩短检定周期。计量认证和计量检定中，不得增加物价、财政部门规定之外的收费项目。收费项目和标准要向社会公示，对违反规定收费的，要依法依规严肃处理。

六、从严查处机动车检验工作中的违法违纪行为

各地公安机关要严格按照《中华人民共和国道路交通安全法》第九十四条规定，从严查处不按照国家标准检验、出具虚假检验结果的安检机构。对未经检验或者检验不合格机动车出具安全技术检验合格证明，擅自减少检验项目、降低检验标准，或者利用计算机软件等手段篡改、伪造检验数据和结果的，一律认定为出具虚假机动车安全技术检验结果的行为，依法从重处罚，撤销其检验资

格，抄告同级质量技术监督部门，上报上一级公安机关，并向社会公告。对检测秩序混乱，存在非法中介欺骗、坑害群众，违规收费，强制指定维修、调试或者推销产品的，停止受理其检验结果报告，依法处理，并向社会公告。对违法违规检验构成犯罪的，要依法追究刑事责任。各级质量技术监督部门要加强对无证开展机动车安检行为的查处力度，责令一律停止检验工作，依法严格处罚，同时将结果通报同级公安机关。

各省级质量技术监督部门、公安机关要统一思想，提高认识，加强合作，切实落实监管责任。国家质检总局、公安部和国家认监委将适时进行联合检查，并将检查情况予以通报。

中华人民共和国国家质量监督检验检疫总局

中华人民共和国公安部

中国国家认证认可监督管理委员会

二〇一一年四月十五日

关于做好2012年全国机动车安全技术检验机构资格管理工作的通知

（质检监函[2012]16号）

各省、自治区、直辖市及新疆生产建设兵团质量技术监督局：

为贯彻落实2012年全国产品质量监督工作会议精神，认真履行机动车安全技术检验机构（以下简称“安检机构”）资格管理职责，进一步加强安检机构监管，督促安检机构落实主体责任，规范安检机构的检验行为，现就做好2012年安检机构监管工作的有关要求通知如下：

一、明确目标任务，认真履行职责

紧密围绕“抓质量、保安全、促发展、强质检”的工作方针，坚持抓主体责任的落实，提高安检机构检验行为规范化水平；抓基层监管人员的培训，提高监管能力；抓工作机制的建设，提高监管工作规范化、科学化和制度化水平。通过“三抓、三提高”，切实做到依法履职，完善机制，提升能力。

二、规范检验行为，落实主体责任

安检机构对其依法开展的机动车安全技术检验行为负责，承担着机动车安全技术检验工作的主体责任。各省级质量技术监督局要把落实安检机构主体责任放在突出的位置来抓，务求抓出实效。一是要广泛开展安检机构公开承诺活动。统一设计符合本地实际的依法开展机动车安全技术检验活动承诺书，督促安检机构积极签署承诺书并在显著位置予以公示，完善自我约束机制，主动接受社会监督，切实增强安检机构主体责任意识。二是要建立安检机构约谈制度，对检查发现较多问题的和工作质量基础薄弱的安检机构负责人，积极开展约谈，促进安检机构增强对消费者负责的意识。三是要加大强制性标准的宣贯力度，督促安检机构检验人员准确理解国家标准并按国家标准的规定进行检验，切实增强安检机构依法开展检验的意识。

三、加强培训考核，提高监管能力

安检机构开展的机动车安全技术检验具有专业性强、技术性强的特点。资格许可审查人员和基层监管人员的专业技术能力不强，直接影响履行安检机构资格管理职责的有效性。各省级质量技术监督局一是要加强安检机构资格许可审查人员的考核，实行持证上岗，全面提升能力素质，做到业务精、技术硬、作风实。要加强审查管理，规范审查行为，做到依法审查，保证审查工作公平公正。二是要建立健全基层监管人员培训机制，强化对基层监管人员的技术培训，采取经验交流、专家讲座或者现场观摩等方法，提高业务能力，不断增强安检机构监管工作的科学性和有效性。

四、强化联合机制，加大监管力度

各省级质量技术监督局一是要进一步完善与当地公安交通管理部门的联席会议制度和信息互

通制度，定期召开工作会议，及时沟通信息。二是要组织开展安检机构监督检查。按照突出重点的原则，着力检查安检机构持续保持获证条件的情况。为规范监督检查工作，总局制定了安检机构监督检查工作指导书（见附件1）、检查记录表（见附件2）和结果汇总表（见附件3），提供各省级质量技术监督局参考。各省级质量技术监督局要结合实际情况，完善实施方案，重点检查安检机构的检验资格、检验设备、人员条件、检验环境、检验行为、检验报告等六个方面。三是要加大依法查处的力度，对不符合资格许可要求的安检机构，依法撤销（吊销）其资格许可证书；对存在漏检、结果判定不准确、报告填写不规范、辅助设施不完善等问题，责令限期改正，并向公安机关通报；对无证、超范围、擅自新增检测线等违法检测行为，依法严厉查处；对涉嫌违法犯罪的检验机构，要按照法律、法规和有关规定进行严肃处理。

总局监督司将适时对部分省（区、市）开展安检机构资格管理工作的情况进行检查。请各省级质量技术监督局将工作进展情况、发现的问题以及完善安检机构资格管理工作的建议，及时反馈总局监督司，并于10月31日前将上述工作的年度总结报告书面报送总局监督司。

附件：1. 安检机构监督检查工作指导书

2. 安检机构监督检查记录表

3. 安检机构监督检查结果汇总表

国家质量监督检验检疫总局产品质量监督司

二〇一二年三月十九日

附件 1：

安检机构监督检查工作指导书

根据《中华人民共和国道路交通安全法》及其实施条例、《机动车安全技术检验机构监督管理办法》(总局令第 121 号)等规定,制定本指导书。

一、检查依据

《机动车安全技术检验机构监督管理办法》(总局令第 121 号)、《机动车安全技术检验机构检验资格许可技术条件》(国质检监[2009]521 号)、《机动车安全技术检验机构监督管理规范》(国质检监[2009]521 号)、CD 21861—2008 机动车安全技术检验项目和方法及其 1 号修改单、GB 7258—2004 机动车运行安全技术条件及其 1、2、3 号修改单以及其他相关管理规定。

二、检查项目

(一) 检查项目及分类

检验项目和分类见下表。

序号	项目名称	依据标准/条款	备注
1	法人资格	《技术条件》/一、二	
2	检验资格	《管理办法》/第七条	资格许可的授权范围不超出计量认证的授权范围
3	关键设备齐全、有效性	《技术条件》/五(一)、(二)、(五)、(六)和附件 4	含资格许可有只能采用路试车型时的路试设备
4	检验项目符合性	GB 21861—2008/4.1	依据《道交法实施条例》第十五条
5	路试检验项目符合性	GB 21861—2008/4.1	如有,依据同上
6	检验结论的真实性、准确性	《管理规范》/六(二)1	GB 7258—2004 及其 1、2、3 号修改单
7	技术负责人、质量负责人和报告授权签字人要求	《技术条件》/三(三)2	
8	擅自迁址、增线	《办理程序》第二十三条	
9	记录、报告内容符合性	《管理规范》/六(二)1	GB 21861—2008/附录 E;附录 F
10	其他人员要求	《技术条件》/三(三)3、4、5	
11	技术文件	《技术条件》/四	
12	其他设备、仪器齐全有效性	《技术条件》/五(一)和附件 4	路试检验设备
13	设备管理	《技术条件》/五(三)~(十)	全部检验设备
14	试验车道	《技术条件》/七(二)1	
15	驻车坡道	《技术条件》/七(二)2	
16	机构设施齐全、符合性	《技术条件》/七(一)、(二)3~7	
17	检验厂房	《技术条件》/八	应满足承检车型的要求
18	技术资料保存	《管理规范》/五(一)4	

（二）检查项目要求、检查方法及项目判定

1. 法人资格

安检机构应当依法设立，具有法人资格，并承担相应的法律责任。其企业的经营范围、事业法人和社团法人的业务范围应涵盖机动车安检。检查相应的执照、证书。

安检机构可以是企业法人，事业法人，社团法人。查看法人资格证书，没有取得法人资格的为不符合。检查安检机构的营业执照经营范围是否涵盖机动车安全技术检验。事业法人和社团法人的业务范围是否涵盖机动车安全技术检验。经营范围或业务范围没有机动车安检的判定该项目不符合。

2. 资质

安检机构应当在批准的资质范围内开展机动车安全技术检验。查看检验资格许可证书的许可检验范围是否在资质认定（计量认证）的范围内。检查安检机构是否存在超出资格许可检验范围出具检验报告的现象。查看资格许可证书和资质认定（计量认证）证书及附表，确定资格许可证书上的检验能力范围，在资质认定（计量认证）证书附表的范围内。资格许可证书的许可检验范围超出资质认定（计量认证）证书及附表的范围的判定该项目不符合。发现安检机构存在超出资格许可检验范围出具检验报告的，判定该项目不符合。

3. 关键设备齐全、有效性

（1）关键检验仪器设备

滚筒式车速表检验台、滚筒反力式制动检验台和轮重仪（A1、A2、A3、B2）或平板式制动检验台、汽车侧滑检验台、前照灯检测仪、滤纸式烟度计、不透光烟度计、汽油车排气分析仪、路试检测设备（当资格许可范围有只能采用路试检验的车型时）。

检查上述每一种设备、仪器，缺少任何一种检测设备、仪器或任何一种设备、仪器不能正常开展检测工作时，判定该项目不符合。当地环保部门实行环保检验合格标志管理的地方，滤纸式烟度计、不透光烟度计和汽油车排气分析仪不考核，做记录说明。

（2）检测仪器设备应当结构先进、可靠，采用数字式二次仪表并具有数据通讯接口，能够进行联网控制。检查各检测线上的仪器设备，是否采用了数字式二次仪表，是否能够采用计算机联网控制。

（3）检测线检测仪器设备应采用计算机联网，实现自动检测、打印报告。计算机联网检测控制系统，不得改变联网检测仪器设备的测试原理、分辨率、测量结果数据的有效位数和检测结果数据。检测参数的采集、计算、判定应当符合有关标准。

检查各检测线上的仪器设备，实现了计算机联网，能实现自动检测、打印报告。联网打印的结果和仪器设备上数字式二次仪表显示的值相同，分辨率、有效位数和检测结果无变化，判定为符合。否则判定该项目不符合。

（4）在用检测设备和计量器具，应当经法定或者授权的计量检定机构周期检定或校准，并取得计量检定证书或校准报告，并且在有效期内。检查每条检测线上的每一台检测设备的检定证书或校准报告，所有设备检定结论为合格并在有效期内的为符合，校准报告经确认符合要求的为合格。否则判定该项目不符合。办理停用的检测线，且在停用期间没有出具检验报告的，不做判定。

4. 检验项目符合性

(1) 线外检验符合性(GB 21861—2008/4.1)。

线外检验项目包括:

检验工位	检验项目
车辆唯一性认定	号牌号码、车辆类型、品牌/型号、颜色、发动机号码、车辆识别代号(或整车出厂编号)及打刻特征、主要特征及技术参数。
车辆外观检查	车身外观、照明和电气信号装置、发动机舱、驾驶室(区)、发动机运转状况、客车内部、底盘件、车轮及其它。
底盘动态检验	转向系、传动系、制动系、仪表和指示器。

抽查50份检验记录和报告,判断线外检验项目是否齐全,是否按GB 21861—2008/第6、7章的方法进行检验,项目设置不全或检验方法不符合标准规定的,判定该项目不符合。

(2) 线内检验符合性(GB 21861—2008/4.1)。

线内检验项目包括:

检验工位	检验项目	备注
车速	车速表指示误差	仅对最高设计车速超过40km/h的车辆要求。
排放	1. 点燃式发动机汽车双怠速法排气污染物:CO、HC的体积分数,过量空气系数λ。 2. 压燃式发动机汽车自由加速法排气烟度:排气光吸收系数(对2001年10月1日起生产的汽车)或滤纸式烟度值(对2001年9月30日及该日期以前生产的汽车)。 3. 低速货车自由加速法排气烟度:滤纸式烟度值。	过量空气系数λ的测试仅对使用闭环控制电子燃油喷射系统和三元催化转化器技术的点燃式发动机汽车进行。 采用简易工况法进行排放测量时,检验项目另行确定。
制动(含轮重)	①轮重;②左、右轮最大制动力;③制动力增长全过程中的左右轮制动力最大差值;④车轮阻滞力;⑤驻制动力。	车轮阻滞力(④)仅对汽车要求。
侧滑	转向轮横向侧滑量。	前轴采用独立悬架的汽车侧滑量测试值不做评判依据。
前照灯	①前照灯远光光束发光强度;②前照灯远光光束照射位置(光束中心左右偏移量及上下偏移量);③前照灯近光光束照射位置(明暗截止线转角折点位置)。	②仅对远光光束能单独调整的前照灯要求。
车辆底盘	①转向系;②传动系;③行驶系;④制动系;⑤电器线路;⑥底盘其它部件。	具体检查项目见GB 21861—2008附录B的表B.3。

在检查上述的50份检验纪录和报告时,判断线内检验项目是否齐全,是否按GB 21861—2008/第9章的方法进行检验,项目设置不全或检验方法不符合标准规定的,判定该项目不符合。必要时可针对50份报告中没有包含的车型,增加查找其他报告判定检验项目的符合性。

5. 路试检验符合性(GB 21861—2008/4.1)。

路试检验项目包括:

<table>
<tr><th colspan="2">检验项目</th><th>备注</th></tr>
<tr><td>行车制动</td><td>制动距离和制动稳定性，或充分发出的平均减速度、制动协调时间和制动稳定性。</td><td rowspan="3">通常只对无法上线检验或线内检验结果有质疑的机动车进行。</td></tr>
<tr><td>驻车制动</td><td>驻车制动性能。</td></tr>
<tr><td>车速表</td><td>车速表指示误差</td></tr>
<tr><td>喇叭</td><td>喇叭声级</td><td>对喇叭声级有疑问时检查</td></tr>
</table>

在检查的50份检验纪录和报告中，对有路试检验（含复检）项目的，检查路试检验项目的内容是否齐全，是否按GB 21861—2008/第10章的方法进行检验，项目内容不全或检验方法不符合标准规定的，判定该项不符合。必要时可增加查找其他有路试项目的报告，判定检验内容和方法的符合性。

6. 检验结论的真实、准确性

原始记录和检验报告，结论应当真实、准确，检测参数的计算、判定应当符合有关标准。在检查的50份检验纪录和报告中，查看检验项目（含复检项目）的判定是否符合GB 7258—2004及其1、2、3号修改单的规定，发现存在未按GB 7258—2004及其1、2、3号修改单的规定进行判定的，判定该项目为不符合。

7. 技术负责人、质量负责人和报告授权签字人要求

安检机构应具有技术负责人、质量负责人和报告授权签字人，且具有以下资质：

(1) 具有机动车相关专业的大专及以上学历或者中级以上工程技术职称（含）或者技师以上技术等级（含）；

(2) 有3年以上的机动车检验的工作经历。

(3) 经省级质量技术监督部门考核合格。核对人员档案及考核合格证明文件，当人员条件不满足上述要求时，则判定该项不符合。

8. 迁址、增线

申请人变更检测场所（迁址）、增加检测线、增加检验车型等检测条件的，应当提出申请。检查现有检测场所地址和资格许可证书上的检测场所地址是否一致，不一致为不符合。根据省质量技术监督部门的安检机构资格许可材料，发现擅自增加检测线的为不符合。

9. 记录、报告内容符合性

原始检验记录和检验报告的内容，应当符合有关规定。对照GB 21861—2008标准的附录E、附录F，在检查的50份检验纪录和报告中，查看检验纪录和报告内容是否齐全。若不满足要求，判定该项不符合。复印一套典型不符合的记录、报告。

10. 其他人员要求

安检机构至少还应具有引车员、外观检验员、底盘检验员、登录员等检验人员以及设备维护人员、网络维护人员，且具有以下资质：

(1) 经省级质量技术监督部门考核合格。

(2) 引车员应持有与检测车型相对应的有效机动车驾驶证。核对人员档案及考核合格证明材料，当不满足要求时，则判定该项不符合。

11. 技术文件

安检机构应具有下列规章、技术标准及管理制度：

(1)《机动车安全技术检验机构监督管理办法》(国家质检总局令第121号)；(2)GB 7258—2004《机动车运行安全技术条件》及其第1、2、3号修改单；(3)GB 21861—2008《机动车安全技术检验项目和方法》及其第1号修改单。(4)安检机构专业技术人员和管理人员的岗位职责；(5)安检机构专业技术人员和管理人员的培训、考核制度；(6)安检机构专业技术人员和管理人员的行为规范；(7)检测仪器设备(含标准物质)的采购、验收、使用、保管、报废等程序或者制度；(8)检验事故分析报告程序或者制度；(9)检验记录、检验报告等技术文件和资料档案的修改、保存、销毁等程序或者制度及保密制度。

检查安检机构规章制度、技术标准和内部管理制度是否齐全有效。查看内容的齐全性，如缺少或失效1份或1份以上资料，则该项判定为不符合。

12. 其他设备、仪器齐全有效性

安检机构至少还应该配备下列其他设备、仪器。

(1) 当资格许可范围没有只能采用路试检验的车型时，便携式制动性能测试仪(非接触式汽车速度测试仪，或其他的制动试验设备)；(2)方向盘转向力-转向角检测仪；(3)透光率计；(4)轮胎花纹深度计；(5)轮胎气压表；(6)秒表；(7)钢卷尺；(8)钢直尺；(9)手制动力计、踏板力计；(10)发动机转速表；(11)声级计。

检查上述每一种设备、仪器，缺少任何一种检测仪器、设备或任何一种设备、仪器不能正常开展检测工作时，判定该项目不符合。在用检测设备和计量器具，应当依法经检定或溯源。检查上述其他设备、仪器的检定证书或校准证书，应在有效期内，否则判定该项目不符合。

13. 设备管理

(1) 检测仪器设备上应当有清晰的产品铭牌等标识。随机检查5套设备的产品铭牌等标识，如有2台或2台以上的仪器设备没有产品铭牌等标识的，判定为不合格。

(2) 检测仪器设备在以下特殊情况下要重新进行检定或溯源。

①检测设备修理后；②新购设备使用前；③固定式检验设备移装后；④日常设备检查或者设备期间核查发现有异常时。随机检查5套设备，当有上述情况发生而没有重新检定或溯源时，判定为不合格。

(3) 应当有仪器设备的检定周期表，内容包括：仪器设备的名称、编号、检定周期、检定单位、最近检定日期、送检负责人。

检查仪器设备的检定周期表，没有或内容不全的判定为不合格。

(4) 检测仪器设备，应当有明显、统一格式的标识。标识分为“合格”“准用”“停用”三种，并分别以绿、黄、红三种颜色表示。标识的内容包括：仪器编号、检定结论、检定日期及下次检定日期、检定单位。随机检查5套设备的检定周期表和标志，如没有或内容不全的，则该项判定为不符合。

(5) 应当建立主要检测仪器设备的档案，内容包括设备、仪器合格证书、使用说明书、计量检定证书、量值溯源报告。随机检查5套主要设备档案，如发现2台套或以上设备的档案没有或不全的，则该项判定为不符合。

14. 试验车道

试验车道长度和宽度应当满足检验工作的要求，铺设有平坦、硬实、清洁的水泥或者沥青路面，并设有规范的交通标志标线，路面附着系数应当不小于0.7。满足上述要求时可认为是合格，如无试验车道或车道长度、宽度等不满足实际检车要求，判定该项不符合。

15. 驻车坡道

应当具备坡度分别为15%和20%的驻车坡道各一个，坡道的长度应当比承检车型的最大轴距长1 m，宽度应当比承检车型的最大宽度宽1 m。

如无驻车坡道或坡道坡度、尺寸不满足承检车型的要求，判定该项不符合。

16. 机构设施齐全、符合性

(1)停车场地面积应与检测能力相适应，不得占用站外道路停车。停车场地应当为水泥、沥青或其他硬地面。(2)站内道路应当为水泥或者沥青路面，并设置交通标志、标线、引导牌。(3)业务大厅：①各业务窗口应当分工明确，设置标牌。②大厅内应当设公示栏，公示各种手续规定、收费项目及标准、各岗位职责。③应当设置车辆检验流程图、监督橱窗等服务性设施，各设施布局应当合理。不满足上述要求的，判定该项目不符合。

17. 检验厂房

(1)底盘检查地坑有照明、通风、信号装置。(2)电缆沟应当便于打开检查。电缆沟应当覆盖好，覆盖件应当有一定的强度并能承受一定的重量。(3)人行通道应当设置隔离栏与检测通道隔离，宽度不小于1 m。(4)检测车间应当铺设易清除污物的硬地面(如水泥、水磨石等)，地面强度应当满足被检车辆的承载要求，制动性能检测工位前、后大型车辆检测线6m内、小型车辆检测线3m内的行车地面应适当增加附着性能(使用平板制动检验台时除外)。(5)检测车间出入口应当设有引车道和必要的交通标志。检查全部有关内容，发现不满足要求的，判定为不符合。

18. 技术资料保存

按照国家有关规定对检验结果和有关技术资料进行保存。检查检验记录和报告的保存，记录和报告(可为电子版本)应齐全，保存期限为2年。

附件 2：

编号：

安检机构监督检查记录表

机构名称：________________________________

机构地址：________________________________

检查人员：________________________________

检查日期：________________________________

序号	项目名称		检查要求	检查结果	单项判定	备注
1	法人资格		应当依法设立，具有法人资格，并承担相应的法律责任。	法人资格：□有，□无 法人性质：□企业，□事业，□社团 经济性质：□国有，□集体，□股份，□私营 营业执照编号：______，有效期：____年____月____日 主管机关：______ □其他：______	□符合 □不符合	
			其企业的经营范围、事业法人和社团法人的业务范围应涵盖机动车安检。	范围： □涵盖： □不涵盖______ 地点： □一致： □不一致______ ______		
2	资质	计量认证	安检机构应当依照国家有关法律法规的规定，取得计量认证后，方可在批准的检验范围内承担机动车安全技术检验。	合格证书：□获得，□有效期内； □已过期(有效期：____年____月____日)； □未获得______ 安检范围：□对应； □超范围______	□符合 □不符合	
		资格许可	安检机构应当依照国家有关法律法规的规定，取得检验资格许可后，方可在批准的检验范围内承担机动车安全技术检验。	许可证书：□获证(获证日期：____年____月____日)； □未获证。 安检范围：□对应； □超范围______		

续表

序号	项目名称		检查要求	检查结果	单项判定	备注
3	设备齐全有效性	齐全性	(1)关键检验设备至少包括： ①滚筒式车速表检验台； ②滚筒反力式制动检验台和轮重仪(A1、A2、A3、B2)，或平板式制动检验台； ③汽车侧滑检验台； ④前照灯检测仪(发光强度检测)； ⑤滤纸式烟度计； ⑥不透光烟度计； ⑦汽油车排气分析仪； ⑧路试检测设备(当资质许可范围内有只能采用路试试验的车型时)。	检测线数量：______ ①滚筒式车速表检验台：能工作____台；不能工作____台。 ②制动检验台和轮重仪：能工作____台；不能工作____台。 ③汽车侧滑检验台：能工作____台；不能工作____台。 ④前照灯检测仪：能工作____台；不能工作____台。 ⑤滤纸式烟度计：能工作____台；不能工作____台。 ⑥不透光烟度计：能工作____台；不能工作____台。 ⑦汽油车排气分析仪：能工作____台；不能工作____台。 ⑧路试检测设备：□齐全；□缺少______ ____________	□符合 □不符合	制动检验台： □滚筒反力式 □平板式 轮重仪型式 □静态轮重 □静态轴重 □动态轮重 □动态轴重 当地环保部门实行环保检验合格标志管理的地方，滤纸式烟度计、不透光烟度计和汽油车排气分析仪不考核，做记录说明。
		符合性	(2)检测仪器设备应当结构先进、可靠，采用数字式二次仪表并具有数据通讯接口，能够进行联网控制。 (3)检测线检测仪器设备应采用计算机联网，实现自动检测、打印报告。计算机联网检测控制系统，不得改变联网检测仪器设备的测试原理、分辨率、测量结果数据的有效位数和检测结果数据。检测参数的采集、计算、判定应当符合有关标准。	数字式二次仪表：□采用；□未采用 联网控制：□是；□否 □计算机联网，□未联网______ □仪器设备未改变，□仪器设备有改变______ □符合标准，□不符合标准______ □____________		

续表

序号	项目名称	检查要求	检查结果		单项判定	备注
6	检验结论真实性、准确性	原始记录和检验报告，结论应真实、准确。 检测参数的计算、判定应当符合有关标准。	□真实、准确；□不真实、准确________ 采集、计算、判定：□符合标准；□不符合有关标准________		□符合 □不符合	
7	技术负责人、质量负责人和报告授权签字人要求	安检机构应具有技术负责人、质量负责人和报告授权签字人，且具有以下资质： (1)具有机动车相关专业的大专以上学历或者中级以上工程技术职称或技师以上技术等级； (2)有3年以上的机动车检验的工作经历； (3)经省级以上质量技术监督部门考核合格，持证上岗。	技术负责人	(1)：□具有；□不具有。 (2)：□具有；□不具有。 (3)：□具有；□不具有。	□符合 □不符合	
			质量负责人	(1)：□具有；□不具有。 (2)：□具有；□不具有。 (3)：□具有；□不具有。		
			授权签字人	(1)：共____人，□具有____人，□不具有____人。 (2)：共____人，□具有____人，□不具有____人。 (3)：共____人，□具有____人，□不具有____人。		
8	迁址、增线	申请人变更检测场所(迁址)、增加检测线、增加检验车型等检测条件的，应当提出申请。	现有检验场所地址与资质证书场所地址： □一致；□不一致 是否擅自增加检测线：□是；□否________		□符合 □不符合	
9	记录、报告内容符合性	原始检验记录和检验报告的内容，应符合有关规定。 GB 21861—2008 附录E、附录F。	□符合标准；□不符合有关标准________		□符合 □不符合	

续表

<table>
<tr><th>序号</th><th>项目名称</th><th>检查要求</th><th colspan="2">检查结果</th><th>单项判定</th><th>备注</th></tr>
<tr><td rowspan="6">10</td><td rowspan="6">其他人员要求</td><td rowspan="6">安检机构至少还应具有引车员、外观检查员、底盘检验员、登录员等检验人员以及设备维护人员、网络维护人员，且具有以下资质：
(1)经省级质量技术监督部门考核合格，持证上岗；
(2)引年员应持有与检测车型相对应的有效机动车驾驶证。</td><td>引车员</td><td>(1)：共___人，□具有___人，□不具有___人。
(2)：共___人，□具有___人，□不具有___人。</td><td rowspan="6">□符合
□不符合</td><td rowspan="6"></td></tr>
<tr><td>外观检验员</td><td>(1)：共___人，□具有___人，□不具有___人。</td></tr>
<tr><td>底盘检验员</td><td>(1)：共___人，□具有___人，□不具有___人。</td></tr>
<tr><td>登录员</td><td>(1)：共___人，□具有___人，□不具有___人。</td></tr>
<tr><td>设备维护员</td><td>(1)：共___人，□具有___人，□不具有___人。</td></tr>
<tr><td>网络维护员</td><td>(1)：共___人，□具有___人，□不具有___人。</td></tr>
<tr><td>11</td><td>技术文件完整性</td><td>安检机构应具有下列法律法规、行政规章、技术标准及管理制度：(1)《机动车安全技术检验机构管理办法》(国家质检总局令第121号)；(2)GB 7258—2004《机动车运行安全技术条件》及其第1、2、3号修改单；(3)GB 21861—2008《机动车安全技术检验项目和方法》。(4)安检机构专业技术人员和管理人员的岗位职责；(5)安检机构专业技术人员和管理人员的培训、考核制度；(6)安检机构专业技术人员和管理人员的行为规范；(7)检测仪器设备(含标准气)的采购、验收、使用、保管、报废等程序或制度；(8)检验事故分析报告程序或制度；(9)检验记录、检验报告等技术文件和资料档案的修改、保存、销毁等程序或制度及保密制度。</td><td colspan="2">法律法规：□齐全　□不齐全，缺________
技术标准：□齐全、有效　□不齐全，缺________
管理制度：□齐全　□不齐全，缺________</td><td>□符合
□不符合</td><td></td></tr>
</table>

续表

序号	项目名称		检查要求	检查结果	单项判定	备注
12	其他设备、仪器齐全有效性		至少还应该配备下列其他设备、仪器。 (1)便携式制动性能测试仪； (2)方向盘转向力-转向角检测仪； (3)透光率计； (4)轮胎花纹深度计； (5)轮胎气压表； (6)秒表； (7)钢卷尺； (8)钢直尺； (9)手制动力计、踏板力计； (10)发动机转速表； (11)声级计。 在用检测设备和计量器具，应当依法经检定或溯源。	制动性能测试仪：□有效期内；□非有效期内；□无。 转向力-角检测仪：□有效期内；□非有效期内；□无。 透光率计：□有效期内；□非有效期内；□无。 轮胎花纹深度计：□有效期内；□非有效期内；□无。 轮胎气压表：□有效期内；□非有效期内；□无。 秒表：□有效期内；□非有效期内；□无。 钢卷尺：□有效期内；□非有效期内；□无。 钢直尺：□有效期内；□非有效期内；□无。 手制动力计、踏板力计 □有效期内；□非有效期内；□无。 发动机转速表：□有效期内；□非有效期内；□无。 声级计：□有效期内；□非有效期内；□无。 非有效期内情况说明：________________ ________________	□符合 □不符合	
13	设备管理	产品铭牌	检测仪器设备上应当有清晰的产品铭牌等标识。	随机检查5套设备的产品铭牌标识： 有清晰标识____台；无标识____台，编号：________	□符合 □不符合	
		重新检定	检测仪器设备在以下特殊情况下要重新进行检定或溯源。 ①检测设备修理后； ②新购设备使用前； ③固定式检验设备移装后； ④日常设备检查或者设备期间核查发现有异常时。	随机检查5套设备，当有上述情况发生时： □有重新检定或溯源 □未重新检定或溯源是，设备编号：________ □无上述情况发生		

续表

序号	项目名称		检查要求	检查结果	单项判定	备注
13	设备管理	检定周期表	应有仪器设备的检定周期表，内容包括：①仪器设备的名称、②编号、③检定周期、④检定单位、⑤最近检定日期、⑥送检负责人。	检定周期表：□有； □无。 周期表内容：□齐全；□周期表内容不齐全缺＿＿＿＿		
		仪器设备标识	检测仪器设备，应有明显、统一格式的标志。标志分“合格”“准用”“停用”三种，并分别以①绿、②黄、③红三种颜色表示。标志的内容包括：①仪器编号、②检定结论、③检定日期及下次检定日期、④检定单位。	随机检查5套设备： 三色标志： □齐全；□三色标志不齐全缺＿＿＿＿；□无 标志内容： □齐全；□标志内容不齐全缺＿＿＿＿		
		设备档案	应建立主要检测仪器设备的档案，内容包括：①设备、仪器合格证书、②使用说明书、③计量检定证书或量值溯源报告。	随机检查5套设备： 设备档案：□齐全＿＿台；□不齐全缺＿＿＿＿；□无 档案内容：□齐全＿＿台；□不齐全缺＿＿＿＿		
14	试验车道		试验车道长度和宽度应当满足检验工作的要求，铺设有平坦、硬实、清洁的水泥或者沥青路面，并设有规范的交通标志标线，路面附着系数应当不小于0.7。	试验车道：长＿＿＿＿m，宽＿＿＿＿m， □无。 □＿＿＿＿＿＿＿＿	□符合 □不符合	

续表

序号	项目名称		检查要求	检查结果	单项判定	备注
15	驻车坡道		应当具备坡度分别为15%和20%的驻车坡道各一个，坡道的长度应当比承检车型的最大轴距长1m，宽度应当比承检车型的最大宽度宽1m。	驻车坡道：□15%长______ m，宽______ m；□无。 □20%长______ m，宽______ m；□无。	□符合 □不符合	
16	机构设施齐全符合性	停车场地	面积应与检测能力相适应，不得占用站外道路停车。停车场地应为水泥、沥青或其他硬地面。	停车场地：□符合要求，□不符合要求______ □______	□符合 □不符合	
		站内道路	应为水泥或沥青路面，开设置交通标志、标线、引导牌。	站内道路：□符合要求，□不符合要求______		
		业务大厅	(1)各业务窗口应分工明确，设置标牌。 (2)大厅内应设公示栏，公示各种手续规定、收费项目及标准、各岗位职责。 (3)应设车辆检验流程图、监督橱窗等服务性设施，各设施布局应合理。	业务大厅：□符合要求，□不符合要求______ □______		

续表

序号	项目名称	检查要求	检查结果	单项判定	备注
17	检验厂房	(1)底盘检查地坑有照明、通风、信号装置。(2)电缆沟应当便于打开检查。电缆沟应当覆盖好,覆盖件应当有一定的强度并能承受一定的重量。(3)人行通道应当设置隔离栏与检测通道隔离,宽度不小于1m。(4)检测车间应当铺设易清除污物的硬地面(如水泥、水磨石等),地面强度应当满足被检车辆的承载要求,制动性能检测工位前、后大型车辆检测线6m内、小型车辆检测线3m内的行车地面应有适当的附着能力(使用平板制动检验台时除外)。(5)检测车间出入口应当设有引车道和必要的交通标志。	(1)底盘检查地坑:□符合要求,□不符合要求______ □______ (2)电缆沟:□符合要求,□不符合要求______ □______ (3)人行通道:□符合要求,□不符合要求______ □______ (4)车间地面:□符合要求,□不符合要求______ 制动地面:□符合要求,□不符合要求______ □______ (5)出入口引车道:□符合要求,□不符合要求______ 交通标志:□符合要求,□不符合要求______ □______	□符合 □不符合	
18	技术资料保存	按照国家有关规定对检验结果和有关技术资料进行保存。 检查检验记录和报告的保存,记录和报告(可为电子版本)应齐全,保存期限为2年。	人工检验记录:□符合要求,□不符合要求______ ______ 检验报告:□符合要求,□不符合要求______ ______	□符合 □不符合	

附件3：

安检机构监督检查情况汇总表

填表单位：　　　　日期：　年　月　日

辖区内安检机构数量	资格许可情况						监督检查情况				执法查处情况		
	已经许可的安检机构的数量（家）	已经许可的汽车检测线的数量（条）	已经许可的摩托车检测线的数量（条）	申请资格许可未通过的数量（家）	审查员的数量（人）	考核合格的检验人员的数量（人）	监督检查安检机构的数量（家）	存在问题安检机构的数量（家）	完成整改安检机构的数量（家）	撤销证书数量（张）	查处无证安检机构的数量（家）	出动执法人员（人次）	查处案件（起）

关于做好机动车安全技术检验机构计量认证工作有关问题的通知

（国认实函[2005]64号）

各省、自治区、直辖市质量技术监督局：

根据国家质检总局、公安部、国家认监委《关于加强机动车安全技术检验机构管理有关工作的通知》（国质检监联[2005]39号），依据《中华人民共和国道路交通安全法》、《中华人民共和国道路交通安全法实施条例》，机动车安全技术检验机构应当取得计量认证，方可从事机动车辆的安全检验检测工作。现就贯彻落实39号通知精神，开展机动车安全技术检验机构计量认证的有关事项通知如下：

一、关于机动车安全技术检验机构申请计量认证法人资格问题

（一）根据国家有关法律、行政法规规定，机动车安全技术检验机构应当对出具的安全检验检测结果，独立承担法律责任。凡申请计量认证的机动车安全技术检验机构，应当是法人单位。

（二）目前暂不具备独立法人资格的公安交通管理部门管理（或委托）的机动车安全技术检验机构，应当自本通知之日起的一年内取得相应的独立法人资格。在此期间，需凭其所属法人单位的法人代表出具的“授权书”办理计量认证的申请事宜，其安全检验检测活动及检测结果由出具“授权书”的法人单位承担相关法律责任。

（三）自2005年8月1日起，新从事机动车安全技术检验的机构，必须先取得独立法人资格，方可申请办理计量认证。

二、关于机动车安全技术检验机构计量认证评审执行准则和评审中应注意的问题

机动车安全技术检验机构计量认证评审，主要依照计量认证评审准则进行。同时，可参照《机动车安全检测站条件》（GA/T 134）有关条款的要求实施评审。检测设备和人员资质的具体要求如下：

（一）检测设备要求：

1. 机动车安全技术检验机构应配备符合GB 7258—2004《机动车运行安全技术条件》和GA 468—2004《机动车安全检验项目和方法》规定的检测项目要求的检测仪器设备，并经计量检定（校准）合格。

暂不能按照GB 7258—2004和GA 468—2004标准满足全部检测项目要求的，发证时应当注明具体检测范围，不得超出实际检测设施的能力范围。

2. 检测仪器设备，应当有清晰的产品铭牌、产品检验合格证和制造计量器具许可证等标志。没有或标识不清的，应当监督其整改符合后再予认定。

3. 检测线检测仪器设备应采用计算机联网，实现自动检测。检测报告应当采用标准规定的规范格式，并用计算机打印，不得手写。

（二）检测人员资质要求：

在机动车安全技术检验机构直接从事检验检测工作的有关人员，应当具有相应岗位的上岗资格证书。

鉴于统一的有关机动车安全技术检验人员资格管理办法和培训教材正在制定过程中，在有关规定和培训实施前办理计量认证评审时，可暂承认上述人员以前取得的相关资质。但同时，各计量评审组应对技术/质量负责人、检验检测人员、引车员、外观检查员和底盘检查员等人员进行笔试，验证其操作的规范性和准确性等方面的能力。

机动车安全技术检验机构各岗位人员资质的具体要求：

1. 机动车安全技术检验机构的负责人，应当熟悉汽车检测业务，了解与机动车安全技术检验检测相关的法律法规和标准。

2. 技术/质量负责人，应当具备以下资质要求：

（1）熟悉机动车安全技术检验检测业务和相关的法律法规和标准。

（2）具有机动车相关专业的大专以上学历，或者中级以上工程技术职称；

（3）有三年以上的机动车检验检测的工作经历；

（4）熟悉计量认证/审查认可评审准则；

（5）熟悉本单位的质量体系文件，并具有确保其有效运行和持续改进的能力。

3. 检验检测人员，应当具备以下资质要求：

（1）具有高中或中专及以上学历；

（2）熟悉机动车性能、构造及有关使用的一般知识；

（3）熟悉检测仪器设备的结构及性能，熟练掌握检测仪器设备的操作规程；

（4）掌握检测项目的技术标准；

（5）掌握计算机操作技能及计算机网络系统使用维护基本知识；能熟练使用、操作计算机；

（6）了解本检验机构的检测工艺流程及相关标准。

4. 引车员、外观检查员和底盘检查员，应当具备以下资质要求：

（1）具有高中或中专及以上学历；

（2）引车员应持有与检测车型相对应的有效的机动车驾驶证；

（3）外观检查员和底盘检查员还应当熟悉相应的机动车性能、构造及有关使用的专业知识；

（三）机动车安全技术检验机构的计算机联网检测系统要求：

1. 计算机联网检测系统应当具有车辆登录、规定检测项目、参数的自动检测、检测结果数据的自动传输，以及符合标准要求的检测报告的自动生成、检测数据自动存档、查询、生成统计报表等功能。

2. 计算机联网检测系统配置的计算机等硬件和操作系统等软件，应当符合相关标准的要求。

3. 计算机联网检测控制系统，不得改变联网检测仪器设备的测试原理、分辨力、测量结果数据的有效位数和检测结果数据。检测参数的采集、计算、判定应当符合有关标准。

4. 计算机联网检测系统应当建立适用的检测车型数据库和适用的检测标准项目、参数限值数据库，符合行业管理的要求，应当与公安交通管理部门和质量技术监督部门联网。

5. 计算机联网检测控制系统应当设置检测标准、系统参数等数据修改的访问权限，防止随意更改检验报告。

三、其他问题

（一）对有关机动车安全技术检验机构的质量体系监督员活动记录、检验检测结果的技术检查活动、实验室比对活动、仪器设备的期间核查等的评审，可在首次计量认证后的监督评审逐步开展。

（二）有关制定机动车动态检测数据重复性的允差，在现场评审时的人员比对、仪器比对所出现的数据偏差，应以不影响检验结果的合格判断为考核内容。

（三）鉴于目前全国机动车安全技术检验机构所用检测软件不一致，在计量认证评审时，可以暂沿用现有的检验记录和检验报告格式。有关新的规定出台后，按照新规定执行。

（四）关于部分符合技术条件但尚未建立和运行质量体系的机动车安全技术检验机构是否颁发临时性的计量认证证书问题。

已获得所在地的公安交通管理部门委托（或授权）开展机动车安全技术检验检测的检验机构，鉴于其质量体系的建立和运行尚需一定时间，在确认其满足以下条件时，省级质量技术监督局可颁发有效期为一年的计量认证证书。

1. 具备开展机动车安全技术检验所需的设备，并经过计量检定合格。场地设施和人员资质满足相关检测要求；

2. 有3年以上的机动车安全技术检验的工作经验；

3. 连续3年获得公安交通管理部门的委托或授权，且无不良记录（投诉、质量事故等）；

4. 机构的质量负责人和技术负责人参加过省级计量认证监督管理部门的计量认证培训，并建立了文件化质量体系；

5. 经县级以上（含县级）公安交通管理部门推荐，并报省级公安交通管理部门核准同意。

四、工作要求

对机动车安全技术检验机构的计量认证，必须建立明确的评审和审批责任制，评审组组长要对评审结果负责，各省级质量技术监督局作为机动车安全技术检验机构的计量认证审批单位，要对审批结果的准确性和有效性负责。国家认监委将适时组织监督抽查，凡给不具备条件的机构颁发了计量认证证书的，要实行责任追究。属于申请单位弄虚作假骗取计量认证资质证书的，由发证机关吊销其计量认证证书，并追究相关责任人的责任。

各省级质量技术监督局要督促计量认证现场评审组切实提高工作效率，并加快审批环节工作进度，以保证机动车安全技术检验机构在规定的时间内完成计量认证工作。

二、标　　准

ICS 43.020
T 09

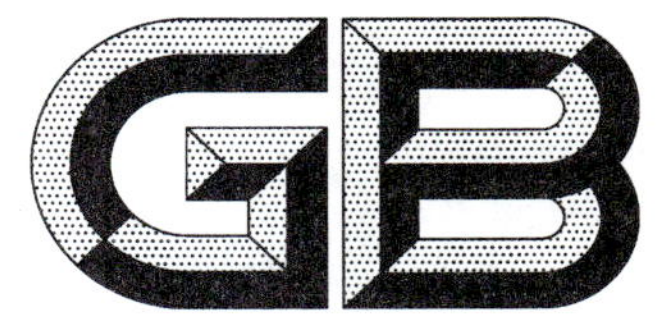

中华人民共和国国家标准

GB 7258—2012
代替 GB 7258—2004

机动车运行安全技术条件

Safety specifications for power-driven vehicles operating on roads

2012-05-11 发布 2012-09-01 实施

中华人民共和国国家质量监督检验检疫总局
中国国家标准化管理委员会 发布

前言

本标准的附录A和附录B为推荐性的，其余为强制性的。

本标准按照GB/T 1.1—2009给出的规则起草。

本标准代替GB 7258—2004《机动车运行安全技术条件》。与GB 7258—2004相比，除编辑性修改外主要技术变化如下：

——修改了第1章的适用范围(见第1章)；

——修改了第3章的机动车、汽车、乘用车、客车、公共汽车(城市客车)、货车、半挂牵引车、专项作业车、两用燃料汽车、双燃料汽车、挂车、牵引杆挂车、中置轴挂车、半挂车、汽车列车、铰接列车、摩托车、轻便摩托车、轮式专用机械车的定义，增加了载客汽车、公路客车(长途客车)、旅游客车、校车、幼儿校车、小学生校车、中小学生校车、专用校车、低速汽车、危险货物运输车、纯电动汽车、插电式混合动力汽车、燃料电池汽车、教练车、残疾人专用汽车、普通摩托车、两轮普通摩托车、边三轮摩托车、正三轮摩托车、两轮轻便摩托车、正三轮轻便摩托车、特型机动车的定义，删除了卧铺客车(2004年版的3.2.2.1)、电动汽车(2004年版的3.2.9)的定义；将汽车分为载客汽车、载货汽车和专项作业车三大类，将2004年版中的摩托车(2004年版的3.5)及轻便摩托车(2004年版的3.6)合称为摩托车(见3.5)，将2004年版中的摩托车(2004年版的3.5)改称为普通摩托车(见3.5.1)；

——修改了第4章的部分机动车产品标牌需标识的内容(见4.1.2)和车辆识别代号的打刻要求(见4.1.3)，增加了纯电动汽车、插电式混合动力汽车、燃料电池汽车和电动摩托车应打刻电动机型号、编号的要求及标识的视认性和永久保持性的要求(见4.1.4)；

——增加了乘用车和总质量小于等于3 500 kg的货车(低速汽车除外)应在靠近风窗立柱的位置设置能永久保持的车辆识别代号标识的要求，以及乘用车应具有能读取车辆识别代号的电子数据接口、在后备箱(或行李区)的合适位置标示车辆识别代号，且应在至少5个主要部件上标示车辆识别代号或零部件编号的要求(见4.1.5和4.1.6)，修改了危险货物运输车的标志要求(见4.1.7)，增加了对机动车进行改装或修理时不得对车辆识别代号等整车标志进行遮盖(遮挡)、打磨、挖补、垫片等处理及凿孔、钻孔等破坏性操作的要求(见4.1.8)；

——修改了车长小于16 m的发动机后置的铰接客车的后悬要求(见4.3)，增加了铰接列车的半挂车的总质量不得大于半挂牵引车的最大允许牵引质量的要求(见4.5.1.5)，修改了载客汽车乘员数的核定要求(见4.5.2和4.5.3)，增加了乘员数核定的特殊规定(见4.5.6)；

——修改了客车、罐式汽车和罐式挂车的侧倾稳定角要求(见4.7.1和4.7.2)，增加了旅居车和旅居挂车旅居室内的专用装备设施应明示安全使用规定(见4.8.4)、所有货车和专项作业车应喷涂总质量、栏板货车和自卸车应喷涂栏板高度、罐式车辆应喷涂灌体容积及允许装运货物的种类、部分货车及所有挂车应标识放大号、部分客车应喷涂座位数、专用校车车身外观标识和校车标牌(见4.8.6～4.8.9)及教练车应喷涂"教练车"字样和机动车外部喷涂标志图案和安装灯具的原则规定(见4.8.11和4.8.12)，删除了专门用于运输易燃和易爆物品的危险货物运输车应在车身两侧喷涂"禁止烟火"的要求(2004年版的4.8.5)；

——增加了机动车环保要求的原则规定(见4.15)和机动车产品使用说明书的相关规定(见4.16)；

——增加了轮式专用机械车的外廓尺寸、轴荷及质量参数、转向系、制动系、外部照明和信号装置等要求按土方机械相关强制性标准实施的规定(见4.17.2)；

——增加了有驾驶室的正三轮摩托车使用方向盘转向时的相关规定(见6.1)，修改了机动车方向盘的最大自由转动量要求(见 6.4)和转向力测试的要求(见 6.8),增加了专用校车应采用转向助力装置(见 6.9)及前轴采用双转向轴时转向轮的横向侧滑量不作要求的规定(见 6.11);

——修改了三轴及三轴以上汽车的制动完全释放时间要求(见 7.1.6)和应安装防抱死制动装置的机动车类型(见 7.2.11),增加了部分汽车的前轮应装备盘式制动器(见 7.2.6)、教练车(三轮汽车除外)应装备有副制动踏板(见 7.2.12)、部分汽车应装备辅助制动装置(见 7.5)及气压制动系应安装保持压缩空气干燥、油水分离的装置的要求(见 7.7.4);

——修改了路试检验时的列车的行车制动距离要求(见 7.10.2.1)和充分发出的平均减速度要求(见 7.10.2.2)、驻车制动性能检验要求(见 7.10.4)及台试检验时的制动力要求和制动力平衡要求(见 7.11.1.1 和 7.11.1.2),增加了台试检验汽车、汽车列车行车制动性能的合格判定要求(见 7.11.1.5),修改了检验结果的复核要求(见 7.11.3);

——增加了机动车不得安装遮挡外部照明和信号装置透光面的装置、用户不得对外部照明和信号装置进行改装或加装强制性标准以外的外部照明和信号装置的要求(见 8.1.2 和 8.1.3),修改了外部灯具闪烁的相关规定(见 8.1.2),增加了部分货车、专项作业车和挂车后部照明和信号装置的透光面面积要求(见 8.2.1)、校车应配备统一的校车标志灯和停车指示标志的要求(见 8.2.7)、某一转向灯发生故障(短路除外)时的要求(见 8.3.8)和部分货车和挂车、低速车辆应设置车辆尾部标志板的要求(见 8.4.1),修改了车身反光标识设置及车身反光标识材料的相关规定(见 8.4.1~8.4.5),增加了柔性车身反光标识的相关规定(见 8.4.6),删除了附加的灯具、反射器或附属装置不允许影响本标准规定安装的灯具和信号装置的性能且不应对其他的道路使用者造成不利影响的要求(2004 年版的 8.2.10);

——增加了打开所有前照灯(远光)时总的远光发光强度要求及两灯制轻便摩托车的远光光束发光强度最小值要求(见 8.5.2),修改了前照灯远光照射位置的检验要求(见 8.5.3.3),删除了前照灯远、近光布置的要求(2004 年版的 8.4.3);

——增加了教练车(三轮汽车除外)应设置辅助喇叭开关的要求(见 8.6.1)、客车电器导线的阻燃要求和乘员舱外部接插件的防水要求(见 8.6.2),修改了机动车应装备仪表或显示信息的相关规定(见 8.6.3),增加了专用校车应设置电源总开关和车长大于等于 6 m 的客车应设置电磁式电源总开关的相关规定(见 8.6.4),修改了应安装行驶记录仪的汽车车型要求,增加了显示、数据接口布置的规定、行驶记录功能符合要求的卫星定位装置视同行驶记录仪的规定及专用校车和卧铺客车还应安装车内外录像监控系统的规定(见 8.6.5)及汽车装备、加装电气设备的原则性要求(见 8.6.6),修改了无轨电车的特殊要求(见 8.6.7);

——修改了不得装用翻新的轮胎的车轮范围(见 9.1.2),增加了机动车使用的翻新胎应符合相关标准的规定(见 9.1.2)、专用校车和卧铺客车应装用无内胎子午线轮胎、危险货物运输车和车长大于 9 m 的其他客车应装用子午线轮胎(见 9.1.5)、空气弹簧应无裂损、变形及漏气、控制系统应齐全有效(见 9.3.3)和三轴公路客车的随动轴应具有随动转向或主动转向功能的要求(见 9.4.4);

——增加了自动变速器的相关规定(见 10.2.1)及部分车型应具有超速报警和限速功能(或装备限速装置)的要求(见 10.5);

——增加了车身外部不应产生明显的镜面反光(见 11.1.1)、客车上部结构强度要求的相关规定、专用校车车身结构的特殊要求及车长大于 11 m 的公路客车和旅游客车和所有卧铺客车应采用全承载整体式框架结构车身的要求(见 11.2.1)、幼儿专用校车乘客区应采用平地板结构的要求(见 11.2.3)、专用校车的踏步高要求(见 11.2.4)和行李架(舱)设置要求(见 11.2.5)、专用校车前部应设置碰撞安全结构的要求(见 11.2.6)及校车侧窗下边缘的高度要求(见 11.2.7);

——增加了集装箱运输车和集装箱运输半挂车的构造应保证集装箱运输过程中始终安全、稳妥地固定在车辆上的要求(见 11.3.2)、货车和挂车的载货部分不得设置乘客座椅且不得设计成可伸缩的结构(见 11.3.3 和 11.3.4)及货车驾驶区座椅布置的相关规定(见 11.3.5),增加了摩托车外部凸出物和扶手的相关规定(见 11.4.2 和 11.4.3);

——增加了乘用车车门的相关规定(见 11.5.2),修改了客车乘客门的相关规定(见 11.5.3～11.5.5),增加了击碎玻璃式应急窗的安全玻璃类型和厚度要求(见 11.5.6),公路客车、旅游客车、校车所有车窗玻璃的可见光透射比均应大于等于 50%的要求(见 11.5.7)及厢式货车和封闭式货车的货箱部位不得设置车窗的要求(见 11.5.8);

——修改了载客汽车座椅布置的规定(见 11.6.2～11.6.6)和卧铺布置的规定(见 11.6.7),增加了校车照管人员座位的设置及专用校车座椅及其固定件的强度要求(见 11.6.8)、专用校车靠近通道的学生座椅的扶手要求(见 11.6.9)及正三轮摩托车乘客座椅的布置要求(见 11.6.10);

——修改了客车内饰材料的阻燃要求,增加了发动机舱隔热防火的相关规定(见 11.7.1 和 11.7.2),增加了号牌板(架)应有号牌安装孔的要求(见 11.8.2)、乘用车(三厢车除外)行李区的纵向长度要求(见 11.9.2)及自卸车液压举升装置的相关规定(见 11.9.6);

——修改了应装备汽车安全带的座椅范围(见 12.1.1),增加了安全带的型式要求(见 12.1.2 和 12.1.3)、乘用车驾驶人座位应装备汽车安全带佩戴提示装置(见 12.1.5)及乘用车儿童座椅固定的要求(见 12.1.6);

——增加了总质量大于 7 500 kg 的货车和货车底盘改装的专项作业车应在右侧设置广角后视镜和补盲后视镜的要求(见 12.2.1),修改了外后视镜的视野要求(见 12.2.2),增加了专用校车驾驶人视野、汽车列车必要时应加装后视镜加长架(见 12.2.2)及教练车应加装辅助后视镜的要求(见 12.2.7);

——增加了应设置应急门的情形(见 12.4.1.2),修改了应急门的尺寸和开启要求、应急门引道要求(见 12.4.2.1、12.4.2.3、12.4.2.5)及应急锤的相关规定(见 12.4.3.2),增加了设有乘客站立区的公共汽车的应急窗均应为推拉式应急窗或外推式应急窗的要求(见 12.4.3.2);

——增加了不准许用户改动燃料管路(见 12.5.1)、发动机后置的公路客车和旅游客车燃料箱的前端面应位于前轴之后(见 12.5.5)、每一个钢瓶阀出口端都应安装高压过流保护装置(见 12.6.1)、不准许用户改动或加装钢瓶(见 12.6.3)、钢瓶安装在车上后钢瓶编号应易见(见 12.6.4)及气体燃料车辆应安装泄露报警装置的要求(见 12.6.15),修改了气体燃料专用装置通气接口的相关规定(见 12.6.9);

——修改了客车灭火器布置的相关规定(见 12.9.2),增加了所有专用校车和发动机后置的其他客车应装备发动机舱自动灭火装置(见 12.9.3)和危险货物运输车的特殊安全防护要求(见 12.11),删除了专门用于运送易燃和易爆物品的危险货物运输车应在驾驶室上方安装红色标志灯的要求(2004 年版的 12.10);

——修改了应装备三角警告牌、保险杠和前风窗玻璃除雾除霜装置的汽车范围(见 12.13.2、12.13.3、12.13.4)和机动车发动机的排气管口布置要求(见 12.13.7),增加了校车应配备急救箱的要求及汽车安全气囊系统的原则性规定(见 12.13.5 和 12.13.6);

——增加了残疾人专用汽车的附加要求(见第 14 章);

——删除了车速表指示误差检验方法、转向轮横向侧滑量检验方法、制动性能检验方法、前照灯光束照射位置检验方法、气密性检验方法(2004 年版的附录 A～附录 E)及四种类型机动车技术条件要求对应一览表(2004 年版的附录 G),增加了典型车型车身反光标识粘贴示例及要求的相关说明(见附录 B)。

本标准由公安部道路交通管理标准化技术委员会归口。

本标准负责起草单位:公安部交通管理科学研究所、交通运输部公路科学研究院、中国汽车技术研究中心。

本标准参加起草单位：成都市公安局交通管理局车辆管理所、上海浦江出入境检验检疫局、中国公路学会客车分会、天津摩托车技术中心、中国农业机械化科学研究院、洛阳拖拉机研究所。

本标准主要起草人：应朝阳、周天佑、耿磊、罗跃、王凡、刘雪梅、孟秋、龚标、何勇、王学平、王冬梅、吴云强、刘欣、张炳荣、张咸胜、尚项绳、秦煜麟、孙巍、裴志浩。

GB 7258—2004 的历次版本发布情况为：

——GB 7258—1987、GB 7258—1997。

引　言

国家标准《机动车运行安全技术条件》(以下简称“GB 7258”)是我国机动车运行安全管理最基本的技术标准,是进行注册登记检验和在用机动车检验、机动车查验、事故车检验的主要技术依据,同时也是我国机动车新车定型强制性检验、新车出厂检验及进口机动车检验的重要技术依据之一。

GB 7258—2004 自 2004 年 10 月 1 日起实施以来,在加强机动车运行安全管理、提高机动车运行安全水平等方面起到了积极的作用。但是,随着我国经济社会的持续快速发展和机动化步伐的不断加快,广大人民群众对安全出行的期待越来越高,机动车运行安全管理不断遇到新情况、新问题。特别是当前我国大型客货车辆的安全技术要求仍较低,与车辆安全性能相关的重特大道路交通事故比例较高。为此,根据我国道路交通实际情况修订 GB 7258—2004,提高机动车(特别是大型客货车辆)运行安全技术要求,严密机动车运行安全管理技术依据,已十分必要。

本次 GB 7258 修订工作的原则主要有:

a) 从 GB 7258 是我国机动车运行安全管理最基本的技术标准这一属性出发,根据道路交通发展实际情况,进一步明确 GB 7258 的适用范围,提出特型机动车、教练车、残疾人专用汽车等各类机动车的定义和运行安全管理的技术依据,严密机动车运行安全管理主要环节。

b) 根据 GB 7258—2004 执行过程中暴露出来的问题,采用与管理要求相适应的机动车分类标准,提高标准的可操作性。

c) 提高重点车辆的安全装置配备要求和结构安全要求,加严卧铺客车的安全技术要求,提高道路运行机动车的整体安全技术性能。

d) 进一步明确公共汽车运行安全技术要求,为加强公共汽车运行安全管理提供技术依据。

需要说明的是:

a) 鉴于轮式专用机械车的种类繁多、功能各异,本标准未对其外廓尺寸、轴荷及质量参数、转向性能、制动性能、外部照明和信号装置及电气设备、车身、安全防护装置等参数和要求作出具体规定。

b) 叉车不属于道路车辆,鉴于其外型和结构的特殊性,不适于在道路上行驶和使用。

机动车运行安全技术条件

1 范围

本标准规定了机动车的整车及主要总成、安全防护装置等有关运行安全的基本技术要求，以及消防车、救护车、工程救险车和警车及残疾人专用汽车的附加要求。

本标准适用于在我国道路上行驶的所有机动车，但不适用于有轨电车及并非为在道路上行驶和使用而设计和制造、主要用于封闭道路和场所作业施工的轮式专用机械车。

注：有轨电车是指以电动机驱动，架线供电，有轨道承载的道路车辆。

2 规范性引用文件

下列文件对于本文件的应用是必不可少的。凡是注日期的引用文件，仅注日期的版本适用于本文件。凡是不注日期的引用文件，其最新版本(包括所有的修改单)适用于本文件。

GB 1589 道路车辆外廓尺寸、轴荷及质量限值

GB/T 2408—2008 塑料 燃烧性能的测定 水平法和垂直法

GB/T 3181 漆膜颜色标准

GB 4094 汽车操纵件、指示器及信号装置的标志

GB 4599 汽车用灯丝灯泡前照灯

GB 4785 汽车及挂车外部照明和光信号装置的安装规定

GB 5948 摩托车白炽丝光源前照灯配光性能

GB 8108 车用电子警报器

GB/T 8196 机械安全 固定式和活动式防护装置设计与制造一般要求

GB 8410—2006 汽车内饰材料的燃烧特性

GB 9656 汽车安全玻璃

GB 10396 农林拖拉机和机械、草坪和园艺动力机械 安全标志和危险图形 总则

GB 11567.1 汽车和挂车侧面防护要求

GB 11567.2 汽车和挂车后下部防护要求

GB/T 12428 客车装载质量计算方法

GB 12268 危险货物品名表

GB 12676 汽车制动系统 结构、性能和试验方法

GB 13057 客车座椅及其车辆固定件的强度

GB 13365 机动车排气火花熄灭器

GB 13392 道路运输危险货物车辆标志

GB/T 13594 机动车和挂车防抱制动性能和试验方法

GB 13954 警车、消防车、救护车、工程救险车标志灯具

GB/T 14172 汽车静侧翻稳定性台架试验方法

GB 15084 机动车辆后视镜的性能和安装要求

GB 15365 摩托车和轻便摩托车操纵件、指示器及信号装置的图形符号

GB 16735 道路车辆 车辆识别代号(VIN)

GB 17352 摩托车和轻便摩托车后视镜的性能和安装要求
GB/T 17578 客车上部结构强度的规定
GB/T 17676 天然气汽车和液化石油气汽车 标志
GB 18100.1 摩托车照明和光信号装置的安装规定 第1部分:两轮摩托车
GB 18100.2 摩托车照明和光信号装置的安装规定 第2部分:两轮轻便摩托车
GB 18100.3 摩托车照明和光信号装置的安装规定 第3部分:三轮摩托车
GB/T 18411 道路车辆 产品标牌
GB 18447.1 拖拉机 安全要求 第1部分:轮式拖拉机
GB 18564.1 道路运输液体危险货物罐式车辆 第1部分:金属常压罐体技术要求
GB 18564.2 道路运输液体危险货物罐式车辆 第2部分:非金属常压罐体技术要求
GB 18565 营运车辆综合性能要求和检验方法
GB/T 18697—2002 声学 汽车车内噪声测量方法
GB/T 19056 汽车行驶记录仪
GB 19151 机动车用三角警告牌
GB 19152 轻便摩托车前照灯配光性能
GB 20074 摩托车和轻便摩托车外部凸出物
GB 20075 摩托车乘员扶手
GB 20300 道路运输爆炸品和剧毒化学品车辆安全技术条件
GB 21259 汽车用气体放电光源前照灯
GB 23254 货车及挂车 车身反光标识
GB 24315 校车标识
GB 24406 专用校车学生座椅系统及其车辆固定件的强度
GB 24407 专用校车安全技术条件
GB/T 24545 车辆车速限制系统技术要求
GB/T 25978 道路车辆 标牌和标签
GB 25990 车辆尾部标志板
GB 25991 汽车用LED前照灯
GA 524 2004式警车汽车类外观制式涂装规范
GA 525 2004式警车摩托车类外观制式涂装规范

3 术语和定义

下列术语和定义适用于本文件。

3.1

机动车 power-driven vehicle

由动力装置驱动或牵引,上道路行驶的供人员乘用或用于运送物品以及进行工程专项作业的轮式车辆,包括汽车及汽车列车、摩托车、拖拉机运输机组、轮式专用机械车、挂车。

3.2

汽车 motor vehicle

由动力驱动,具有四个或四个以上车轮的非轨道承载的车辆,主要用于:

——载运人员和/或货物(物品);
——牵引载运货物(物品)的车辆或特殊用途的车辆;
——专项作业。

本术语还包括：

a） 与电力线相联的车辆，如无轨电车；

b） 整车整备质量超过 400 kg 的不带驾驶室的三轮车辆；

c） 整车整备质量超过 600 kg 的带驾驶室的三轮车辆。

3.2.1

载客汽车　passenger vehicle

设计和制造上主要用于载运人员的汽车，包括装置有专用设备或器具但以载运人员为主要目的的汽车。

3.2.1.1

乘用车　passenger car

设计和制造上主要用于载运乘客及其随身行李和/或临时物品的汽车，包括驾驶人座位在内最多不超过 9 个座位。它也可以牵引一辆中置轴挂车。

3.2.1.2

客车　bus

设计和制造上主要用于载运乘客及其随身行李的汽车，包括驾驶人座位在内座位数超过 9 个。

3.2.1.2.1

公路客车　interurban bus

长途客车　interurban bus

为城间（城乡）运输乘客设计和制造、专门从事旅客运输的客车，包括卧铺客车，即设计和制造供全体乘客卧睡的客车。

3.2.1.2.2

旅游客车　touring bus

为旅游设计和制造、专门用于运载游客的客车。

3.2.1.2.3

公共汽车　public bus

城市客车　public bus

为城市内运输乘客设计和制造的客车，根据是否设有乘客站立区可分为：

a） 设有乘客站立区的公共汽车，即最大设计车速小于 70 km/h、设有座椅及乘客站立区，并有足够的空间供频繁停站时乘客上下车走动，有固定的线路和车站，主要在城市建成区运营的客车；也包括无轨电车，即以电动机驱动，与电力线相连的客车。

b） 未设置乘客站立区的公共汽车，即未设置乘客站立区，有固定的线路和车站，主要在城市道路运营的客车。

3.2.1.3

校车　school bus

用于有组织地接送 3 周岁以上学龄前幼儿或接受义务教育的学生上下学的 7 座以上的载客汽车。

3.2.1.3.1

幼儿校车　school bus for infants

接送 3 周岁以上学龄前幼儿上下学的校车。

3.2.1.3.2

小学生校车　school bus for primary student

接送小学生上下学的校车。

3.2.1.3.3

中小学生校车　school bus for junior middle school student

接送九年制义务教育阶段学生（小学生和初中生）上下学的校车。

3.2.1.3.4

专用校车　special school bus

设计和制造上专门用于运送3周岁以上学龄前幼儿或义务教育阶段学生的校车。

3.2.2

载货汽车　goods vehicle

货车　goods vehicle

设计和制造上主要用于载运货物或牵引挂车的汽车，包括装置有专用设备或器具但以载运货物为主要目的的汽车。

3.2.2.1

半挂牵引车　semi-trailer towing vehicle

装备有特殊装置用于牵引半挂车的汽车。

3.2.2.2

低速汽车　low-speed vehicle

三轮汽车和低速货车的总称。

3.2.2.2.1

三轮汽车　tri-wheel vehicle

最大设计车速小于等于50 km/h的，具有三个车轮的货车。

3.2.2.2.2

低速货车　low-speed goods vehicle

低速载货汽车　low-speed goods vehicle

最大设计车速小于70 km/h的，具有四个车轮的货车。

3.2.2.3

危险货物运输车　road transportation vehicle of dangerous goods

专门用于运输符合GB 12268等相关标准规定的危险货物的货车。

3.2.3

专项作业车　specical motor vehicle

专用作业车　specical motor vehicle

装置有专用设备或器具，在设计和制造上用于专项作业的汽车，如汽车起重机、消防车、混凝土泵车、清障车、高空作业车、扫路车、吸污车、钻机车、仪器车、检测车、监测车、电源车、通信车、电视车、采血车、医疗车、体检医疗车等，但不包括以载运人员或货物为主要目的的汽车。

3.2.4

气体燃料汽车　gaseous fuel vehicle

装备以石油气、天然气或煤气等气体为燃料的发动机的汽车。

3.2.5

两用燃料汽车　bi-fuel vehicle

具有两套相互独立的燃料供给系统，一套供给天然气或液化石油气，另一套供给其他燃料，两套燃料供给系统可分别但不可同时向燃烧室供给燃料的汽车，如汽油/压缩天然气两用燃料汽车、汽油/液化石油气两用燃料汽车等。

3.2.6

双燃料汽车　dual-fuel vehicle

具有两套燃料供给系统，一套供给天然气或液化石油气，另一套供给其他燃料，两套燃料供给系统按预定的配比向燃烧室供给燃料，在缸内混合燃烧的汽车，如柴油-压缩天然气双燃料汽车，柴油-液化石油气双燃料汽车等。

3.2.7

纯电动汽车 batery electric vehicle

由电动机驱动，且驱动电能来源于车载可充电蓄电池或其他能量储存装置的汽车。

[GB/T 19596—2004 的 3.1.1.1.1]

3.2.8

插电式混合动力汽车 plug-in hybrid electric vehicle

具有一定的纯电驱动行驶里程，且在正常使用情况下可从非车载装置中获取电能量的混合动力汽车。

3.2.9

燃料电池汽车 fuel cell electric vehicle

以燃料电池作为动力电源的汽车。

[GB/T 19596—2004 的 3.1.1.1.3]

3.2.10

教练车 driving school training vehicle

专门从事驾驶技能培训的汽车。

3.2.11

残疾人专用汽车 vehicle for handicapped driving

在采用自动变速器的乘用车上加装符合标准和规定的驾驶辅助装置，专门供特定类型的肢体残疾人驾驶的汽车。

3.3

挂车 trailer

设计和制造上需由汽车或拖拉机牵引，才能在道路上正常使用的无动力道路车辆，包括牵引杆挂车、中置轴挂车和半挂车，用于：

——载运货物；

——专项作业。

3.3.1

牵引杆挂车 draw-bar-trailer

全挂车 draw-bar-trailer

至少有两根轴的挂车，具有：

——一轴可转向；

——通过角向移动的牵引杆与牵引车联结；

——牵引杆可垂直移动，联结到底盘上，因此不能承受任何垂直力。

3.3.2

中置轴挂车 centre axle trailer

均匀受载时挂车质心紧靠车轴位置，牵引装置相对于挂车不能垂直移动、与牵引车连接时只有较小的垂直载荷作用于牵引车的挂车。

3.3.3

半挂车 semi-trailer

均匀受载时挂车质心位于车轴前面，装有可将垂直力和/或水平力传递到牵引车的联结装置的挂车。

3.4

汽车列车 combination vehicles

由汽车(低速汽车除外)牵引挂车组成的机动车,包括乘用车列车、货车列车和铰接列车。

3.4.1

乘用车列车 passenger/car trailer combination

乘用车和中置轴挂车的组合。

3.4.2

货车列车 goods road train

货车和牵引杆挂车或中置轴挂车的组合。

3.4.2.1

牵引杆挂车列车 draw-bar trailer combination

全挂拖斗车 draw-bar trailer combination

全挂汽车列车 draw-bar trailer combination

货车和牵引杆挂车的组合。

3.4.2.2

中置轴挂车列车 centre axle trailer combination

货车和中置轴挂车的组合。

3.4.3

铰接列车 articulated vehicle

半挂汽车列车 articulated vehicle

半挂牵引车和半挂车的组合。

3.5

摩托车 motorcycle and moped

由动力装置驱动的,具有两个或三个车轮的道路车辆,但不包括:

a) 整车整备质量超过 400 kg 的不带驾驶室的三轮车辆;

b) 整车整备质量超过 600 kg 的带驾驶室的三轮车辆;

c) 最大设计车速、整车整备质量、外廓尺寸等指标符合相关国家标准和规定的,专供残疾人驾驶的机动轮椅车;

d) 电驱动的,最大设计车速不大于 20 km/h,具有人力骑行功能,且整车整备质量、外廓尺寸、电动机额定功率等指标符合相关国家标准规定的两轮车辆。

3.5.1

普通摩托车 motorcycle

无论采用何种驱动方式,其最大设计车速大于 50 km/h,或如使用内燃机,其排量大于 50 mL,或如使用电驱动,其电动机最大输出功率总和大于 4 kW 的摩托车,包括两轮普通摩托车、边三轮摩托车和正三轮摩托车。

3.5.1.1

两轮普通摩托车 motorcycle with two wheels

装有一个从动轮和一个驱动轮的普通摩托车。

3.5.1.2

边三轮摩托车 motorcycle with sidecar

在两轮普通摩托车的右侧装有边车的摩托车。

3.5.1.3

正三轮摩托车　right three-wheeled motorcycle

装有与前轮对称分布的两个后轮的普通摩托车，且如设计和制造上允许装载货物或载运乘员，其最大设计车速小于 70 km/h。

3.5.2

轻便摩托车　moped

无论采用何种驱动方式，其最大设计车速不大于 50 km/h 的摩托车，且：

——如使用内燃机，其排量不大于 50 mL；

——如使用电驱动，其电动机最大输出功率总和不大于 4 kW。

3.5.2.1

两轮轻便摩托车　moped with two wheels

装有一个从动轮和一个驱动轮的轻便摩托车。

3.5.2.2

正三轮轻便摩托车　right three-wheeled moped

装有与前轮对称分布的两个后轮的轻便摩托车。

3.6

拖拉机运输机组　tractor towing trailer for transportation

由拖拉机牵引一辆挂车组成的用于载运货物的机动车，包括轮式拖拉机运输机组和手扶拖拉机运输机组。

注 1：本标准所指的拖拉机是指最高设计车速不大于 20 km/h、牵引挂车方可从事道路货物运输作业的手扶拖拉机，和最高设计车速不大于 40 km/h、牵引挂车方可从事道路货物运输作业的轮式拖拉机。

注 2：手扶拖拉机运输机组还包含手扶变型运输机，即发动机 12 h 标定功率不大于 14.7 kW，采用手扶拖拉机底盘，将扶手把改成方向盘，与挂车连在一起组成的折腰转向式运输机组。

3.7

轮式专用机械车　wheeled mobile machinery for special purpose

有特殊结构和专门功能，装有橡胶车轮可以自行行驶，最大设计车速大于 20 km/h 的轮式机械，如装载机、平地机、挖掘机、推土机等，但不包括叉车。

3.8

特型机动车　special size vehicle

质量参数和/或尺寸参数超出 GB 1589 规定的汽车、挂车、汽车列车。

4　整车

4.1　整车标志

4.1.1　机动车在车身前部外表面的易见部位上应至少装置一个能永久保持的商标或厂标。

4.1.2　机动车应至少装置一个能永久保持的产品标牌，该标牌的固定、位置及型式应符合 GB/T 18411 的规定；如采用标签标示，则标签应符合 GB/T 25978 规定的标签一般性能、防篡改性能及防伪性能要求。改装车应同时具有改装后的整车产品标牌及改装前的整车(或底盘)产品标牌。

机动车均应在产品标牌上标明品牌、整车型号、制造年月、生产厂名及制造国，各类机动车产品标牌应标明的其他项目见表 1。产品标牌上标明的内容应规范、清晰耐久且易于识别，项目名称均应有中文名称。

表 1 各类机动车产品标牌应补充标明的项目

机动车类型		应补充标明的项目
汽车[a]	载客汽车[b]	车辆识别代号、发动机型号、发动机最大净功率、最大允许总质量(以下简称为“总质量”)、乘坐人数(乘员数)
	载货汽车[c]	车辆识别代号、发动机型号、发动机最大净功率、总质量(半挂牵引车除外)、整车整备质量(以下简称为“整备质量”)、最大允许牵引质量(无牵引功能的货车除外)
	专项作业车	车辆识别代号、发动机型号、发动机最大净功率、总质量、专用功能主要技术参数
挂车		车辆识别代号[d]、总质量、整备质量
摩托车[e]		车辆识别代号、发动机型号、发动机实际排量或最大净功率、整备质量
轮式专用机械车		车架号(或产品识别代码、车辆识别代号)、发动机型号、发动机标定功率、整备质量、最大设计车速
组成拖拉机运输机组的拖拉机		出厂编号、发动机标定功率、使用质量
特型机动车		车辆识别代号(或车架号)、发动机型号、发动机最大净功率、总质量、整备质量、外廓尺寸

[a] 非插电式混合动力汽车还应标明电动动力系统最大输出功率;纯电动汽车、插电式混合动力汽车、燃料电池汽车还应标明主驱动电机型号和功率,动力电池工作电压和容量(安时数),储氢容器形式、容积、工作压力(燃料电池汽车);纯电动汽车不标发动机相关信息。

[b] 乘用车还应标明发动机排量,具备牵引功能时还应标明最大允许牵引质量。

[c] 半挂牵引车还应标明牵引座最大设计静载荷。

[d] 牵引杆挂车在未采用统一的车辆识别代号之前应标明车架号。

[e] 电动摩托车应标明车辆识别代号、电动机型号、电动机最大输出功率、额定电压、整备质量;正三轮摩托车还应标明装载质量或乘坐人数,两轮普通摩托车及两轮轻便摩托车可不标车辆识别代号。

4.1.3 汽车、摩托车、半挂车和中置轴挂车应具有唯一的车辆识别代号,其内容和构成应符合 GB 16735 的规定;应至少有一个车辆识别代号打刻在车架(无车架的机动车为车身主要承载且不能拆卸的部件)能防止锈蚀、磨损的部位上。

乘用车的车辆识别代号应打刻在发动机舱内能防止替换的车辆结构件上,或打刻在车门立柱上,如受结构限制没有打刻空间时也可打刻在右侧除后备箱(后行李区)外的车辆其他结构件上;其他汽车、半挂车和中置轴挂车的车辆识别代号应打刻在前部右侧,如受结构限制也可打刻在右侧其他车辆结构件上。其他机动车应在相应的易见位置打刻整车型号和出厂编号,型号在前,出厂编号在后,在出厂编号的两端应打刻起止标记。

打刻车辆识别代号(或整车型号和出厂编号)的部件不得采用打磨、挖补、垫片等方式处理,从上(前)方观察时打刻区域周边足够大面积的表面不应有任何覆盖物;如有覆盖物,该覆盖物的表面应明确标示“车辆识别代号”或“VIN”字样,且覆盖物在不使用任何专用工具的情况下能直接取下(或揭开)及复原,以方便地观察到足够大的包括打刻区域的表面。

打刻的车辆识别代号(或整车型号和出厂编号)从上(前)方应易拓印。打刻的车辆识别代号的字母和数字的字高应大于等于 7.0 mm、深度应大于等于 0.3 mm(乘用车深度应大于等于 0.2 mm),但摩托车字高应大于等于 5.0 mm、深度应大于等于 0.2 mm。打刻的整车型号和出厂编号字高应为 10.0 mm,深度应大于等于 0.3 mm。

车辆识别代号(或整车型号和出厂编号)一经打刻不得更改、变动,并符合 GB 16735 的规定。同一辆机动车的车架(无车架的机动车为车身主要承载且不能拆卸的部件)上,不得既打刻车辆识别代号,又打刻整车型号和出厂编号。同一辆车上标识的所有车辆识别代号内容应相同。

注：打刻区域周边足够大面积的表面(足够大的包括打刻区域的表面)是指打刻车辆识别代号的部件的全部表面；但所暴露表面能满足查看打刻车辆识别代号的部件有无挖补、重新焊逶、粘贴等痕迹的需要时，也应视为满足要求。

4.1.4 发动机型号和出厂编号应打刻(或铸出)在气缸体上且应能永久保持，在出厂编号的两端应打刻起止标记(没有打刻起止标记的空间时不打刻)；摩托车应在发动机的易见部位铸出商标或厂标，发动机出厂编号应打刻在曲轴箱易见部位，在出厂编号的两端应打刻起止标记(没有打刻起止标记的空间时不打刻)；如打刻(或铸出)的发动机型号和出厂编号不易见，则应在发动机易见部位增加能永久保持的发动机型号和出厂编号的标识。

纯电动汽车、插电式混合动力汽车、燃料电池汽车和电动摩托车应在主驱动电动机壳体上打刻电动机型号和编号；如打刻的电动机型号和编号被覆盖，应留出观察口，或在覆盖件上增加能永久保持的电动机型号和编号的标识。

增加的标识应易见，且非经破坏性操作不能被完整取下。

4.1.5 乘用车和总质量小于等于 3 500 kg 的货车(低速汽车除外)应在靠近风窗立柱的位置设置能永久保持的车辆识别代号标识；该标识从车外应能清晰地识读，且非经破坏性操作不能被完整取下。对具有发动机电子控制单元(ECU)的乘用车，其 ECU 应记载有车辆识别代号等特征信息，且记载的特征信息应能被读取；但如乘用车至少有一处电子数据接口，且通过读取工具能够获得车辆识别代号等特征信息的，应视为满足要求。

4.1.6 除按照 4.1.2、4.1.3、4.1.5 标示车辆识别代号之外，乘用车还应在后备箱(或行李区)从车外无法观察但打开后能直接观察的合适位置标示车辆识别代号，并至少在 5 个主要部件上标示车辆识别代号；但如制造厂家使用了能从零部件编号溯及车辆识别代号等车辆唯一性信息的生产管理系统，主要部件上可标示零部件编号。

车辆识别代号或零部件编号应直接打刻或采用能永久保持的标签粘贴在制造厂家规定主要部件的目标区域内，其字码高度应保证内容能清晰确认。

4.1.7 危险货物运输车的标志应符合 GB 13392 的规定；其中，罐式危险货物运输车还应按照 GB 18564.1 或 GB 18564.2 在罐体上喷涂装运货物的名称，道路运输爆炸品和剧毒化学品车辆还应符合 GB 20300 的规定。

4.1.8 对机动车进行改装或修理时，不得对车辆识别代号(或整车型号和出厂编号)、发动机型号和出厂编号、零部件编号、产品标牌、发动机标识等整车标志进行遮盖(遮挡)、打磨、挖补、垫片等处理及凿孔、钻孔等破坏性操作。

4.2 外廓尺寸

汽车及汽车列车、挂车的外廓尺寸应符合 GB 1589 的规定，摩托车、拖拉机运输机组的外廓尺寸限值见表 2。

表 2 摩托车、拖拉机运输机组外廓尺寸限值

单位为米

机动车类型		长	宽	高
摩托车	两轮普通摩托车	≤2.50	≤1.00	≤1.40
	边三轮摩托车	≤2.70	≤1.75	≤1.40
	正三轮摩托车	≤3.50	≤1.50	≤2.00
	两轮轻便摩托车	≤2.00	≤0.80	≤1.10
	正三轮轻便摩托车	≤2.00	≤1.00	≤1.10

表 2（续）

单位为米

机动车类型		长	宽	高
拖拉机运输机组	轮式拖拉机运输机组	≤10.00[a]	≤2.50	≤3.00[a]
	手扶拖拉机运输机组	≤5.00	≤1.70	≤2.20

[a] 对标定功率大于 58 kW 的轮式拖拉机运输机组长度限值为 12.00 m，高度限值为 3.50 m。

4.3 后悬

客车及封闭式车厢（或罐体）的机动车后悬应小于等于轴距的 65%。专项作业车和轮式专用机械车，在保证安全的情况下，后悬可按客车后悬要求核算，其他机动车后悬应小于等于轴距的 55%。车长小于 16 m 的发动机后置的铰接客车，在保证安全的情况下，后悬可不超过轴距的 70%。机动车的后悬均应小于等于 3.5 m。

注：多轴机动车的轴距按第一轴至最后轴的距离计算（对铰接客车按第一轴至第二轴的距离计算），后悬从最后一轴的中心线往后计算。客车的后悬以车身外蒙皮尺寸计算，如后保险杠突出于后背外蒙皮，则以后保险杠尺寸计算，不计后尾梯。

4.4 轴荷和质量参数

4.4.1 汽车及汽车列车、挂车的轴荷和质量参数应符合 GB 1589 的规定。

4.4.2 机动车在空载和满载状态下，整备质量和总质量应在各轴之间合理分配，轴荷应在左右车轮之间均衡分配。

4.4.3 边三轮摩托车处于空载及满载状态时，边车车轮轮荷应分别为整备质量及总质量的 35%以下。

4.5 核载

4.5.1 质量参数核定

4.5.1.1 机动车最大允许总质量依据发动机功率、最大设计轴荷、轮胎的承载能力及正式批准的技术文件进行核算后，从中取最小值核定。

4.5.1.2 机动车在空载和满载状态下，转向轴轴荷（或转向轮轮荷）分别与该车整备质量和总质量的比值应大于等于：

——乘用车：30%；

——三轮汽车、正三轮摩托车：18%；

——其他机动车：20%。

铰接列车应在空载和满载状态下对牵引车部分进行核算，铰接客车和铰接式无轨电车应在空载和满载状态下对前车进行核算。

4.5.1.3 清障车在托举状态下，转向轴轴荷应大于等于总质量的 15%。

4.5.1.4 汽车或汽车列车驱动轴的轴荷应大于等于汽车或汽车列车总质量的 25%。

4.5.1.5 货车列车的挂车的最大允许装载质量应小于等于货车的最大允许装载质量。

4.5.1.6 铰接列车的半挂车的总质量应小于等于半挂牵引车的最大允许牵引质量。

4.5.1.7 轮式拖拉机运输机组的挂拖质量比（挂车最大允许总质量与拖拉机使用质量之比）应小于等于 3。

4.5.2 乘用车乘坐人数核定

4.5.2.1 前排座位按乘客舱内部宽度（系指驾驶人两侧门窗下缘，并在车门后支柱内侧量取）大于等于

1 200 mm 时核定 2 人，大于等于 1 650 mm 时核定 3 人，但每名前排乘员的座垫宽和座垫深均应大于等于 400 mm，且不得作为学生座位核定乘坐人数。

4.5.2.2 除前排座位外的其他排座位，在能保证与前一排座位的间距大于等于 600 mm 且座垫深度大于等于 400 mm(对第二排以后的可折叠座椅座间距大于等于 570 mm 且座垫深度大于等于 350 mm)时，按座垫宽每 400 mm 核定 1 人；但作为学生座位使用时，对幼儿校车按每 280 mm 核定 1 人，对小学生校车按每 350 mm 核定 1 人，对中小学生校车按 380 mm 核定 1 人。单人座椅座垫宽大于等于 400 mm 时核定 1 人。

注 1：学生座位(椅)是指幼儿校车上专门供幼儿乘坐的座位(椅)、小学生校车上专门供小学生乘坐的座位(椅)及中小学生校车上专门供义务教育阶段学生使用的座位(椅)。

注 2：可折叠座椅是指靠背、座垫铰接且折叠在一起后能完全收起的座椅。

注 3：座间距是指座椅座垫和靠背均未被压陷、驾驶人座椅和前排乘员座椅处于滑轨中间位置、靠背角度可调式座椅的靠背角度及座椅其他调整量处于制造厂规定的正常使用位置时，在通过(单人)座椅中心线的垂直平面内，在座垫上表面最高点所处平面与地板上方 620 mm 高度范围内水平测量所得的座椅间距数值。

4.5.2.3 旅居车的核定乘员数应小于等于 9 人。

4.5.2.4 车长大于等于 6 m 的乘用车设置的侧向座椅不核定乘坐人数。

4.5.3 客车乘员数核定

4.5.3.1 按乘员质量核定：按 GB/T 12428 确定。

4.5.3.2 按座垫宽和站立乘客有效面积核定：长条座椅(指座垫靠背均为条形的供两人或多人乘坐的座椅)按座垫宽每 400 mm 核定 1 人，但作为学生座位使用时，对幼儿校车按每 280 mm(对幼儿专用校车按每 330 mm)核定 1 人，对小学生校车按每 350 mm 核定 1 人，对中小学生校车按 380 mm 核定 1 人；单人座椅座垫宽大于等于 400 mm(对学生座椅为 380 mm)时核定 1 人。设有乘客站立区的公共汽车，按 GB/T 12428 确定的站立乘客有效面积计算，每 0.125 m^2 核定站立乘客 1 人；双层客车的上层及其他客车不核定站立人数。

4.5.3.3 按卧铺铺位核定：卧铺客车的每个铺位核定 1 人，驾驶人座椅核定 1 人，乘客座椅(包括车组人员座椅)不核定乘坐人数。

4.5.3.4 可折叠的单人座椅及驾驶人座椅 R 点所处的横向垂直平面之前的座椅不得作为学生座位(椅)核定人数。

4.5.3.5 幼儿校车、小学生校车和中小学生校车按 4.5.3.2 和 4.5.3.4 核定乘员数，其他客车以 4.5.3.1、4.5.3.2 及 4.5.3.3 计算的乘员数取最小值核定乘员数。幼儿校车的核定乘员数应小于等于 45 人，其他校车的核定乘员数应小于等于 56 人。二轴卧铺客车的核定乘员数应小于等于 36 人，三轴卧铺客车的核定乘员数应小于等于 40 人。

4.5.4 有驾驶室机动车的驾驶室乘坐人数核定(摩托车除外)

4.5.4.1 驾驶室的前排座位，按驾驶室内部宽度(系指驾驶室门窗下缘，并在车门后支柱内侧量取)大于等于 1 200 mm 时核定 2 人，大于等于 1 650 mm 时核定 3 人，但每名前排乘员的座垫宽和座垫深均应大于等于 400 mm。

4.5.4.2 双排座位驾驶室的后排座位，按座垫中间位置测量的车身内部宽度，在能保证与前排座位的间距大于等于 650 mm 且座垫深度大于等于 400 mm 时，每 400 mm 核定 1 人。

4.5.4.3 带卧铺的货车，卧铺铺位不核定乘坐人数。

4.5.4.4 有驾驶室的拖拉机运输机组和使用方向盘转向的三轮汽车，除驾驶人外可再核定一名乘员，但其座垫宽应大于等于 350 mm，座椅深应大于等于 300 mm，且座椅不应增加拖拉机运输机组或三轮汽车的外廓尺寸；不具备上述条件时，只准许乘坐驾驶人 1 人。

4.5.4.5 货车核定乘坐人数应小于等于 6 人。

4.5.5 摩托车乘坐人数核定

4.5.5.1 两轮普通摩托车除驾驶人外,有固定座位的可再核定乘坐 1 人。

4.5.5.2 边三轮摩托车除驾驶人外,主车和边车有固定座位的各核定乘坐 1 人。

4.5.5.3 正三轮摩托车驾驶室核定乘坐驾驶人 1 人;车厢在有纵向布置(与机动车前进方向相同)的固定座椅(该固定座椅的座垫深度大于等于 400 mm 且与驾驶人座椅的间距大于等于 650 mm)时,按座垫宽度每 400 mm 核定 1 人,但最多为 2 人;不具备上述条件时,车厢不核定乘坐人数。

4.5.5.4 轻便摩托车核定乘坐驾驶人 1 人。

4.5.6 特殊规定

4.5.6.1 装备有残疾人轮椅固定装置的残疾人汽车、装备有担架的救护车等用于载运特定乘客的载客汽车的乘坐人数,以及医疗车、体检医疗车等专项作业车的乘坐人数,参照 4.5.2、4.5.3 和 4.5.4 核定。

4.5.6.2 旅居半挂车不核定乘坐人数。

4.5.6.3 货车驾驶室(区)以外部位设置的座椅和卧铺不核定乘坐人数。

4.6 比功率

低速汽车及拖拉机运输机组的比功率应大于等于 4.0 kW/t,除无轨电车外的其他机动车的比功率应大于等于 5.0 kW/t。

注:比功率为发动机最大净功率(或 0.9 倍的发动机额定功率,或 0.9 倍的发动机标定功率)与机动车最大允许总质量之比。

4.7 侧倾稳定角及驻车稳定角

4.7.1 按 GB/T 14172 规定的方法,客车在乘客区满载、行李舱空载的情况下测试时,向左侧和右侧倾斜最大侧倾稳定角均应大于等于 28°(对专用校车均应大于等于 32°);且除定线行驶的双层(公共)汽车外,在空载、静态条件下,向左侧和右侧倾斜最大侧倾稳定角均应大于等于 35°。

注:铰接客车和铰接式无轨电车按前车考核。

4.7.2 罐式汽车和罐式挂车在满载、静态状态下,向左侧和右侧倾斜最大侧倾稳定角应大于等于 23°。

4.7.3 其他机动车在空载、静态状态下,向左侧和右侧倾斜最大侧倾稳定角应大于等于:

——三轮机动车(包括三轮汽车和三轮摩托车,下同):25°;

——总质量为整备质量的 1.2 倍以下的机动车:30°;

——总质量不小于整备质量的 1.2 倍的专项作业车和轮式专用机械车:32°;

——其他机动车(特型机动车、两轮普通摩托车及轻便摩托车除外):35°。

4.7.4 两轮普通摩托车和两轮轻便摩托车在用撑杆支撑时,向左、向右、向前的驻车稳定角分别应大于等于 9°、5°、6°;在用停车架支撑时,向左、向右、向前的驻车稳定角均应大于等于 8°。

4.8 图形和文字标志

4.8.1 汽车(三轮汽车和装用单缸柴油机的低速货车除外)、摩托车应分别按照 GB 4094 和 GB 15365 的规定设置操纵件、指示器及信号装置的图形标志。

4.8.2 三轮汽车和装用单缸柴油机的低速货车的变速杆、手柄和开关等操纵机构,除作用非常明确的外,应在操纵机构上或其附近用耐久性标志明确标明其功能、操作方向等。标志用操作符号应与背景有明显的色差。

4.8.3 机动车标注的警告性文字应有中文。

4.8.4 旅居车和旅居挂车旅居室内的专用装备设施应明示相应的安全使用规定。

4.8.5 低速汽车和拖拉机运输机组应对需要提醒人们注意的安全事项设置相应的安全标志。安全标志应符合 GB 10396 的规定。

4.8.6 所有货车和专项作业车均应在驾驶室(区)两侧喷涂总质量(半挂牵引车为最大允许牵引质量);其中,栏板货车和自卸车还应在驾驶室两侧喷涂栏板高度,罐式汽车和罐式挂车还应在罐体上喷涂罐体容积及允许装运货物的种类。栏板挂车应在车厢两侧喷涂栏板高度。喷涂的中文及阿拉伯数字应清晰,高度应大于等于 80 mm。

4.8.7 总质量大于等于 4 500 kg 的货车(半挂牵引车除外)、所有挂车均应在车厢后部喷涂或粘贴放大的号牌号码,放大的号牌号码字样应清晰。

4.8.8 所有客车(专用校车和设有乘客站立区的公共汽车除外)应在乘客门附近车身外部易见位置,用高度大于等于 100 mm 的中文及阿拉伯数字标明该车提供给乘员(包括驾驶人)的座位数。

4.8.9 专用校车车身外观标识应符合 GB 24315 规定。校车运送学生时,应在前风窗玻璃右下角和后风窗玻璃适当位置各放置一块可以从车外清楚识别的校车标牌;但专门用于接送学生上下学的非专用校车,车身外观标识还应符合专用校车相关规定。

注:非专用校车是指除专用校车外的其他校车。

4.8.10 气体燃料汽车、两用燃料汽车和双燃料汽车应按 GB/T 17676 的规定标注其使用的气体燃料类型。

4.8.11 教练车应在车身两侧及后部喷涂高度大于等于 100 mm 的"教练车"等字样。

4.8.12 警车、消防车、救护车和工程救险车以外的机动车,不得喷涂和安装与警车、消防车、救护车和工程救险车相同或相类似的标志图案和灯具。

4.9 外观

4.9.1 机动车外观应整洁,各零部件应完好,联接牢固,无缺损。

4.9.2 车体应周正,车体外缘左右对称部位高度差应小于等于 40 mm。

4.9.3 两轮普通摩托车和轻便摩托车的方向把和导流板等左右对称的零部件离地面高度差应小于等于 10 mm;正三轮摩托车的驾驶室和车厢等左右对称的零部件离地面高度差应小于等于 20 mm。

4.10 漏水检查

在发动机运转及停车时,散热器、水泵、缸体、缸盖、暖风装置及所有连接部位均不得有明显渗漏现象。

4.11 漏油检查

机动车连续行驶距离不小于 10 km,停车 5 min 后观察,不得有明显渗漏现象。

4.12 车速表指示误差(最大设计车速不大于 40 km/h 的机动车除外)

车速表指示车速 v_1(单位:km/h)与实际车速 v_2(单位:km/h)之间应符合下列关系式:

$$0 \leqslant v_1 - v_2 \leqslant (v_2/10) + 4$$

4.13 行驶轨迹

汽车列车和轮式拖拉机运输机组在平坦、干燥的路面上直线行驶时,挂车后轴中心相对于牵引车前轴中心的最大摆动幅度,铰接列车、乘用车列车和中置轴挂车列车应小于等于 110 mm,牵引杆挂车列车和轮式拖拉机运输机组应小于等于 220 mm。

4.14 驾驶人耳旁噪声要求

汽车(低速汽车除外)驾驶人耳旁噪声声级应小于等于 90 dB(A),其检验方法见附录 A。

4.15 环保要求

机动车的排气污染物排放及噪声控制应符合国家环保标准的规定。

4.16 产品使用说明书

4.16.1 机动车的产品使用说明书应用文字标明与车型(整车型号)相一致的以下结构参数和技术特征,必要时还应用图案辅助说明:

——整车产品标牌、按 4.1.3 规定打刻的车辆识别代号(或整车型号和出厂编号)、打刻(或铸出的)发动机型号和出厂编号(或电动机型号和编号)、标有发动机型号和出厂编号(或电动机型号和编号)的标识等标志的具体位置;
——长、宽、高等整车外廓尺寸参数;
——轴荷、整备质量、最大允许总质量等质量参数;
——发动机主要技术参数(如发动机最大净功率、额定功率/转速、额定扭矩/转速);
——罐体容积及允许装运货物的种类;
——燃料种类及标号;
——机动车整车出厂时所达到的排放水平;
——指定试验条件下的整车燃料消耗量;
——最大设计车速、最大爬坡度等动力性能参数;
——起步气压的具体数值;
——可以使用的轮胎规格、备胎规格,以及轮胎气压等使用注意事项;
——钢板弹簧的形式和规格;
——侧面及后下部防护装置的材质、结构、尺寸、连接部位和形式、外形;
——封闭式货车隔离装置的承受能力及装载货物注意事项;
——电动转向助力装置等电气设备的安全使用要求及注意事项;
——最大设计车速大于 100 km/h 的机动车的车轮动平衡要求;
——车轮定位值;
——制动踏板自由行程的合理范围;
——制动摩擦副的合理使用范围;
——涉及安全使用车辆的其他事项。

注:对发动机最大净功率、额定功率/转速等发动机主要技术参数,以及车轮动平衡要求、车轮定位值、制动踏板自由行程的合理范围、制动摩擦副的合理使用范围等主要用于车辆维修的技术参数,在其他随车正式文件上有说明的,也视为满足要求。

4.16.2 汽车的产品使用说明书应对其装备的安全气囊、电子稳定控制系统、防抱死制动装置等安全装置的功能、用法和注意事项等加以说明;装备有安全气囊的汽车,还应在产品使用说明书中明确安全气囊展开的条件和情形。

4.16.3 乘用车的产品使用说明书应对适合安装的儿童座椅的类型及固定方法加以说明。

4.16.4 旅居挂车的产品使用说明书应明示车辆行驶过程中旅居室内不得载人。

4.16.5 三轮汽车和装用单缸柴油机的低速货车的产品使用说明书应明示所有操纵机构的操作说明。

4.16.6 轮式专用机械车、特型机动车的产品使用说明书应明示其制造时所执行的相关国家标准和/或行业标准的标准顺序号和年号。

4.16.7 机动车的产品使用说明书的所有文字性内容均应有中文。

4.17 其他要求

4.17.1 专项作业车和轮式专用机械车的特殊结构和专用装置不得影响机动车的安全运行。

4.17.2 轮式专用机械车的外廓尺寸、轴荷及质量参数、转向系、制动系、外部照明和信号装置及电气设备、车身、安全防护装置等要求按土方机械相关强制性标准实施。

5 发动机

5.1 发动机应动力性能良好，运转平稳，怠速稳定，无异响，机油压力和温度正常。发动机功率应大于等于标牌(或产品使用说明书)标明的发动机功率的75%。

5.2 发动机应有良好的起动性能。汽车(三轮汽车和装用单缸柴油机的低速货车除外)发动机应能由驾驶人在座位上起动。

5.3 柴油机停机装置应灵活有效。

5.4 发动机点火、燃料供给、润滑、冷却和进排气等系统的机件应齐全，性能良好。

6 转向系

6.1 汽车(三轮汽车除外)的方向盘应设置于左侧，其他机动车的方向盘不得设置于右侧；专项作业车、教练车按需要可设置左右两个方向盘。有驾驶室的正三轮摩托车如使用方向盘转向，则方向盘中心立柱距车辆纵向中心平面的水平距离应小于等于200 mm；其他摩托车不得使用方向盘转向。

6.2 机动车的方向盘(或方向把)应转动灵活，操纵方便，无卡滞现象。机动车应设置转向限位装置。转向系统在任何操作位置上，不得与其他部件有干涉现象。

6.3 机动车(摩托车、三轮汽车、手扶拖拉机运输机组除外)正常行驶时，转向轮转向后应有一定的回正能力(允许有残余角)，以使机动车具有稳定的直线行驶能力。

6.4 机动车方向盘的最大自由转动量应小于等于：

a) 最大设计车速大于等于100 km/h的机动车：15°；

b) 三轮汽车：35°；

c) 其他机动车：25°。

6.5 汽车(三轮汽车除外)应具有适度的不足转向特性。

6.6 三轮汽车、摩托车的转向轮向左或向右转角应小于等于：

a) 三轮汽车、三轮摩托车、正三轮轻便摩托车：45°；

b) 两轮普通摩托车、两轮轻便摩托车：48°。

6.7 机动车在平坦、硬实、干燥和清洁的道路上行驶不应跑偏，其方向盘(或方向把)不应有摆振、路感不灵或其他异常现象。

6.8 机动车在平坦、硬实、干燥和清洁的水泥或沥青道路上行驶，以10 km/h的速度在5 s之内沿螺旋线从直线行驶过渡到外圆直径为25 m的车辆通道圆行驶，施加于方向盘外缘的最大切向力应小于等于245 N。

6.9 专用校车应采用转向助力装置；其他机动车转向轴最大设计轴荷大于4 000 kg时，也应采用转向助力装置。装有转向助力装置的机动车，转向时其转向助力功能不得出现时有时无的现象，且转向助力装置失效时仍应具有用方向盘控制机动车的能力。装有电动转向助力装置的汽车，在产品使用说明书规定的正常使用状态下，应保证转向助力装置的电能供应。

6.10 汽车和汽车列车(不计具有作业功能的专用装置的突出部分)、轮式拖拉机运输机组应能在同一个车辆通道圆内通过，车辆通道圆的外圆直径 D_1 为 25.00 m，车辆通道圆的内圆直径 D_2 为 10.60 m。汽车和汽车列车、轮式拖拉机运输机组由直线行驶过渡到上述圆周运动时，任何部分超出直线行驶时的车辆外侧面垂直面的值(外摆值)应小于等于 0.80 m(对铰接客车和铰接式无轨电车外摆值应小于等于 1.20 m)，其试验方法见 GB 1589。

6.11 汽车(三轮汽车除外)的车轮定位应与该车型的技术要求一致。对前轴采用非独立悬架的汽车(前轴采用双转向轴时除外)，其转向轮的横向侧滑量，用侧滑台检验时侧滑量值应在±5 m/km 之间。

6.12 转向节及臂，转向横、直拉杆及球销不得有裂纹和损伤，并且转向球销不应松旷。对机动车进行改装或修理时横、直拉杆不得拼焊。

6.13 三轮汽车、摩托车的前减振器、上下联板和方向把不应有变形和裂损。

7 制动系

7.1 基本要求

7.1.1 机动车应设置足以使其减速、停车和驻车的制动系统或装置，且行车制动的控制装置与驻车制动的控制装置应相互独立。

7.1.2 制动系统的机构和装置应经久耐用，不得因振动或冲击而损坏。

7.1.3 制动踏板(包括教练车的副制动踏板)及其支架、制动主缸及其活塞、制动总阀、制动气室、轮缸及其活塞、制动臂及凸轮轴总成之间的连接杆件等零部件应易于维修。

7.1.4 制动系统的各种杆件不得与其他部件在相对位移中发生干涉、摩擦，以防杆件变形、损坏。

7.1.5 制动管路应为专用的耐腐蚀的高压管路，安装应保证具有良好的连续功能、足够的长度和柔性，以适应与之相连接的零件所需要的正常运动，而不致造成损坏；制动管路应有适当的安全防护，以避免擦伤、缠绕或其他机械损伤，同时应避免安装在可能与机动车排气管或任何高温源接触的地方。制动软管不得与其他部件干涉且不应有老化、开裂、被压扁等现象。其他气动装置在出现故障时不得影响制动系统的正常工作。

7.1.6 汽车制动完全释放时间(从松开制动踏板到制动消除所需要的时间)对两轴汽车应小于等于 0.80 s，对三轴及三轴以上汽车应小于等于 1.2 s。

7.1.7 机动车在运行过程中不得有自行制动现象，但属于设计和制造上为保证车辆安全运行的除外。当挂车(由轮式拖拉机牵引的装载质量 3 000 kg 以下的挂车除外)与牵引车意外脱离后，挂车应能自行制动，牵引车的制动仍应有效。

7.2 行车制动

7.2.1 机动车(总质量小于等于 750 kg 的挂车除外)应具有完好的行车制动系，其中汽车(三轮汽车除外)的行车制动应采用双回路或多回路。

7.2.2 行车制动应保证驾驶人在行车过程中能控制机动车安全、有效地减速和停车。行车制动应是可控制的，且除残疾人专用汽车外，应保证驾驶人在其座位上双手无须离开方向盘(或方向把)就能实现制动。

7.2.3 行车制动应作用在机动车(三轮汽车、拖拉机运输机组及总质量不大于 750 kg 的挂车除外)的所有车轮上。

7.2.4 行车制动的制动力应在各轴之间合理分配。

7.2.5 机动车(边三轮摩托车除外)行车制动的制动力应在同一车轴左右轮之间相对机动车纵向中心平面合理分配。

7.2.6 汽车(三轮汽车除外)、摩托车(边三轮摩托车除外)、挂车(总质量不大于 750 kg 的挂车除外)的所有车轮应装备制动器。其中，所有专用校车和危险货物运输车的前轮及车长大于 9 m 的其他客车的前轮应装备盘式制动器。

7.2.7 制动器应有磨损补偿装置。制动器磨损后，制动间隙应易于通过手动或自动调节装置来补偿。制动控制装置及其部件以及制动器总成应具备一定的储备行程，当制动器发热或制动衬片的磨损达到一定程度时，在不必立即作调整的情况下，仍应保持有效的制动。

7.2.8 制动踏板的自由行程应与该车型的技术要求一致。

7.2.9 行车制动在产生最大制动效能时的踏板力或手握力应小于等于：

——乘用车和正三轮摩托车：500 N；

——摩托车（正三轮摩托车除外）：350 N（踏板力）或 250 N（手握力）；

——其他机动车：700 N。

7.2.10 汽车列车行车制动系的设计和制造应保证挂车最后轴制动动作滞后于牵引车前轴制动动作的时间小于等于 0.2 s。

7.2.11 车长大于 9 m 的公路客车、旅游客车和未设置乘客站立区的公共汽车，所有专用校车、危险货物运输车和半挂牵引车，总质量大于等于 12 000 kg 的货车和专项作业车及总质量大于 10 000 kg 的挂车应安装符合 GB/T 13594 规定的防抱死制动装置。

注：本条中半挂车的总质量是指半挂车在满载并且和牵引车相连的情况下，通过半挂车的所有车轴垂直作用于地面的静载荷，不包括转移到牵引车牵引座的静载荷。

7.2.12 教练车（三轮汽车除外）的行车制动应装备有副制动踏板。副制动踏板应安装牢固、动作可靠，保证教练员在行车过程中能有效地控制机动车减速和停车。

7.3 应急制动

7.3.1 汽车（三轮汽车除外）应具有应急制动功能。

7.3.2 应急制动应保证在行车制动只有一处失效的情况下，在规定的距离内将汽车停住。

7.3.3 应急制动可以是行车制动系统具有应急特性或是与行车制动分开的系统。

7.3.4 应急制动应是可控制的，其布置应使驾驶人容易操作，驾驶人在座位上至少用一只手握住方向盘的情况下（对乘用车为双手不离开方向盘的情况下），就可以实现制动。它的控制装置可以与行车制动的控制装置结合，也可以与驻车制动的控制装置结合。

7.3.5 采用助力制动系的行车制动系，当助力装置失效后，仍应能保持规定的应急制动性能。

7.4 驻车制动

7.4.1 机动车（两轮普通摩托车、边三轮摩托车和两轮轻便摩托车除外）应具有驻车制动装置。

7.4.2 驻车制动应能使机动车即使在没有驾驶人的情况下，也能停在上、下坡道上。驾驶人应在座位上就可以实现驻车制动。对于汽车列车和轮式拖拉机运输机组，如挂车与牵引车脱离，挂车（由轮式拖拉机牵引的装载质量 3 000 kg 以下的挂车除外）应能产生驻车制动。挂车的驻车制动装置应能由站在地面上的人实施操纵。

7.4.3 驻车制动应通过纯机械装置把工作部件锁止，并且驾驶人施加于操纵装置上的力：

——手操纵时，乘用车应小于等于 400 N，其他机动车应小于等于 600 N；

——脚操纵时，乘用车应小于等于 500 N，其他机动车应小于等于 700 N。

7.4.4 驻车制动控制装置的安装位置应适当，操纵装置应有足够的储备行程（开关类操作装置除外），一般应在操纵装置全行程的三分之二以内产生规定的制动效能；驻车制动机构装有自动调节装置时允许在全行程的四分之三以内达到规定的制动效能。驻车制动使用电子控制装置时，锁止装置应为纯机械装置，发生断电情况锁止装置仍应保持持续有效。棘轮式制动操纵装置应保证在达到规定的驻车制动效能时，操纵杆往复拉动的次数不得超过三次。

7.4.5 采用弹簧储能制动装置做驻车制动时，应保证在失效状态下能方便地解除驻车状态；如需使用专用工具,应随车配备。

7.5 辅助制动

车长大于 9 m 的客车(对专用校车为车长大于 8 m)、总质量大于等于 12 000 kg 的货车和专项作业车、所有危险货物运输车,应装备缓速器或其他辅助制动装置。辅助制动装置的性能要求应使汽车能通过 GB 12676 规定的Ⅱ型或ⅡA 型试验。

7.6 液压制动的特殊要求

7.6.1 采用液压制动的机动车,制动管路不应存在渗漏(包括外泄和内泄)现象,在保持踏板力为 700 N(摩托车为 350 N)达到 1 min 时,踏板不得有缓慢向前移动的现象。

7.6.2 液压行车制动在达到规定的制动效能时,踏板行程应小于等于踏板全行程的四分之三,制动器装有自动调整间隙装置的机动车踏板行程应小于等于踏板全行程的五分之四,且乘用车应小于等于 120 mm,其他机动车应小于等于 150 mm。

注:踏板全行程是指在无制动液状态下制动踏板从完全释放状态到不能踩动的行程。

7.6.3 液压行车制动系不得因制动液对制动管路的腐蚀或由于发动机及其他热源的作用形成气阻而影响行车制动系的功能。

7.7 气压制动的特殊要求

7.7.1 采用气压制动的机动车,在气压升至 600 kPa 且不使用制动的情况下,停止空气压缩机工作 3 min 后,其气压的降低值应小于等于 10 kPa。在气压为 600 kPa 的情况下,停止空气压缩机工作,将制动踏板踩到底,待气压稳定后观察 3 min,气压降低值对汽车应小于等于 20 kPa,对汽车列车、铰接客车及铰接式无轨电车、轮式拖拉机运输机组应小于等于 30 kPa。

7.7.2 采用气压制动的机动车,发动机在 75%的额定转速下,4 min(汽车列车为 6 min,铰接客车和铰接式无轨电车为 8 min)内气压表的指示气压应从零开始升至起步气压。

注:起步气压是指车辆制造厂家标明的车辆(起步后)能够满足正常(制动)工作要求的贮气筒最小压力。

7.7.3 气压制动系统应装有限压装置,以确保贮气筒内气压不超过允许的最高气压。

7.7.4 气压制动系应安装保持压缩空气干燥、油水分离的装置。

7.8 贮气筒

7.8.1 装备贮气筒或真空罐的机动车应采用单向阀或相应的保护装置,以保证在筒(罐)与压缩空气(真空源)连接失效或漏损的情况下,筒(罐)内的压缩空气(真空度)不致全部丧失。

7.8.2 贮气筒的容量应保证在调压阀调定的最高气压下,且在不继续充气的情况下,机动车在连续五次踩到底的全行程制动后,气压不低于起步气压。

7.8.3 贮气筒应有排污阀。

7.9 制动报警装置

7.9.1 采用液压制动的机动车,其储液器的加注口应易于接近,从结构设计上应保证在不打开容器的条件下就能很容易地检查液面。如不能满足此条件,则应安装制动液面过低报警装置。

7.9.2 采用液压制动的汽车(三轮汽车和装用单缸柴油机的低速货车除外),如液压传能装置任一部件失效,应通过红色报警信号灯警示驾驶人。只要失效继续存在且点火开关处在开(运行)的位置,该信号灯应保持发亮。报警信号灯即使在白天也应很醒目,驾驶人在其座位上应能很容易地观察报警信号灯工作是否正常。报警装置的失效不应导致制动系统完全丧失制动效能。

7.9.3 采用气压制动的机动车,当制动系统的气压低于起步气压时,报警装置应能连续向驾驶人发出容易听到或看到的报警信号。

7.9.4 安装具有防抱死制动装置的汽车，当防抱死制动装置失效时，报警装置应能连续向驾驶人发出容易听到或看到的报警信号。

7.10 路试检验制动性能

7.10.1 基本要求

7.10.1.1 机动车行车制动性能和应急制动性能检验应在平坦、硬实、清洁、干燥且轮胎与地面间的附着系数大于等于0.7的混凝土或沥青路面上进行。

7.10.1.2 检验时发动机应与传动系统脱开，但对于采用自动变速器的机动车，其变速器换挡装置应位于驱动挡（“D”挡）。

7.10.2 行车制动性能检验

7.10.2.1 用制动距离检验行车制动性能

机动车在规定的初速度下的制动距离和制动稳定性要求应符合表3的规定。对空载检验的制动距离有质疑时，可用表3规定的满载检验制动距离要求进行。

制动距离：是指机动车在规定的初速度下急踩制动时，从脚接触制动踏板（或手触动制动手柄）时起至机动车停住时止机动车驶过的距离。

制动稳定性要求：是指制动过程中机动车的任何部位（不计入车宽的部位除外）不超出规定宽度的试验通道的边缘线。

表3 制动距离和制动稳定性要求

机动车类型	制动初速度 km/h	空载检验制动距离要求 m	满载检验制动距离要求 m	试验通道宽度 m
三轮汽车	20	≤5.0		2.5
乘用车	50	≤19.0	≤20.0	2.5
总质量不大于3 500 kg的低速货车	30	≤8.0	≤9.0	2.5
其他总质量不大于3 500 kg的汽车	50	≤21.0	≤22.0	2.5
铰接客车、铰接式无轨电车、汽车列车	30	≤9.5	≤10.5	3.0
其他汽车	30	≤9.0	≤10.0	3.0
两轮普通摩托车	30	≤7.0		—
边三轮摩托车	30	≤8.0		2.5
正三轮摩托车	30	≤7.5		2.3
轻便摩托车	20	≤4.0		—
轮式拖拉机运输机组	20	≤6.0	≤6.5	3.0
手扶变型运输机	20	≤6.5		2.3

7.10.2.2 用充分发出的平均减速度检验行车制动性能

汽车、汽车列车在规定的初速度下急踩制动时充分发出的平均减速度及制动稳定性要求应符合表4的规定，且制动协调时间对液压制动的汽车应小于等于0.35 s，对气压制动的汽车应小于等于0.60 s，对汽车列车、铰接客车和铰接式无轨电车应小于等于0.80 s。对空载检验的充分发出的平均减速度有质疑时，可用表4规定的满载检验充分发出的平均减速度进行。

充分发出的平均减速度MFDD：

$$\mathrm{MFDD}=\frac{v_b{}^2-v_e{}^2}{25.92(S_e-S_b)}$$

式中：

MFDD——充分发出的平均减速度，单位为米每二次方秒（m/s^2）；

v_0 ——试验车制动初速度，单位为千米每小时（km/h）；

v_b ——$0.8v_0$，试验车速，单位为千米每小时（km/h）；

v_e ——$0.1v_0$，试验车速，单位为千米每小时（km/h）；

S_b ——试验车速从 v_0 到 v_b 之间车辆行驶的距离，单位为米（m）；

S_e ——试验车速从 v_0 到 v_e 之间车辆行驶的距离，单位为米（m）。

制动协调时间：是指在急踩制动时，从脚接触制动踏板（或手触动制动手柄）时起至机动车减速度（或制动力）达到表4规定的机动车充分发出的平均减速度（或表6所规定的制动力）的75%时所需的时间。

表4 制动减速度和制动稳定性要求

机动车类型	制动初速度 km/h	空载检验充分发出的平均减速度 m/s^2	满载检验充分发出的平均减速度 m/s^2	试验通道宽度 m
三轮汽车	20	≥3.8		2.5
乘用车	50	≥6.2	≥5.9	2.5
总质量不大于3 500 kg的低速货车	30	≥5.6	≥5.2	2.5
其他总质量不大于3 500 kg的汽车	50	≥5.8	≥5.4	2.5
铰接客车、铰接式无轨电车、汽车列车	30	≥5.0	≥4.5	3.0
其他汽车	30	≥5.4	≥5.0	3.0

7.10.2.3 制动踏板力或制动气压要求

进行制动性能检验时的制动踏板力或制动气压应符合以下要求：

a) 满载检验时

气压制动系：气压表的指示气压 ≤额定工作气压；

液压制动系：踏板力， 乘用车 ≤500 N；

其他机动车 ≤700 N。

b) 空载检验时

气压制动系：气压表的指示气压 ≤600 kPa；

液压制动系：踏板力， 乘用车 ≤400 N；
其他机动车 ≤450 N。

摩托车(正三轮摩托车除外)检验时，踏板力应小于等于 350 N，手握力应小于等于 250 N。

正三轮摩托车检验时，踏板力应小于等于 500 N。

三轮汽车和拖拉机运输机组检验时，踏板力应小于等于 600 N。

7.10.2.4 合格判定要求

汽车、汽车列车在符合 7.10.2.3 规定的制动踏板力或制动气压下的路试行车制动性能如符合 7.10.2.1 或 7.10.2.2，即为合格。

7.10.3 应急制动性能检验

汽车(三轮汽车除外)在空载和满载状态下，按表 5 所列初速度进行应急制动性能检验，应急制动性能应符合表 5 的要求。

表 5 应急制动性能要求

机动车类型	制动初速度 km/h	制动距离 m	充分发出的平均减速度 m/s^2	允许操纵力应小于等于 N	
				手操纵	脚操纵
乘用车	50	≤38.0	≥2.9	400	500
客车	30	≤18.0	≥2.5	600	700
其他汽车(三轮汽车除外)	30	≤20.0	≥2.2	600	700

7.10.4 驻车制动性能检验

在空载状态下，驻车制动装置应能保证机动车在坡度为 20%(对总质量为整备质量的 1.2 倍以下的机动车为 15%)、轮胎与路面间的附着系数大于等于 0.7 的坡道上正、反两个方向保持固定不动，时间应大于等于 5 min。检验汽车列车时，应使牵引车和挂车的驻车制动装置均起作用。检验时操纵力按 7.4.3 规定。

注 1：在规定的测试状态下，机动车使用驻车制动装置能停在坡度值更大且附着系数符合要求的试验坡道上时，应视为达到了驻车制动性能检验规定的要求。

注 2：在不具备试验坡道的情况下，在用车可参照相关标准使用符合规定的仪器测试驻车制动性能。

7.11 台试检验制动性能

7.11.1 行车制动性能检验

7.11.1.1 制动力百分比要求

汽车、汽车列车在制动检验台上测出的制动力应符合表 6 的要求。对空载检验制动力有质疑时，可用表 6 规定的满载检验制动力要求进行检验。使用转鼓试验台检测时，可通过测得制动减速度值计算得到最大制动力。

摩托车的前、后轴制动力应符合表 6 的要求，测试时只准许乘坐一名驾驶人。

检验时制动踏板力或制动气压按 7.10.2.3 的规定。

表 6 台试检验制动力要求

机动车类型	制动力总和与整车重量的百分比		轴制动力与轴荷[a]的百分比	
	空载	满载	前轴[b]	后轴[b]
三轮汽车	—		—	≥60[c]
乘用车、其他总质量不大于 3 500 kg 的汽车	≥60	≥50	≥60[c]	≥20[c]
铰接客车、铰接式无轨电车、汽车列车	≥55	≥45	—	—
其他汽车	≥60	≥50	≥60[c]	≥50[d]
普通摩托车	—	—	≥60	≥55
轻便摩托车	—	—	≥60	≥50

[a] 用平板制动检验台检验乘用车时应按左右轮制动力最大时刻所分别对应的左右轮动态轮荷之和计算。

[b] 机动车(单车)纵向中心线中心位置以前的轴为前轴,其他轴为后轴;挂车的所有车轴均按后轴计算;用平板制动试验台测试并装轴制动力时,并装轴可视为一轴。

[c] 空载和满载状态下测试均应满足此要求。

[d] 满载测试时后轴制动力百分比不做要求;空载用平板制动检验台检验时应大于等于 35%;总质量大于 3 500 kg 的客车,空载用反力滚筒式制动试验台测试时应大于等于 40%,用平板制动检验台检验时应大于等于 30%。

7.11.1.2 制动力平衡要求(两轮、边三轮摩托车和轻便摩托车除外)

在制动力增长全过程中同时测得的左右轮制动力差的最大值,与全过程中测得的该轴左右轮最大制动力中大者(当后轴及其他轴,制动力小于该轴轴荷的 60%时为与该轴轴荷)之比,对新注册车和在用车应分别符合表 7 的要求。

表 7 台试检验制动力平衡要求

	前轴	后轴(及其他轴)	
		轴制动力大于等于该轴轴荷 60%时	制动力小于该轴轴荷 60%时
新注册车	≤20%	≤24%	≤8%
在 用 车	≤24%	≤30%	≤10%

7.11.1.3 制动协调时间要求

汽车的制动协调时间,对液压制动的汽车应小于等于 0.35 s,对气压制动的汽车应小于等于 0.60 s;汽车列车和铰接客车、铰接式无轨电车的制动协调时间应小于等于 0.80 s。

7.11.1.4 车轮阻滞率要求

进行制动力检验时,汽车、汽车列车各车轮的阻滞力均应小于等于轮荷的 10%。

7.11.1.5 合格判定要求

台试检验汽车、汽车列车行车制动性能时,检验结果同时满足 7.11.1.1～7.11.1.4 的,方为合格。

7.11.2 驻车制动性能检验

当采用制动检验台检验汽车和正三轮摩托车驻车制动装置的制动力时，机动车空载，乘坐一名驾驶人，使用驻车制动装置，驻车制动力的总和应大于等于该车在测试状态下整车重量的20%，但总质量为整备质量1.2倍以下的机动车应大于等于15%。

7.11.3 检验结果的复核

对机动车台架检验制动性能结果有异议的，在空载状态下按7.10复检。对空载状态复检结果有异议的，以满载路试复检结果为准。

8 照明、信号装置和其他电气设备

8.1 基本要求

8.1.1 机动车的灯具应安装牢靠、完好有效，不得因机动车振动而松脱、损坏、失去作用或改变光照方向；所有灯光的开关应安装牢固、开关自如，不得因机动车振动而自行开关。开关的位置应便于驾驶人操纵。

8.1.2 机动车不得安装遮挡外部照明和信号装置透光面的装置。除转向信号灯、危险警告信号、紧急制动信号、校车标志灯及消防车、救护车、工程救险车和警车安装使用的标志灯具外，其他外部灯具不得闪烁。

8.1.3 用户不得对外部照明和信号装置进行改装，也不得加装强制性标准以外的外部照明和信号装置。

8.2 照明和信号装置的数量、位置、光色和最小几何可见度

8.2.1 汽车(三轮汽车和装用单缸柴油机的低速货车除外)及挂车的外部照明和信号装置的数量、位置、光色、最小几何可见度应符合GB 4785的规定。总质量大于等于4 500 kg的货车、专项作业车和挂车的每一个后位灯、后转向信号灯和制动灯，透光面面积应大于等于一个80 mm直径圆的面积；如属非圆形的，透光面的形状还应能将一个40 mm直径的圆包含在内。

8.2.2 摩托车的照明和信号装置及其安装应分别符合GB 18100.1、GB 18100.2和GB 18100.3的规定。

8.2.3 三轮汽车、装用单缸柴油机的低速货车及拖拉机运输机组应设置前照灯、前位灯(手扶拖拉机运输机组除外)、后位灯、制动灯、后牌照灯、后反射器和前、后转向信号灯，其光色应符合GB 4785相关规定。

8.2.4 机动车应装置后反射器。挂车及车长大于等于6 m的机动车应安装侧反射器和侧标志灯。反射器应与机动车牢固连接，且后反射器应能保证夜间在机动车正后方150 m处，用符合本标准规定的汽车前照灯照射时，在照射位置就能确认其反射光。

8.2.5 宽度大于2 100 mm的机动车均应安装示廓灯。

8.2.6 牵引杆挂车应在挂车前部的左右各装一只前白后红的标志灯，其高度应比牵引杆挂车的前栏板高出300 mm～400 mm，距车厢外侧应小于150 mm。

8.2.7 校车应配备统一的校车标志灯和停车指示标志。

8.3 照明和信号装置的一般要求

8.3.1 机动车(手扶拖拉机运输机组除外)的前位灯、后位灯、示廓灯、侧标志灯、挂车标志灯、牌照灯和仪表灯应能同时启闭，当前照灯关闭和发动机熄火时仍应能点亮。汽车和挂车的电路连接应保证前位

灯、后位灯、示廓灯、侧标志灯和牌照灯只能同时打开或关闭,但前位灯、后位灯、侧标志灯作为驻车灯使用(复合或混合)的除外。

8.3.2 机动车的前、后转向信号灯、危险警告信号及制动灯白天在距其100 m处应能观察到其工作状况,侧转向信号灯白天在距30 m处应能观察到其工作状况;前、后位置灯、示廓灯、挂车标志灯夜间能见度良好时在距其300 m处应能观察到其工作状况;后牌照灯夜间能见度良好时在距其20 m处应能看清号牌号码。制动灯的发光强度应明显大于后位灯。

8.3.3 对称设置、功能相同的灯具的光色和亮度不应有明显差异。

8.3.4 机动车照明和信号装置的任一条线路出现故障,不得干扰其他线路的正常工作。

8.3.5 驾驶区的仪表板应采用不反光的面板或护板,车内照明装置及其在风窗玻璃、视镜、仪表盘等处的反射光线不应使驾驶人眩目。

8.3.6 仪表板上应设置仪表灯。仪表灯点亮时,应能照清仪表板上所有的仪表且不应眩目。

8.3.7 汽车(三轮汽车和装用单缸柴油机的低速货车除外)仪表板上应设置蓝色远光指示信号和与行驶方向相适应的转向指示信号。

8.3.8 汽车(三轮汽车除外)和轮式拖拉机运输机组均应具有危险警告信号装置,其操纵装置不应受灯光总开关的控制。对于牵引挂车的汽车,危险警告信号控制开关也应能打开挂车上的所有转向信号灯,即使在发动机不工作的情况下,仍应能发出危险警告信号。危险警告信号和转向信号灯的闪光频率应为1.5 Hz±0.5 Hz,起动时间应小于等于1.5 s。如某一转向灯发生故障(短路除外)时,其他转向灯应继续工作,但闪光频率可以不同于上述规定的频率。

8.3.9 客车应设置车厢灯和门灯。车长大于6 m的客车应至少有两条车厢照明电路,仅用于进出口处的照明电路可作为其中之一。当一条电路失效时,另一条仍应能正常工作,以保证车内照明。车厢灯和门灯不应影响本车驾驶人的视线和其他机动车的正常行驶。

8.4 车身反光标识和车辆尾部标志板

8.4.1 总质量大于等于12 000 kg的货车(半挂牵引车除外)和货车底盘改装的专业作业车、车长大于8.0 m的挂车及所有最大设计车速小于等于40 km/h的汽车和挂车,应设置符合GB 25990规定的车辆尾部标志板;半挂牵引车应在驾驶室后部上方设置能体现驾驶室的宽度和高度的车身反光标识,其他货车、货车底盘改装的专项作业车和挂车(设置有符合规定的车辆尾部标志板的除外)应在后部设置车身反光标识。后部的车身反光标识应能体现机动车后部的高度和宽度,对厢式货车和挂车应能体现货厢轮廓。

8.4.2 所有货车(半挂牵引车除外)、货车底盘改装的专项作业车和挂车应在侧面设置车身反光标识。侧面的车身反光标识长度应大于等于车长的50%,对三轮汽车应大于等于1.2 m,对侧面车身结构无连续平面的专项作业车应大于等于车长的30%,对货厢长度不足车长50%的货车应为货厢长度。

8.4.3 道路运输爆炸品和剧毒化学品车辆,除应按8.4.1、8.4.2设置车身反光标识外,还应在后部和两侧粘贴能标示出车辆轮廓、宽度为150 mm±20 mm的橙色反光带。

8.4.4 拖拉机运输机组应按照相关标准的规定在车身上粘贴反光标识。

8.4.5 货车、专项作业车和挂车(组成拖拉机运输机组的挂车除外)的车身反光标识材料应符合GB 23254的规定,其中厢式货车和厢式挂车应装备反射器型车身反光标识。典型车型车身反光标识粘贴式样见附录B,但对使用反射器型车身反光标识材料的,车身反光标识设置符合GB 23254相关规定时,应视为满足要求。

8.4.6 货车和挂车(组成拖拉机运输机组的挂车除外)设置的车身反光标识被遮挡的,应在被遮挡的车身后部和侧面至少水平固定一块2 000 mm×150 mm的柔性反光标识。

8.5 前照灯

8.5.1 基本要求

8.5.1.1 机动车装备的前照灯应有远、近光变换功能；当远光变为近光时，所有远光应能同时熄灭。同一辆机动车上的前照灯不得左、右的远、近光灯交叉开亮。

8.5.1.2 所有前照灯的近光均不应眩目，汽车（三轮汽车和装用单缸柴油机的低速货车除外）、摩托车装用的前照灯应分别符合 GB 4599、GB 21259、GB 25991、GB 5948 及 GB 19152 的规定。

8.5.1.3 机动车前照灯光束照射位置在正常使用条件下应保持稳定。

8.5.2 远光光束发光强度要求

机动车每只前照灯的远光光束发光强度应达到表 8 的要求；并且，同时打开所有前照灯（远光）时，其总的远光光束发光强度应符合 GB 4785 的规定。测试时，电源系统应处于充电状态。

表 8 前照灯远光光束发光强度最小值要求

单位为坎德拉

机动车类型		检查项目					
		新注册车			在用车		
		一灯制	二灯制	四灯制[a]	一灯制	二灯制	四灯制[a]
三轮汽车		8 000	6 000	—	6 000	5 000	—
最大设计车速小于 70 km/h 的汽车		—	10 000	8 000	—	8 000	6 000
其他汽车		—	18 000	15 000	—	15 000	12 000
普通摩托车		10 000	8 000	—	8 000	6 000	—
轻便摩托车		4 000	3 000	—	3 000	2 500	—
拖拉机运输机组	标定功率＞18 kW	—	8 000	—	—	6 000	—
	标定功率≤18 kW	6 000[b]	6 000	—	5 000[b]	5 000	—

[a] 四灯制是指前照灯具有四个远光光束；采用四灯制的机动车其中两只对称的灯达到两灯制的要求时视为合格。

[b] 允许手扶拖拉机运输机组只装用一只前照灯。

8.5.3 光束照射位置要求

8.5.3.1 检验前照灯近光光束照射位置时，前照灯照射在距离 10 m 的屏幕上，乘用车前照灯近光光束明暗截止线转角或中点的高度应为 $0.7H \sim 0.9H$（H 为前照灯基准中心高度，下同），其他机动车（拖拉机运输机组除外）应为 $0.6H \sim 0.8H$。机动车（装用一只前照灯的机动车除外）前照灯近光光束水平方向位置向左偏应小于等于 170 mm，向右偏应小于等于 350 mm。

8.5.3.2 轮式拖拉机运输机组装用的前照灯近光光束的照射位置，按照上述方法检验时，要求在屏幕上光束中点的离地高度应小于等于 $0.7H$；水平位置要求，向右偏移应小于等于 350 mm，不得向左偏移。

8.5.3.3 检验前照灯远光照射位置时，对于能单独调整远光光束的前照灯，前照灯照射在距离 10 m 的屏幕上时，要求在屏幕光束中心离地高度，对乘用车为 $0.85H \sim 0.95H$（但不得低于前照灯近光光束明暗截止线转角或中点的高度），对其他机动车为 $0.8H \sim 0.95H$；机动车（装用一只前照灯的机动车除外）前照灯远光光束水平位置要求，左灯向左偏应小于等于 170 mm，向右偏应小于等于 350 mm，右灯向左或向右偏均应小于等于 350 mm。

8.6 其他电气设备和仪表

8.6.1 机动车(手扶拖拉机运输机组除外)应设置具有连续发声功能的喇叭,喇叭声级在距车前 2 m、离地高 1.2 m 处测量时,发动机最大净功率(或电动机最大输出功率总和)为 7 kW 以下的摩托车为 80 dB(A)～112 dB(A),其他机动车为 90 dB(A)～115 dB(A)。教练车(三轮汽车除外)还应设置辅助喇叭开关,其工作应可靠。

8.6.2 发电机技术性能应良好。蓄电池应能保持常态电压。电器导线应具有阻燃性能;客车发动机舱内和其他热源附近的线束应采用耐温不低于 125 ℃的阻燃电线,其他部位的线束应采用耐温不低于 105 ℃的阻燃电线,波纹管应达到 GB/T 2408—2008 的表 1 规定的 V-0 级。所有电器导线均应捆扎成束、布置整齐、固定卡紧、接头牢固并在接头处装设绝缘套,在导线穿越孔洞时应装设阻燃耐磨绝缘套管。电子元件应连接可靠,乘员舱外部的接插件应有防水要求。

8.6.3 摩托车应装有车速里程表。三轮汽车、装用单缸柴油机的低速货车和轮式拖拉机运输机组应装有水温表(蒸发式水冷却系统除外)、机油压力表或机油压力指示器、电流表或充电指示器;其他汽车应装有燃料表[气体燃料汽车为气量显示装置,纯电动汽车、插电式混合动力汽车和燃料电池汽车为可充电储能系统(RESS)低电量显示装置],并能显示水温或水温报警信息、机油压力或油压报警信息、电流或电压或充电指示信息、车速、里程等信息;采用气压制动的机动车,还应能显示气压。机动车装备的仪表应完好,规定信息的显示功能应有效、内容应准确。

8.6.4 专用校车应设置电源总开关,车长大于等于 6 m 的客车应设置电磁式电源总开关;但如在蓄电池端对所有供电线路均设置了保险装置,或车辆用电设备由电子控制单元直接驱动且具有负载监控功能、电子控制单元供电线路和个别直接供电的线路均设置有保险装置时,可不设电磁式电源总开关。车长大于等于 6 m 的客车,还应设置能切断蓄电池和所有电路连接的手动机械断电开关。

8.6.5 所有校车、公路客车和旅游客车、未设置乘客站立区的公共汽车、危险货物运输车、半挂牵引车和总质量大于等于 12 000 kg 的货车应安装具备记录、存储、显示、打印或输出车辆行驶速度、时间、里程等车辆行驶状态信息的行驶记录仪;行驶记录仪的显示部分应易于观察,数据接口应便于移动存储介质的插拔;安装数字式电子记录装置,其技术要求应符合 GB/T 19056 相关规定。安装具有行驶记录功能的卫星定位装置,如行驶记录功能的技术要求符合本标准及 GB/T 19056 相关规定,应视为满足要求。专用校车和卧铺客车还应安装车内外录像监控系统。

8.6.6 汽车装备以及加装的所有电气设备不得影响本标准规定的制动、转向、照明和信号装置等运行安全要求。

8.6.7 无轨电车的特殊要求

8.6.7.1 周围空气相对湿度在 75%～90%时,无轨电车的总绝缘电阻值应大于等于 3 MΩ;相对湿度在 90%以上时应大于等于 1 MΩ。

8.6.7.2 集电头自由升起的最大高度,距地面应小于等于 7 m,且在最高点应有弹性限位。当集电头距地面高度在 4.2 m～6.0 m 范围内时,集电器应能正常工作。

8.6.7.3 线网在标准高度时,集电头对触线网的压力应能在 80 N～130 N 范围内调节,行驶中集电头在触线上滑行不应产生火花;经分、并线器及交叉器等时,不应产生严重火花。

8.6.7.4 车门踏步和车门扶手以及人站在地面上能接触到的车门口周边的扶手,应和车体金属结构绝缘或用绝缘材料制成,使用 1 000 V 兆欧表测量时绝缘电阻应大于等于 0.6 MΩ,或在车门打开操作时实现整车高压电路系统与供电线网的断路互锁。

8.6.7.5 各车门均应设有与车身导电良好的接地链。车门处于开启状态时,接地链应与地面可靠接触。

8.6.7.6 高压电气总成应具备过流保护、短路保护、过压保护、欠压保护等功能。

8.6.7.7 集电头应具备防挂线网防护或挂线后的防护装置。

8.6.7.8 集电杆与集电头之间的电气绝缘应具备面耐水性。自集电头沿集电杆向下至 2.5 m 处的集电杆表面，应具有绝缘防护层。集电杆与集电头之间应有带绝缘结构的安全绳，安全绳的牵引断裂负荷不低于 10 kN。

8.6.7.9 无轨电车在允许的偏线距离内行驶时，当集电杆拉紧弹簧断裂后，集电杆在车辆左右偏线位置自由下降，在其最低高度距地面 2.5 m 的位置应有限位装置。

8.6.7.10 无轨电车上的电源接通程序，至少应经过两次有意识的不同的连续动作，才能完成从“电源切断”状态到“可行驶”状态。

8.6.7.11 无轨电车应装备漏电检测报警器，车辆一旦到达漏电临界值，报警器能发出明显的光或声的报警信号。

9 行驶系

9.1 轮胎

9.1.1 机动车所装用轮胎的速度级别不应低于该车最大设计车速的要求，但装用雪地轮胎时除外。

9.1.2 公路客车、旅游客车和校车的所有车轮及其他机动车的转向轮不得装用翻新的轮胎；其他车轮如使用翻新的轮胎，应符合相关标准的规定。

9.1.3 同一轴上的轮胎规格和花纹应相同，轮胎规格应符合整车制造厂的出厂规定。

9.1.4 乘用车用轮胎应有胎面磨耗标志。乘用车备胎规格与该车其他轮胎不同时，应在备胎附近明显位置(或其他适当位置)装置能永久保持的标识，以提醒驾驶人正确使用备胎。

9.1.5 专用校车和卧铺客车应装用无内胎子午线轮胎，危险货物运输车及车长大于 9 m 的其他客车应装用子午线轮胎。

9.1.6 乘用车、摩托车和挂车轮胎胎冠上花纹深度应大于等于 1.6 mm，其他机动车转向轮的胎冠花纹深度应大于等于 3.2 mm；其余轮胎胎冠花纹深度应大于等于 1.6 mm。

9.1.7 轮胎胎面不得因局部磨损而暴露出轮胎帘布层。轮胎不得有影响使用的缺损、异常磨损和变形。

9.1.8 轮胎的胎面和胎壁上不得有长度超过 25 mm 或深度足以暴露出轮胎帘布层的破裂和割伤。

9.1.9 轮胎负荷不应大于该轮胎的额定负荷，轮胎气压应符合该轮胎承受负荷时规定的压力。具有轮胎气压自动充气装置的汽车，其自动充气装置应能确保轮胎气压符合出厂规定。

9.1.10 双式车轮的轮胎的安装应便于轮胎充气，双式车轮的轮胎之间应无夹杂的异物。

9.2 车轮总成

9.2.1 轮胎螺母和半轴螺母应完整齐全，并应按规定力矩紧固。

9.2.2 车轮总成的横向摆动量和径向跳动量，总质量小于等于 3 500 kg 的汽车应小于等于 5 mm，摩托车应小于等于 3 mm，其他机动车应小于等于 8 mm。

9.2.3 最大设计车速大于 100 km/h 的机动车，车轮的动平衡要求应与该车型的技术要求一致。

9.3 悬架系统

9.3.1 悬架系统各球关节的密封件不得有切口或裂纹，稳定杆应连接可靠，结构件不得有变形或残损。

9.3.2 钢板弹簧不得有裂纹和断片现象，同一轴上的弹簧形式和规格应相同，其弹簧形式和规格应符合产品使用说明书中的规定。中心螺栓和 U 形螺栓应紧固、无裂纹且不得拼焊。钢板弹簧卡箍不得拼焊或残损。

9.3.3 空气弹簧应无裂损、变形及漏气，控制系统应齐全有效。

9.3.4 减振器应齐全有效，减振器不得有明显渗漏油现象。

9.3.5 最大设计车速大于等于 100 km/h 且轴荷小于等于 1 500 kg 的乘用车，悬架特性应符合 GB 18565 相关规定。

9.4 其他要求

9.4.1 车架不应有变形、锈蚀和裂纹，螺栓和铆钉不应缺少或松动。
9.4.2 前、后桥不应有变形和裂纹。
9.4.3 车桥与悬架之间的各种拉杆和导杆不应变形，各接头和衬套不应松旷或移位。
9.4.4 三轴公路客车的随动轴应具有随动转向或主动转向的功能。

10 传动系

10.1 离合器

10.1.1 机动车的离合器应接合平稳，分离彻底，工作时不应有异响、抖动或不正常打滑等现象。
10.1.2 踏板自由行程应与该车型的技术要求一致。
10.1.3 离合器彻底分离时，踏板力应小于等于 300 N(拖拉机运输机组应小于等于 350 N)，手握力应小于等于 200 N。

10.2 变速器和分动器

10.2.1 换挡时齿轮应啮合灵便，互锁、自锁和倒挡锁装置应有效，不得有乱挡和自行跳挡现象；运行中应无异响；换挡杆及其传动杆件不应与其他部件干涉。采用自动变速器的机动车，应通过设计保证只有当变速器换挡装置处于驻车挡(“P”挡)或空挡(“N”挡)时方可起动发动机[具有自动起停功能时在驱动挡(“D”挡)也可起动发动机]；变速器换挡装置换入或经过倒车挡(“R”挡)，以及由驻车挡(“P”挡)位置换入其他挡位时，应通过驾驶人的不同方向的两个动作完成。
10.2.2 在换挡装置上应有驾驶人在驾驶座位上即可容易识别变速器和分动器挡位位置的标志。如换挡装置上难以布置，则应布置在换挡杆附近易见部位或仪表板上。
10.2.3 有分动器的机动车，应在挡位位置标牌或产品使用说明书上说明连通分动器的操作步骤。
10.2.4 如果电动汽车是通过改变电机旋转方向来实现倒车行驶，且前进和倒车两个行驶方向的转换仅通过驾驶人的一个操作动作来完成，应通过设计保证只有在车辆静止或低速时才能够实现转换。

10.3 传动轴

传动轴在运转时不得发生振抖和异响，中间轴承和万向节不得有裂纹和/或松旷现象。发动机前置后驱动的客车的传动轴在车厢地板的下面沿纵向布置时，应有防止传动轴滑动连接(花键或其他类似装置)脱落或断裂等故障而引起危险的防护装置。

10.4 驱动桥

驱动桥壳、桥管不得有变形和裂纹，驱动桥工作应正常且不得有异响。

10.5 超速报警和限速功能

车长大于等于 6 m 的客车应具有超速报警功能，当行驶速度超过允许的最大行驶速度(允许的最大行驶速度应小于等于 100 km/h)时，能通过视觉或声觉信号报警。公路客车、旅游客车和危险货物运输车及车长大于 9 m 的未设置乘客站立区的公共汽车应具有限速功能，否则应配备限速装置。限速功能或限速装置应符合 GB/T 24545 的要求，且限速功能或限速装置调定的最大车速对公路客车、旅游客车和未设置乘客站立区的公共汽车不得大于 100 km/h，对危险货物运输车不得大于 80 km/h。专用校车应安装符合 GB/T 24545 要求的限速装置，且调定的最大车速不得大于 80 km/h。

10.6 车速受限车辆的特殊要求

低速汽车、轻便摩托车、正三轮摩托车、拖拉机运输机组等车速受限车辆应在设计及制造上确保其实际最大行驶速度在满载状态下不会超过其最大设计车速，在空载状态下不会超过其最大设计车速的 110%。

注：实际最大行驶速度是指车辆在平坦良好路面行驶时能达到的最大速度。

11 车身

11.1 基本要求

11.1.1 车身的技术状况应能保证驾驶人有正常的工作条件和客货安全，其外部不应产生明显的镜面反光。

11.1.2 机动车驾驶室应保证驾驶人的前方视野和侧方视野。

11.1.3 车身和驾驶室应坚固耐用，覆盖件无开裂和锈蚀。车身和驾驶室在车架上的安装应牢固，不得因机动车振动而引起松动。

11.1.4 车身外部和内部乘员可能触及的任何部件、构件都不应有任何可能使人致伤的尖锐凸起物（如尖角、锐边等）。

11.2 客车的特殊要求

11.2.1 客车的上部结构应具有足够的强度和刚度，专用校车、公路客车、旅游客车和未设置乘客站立区的公共汽车的上部结构强度应符合 GB/T 17578 的规定。车长大于 6 m 的专用校车必须为车身骨架结构，同一横截面上的顶梁、立柱和底架主横梁应形成封闭环（轮罩与顶风窗处除外），从侧窗上纵梁到底横梁之间的车身立柱应采用整体结构，中间不得通过拼焊连接；车长小于等于 6 m 的专用校车未采用上述结构的，应采用覆盖件与加强梁共同承载。车长大于 11 m 的公路客车和旅游客车及所有卧铺客车，车身应为全承载整体式框架结构。

11.2.2 客车车身及地板应密合并有足够强度，座椅及其车辆固定件的强度应符合 GB 13057 的规定。

11.2.3 客车应设置乘客通道或无障碍通路，并保证在不拆卸或手动翻转任何部件的情况下，符合规定的通道测量装置能顺利通过。幼儿专用校车乘客区应采用平地板结构。

11.2.4 车长大于等于 6 m 的公共汽车的乘客门的一级踏步高应小于等于 400 mm；如采用钢板悬架，则后乘客门的一级踏步高应小于等于 430 mm。车长大于等于 6 m 的其他客车乘客门的一级踏步高应小于等于 430 mm。对专用校车，在空载状态下，第一级踏步离地高应小于等于 350 mm（允许使用伸缩踏步达到要求），其他各级踏步的高度应小于等于 250 mm。

11.2.5 车长大于 7.5 m 的客车和所有校车不得设置车外顶行李架。其他客车需设置车外顶行李架时，行李架高度应小于等于 300 mm、长度不得超过车长的三分之一。专用校车如有行李舱体，则行李舱体顶部离地面高度应小于 1 000 mm。

11.2.6 专用校车前部应设置碰撞安全结构。若为前横置发动机，则发动机曲轴中心线应位于前风窗玻璃最前点以前；若为前纵置发动机，则发动机第一缸和第二缸的中心线应位于前风窗玻璃最前点以前；对车长大于 6 m 的专用校车，若其前部碰撞性能不低于前两种结构，可以不限定发动机布置形式。

11.2.7 幼儿校车、小学生校车的侧窗下边缘距其下方座椅上表面的高度应大于等于 250 mm，否则应加装防护装置。

11.3 货运机动车的特殊要求

11.3.1 货箱应安装牢固可靠，货箱的栏板和底板应规整且具有足够的强度。
11.3.2 货箱或其他载货装置，其构造应保证安全、稳妥地装载货物。集装箱运输车和集装箱运输半挂车的构造应保证集装箱运输过程中始终安全、稳妥地固定在车辆上。
11.3.3 货车和挂车的载货部分不得设置乘客座椅。
11.3.4 货车和挂车的载货部分不得设计成可伸缩的结构。
11.3.5 货车驾驶室(区)最后一排座位后平面(前后位置可调座椅应处于滑轨中间位置，靠背角度可调式座椅的靠背角度及座椅其他调整量应处于制造厂规定的正常使用位置)与驾驶室后壁(驾驶区隔板)平面的间距对带卧铺的货车应小于等于 950 mm，对其他货车应小于等于 450 mm。

11.4 摩托车的特殊要求

11.4.1 两轮普通摩托车、两轮轻便摩托车的前后轮和边三轮摩托车的主车前后轮中心平面允许偏差应小于等于 10 mm。
11.4.2 摩托车外部不应有朝外的尖锐零件，车身上其他道路使用者有可能接触到的外部零部件布置应符合 GB 20074 的规定。
11.4.3 两轮普通摩托车和边三轮摩托车主车的客座应设座垫、扶手(或拉带)和脚蹬。两轮普通摩托车扶手应符合 GB 20075 的规定。

11.5 车门和车窗

11.5.1 车门和车窗应启闭轻便，不得有自行开启现象，门锁应牢固可靠。门窗应密封良好，无漏水现象。
11.5.2 除设计上专门用于运送特定类型的人员且使用上有特殊需求的乘用车外，乘用车应保证每个乘员至少能从两个不同的车门上下车；并且，当乘用车静止时，所有供乘员上下车的车门(安装的儿童锁锁止时除外)均应能从车内开启。
11.5.3 客车除驾驶人门和应急门外，不得在车身左侧开设车门。但对只在沿道路中央车道设置的公共汽车专用道上运营使用的公共汽车，由于公交站台位置的原因须在车身左侧上下乘客时，允许在车身左侧开设乘客门；此类公共汽车不得在车身右侧开设乘客门。对既在沿道路中央车道设置的公共汽车专用道上运营，同时又在普通道路上运营使用的公共汽车，允许在车身左右两侧均开设乘客门，但在设计和制造上应保证车身的强度和刚度达到使用要求，并且一侧乘客门开启时，另一侧乘客门应同时可靠锁止。
11.5.4 当客车静止时，乘客门应易于从车内开启。在正常使用情况下，乘客门向车内开启时，其结构应保证开启运动不致伤害乘客，必要时应装有适当的防护装置；紧急情况下，乘客门还应能从车外开启。车外开门装置离地高度应小于等于 1 800 mm。车长大于 9 m 的公路客车、旅游客车和未设置乘客站立区的公共汽车，应设置两个乘客门；但如其车身两侧所有应急窗均为外推式应急窗，也可只设一个乘客门。
11.5.5 客车采用动力开启的乘客门，在有故障或意外的情况下，仍应能通过车门应急控制器简便地从车内打开；车门应急控制器应能让临近车门的乘客容易看见并清楚识别，并应有醒目的标志和使用方法。公共汽车及车长大于等于 6 m 的其他客车，还应在驾驶人座位附近驾驶人易于操作部位设置乘客门应急开关。
11.5.6 机动车的门窗应使用符合 GB 9656 规定的安全玻璃。汽车和有驾驶室的正三轮摩托车的前风窗玻璃应采用夹层玻璃或塑玻复合材料，不以载人为目的的机动车(如货车)可使用区域钢化玻璃，最大设计车速小于 40 km/h 时可使用钢化玻璃；其他车窗可采用夹层玻璃、钢化玻璃、中空安全玻璃或塑玻复合材料，但作为击碎玻璃式应急窗的车窗应使用厚度小于等于 5 mm 的钢化玻璃或每层厚度不超过 5 mm 的中空钢化玻璃。

11.5.7 前风窗玻璃及风窗以外玻璃用于驾驶人视区部位的可见光透射比应大于等于 70%。所有车窗玻璃不得张贴镜面反光遮阳膜。公路客车、旅游客车和校车所有车窗玻璃的可见光透射比均应大于等于 50%，且不得张贴有不透明和带任何镜面反光材料的色纸或隔热纸。

注：风窗以外玻璃驾驶人视区部位是指驾驶人驾驶时用于观察后视镜的部位。

11.5.8 对于厢式货车和封闭式货车，驾驶室（区）两旁应设置车窗，货厢部位不得设置车窗[但驾驶室（区）内用于观察货物状态的观察窗除外]。

11.5.9 装有电动窗的机动车，其控制装置应确保车窗玻璃在上升过程中能在任意位置可靠停住或遇障碍可自动下降。

11.6 座椅(卧铺)

11.6.1 驾驶人座椅应具有足够的强度和刚度，固定可靠，汽车（三轮汽车除外）驾驶人座椅的前后位置应可以调整。驾驶区各操作机件应布置合理，操作方便。

11.6.2 载客汽车的乘员座椅应符合相关规定，布置合理，无特殊要求时应尽量均匀分布，不得因座椅的集中布置而形成与车辆设计功能不相适应的、明显过大的行李区（但行李区与乘客区用隔板或隔栅有效隔离的除外）。

11.6.3 车长小于 6 m 的乘用车不得设置侧向座椅和后向座椅。

11.6.4 除设有乘客站立区的公共汽车及设计和制造上有特殊使用需求的专用客车外，其他客车的座椅均应纵向布置（与车辆前进的方向相同）。

11.6.5 客车的车组人员座椅如为折叠座椅，应固定可靠并用适当方式清晰标示该座椅仅供车组人员使用，且座垫深度和座垫宽均应大于等于 400 mm；如位于踏步区域，车组人员离开座垫时座椅应能自动回到折叠位置，并确保此时座椅毗邻的通道（或引道）宽度符合规定。

11.6.6 幼儿专用校车和小学生专用校车学生座椅的座间距应分别大于等于 500 mm 和 550 mm；其他客车同方向座椅的座间距应大于等于 650 mm，相向座椅的座间距应大于等于 1 200 mm。专用校车的学生座椅在车辆横向上最多采用“2+3”布置。

11.6.7 卧铺客车的卧铺应纵向布置（与机动车前进方向相同），卧铺宽度应大于等于 450 mm，卧铺纵向间距应大于等于 1 600 mm，相邻卧铺的横向间距应大于等于 350 mm；卧铺不得布置为三层或三层以上，双层布置时上铺高应大于等于 780 mm、铺间高应大于等于 750 mm。

11.6.8 校车应至少设置一个照管人员座位。对小学生校车和中小学生校车，当学生座位数大于等于 40 个时，应设置两个或三个照管人员座位。对幼儿校车，当学生座位数大于等于 20 且小于 40 个时，应设置两个或三个照管人员座位；当学生座位数大于等于 40 个时，应设置三个或四个照管人员座位。对专用校车及专门用于接送学生上下学的非专用校车，照管人员座位应有永久性标识。专用校车座椅及其车辆固定件的强度应符合 GB 24406 的要求。

11.6.9 专用校车靠近通道的学生座椅应在通道一侧设置座椅扶手；扶手和把手应有足够的强度，其扶手应使乘客易于抓紧，每个扶手的表面应防滑。

11.6.10 正三轮摩托车的乘客座椅应纵向布置（与车辆前进的方向相同），且与前方驾驶人座椅后表面（或客厢前表面）的间距应小于等于 1 000 mm。

11.7 内饰材料和隔音、隔热材料

11.7.1 汽车驾驶室和乘员舱所用的内饰材料应采用阻燃性符合 GB 8410—2006 规定的阻燃材料，其中客车内饰材料的燃烧速度应小于等于 70 mm/min。

11.7.2 发动机舱或其他热源（如缓速器或车内采暖装置，但不包括热水循环装置）与车辆其他部分之

间应安装隔热材料，用于联接隔热材料的固定夹、垫圈等也应防火。对公共汽车和发动机后置的公路客车、旅游客车，其发动机舱使用的隔音、隔热材料应达到 GB 8410—2006 的 4.6 规定的 A 级的要求。

11.8 号牌板(架)

11.8.1 机动车应设置能满足号牌安装要求的号牌板(架)。前号牌板(架)(摩托车除外)应设于前面的中部或右侧(按机动车前进方向)，后号牌板(架)应设于后面的中部或左侧。

11.8.2 每面号牌板(架)上应设有 4 个号牌安装孔[三轮汽车前号牌板(架)、摩托车后号牌板(架)应设有 2 个号牌安装孔]，以保证能用 M6 规格的螺栓将号牌直接牢固可靠地安装在车辆上。

11.9 其他要求

11.9.1 乘用车应装有护轮板，挂车后轮应有挡泥板，其他机动车的所有车轮均应有挡泥板。

11.9.2 乘用车(三厢车除外)行李区的纵向长度应小于等于车长的 30%。

11.9.3 客车车内行李架应能防止物件跌落，其承载能力应大于等于 40 kg/m^2。

11.9.4 客车台阶踏板(包括伸缩踏板)应有防滑功能，前缘应清晰可辨，有效深度(从该台阶前缘到下一个台阶前缘的水平距离)应大于等于 200 mm。

11.9.5 对于可翻转驾驶室，应有驾驶室锁止附加安全装置(如安全钩)，并且在翻转操纵机构附近易见部位应有提醒驾驶人如何正确使用该操纵机构的文字。

11.9.6 自卸车等装有液压举升装置的机动车，应装备有车厢举升的声响报警装置和(车厢举升状态下)防止车厢自降保险装置；并且，在设计和制造上应保证机动车在行驶过程中不会出现车厢自动举升现象。

12 安全防护装置

12.1 汽车安全带

12.1.1 乘用车、公路客车、旅游客车、未设置乘客站立区的公共汽车、专用校车和旅居车的所有座椅、其他汽车(低速汽车除外)的驾驶人座椅和前排乘员座椅均应装置汽车安全带。

12.1.2 所有驾驶人座椅、前排乘员座椅(货车前排乘员座椅的中间位置及设有乘客站立区的公共汽车除外)、客车位于踏步区的车组人员座椅以及乘用车除第二排及第二排以后的中间位置座椅外的所有座椅，装置的汽车安全带均应为三点式(或四点式)汽车安全带。

12.1.3 专用校车和专门用于接送学生上下学的非专用校车的每个学生座位(椅)及卧铺客车的每个铺位均应安装两点式汽车安全带。

12.1.4 汽车安全带应可靠有效，安装位置应合理，固定点应有足够的强度。

12.1.5 乘用车应装备驾驶人汽车安全带佩戴提醒装置。当驾驶人未按规定佩戴汽车安全带时，应能通过视觉或声觉信号报警。

12.1.6 乘用车(单排座的乘用车除外)应至少有一个座椅配置符合规定的 ISOFIX 儿童座椅固定装置，或至少有一个后排座椅能使用汽车安全带有效固定儿童座椅。

12.2 车外后视镜和前下视镜

12.2.1 机动车(挂车除外)应在左右至少各设置一面后视镜，总质量大于 7 500 kg 的货车和货车底盘改装的专项作业车还应在右侧至少设置广角后视镜和补盲后视镜各一面。

12.2.2 机动车(不带驾驶室的摩托车除外)外后视镜的安装位置和角度，应保证驾驶人能在水平路面上看见车身左侧宽度为 2.5 m、车后 10 m 以外区域及车身右侧宽度为 4.0 m、车后 20 m 以外区域的交通情况；专用校车应保证驾驶人能看清乘客门关闭后乘客门车外附近的情况及后窗玻璃后下方地面上长 3.6 m、宽 2.5 m 范围内的情况，并且在正常驾驶状态下能通过内视镜观察到车内所有乘客区。对于汽车列车，当所牵引挂车的宽度超过牵引车宽度时，牵引车应加装后视镜加长架(延长支架)以保证其后视镜的视野仍满足要求。

12.2.3 汽车及车身部分或全部封闭驾驶人的摩托车的后视镜的性能和安装要求应符合 GB 15084 的规定，摩托车(车身部分或全部封闭驾驶人的摩托车除外)后视镜的性能和安装要求应符合 GB 17352 的规定，轮式拖拉机运输机组后视镜的性能和安装要求应符合 GB 18447.1 的规定。

12.2.4 车长大于等于 6 m 的平头汽车车前应至少设置一面前下视镜或相应的监视装置，以保证驾驶人能看清风窗玻璃前下方长 1.5 m、宽 3 m 范围内的情况。

12.2.5 车外后视镜和前下视镜应易于调节，并能有效保持其位置。

12.2.6 安装在外侧距地面 1.8 m 以下的后视镜，当行人等接触该镜时，应具有能缓和冲击的功能。

12.2.7 教练车(三轮汽车除外)应安装有符合规定的辅助后视镜，以使教练员能有效观察到车辆周围的交通状态。

12.3 前风窗玻璃刮水器

12.3.1 机动车的前风窗玻璃应装备刮水器，其刮刷面积应确保驾驶人具有良好的前方视野。

12.3.2 刮水器应能正常工作。

12.3.3 刮水器关闭时，刮片应能自动返回至初始位置。

12.4 应急出口

12.4.1 基本要求

12.4.1.1 车长小于 6 m 的客车，在乘坐区的两侧应具有紧急时乘客易于逃生或救援的侧窗。

12.4.1.2 车长大于等于 6 m 的客车，如车身右侧仅有一个乘客门且在车身左侧未设置驾驶人门，应在车身左侧设置应急门。车长大于 7 m 的客车应设置撤离舱口。卧铺客车的卧铺布置为上、下双层时，侧窗洞口应为上下两层。

12.4.2 应急门

12.4.2.1 应急门的净高应大于等于 1 250 mm，净宽应大于等于 550 mm；但车长小于等于 7 m 的客车，应急门的净高应大于等于 1 100 mm，如自门洞最低处向上 400 mm 以内有轮罩凸出，则在轮罩凸出处应急门净宽可减至 300 mm。

12.4.2.2 车辆侧面的铰接式应急门应铰链于前端，向外开启角度应大于等于 100°，并能在此角度下保持开启。如在应急门打开时能提供大于等于 550 mm 的自由通道，则开度大于等于 100°的要求可不满足。

12.4.2.3 通向应急门的引道宽度应大于等于 300 mm，不足 300 mm 时允许采用迅速翻转座椅的方法加宽引道。专用校车沿引道侧面设有折叠座椅时，在折叠座椅打开的情况下(对在不使用时能自动折叠的座椅，在座椅处于折叠位置时)，引道宽度仍应大于等于 300 mm。

12.4.2.4 应急门应有锁止机构且锁止可靠。应急门关闭时应能锁止，且在车辆正常行驶情况下不会因车辆振动、颠簸、冲撞而自行开启。

12.4.2.5 当车辆停止时，应急门不用工具应能从车内外很方便打开，并设有车门开启声响报警装置。允许从车外将门锁住，但应保证始终能用正常开启装置从车内将其打开，门外手柄应设保护套，且离地面高度(空载时)应小于等于 1 800 mm。

12.4.3 应急窗和撤离舱口

12.4.3.1 应急窗和撤离舱口的面积应大于等于$(3\times10^5)\mathrm{mm}^2$，且能内接一个 400 mm×600 mm(对

车长小于等于 7 m 的客车为 330 mm×500 mm)的椭圆;如应急窗位于客车后端面,则能内接一个 350 mm×1 550 mm、四角曲率半径小于等于 250 mm 的矩形时也视为满足要求。

12.4.3.2 应急窗应采用易于迅速从车内、外开启的装置;或在钢化玻璃上标明易击碎的位置,并在每个应急窗的邻近处提供一个应急锤以方便地击碎车窗玻璃,且应急锤取下时应能通过声响信号实现报警。设有乘客站立区的公共汽车车身两侧的车窗如面积能达到设置为应急窗的要求,均应设置为推拉式应急窗或外推式应急窗。

12.4.3.3 安全顶窗应易于从车内、外开启或移开或用应急锤击碎。安全顶窗开启后,应保证从车内外进出的畅通。弹射式安全顶窗应能防止误操作。

12.4.4 标志

12.4.4.1 每个应急出口应在其附近设有“应急出口”字样。

12.4.4.2 乘客门和应急出口的应急控制器(包括用于击碎应急窗车窗玻璃的工具)应在其附近标有清晰的符号或字样,并注明其操作方法,字体高度应大于等于 10 mm。

12.5 燃料系统的安全保护

12.5.1 燃料箱及燃料管路应坚固并固定牢靠,不会因振动和冲击而发生损坏和漏油现象。不准许用户改动或加装燃料箱,不准许用户改动燃料管路。

12.5.2 燃料箱的加注口及通气口应保证在机动车晃动时不泄漏。

12.5.3 机动车(摩托车及装用单缸柴油机的汽车除外)的燃料系统不得用重力或虹吸方法直接向化油器或喷油器供油。

12.5.4 燃料箱的加注口和通气口不得对着排气管的开口方向,且应距排气管的出气口端 300 mm 以上,否则应设置有效的隔热装置。燃料箱的加注口和通气口应距裸露的电气接头及外部可能产生火花的电气开关 200 mm 以上。车长大于 6 m 的客车的燃料箱的加注口和通气口应距排气管的任一部位 300 mm 以上。

12.5.5 汽车燃料箱各部分不得前伸至前置汽油发动机的前端面。车长大于 6 m 的客车燃料箱距客车前端面应大于等于 600 mm,距客车后端面应大于等于 300 mm。发动机后置的公路客车和旅游客车,其燃料箱的前端面应位于前轴之后。

12.5.6 机动车燃料箱的通气口和加注口不得设置在有乘员的车厢内。

12.6 气体燃料专用装置的安全防护

12.6.1 气体燃料的供给系统应有有效的安全保护结构措施,以防止气体泄漏,每一个钢瓶阀出口端都应安装高压过流保护装置。

12.6.2 对于两用燃料汽车,应设置燃料转换系统并安装燃料转换开关。在燃料控制上,应具有当发动机突然停止运转时,即使点火开关打开也能自动切断气体燃料供给的功能。燃料转换开关的安装位置应便于驾驶人操作,其档位标记应明显,能分别控制供油、供气两种状态。气体燃料和汽油电磁阀的操作均应由燃料转换开关统一控制;当电流被切断时,电磁阀应处于“关闭”位置。

12.6.3 压缩天然气管路应采用不锈钢管或其他车用高压天然气专用管路,高压液化石油气管路应采用专用管路。不准许用户改动或加装钢瓶。

12.6.4 钢瓶应被可靠地固定在车上,安装钢瓶的固定座应具有阻止钢瓶旋转、移动的能力,固定座应便于拆装工作。钢瓶安装在车上后,钢瓶编号应易见,钢瓶的强度和刚度不得下降,车架(车身)结构强度也不应受影响。

12.6.5 钢瓶安装位置应远离热源,必要时应采取隔热措施。在任何情况下,钢瓶及其所有高压管路和高压接头与发动机排气管和传动轴的任何部位之间的距离应大于等于 100 mm;当钢瓶及其所有高压管路和高压接头与发动机排气管的距离在100 mm～200 mm之间时，应设置固定可靠的隔热装置。

12.6.6 钢瓶应安装在通风位置或采取有效的通风措施，阀门渗漏的气体不应进入驾驶室或载人车厢。

12.6.7 钢瓶与汽车后轮廓边缘的距离应大于等于200 mm。钢瓶安装在汽车车架下时，钢瓶下方和后方应采取有效防护措施且钢瓶及其附件不得布置在汽车前轴之前。

12.6.8 钢瓶不得直接安装在驾驶室、载人车厢和货箱内。当不得不安装在上述位置时，应用密封盒、波纹管及通气接口将瓶口阀及连接的高压接头与驾驶室、载人车厢或货箱安全隔离。密封盒等隔离装置应有很强的防护功能，当车辆受到冲撞时应能有效地防止钢瓶冲入驾驶室、载人车厢或货箱内。

12.6.9 通气接口排气方向应指向车尾方向并与地面成45°圆锥的范围内，能将泄漏气体排出车外，通气接口至排气管和其他热源距离应大于等于250 mm，通气总面积应大于等于450 mm^2。

12.6.10 钢瓶的安装和保护罩的设置，应能保证钢瓶集成阀的正常操作和检查。

12.6.11 手动截止阀应安装在钢瓶到调压器之间易于操作的位置，阀体不得直接安装在驾驶室内。

12.6.12 钢瓶至调压器之间应安装滤清装置，并易于检查、清洗和更换。

12.6.13 高压管路的特殊部位(如相对移动的部件之间)应采用柔性管线，其余部位应采用刚性管线。

12.6.14 刚性高压管路应排列整齐、布置合理、固定有效，不得与相邻部件碰撞和摩擦，所有高压管路和高压管接头应得到有效的保护，高压管接头应安装在能看得见且操作者易于接近的位置。

12.6.15 气体燃料车辆应安装泄漏报警装置，所有管路接头处均不应出现漏气现象。

12.7 牵引车与被牵引车的连接装置

12.7.1 连接装置应坚固耐用。

12.7.2 牵引车和被牵引车连接装置的结构应能确保相互牢固的连接。

12.7.3 牵引车和被牵引车的连接装置上应装有防止机动车在行驶中因振动和撞击而使连接脱开的安全装置。

12.8 货车、专项作业车和挂车侧面及后下部防护装置

12.8.1 总质量大于3 500 kg的货车(半挂牵引车除外)、货车底盘改装的专项作业车和挂车应提供防止人员卷入的侧面防护，其技术条件应符合GB 11567.1的规定。

12.8.2 货车列车的货车和挂车之间应提供防止人员卷入的侧面防护。

12.8.3 总质量大于3 500 kg的货车(半挂牵引车除外)、货车底盘改装的专项作业车和挂车(长货挂车除外)的后下部应装备符合GB 11567.2规定的后下部防护装置，该装置对追尾碰撞的机动车应具有足够的阻挡能力，以防止发生钻入碰撞。

注：长货挂车是指为搬运无法分段的长货物而专门设计和制造的特殊用途车，如运输木材、钢材棒料等货物的车辆。

12.9 客车的特殊要求

12.9.1 客车在设计和制造上应保证发动机排气不会进入客厢。

12.9.2 客车应装备灭火器，灭火器在车上应安装牢靠并便于取用。仅有一个灭火器时，应设置在驾驶人附近；当有多个灭火器时，应在客厢内按前、后，或前、中、后分布，其中一个应靠近驾驶人座椅。

12.9.3 所有专用校车和发动机后置的其他客车应装备发动机舱自动灭火装置，其灭火剂喷射范围应包括发动机舱至少两处具有着火隐患的热源(如增压器、排气管等)，启动工作时应能通过声觉信号向驾驶人报警。

12.10 货车的特殊要求

12.10.1 货车货箱(自卸车、装载质量1 000 kg以下的货车除外)前部应安装比驾驶室高至少70 mm

的安全架。

12.10.2 无驾驶室的三轮汽车货箱前部应安装具有足够强度的安全架，其高度应高出驾驶人座垫平面至少800 mm。

12.10.3 封闭式货车在最后排座位的后方应安装具有足够强度的隔离装置。

12.11 危险货物运输车的特殊要求

12.11.1 专门用于运送易燃和易爆物品的危险货物运输车，车上应备有消防器材并具有相应的安全措施，排气管应装在罐体/箱体前端面之前、不高于车辆纵梁上平面的区域，并安装符合GB 13365规定的机动车排气火花熄灭器，机动车尾部应安装接地装置。

12.11.2 罐式危险货物运输车的罐体顶部应设置具有足够强度的倾覆保护装置，且该装置应装备有能将积聚在其内部的液体排出的排放阀；罐体顶部的管接头、阀门及其他附件的最高点应低于倾覆保护装置的最高点至少20 mm。

12.11.3 罐式危险货物运输车的罐体及罐体上的管路和管路附件不得超出车辆的侧面及后下部防护装置，罐体后封头及罐体后封头上的管路和管路附件与后下部防护装置的纵向距离应大于等于150 mm。

12.12 三轮汽车和拖拉机运输机组的特殊要求

12.12.1 三轮汽车正常起动和运行过程中可能触及的，且在环境温度为(23±3)℃下测定温度大于80 ℃的热表面应有永久性联结或固定(不使用工具无法拆卸)的防护装置或挡板。

12.12.2 三轮汽车和拖拉机运输机组的传动皮带、风扇、起动爪和动力输出轴等外露旋转件应加防护罩，并应符合GB/T 8196的规定。

12.12.3 三轮汽车的踏板、脚踏板必要时应采取防滑措施。

12.13 其他要求

12.13.1 汽车驾驶室内应设置防止阳光直射而使驾驶人产生眩目的装置，且该装置在汽车碰撞时，不应对驾驶人造成伤害。

12.13.2 汽车(无驾驶室的三轮汽车除外)应装备符合GB 19151规定的三角警告牌，三角警告牌在车上应妥善放置。

12.13.3 乘用车、专用校车和车长小于6 m的其他客车前后部应设置保险杠，货车(三轮汽车除外)和货车底盘改装的专项作业车应设置前保险杠。

12.13.4 乘用车、专用校车的前风窗玻璃应装有除雾、除霜装置。

12.13.5 校车应配备急救箱，急救箱应放置在便于取用的位置并确保有效适用。

12.13.6 对装备有辅助正面和/或侧面防撞安全气囊系统的汽车，驾乘人员如已按照制造厂家规定正确使用了安全带等安全装置，在发生正面或侧面碰撞时不应由于安全气囊系统未正常展开而遭受不合理伤害。

12.13.7 机动车发动机的排气管口不得指向车身右侧(如受结构限制排气管口必须偏向右侧时，排气管口中心线与机动车纵向中心线的夹角应小于等于15°)和正下方；客车的排气尾管如为直式的，排气管口应伸出车身外蒙皮。

13 消防车、救护车、工程救险车和警车的附加要求

13.1 消防车的车身颜色应符合相关标准的规定。

13.2 救护车的车身颜色应为白色，左、右侧及车后正中应喷符合规定的图案。

13.3 工程救险车的车身颜色应为符合 GB/T 3181 规定的 Y07 中黄色，其车身两侧应喷“工程救险”字样。

13.4 警车的外观制式应分别符合 GA 524 和 GA 525 的规定。

13.5 消防车、救护车、工程救险车和警车应装备与其功能相适应的装置，各装置应布局合理、固定可靠、便于使用。

13.6 消防车、救护车、工程救险车和警车安装使用的警报器应符合 GB 8108 的规定，安装使用的标志灯具应符合 GB 13954 的规定，警报器和标志灯具应固定可靠。

14 残疾人专用汽车的附加要求

14.1 应根据驾驶人的残疾类型，在采用自动变速器的乘用车上，加装相应类型的、符合相关规定的驾驶辅助装置。加装的驾驶辅助装置安装应牢固可靠，位置应适宜操纵，且不应与车辆的其他操纵指示系统冲突或妨碍车辆其他操纵指示系统的操作。

14.2 驾驶辅助装置加装后，不应改变原车结构的完整性和安全性及影响原车操纵件的电器功能、机械性能，且不应使驾驶人驾驶时受到视野内产品部件的反光眩目。

14.3 加装的方向盘控制辅助手柄应间隙适当，操纵灵活、方便，无阻滞现象。

14.4 加装的制动和加速辅助装置应具有制动、加速互锁功能并保证制动灵活、方便，不会发生失效现象。制动和加速迁延控制手柄传动到制动踏板表面的正压力达到 500 N 时，控制手柄表面的正压力应小于等于 300 N。

14.5 加装的转向信号迁延开关及驻车制动辅助手柄应刚性固定。转向信号迁延开关应开关自如，功能可靠，不会因振动和其他外力条件而自行开关；驻车制动辅助手柄应操纵轻便、锁止可靠，操纵力应小于等于 200 N。

14.6 加装的驾驶辅助装置的各部件应完好有效，表面不应有影响使用的凹凸、划伤、返锈等，在接触人体的表面部位不得有毛刺、刃口、棱角或其他有害使用者的缺陷。

14.7 残疾人专用汽车应设置符合规定的残疾人机动车专用标志。

15 标准实施的过渡期要求

15.1 8.4.1 关于车辆尾部标志板的要求，自 2014 年 1 月 1 日起对新生产的总质量大于等于 12 000 kg 的货车底盘改装的专项作业车，最大设计车速小于等于 40 km/h 的汽车和车长小于等于 8 m 的挂车实施。

15.2 8.6.5 关于部分汽车应安装行驶记录仪的要求，对于未设置乘客站立区的公共汽车、半挂牵引车、总质量大于等于 12 000 kg 的货车，自本标准实施之日起第 7 个月开始对新注册车实施。

15.3 4.16.7 关于机动车的产品使用说明书的所有文字性内容均应有中文的要求，自本标准实施之日起第 7 个月开始对新进口车实施。

15.4 以下要求自本标准实施之日起第 7 个月开始对新生产车实施：

——4.1.2 关于机动车产品标牌应标明项目的要求对于纯电动汽车、混合动力汽车、燃料电池汽车、电动摩托车、专项作业车和特型机动车；

——4.1.4 关于纯电动汽车、插电式混合动力汽车、燃料电池汽车和电动摩托车应在(主驱动)电动机壳体上打刻电动机型号、编号的要求；

——4.1.5 关于乘用车和总质量小于等于 3 500 kg 的货车(低速汽车除外)应在靠近风窗立柱的位置永久地标识车辆识别代号的要求；

——4.16 关于机动车的产品使用说明书的要求；

——6.1 关于摩托车使用方向盘转向时的特殊要求；

——8.6.4 关于车长大于等于 6 m 的客车应设置手动机械断电开关的要求；

——11.5.5 关于应在驾驶人座位附近设置乘客门应急开关的要求，对于车长大于等于 6 m 的客车（公共汽车除外）；

——11.8.2 关于机动车每面号牌板（架）上应设有至少 2 个号牌安装孔的要求；

——12.9.3 关于发动机后置的客车应装备发动机舱自动灭火装置的要求。

15.5 以下要求自本标准实施之日起第 13 个月开始对新生产车实施：

——4.1.6 关于乘用车还应在后备箱（或行李区）及 5 个主要部件上标示车辆识别代号或零部件编号的要求；

——7.2.6 关于部分汽车的前轮应装备盘式制动器的要求，对于车长大于 9 m 的未设置乘客站立区的公共汽车；

——7.2.11 关于部分汽车应安装防抱制动装置的要求，对于车长大于 9 m 的未设置乘客站立区的公共汽车；

——7.7.4 关于气压制动系应安装保持压缩空气干燥、油水分离的装置的要求；

——9.4.4 关于三轴公路客车的随动轴应具有随动转向或主动转向的功能的要求；

——12.1.5 关于乘用车应装备驾驶人汽车安全带佩戴提醒装置的要求，对于 5 座及 5 座以下乘用车；

——12.4.3.2 关于应急锤取下时应能通过声响信号实现报警的要求及设有乘客站立区的公共汽车设置的应急窗均应为推拉式应急窗或外推式应急窗的要求；

——12.6.15 关于气体燃料车辆应安装泄露报警装置的要求。

15.6 以下要求自本标准实施之日起第 13 个月开始对新定型车实施：

——8.2.1 关于部分货车、专项作业车和挂车的后部照明和信号装置透光面面积的要求。

15.7 以下要求自本标准实施之日起第 19 个月开始对新生产车实施：

——4.1.5 关于应能从乘用车的 ECU 或电子数据接口读取车辆识别代号等特征信息的要求；

——12.1.5 关于乘用车应装备驾驶人汽车安全带佩戴提醒装置的要求，对于 5 座以上乘用车；

——12.5.5 关于发动机后置的公路客车和旅游客车燃料箱的前端面应位于前轴之后的要求。

15.8 以下要求自本标准实施之日起第 25 个月开始对新生产车实施：

——4.1.3 关于车辆识别代号打刻位置及打刻的车辆识别代号可见性的要求；

——7.2.11 关于部分汽车应安装防抱制动装置的要求，对于总质量大于等于 12 000 kg 的货车和专项作业车；

——7.5 关于部分汽车应装备缓速器或其他辅助制动装置的要求，对于总质量大于等于 12 000 kg 的专项作业车；

——8.2.1 关于部分货车、专项作业车和挂车的后部照明和信号装置透光面面积的要求；

——10.5 关于车长大于等于 6 m 的客车应具有超速报警功能的要求，对于除公路客车、旅游客车、未设置乘客站立区的公共汽车外的其他客车；

——11.5.4 关于紧急情况下乘客门开启的要求，对于车长小于 6 m 的客车；

——12.4.1.2 关于部分车长大于等于 6 m 的客车应设置应急门的要求。

15.9 自本标准实施之日起第 43 个月开始，新生产机动车（摩托车除外）的每面号牌板（架）[三轮汽车的前号牌板（架）除外]均应设有 4 个号牌安装孔。

15.10 本标准关于专用校车的技术要求，其实施日期按 GB 24407 的规定执行。

附 录 A
（规范性附录）
驾驶人耳旁噪声检验方法

测量驾驶人耳旁噪声时：

a） 汽车空载，处于静止状态且置变速器于空挡，发动机应处于额定转速状态，门窗紧闭。

b） 测量位置应符合 GB/T 18697—2002 的规定。

c） 环境噪声应低于被测噪声值至少 10 dB(A)。

d） 声级计置于“A”计权、“快”档。

附 录 B
（规范性附录）
典型车型车身反光标识粘贴示例及要求

B.1 粘贴基本要求

B.1.1 粘贴施工要求

车身反光标识均应粘贴在无遮挡、易见、平整、连续，且无灰尘、无水渍、无油渍、无锈迹、无漆层起翘的车身表面。

粘贴前应将待粘贴表面灰尘擦净。有油渍、污渍的部位，应用软布蘸脱脂类溶剂或清洗剂进行清除，干燥后进行粘贴。对于油漆已经松软、粉化、锈蚀或起翘的部位，应除去这部分油漆，用砂纸对该部位进行打磨并做防锈处理，然后再粘贴车身反光标识。

B.1.2 通用粘贴要求

车身后部的车身反光标识应由白色单元开始、白色单元结束。侧面可以由红色单元开始，但靠近车辆尾部的最后一个单元应为白色单元。

粘贴车身反光标识后，不应影响本标准规定的车辆照明和信号装置的性能。

粘贴车身反光标识后，不应在车身反光标识上钻孔、开槽。

车身表面无法直接粘贴车身反光标识时，应先将车身反光标识粘贴在具有一定刚度、强度、抗老化的条形衬板上，再将条形衬板牢固地粘贴或铆接到车身上。

车身反光标识离地面的高度最低为 380 mm。

B.1.3 后部车身反光标识粘贴要求

B.1.3.1 后部车身反光标识应尽可能体现车辆后部宽度和高度，水平粘贴的车身反光标识体现车辆后部宽度，沿后部两侧边缘垂直粘贴的车身反光标识体现车辆后部高度，货厢后部边角相交部分应为白色单元。部分总质量小于等于 4 500 kg 的货车，因后部货厢结构不能满足白色单元相交要求时，可红、白相交，但垂直粘贴的单元上部应为白色单元。厢式货车和厢式挂车后部的车身反光标识应能体现货厢轮廓。

B.1.3.2 不同级别的车身反光标识材料不应同时应用于车辆后部。采用一级车身反光标识材料时，其与后反射器的面积之和应大于等于 0.1 m^2；采用二级车身反光标识材料时，其与后反射器的面积之和应大于等于 0.2 m^2。

B.1.3.3 后部车身反光标识应连续粘贴，无法连续粘贴时可断续粘贴，但每一连续段长度应大于等于 300 mm，且应包含红、白色车身反光标识至少各一个单元，粘贴间隔应小于等于 100 mm。特殊情况下，允许红、白单元分开粘贴，但应保持红、白相间，每一连续段长度应大于等于 150 mm，粘贴间隔应小于等于 100 mm。如果不能沿车厢后部两侧边缘垂直粘贴，应在最接近边缘的宽度达到 50 mm 的可粘贴表面粘贴，车身反光标识的上边缘尽可能接近车厢后部的上边缘。

B.1.4 侧面车身反光标识粘贴要求

侧面车身反光标识的粘贴允许中断，但其总长度（不含间隔部分）应大于等于车长的 50%，每一连续段长度应大于等于 300 mm，且应包含红、白色车身反光标识至少各一个单元，二级车身反光标识材料粘贴间隔应小于等于 150 mm，一级车身反光标识材料粘贴间隔应小于等于 300 mm，粘贴应尽可能纵向均匀分布。特殊情况下，允许红、白单元分开粘贴，但仍应保持红、白相间，每一连续段长度应大于等于 150 mm，二级车身反光标识材料粘贴间隔应小于等于 150 mm，一级车身反光标识材料粘贴间隔应小于等于 300 mm。

侧面车身反光标识的长度对三轮汽车应大于等于 1.2 m；对货厢长度不足车长 50% 的货车应为货厢长度；侧面车身结构无连续表面的混凝土搅拌运输车和专项作业车，其粘贴总长度应大于等于车长的 30%。厢式货车和厢式挂车侧面的车身反光标识应能体现货厢轮廓。

侧面车身反光标识材料的级别可不同于后部车身反光标识材料。

B.2　栏板货车、栏板挂车、低速汽车粘贴

对总质量大于 4 500 kg 的栏板货车，应在驾驶室后方围栏上方两侧或驾驶室后部上方两侧边角用白色车身反光标识拼接成“倒 L”，“倒 L”水平方向和垂直方向均由 2 个长度为 150 mm 的白色单元拼接而成。对总质量小于等于 4 500 kg 的栏板货车，后部栏板高度不足以粘贴连续长度为 300 mm 的车身反光标识（含红、白各 1 个单元）时，可只粘贴长 150 mm 的白色单元。

栏板货车、栏板挂车、低速汽车粘贴示例见图 B.1。其中，图 B.1b）为二级车身反光材料粘贴示例，对总质量小于等于 4 500 kg 的货车可粘贴成“□”形以满足粘贴面积的要求；后部使用一级车身反光标识材料时，可以断续粘贴，但垂直方向最上方和最下方及水平方向最左侧、最右侧和中间部位应粘贴。

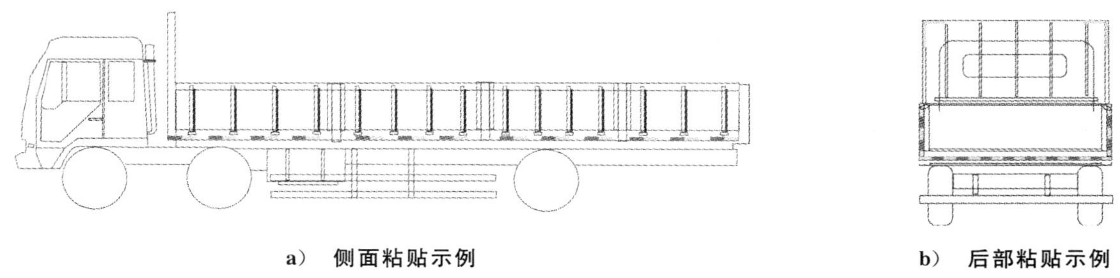

a）　侧面粘贴示例　　　　b）　后部粘贴示例

图 B.1　栏板货车、栏板挂车、低速汽车粘贴示例

B.3　厢式货车（含厢式低速货车）、厢式挂车粘贴

厢式货车（含厢式低速货车）的侧面车身反光标识应沿车厢下边缘粘贴，在侧面车厢上部两侧边角用白色车身反光标识拼接成“倒 L”，“倒 L”水平方向和垂直方向均由 2 个长度为 150 mm 的白色单元拼接而成。后部车身反光标识应勾勒出车厢后部的轮廓，四个角应为白色单元相接。

厢式货车（含厢式低速货车）、厢式挂车粘贴示例见图 B.2。其中，图 B.2b）是二级车身反光标识材料的粘贴示例；使用一级车身反光标识材料时，货厢后部四角应用白色单元勾勒轮廓，其他部位可断续粘贴。

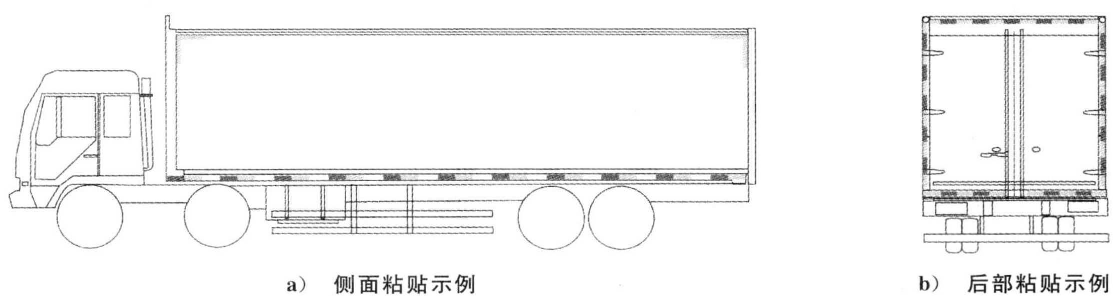

a）　侧面粘贴示例　　　　b）　后部粘贴示例

图 B.2　厢式货车（含厢式低速货车）、厢式挂车粘贴示例

B.4　封闭式货车粘贴

封闭式货车的后部车身反光标识应勾勒出车辆后部轮廓，四个角应为白色单元相接。因铰链等无法连续粘贴时，允许断续粘贴。

封闭式货车粘贴示例见图 B.3。其中，图 B.3b)是二级车身反光标识材料的粘贴示例；使用一级车身反光标识材料时，货厢后部四角应用白色单元勾勒轮廓，其他部位可断续粘贴。

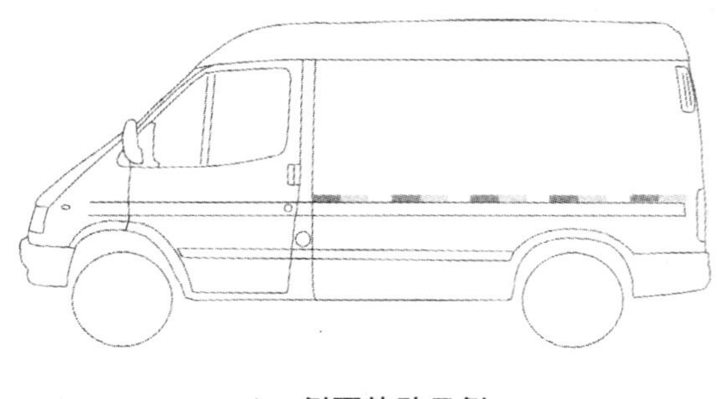

a)　侧面粘贴示例

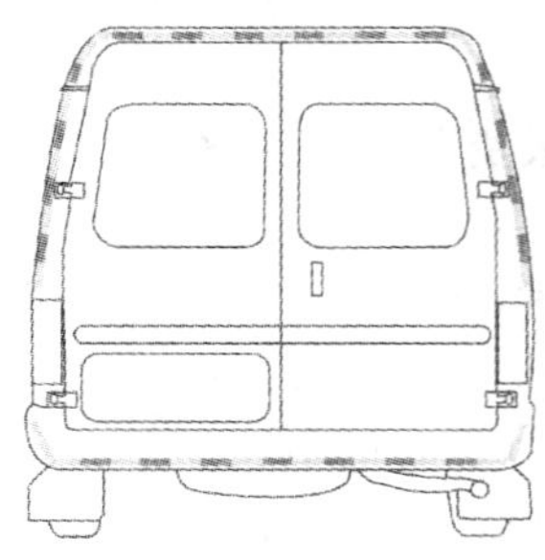

b)　后部粘贴示例

图 B.3　封闭式货车粘贴示例

B.5　仓栅式货车、仓栅式挂车粘贴

仓栅式货车、仓栅式挂车粘贴示例见图 B.4。其中，图 B.4b)和 B.4c)是二级车身反光标识材料的粘贴示例；使用一级车身反光标识材料时，货厢后部四角应用白色单元勾勒轮廓，其他部位可断续粘贴；侧面车身反光标识可断续粘贴，但垂直方向最上方和最下方及水平方向最左侧、最右侧和中间部位应粘贴。

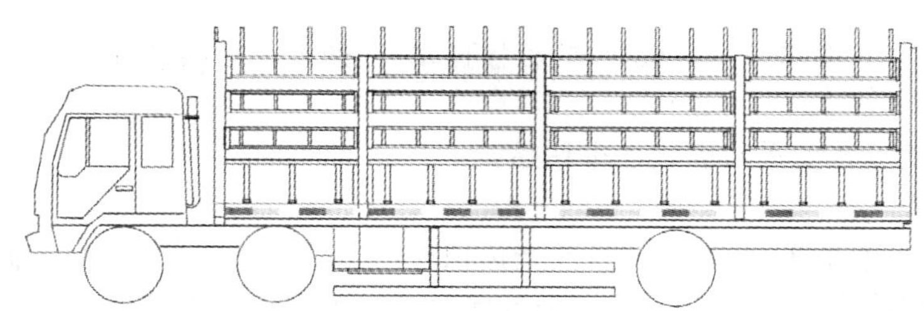

a)　侧面粘贴示例

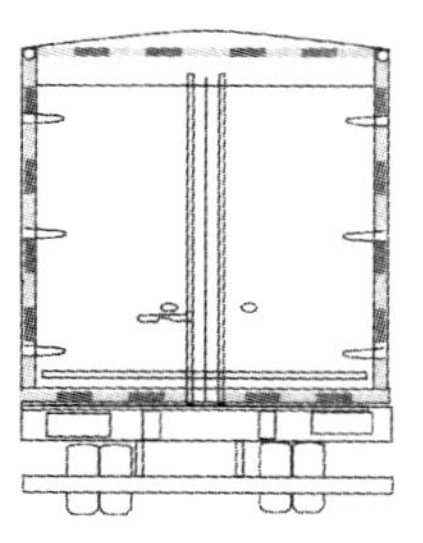

b)　后部装有货厢门的粘贴示例

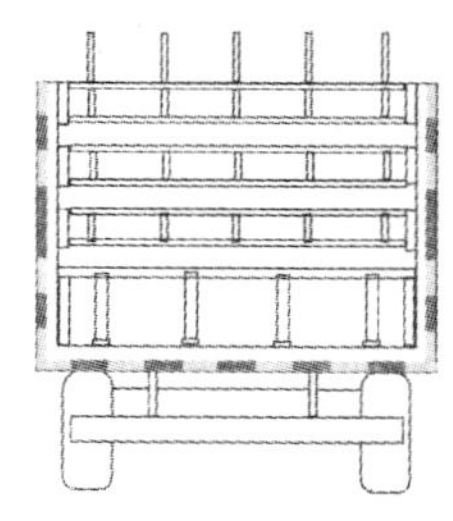

c)　后部没有货厢门的粘贴示例

图 B.4　仓栅式货车、仓栅式挂车粘贴示例

B.6 自卸车(含自卸式低速货车)粘贴

后部水平方向粘贴除了栏板上部,还可粘贴在栏板下部或后下部防护装置等其他位置。

自卸车(含自卸式低速货车)粘贴示例见图 B.5。其中,图 B.5b)是二级车身反光标识材料的粘贴示例;使用一级车身反光标识材料时,在确保体现车辆后部宽度和高度的前提下,可断续粘贴,但垂直方向最上方和最下方及水平方向最左侧、最右侧和中间部位应粘贴。

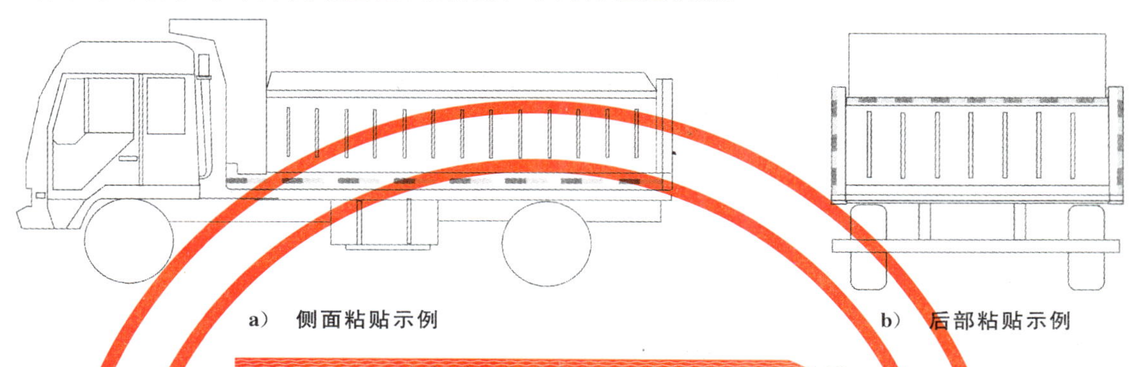

a) 侧面粘贴示例　　b) 后部粘贴示例

图 B.5 自卸车(含自卸式低速货车)粘贴示例

B.7 平板货车、平板挂车、低平板挂车、集装箱挂车粘贴

B.7.1 平板货车粘贴

平板货车、平板挂车、低平板挂车、集装箱挂车粘贴示例见图 B.6。其中,图 B.6b)是二级车身反光标识材料粘贴示例,如果平板后部无法粘贴,应在后下部防护装置上水平并列连续粘贴两排车身反光标识,粘贴面积应大于等于 0.2 m^2;后部使用一级车身反光标识材料时,可在平板后部或后下部防护装置上水平连续粘贴,粘贴面积应大于等于 0.1 m^2。

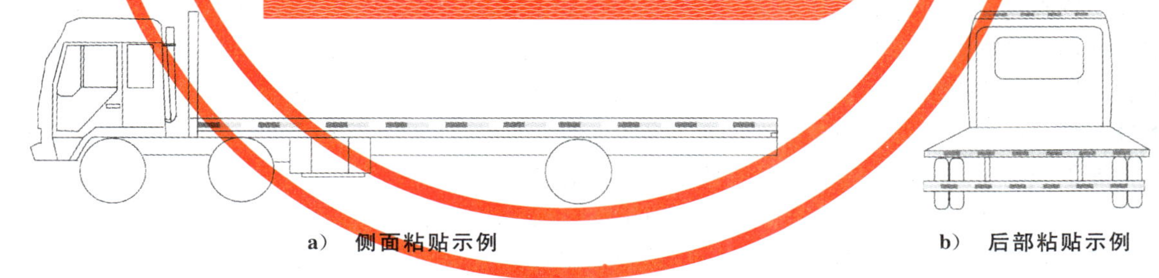

a) 侧面粘贴示例　　b) 后部粘贴示例

图 B.6 平板货车粘贴示例

B.7.2 平板挂车、低平板挂车、集装箱挂车粘贴

平板挂车、集装箱挂车的侧面车身反光标识应沿车架侧面水平粘贴,其中低平板半挂车应沿车架平整的连续表面粘贴。因车架结构原因,侧面粘贴的车身反光标识可不在同一水平面上。

后部有后下部防护装置时,后下部防护装置上应粘贴车身反光标识。低平板挂车后部如有爬梯,还应在两个爬梯最外侧的爬梯架上(至少应在爬梯架的最上端、中间和最下端)粘贴车身反光标识。

集装箱挂车装载集装箱时,应在集装箱后部和侧面至少水平固定一块 2 000 mm×150 mm 的柔性反光标识,安装部位应尽可能接近集装箱顶部。

平板挂车、集装箱挂车粘贴示例见图 B.7,低平板挂车粘贴示例见图 B.8。其中,图 B.7b)和图 B.8b）为二级车身反光标识粘贴示例，平板后部、后下部防护装置应连续粘贴；使用一级车身反光标识材料时，可断续粘贴。

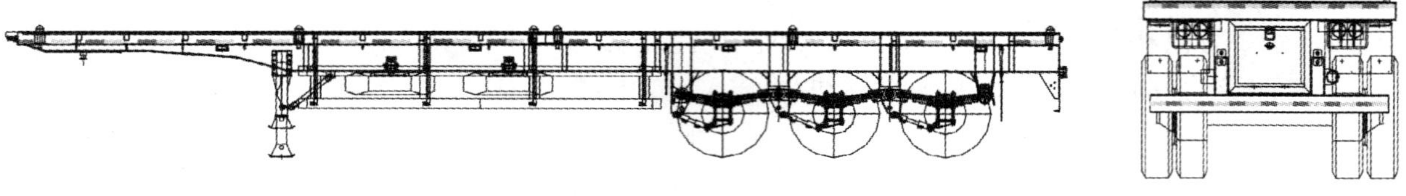

a） 侧面粘贴示例　　b） 后部粘贴示例

图 B.7 平板挂车、集装箱挂车粘贴示例

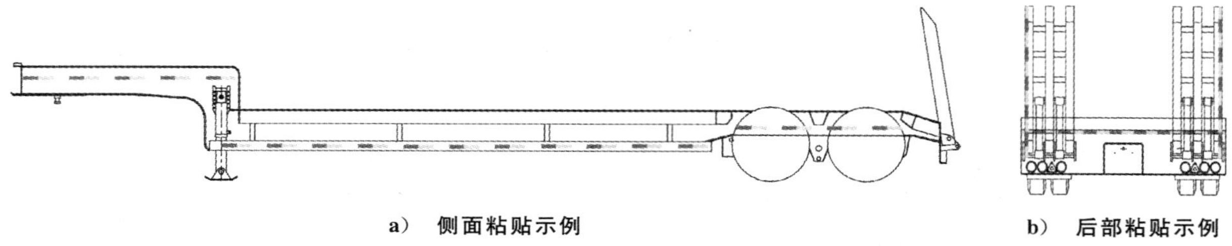

a） 侧面粘贴示例　　b） 后部粘贴示例

图 B.8 低平板挂车粘贴示例

B.8 罐式货车、罐式挂车粘贴

罐式货车、罐式挂车侧面车身反光标识应在车身侧面车架或罐体中间部位水平粘贴，体现罐体长度。不规则罐式挂车侧面车身反光标识应粘贴在罐体侧面中间位置，体现罐体长度。罐体后部应用车身反光标识勾勒罐体轮廓，二级车身反光标识材料的粘贴间隔应小于等于 50 mm，一级车身反光标识材料的粘贴间隔应小于等于 100 mm。

对运输剧毒化学品或爆炸品的罐式货车，侧面车身反光标识应在车身侧面的车架部位水平粘贴，体现车架长度，并在罐体侧面用边长为 300 mm（2 个 150 mm 长的单元拼接）白色车身反光标识拼接成“L”和“倒 L”，上部车身反光标识最下沿与橙色反光带的距离应在 100 mm 至 300 mm 内，下部车身反光标识最上沿与橙色反光带的距离应在 100 mm 至 300 mm 内，车身反光标识与罐体前、后端的最大距离应小于等于 300 mm。罐体后部应用白色车身反光标识勾勒轮廓，二级车身反光标识材料的粘贴间隔应小于等于 50 mm，一级车身反光标识材料的粘贴间隔应小于等于 100 mm。

罐式货车、罐式挂车粘贴示例见图 B.9，其中运输剧毒化学品或爆炸品的罐式货车粘贴示例见图 B.10。

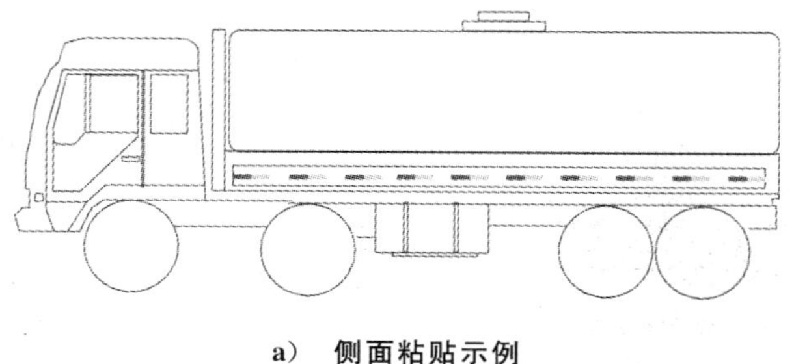

a） 侧面粘贴示例

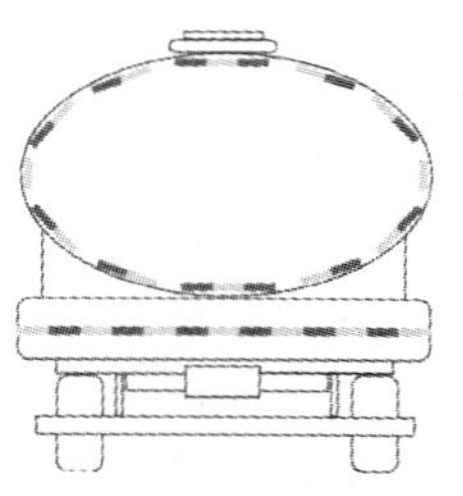

b） 后部粘贴示例

图 B.9 罐式货车、罐式挂车粘贴示例

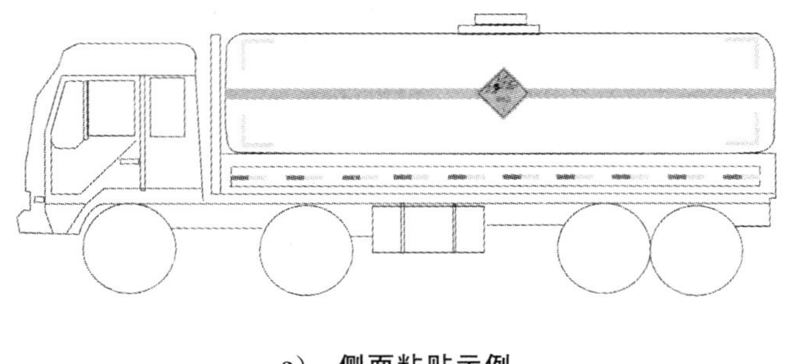

a） 侧面粘贴示例

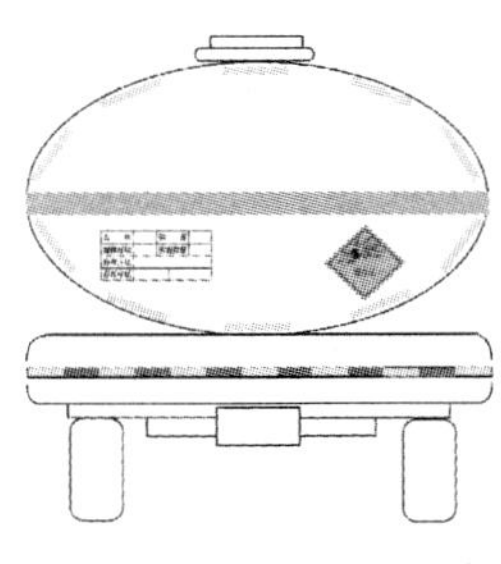

b） 后部粘贴示例

图 B.10 运输剧毒化学品或爆炸品的罐式货车粘贴示例

B.9 混凝土搅拌运输车粘贴

混凝土搅拌运输车侧面车身反光标识应在可粘贴部位（如侧防护装置）连续粘贴，粘贴总长度可小于车长的50%，但应大于等于车长的30%，此时断开间隔不受限制。车辆后部应尽可能选取能够体现车身后部宽度和高度的连续平面粘贴，如后下部防护装置、金属挡泥板等固定结构件。

混凝土搅拌运输车粘贴示例见图B.11。

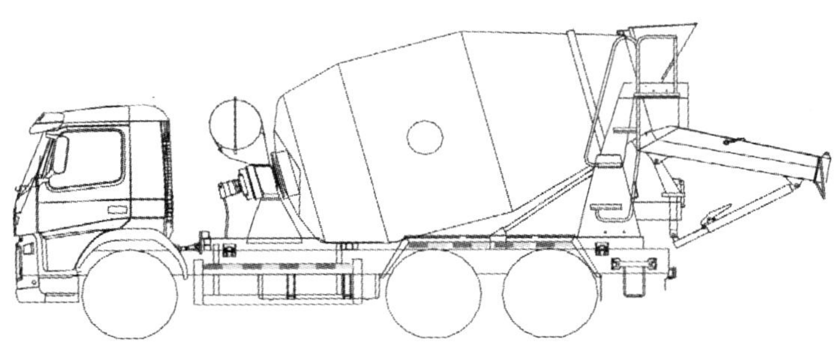

a） 侧面粘贴示例

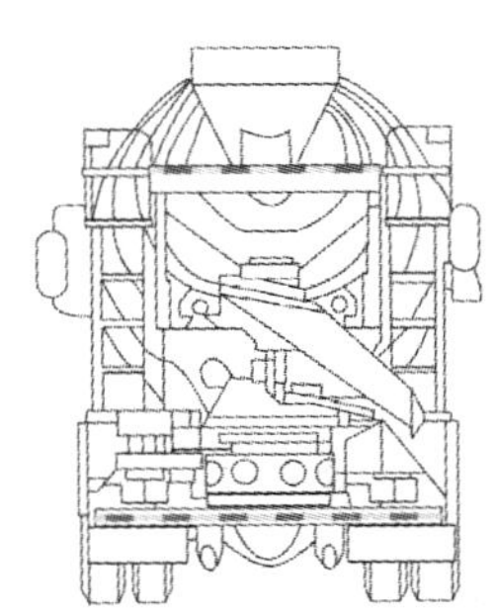

b） 后部粘贴示例

图 B.11 混凝土搅拌运输车粘贴示例

B.10 专项作业车粘贴

专项作业车上车身反光标识的粘贴应尽可能按前述基本粘贴要求进行粘贴，部分专项作业车除驾驶室外的车身结构无连续平面，不能满足要求时，车辆后部应尽可能选取能够体现车身后部宽度和高度的连续平面粘贴，如后下部防护装置、金属挡泥板等固定结构件；侧面车身反光标识应在可粘贴部位（如侧防护装置）连续粘贴，粘贴总长度可小于车辆长度的50%，但应大于等于车辆长度的30%，此时断开间隔不受限制。

汽车起重机粘贴示例见图B.12，清障车粘贴示例见图B.13。

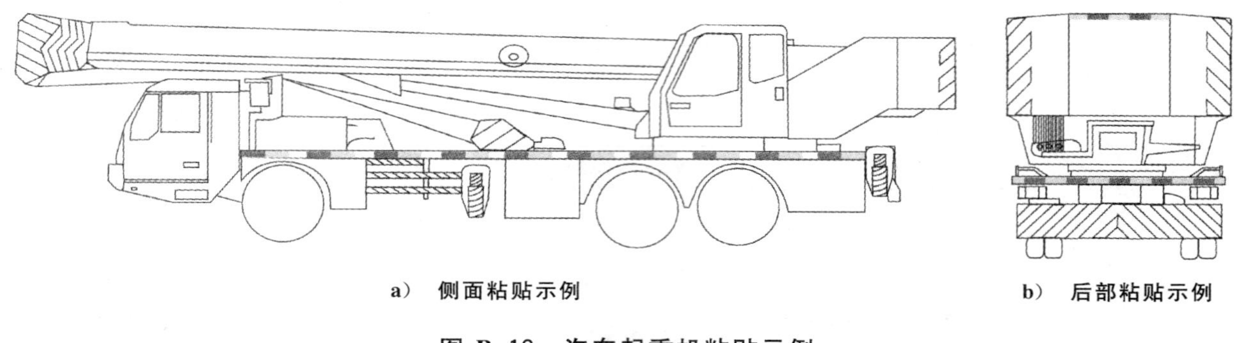

a) 侧面粘贴示例　　b) 后部粘贴示例

图 B.12　汽车起重机粘贴示例

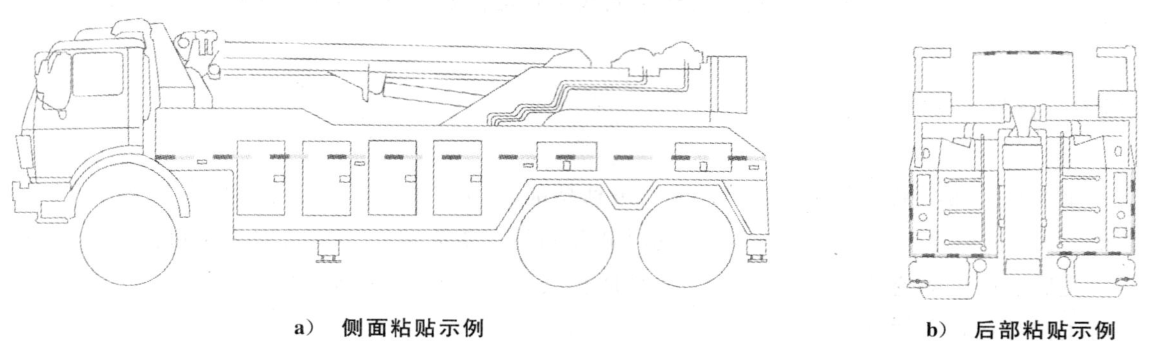

a) 侧面粘贴示例　　b) 后部粘贴示例

图 B.13　清障车粘贴示例

B.11　半挂牵引车粘贴

半挂牵引车的侧面无须粘贴车身反光标识，后部应在驾驶室后部粘贴；使用二级车身反光标识材料时，水平方向应并列连续粘贴 2 排，垂直方向每侧应各粘贴 2 个长 150 mm 的白色单元；使用一级车身反光标识材料时，水平方向应连续粘贴，垂直方向每侧应各粘贴 1 个长 150 mm 的白色单元。

半挂牵引车粘贴示例见图 B.14。

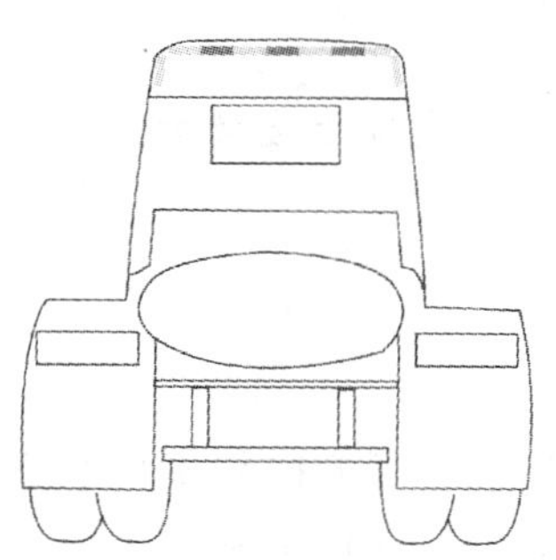

图 B.14　半挂牵引车粘贴示例

参 考 文 献

[1] 《中华人民共和国道路交通安全法》

[2] 《中华人民共和国道路交通安全法实施条例》

[3] 香港《道路交通(车辆构造及保养)规例》

[4] 新加坡《道路交通(机动车,灯光)规则》

[5] GA 802—2008 机动车类型 术语和定义

[6] GB/T 3730.1—2001 汽车和挂车类型的术语和定义

[7] GB/T 5359.1—2008 摩托车和轻便摩托车术语 第1部分:车辆类型

[8] GB/T 19596—2004 电动汽车术语

[9] GB/T 21055—2007 肢体残疾人驾驶汽车的操纵辅助装置

[10] 欧盟指令《on the approximation of the laws of the Member States relating to roadworthiness tests for motor vehicles and their trailers》(96/96/EC)

ICS 43.180
R 80

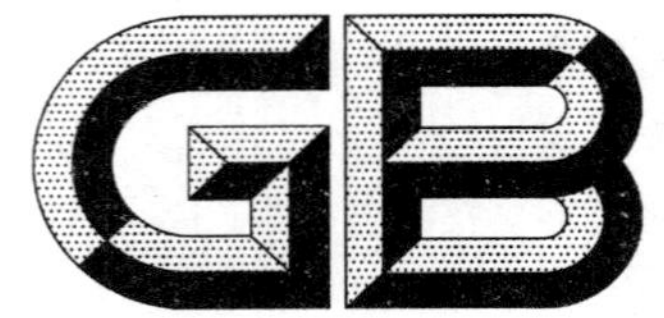

中华人民共和国国家标准

GB 21861—2008

机动车安全技术检验项目和方法

Items and methods of power-driven vehicles safety technology inspection

2008-05-26 发布 2009-06-01 实施

中华人民共和国国家质量监督检验检疫总局
中国国家标准化管理委员会 发布

前　言

本标准第4章的4.1～4.3、第6章、第12章的12.1～12.4及附录A、附录B、附录C、附录D为强制性，其余均为推荐性。

本标准附录A、附录B、附录C、附录D、附录E、附录F、附录G、附录H均为规范性附录。

本标准由中华人民共和国公安部提出。

本标准由公安部道路交通管理标准化技术委员会归口。

本标准实施的过渡期要求：

——第4章表1中对使用年限超过20年的非营运乘用车进行底盘输出功率测试的要求，自2009年7月1日起实施；

——本标准中涉及机动车安全技术检验机构与公安机关交通管理部门联网的条文（如联网查询送检机动车是否发生过交通事故及涉及尚未处理完毕的交通安全违法行为），在条件具备后实施，条件不具备时暂不实施。

本标准负责起草单位：公安部交通管理科学研究所。

本标准参加起草单位：公安部交通安全产品质量监督检测中心、北京市公安局公安交通管理局车辆管理所、成都市公安局机动车安全检测中心、中国质量认证中心、温州市江兴汽车检测设备厂、石家庄华燕交通科技有限公司。

本标准主要起草人：应朝阳、俞春俊、赵德军、周向东、谢鹏鸿、周申生、陈南峰、秦东炜、于荣春、张涛、廖庆斌、张竑钧、吴云强、褚桂旸。

本标准为首次制定。

引　言

《中华人民共和国道路交通安全法实施条例》第十五条第一款规定："机动车安全技术检验由机动车安全技术检验机构实施。机动车安全技术检验机构应当按照国家机动车安全技术检验标准对机动车进行检验，对检验结果承担法律责任"。目前，我国尚未出台机动车安全技术检验的国家标准，机动车安全技术检验机构主要按照公共安全行业标准《机动车安全检验项目和方法》（GA 468—2004）对机动车进行安全技术检验，确认机动车所检项目的技术条件是否符合国家标准《机动车运行安全技术条件》（GB 7258）等机动车国家安全技术标准的要求。

《中华人民共和国道路交通安全法》第十三条第二款明确规定："对机动车的安全技术检验实行社会化。具体办法由国务院规定。"而《中华人民共和国道路交通安全法实施条例》第十五条第二款则进一步规定："质量技术监督部门负责对机动车安全技术检验机构实行资格管理和计量认证管理，对机动车安全技术检验设备进行检定，对执行国家机动车安全技术检验标准的情况进行监督"。这说明，机动车安全技术检验行为已经由公安机关交通管理部门的一种行政行为转化为由具有第三方公正性的检验机构向社会出具检验检测数据的行为，机动车安全技术检验机构的资格管理和监督职责也主要由质量技术监督部门承担。此外，国家质量监督检验检疫总局和国家标准化管理委员会已于 2004 年 7 月 12 日联合批准发布了 GB 7258—2004，而 GA 468—2004 的主要制定依据是 GB 7258—1997，许多 GB 7258—2004 新增的要求在 GA 468—2004 中并没有得到反映。因此，尽快制定机动车安全技术检验国家标准，在全国范围内统一机动车安全技术检验的项目和方法，既是进一步规范机动车安全技术检验行为的客观要求，也是切实贯彻《中华人民共和国道路交通安全法》及其实施条例的具体举措之一。

本标准在制定过程中确定的主要原则有：

a) 参照 GB 7258—2004 新增的技术要求，结合我国道路交通安全管理的实际需要，根据《中华人民共和国道路交通安全法》及其实施条例等现行道路交通安全法律法规的规定，在 GA 468—2004 的基础上制定机动车安全技术检验项目和方法国家标准。

b) 明确注册登记检验和在用机动车检验的不同要求，强化机动车安全技术检验的"源头管理"作用，确保国家现行机动车管理法律、法规、政策有效实施。

c) 明确机动车安全技术检验项目，细化检验方法和审核要求，以期进一步提高标准的科学性和可操作性。

本标准列出了尾气排放的检验项目，但考虑到北京等部分地区已经实行了"机动车环保检验合格标志"，且国家环保总局也正酝酿在全国范围内推广"机动车环保检验合格标志"，本标准规定：实行"机动车环保检验合格标志"的地方，排放（排气污染物测量）不再列入安全技术检验。

需要说明的是，根据《中华人民共和国道路交通安全法》及其实施条例的相关规定，经国家机动车产品主管部门依据机动车国家安全技术标准认定的企业生产的机动车型，该车型的新车在出厂时经检验符合机动车国家安全技术标准，获得检验合格证的，申请机动车登记时，免于安全技术检验。

机动车安全技术检验项目和方法

1 范围

本标准规定了机动车安全技术检验的检验项目和检验方法等要求。

本标准适用于机动车安全技术检验机构对在我国道路上行驶的机动车进行安全技术检验，本标准也适用于进出口机动车检验机构对入境机动车进行安全技术检验。对经有关部门批准进行实际道路试验的机动车进行安全技术检验时，可参照本标准进行。

2 规范性引用文件

下列文件中的条款通过本标准的引用而成为本标准的条款。凡是注日期的引用文件，其随后所有的修改单(不包括勘误的内容)或修订版均不适用于本标准，然而，鼓励根据本标准达成协议的各方研究是否可使用这些文件的最新版本。凡是不注日期的引用文件，其最新版本适用于本标准。

GB 7258 机动车运行安全技术条件

3 术语和定义

GB 7258 确定的及下列术语和定义适用于本标准。

3.1

注册登记检验 inspection for unregistered vehicles

机动车安全技术检验机构对经国家有关部门许可生产(入境)，或经有关执法部门罚没、拍卖，需领取机动车牌证上道路行驶的机动车，在其申请注册登记时进行的安全技术检验。

3.2

在用机动车检验 inspection for in-use power-driven vehicles

机动车安全技术检验机构对已注册登记的机动车进行的安全技术检验。

3.3

车辆唯一性认定 identification of vehicles

对机动车的号牌号码、车辆类型、品牌/型号、颜色、发动机号码、车辆识别代号(或整车出厂编号)及主要特征和技术参数进行核查，核对车辆识别代号(或整车出厂编号)的拓印膜，以确认送检机动车的唯一性。

3.4

底盘动态检验 chassis operating inspection

在行驶状态下，定性地判断送检机动车的转向系、传动系、制动系、仪表和指示器是否符合运行安全要求。

4 检验方式和检验项目

4.1 四轮及四轮以上机动车(轮式专用机械车除外)的安全技术检验的检验方式和检验项目见表1，二、三轮机动车的安全技术检验的检验方式和检验项目见表2。

4.2 进出口机动车检验机构对需领取机动车牌证方可上道路行驶的入境机动车进行检验时，其检验项目应覆盖表1(包括附录A和附录B，下同)和表2(包括附录A和附录C)规定的注册登记检验项目。

4.3 检验项目按属性分为否决项和建议维护项。仪器设备检验项目中，排放、制动、前照灯远光光束发光强度、轮偏和底盘输出功率为否决项，其余为建议维护项。人工检查项目的项目属性见附录B的表B.1、表B.2、表B.3和附录C的表C.1的“项目属性”栏。

4.4 轮式专用机械车的安全技术检验项目按照相关国家标准和行业标准的要求参照表1确定。

4.5 拖拉机运输机组等上道路行驶的拖拉机的安全技术检验项目另行制定。

表1 机动车安全技术检验的检验方式和检验项目(四轮及四轮以上机动车)

<table>
<tr><th>检验方式</th><th colspan="2">检验项目</th><th>备注</th></tr>
<tr><td>车辆唯一性认定</td><td colspan="2">① 号牌号码;② 车辆类型;③ 品牌/型号;④ 颜色;⑤ 发动机号码;⑥ 车辆识别代号(或整车出厂编号)及打刻特征;⑦ 主要特征及技术参数[a]</td><td></td></tr>
<tr><td>联网查询</td><td colspan="2">查询送检机动车是否发生过交通事故及涉及尚未处理完毕的道路交通安全违法行为</td><td></td></tr>
<tr><td rowspan="2">线外检验</td><td>车辆外观检查</td><td>① 车身外观;② 照明和电气信号装置;③ 发动机舱;④ 驾驶室(区);⑤ 发动机运转状况;⑥ 客车内部;⑦ 底盘件;⑧ 车轮;⑨ 其他</td><td>具体检查项目见附录B的表B.1</td></tr>
<tr><td>底盘动态检验</td><td>① 转向系;② 传动系;③ 制动系;④ 仪表和指示器</td><td>具体检验项目见附录B的表B.2</td></tr>
<tr><td rowspan="8">线内检验</td><td>车速[b]</td><td>车速表指示误差</td><td>仅对最高设计车速超过40 km/h的车辆要求</td></tr>
<tr><td>排放[c]</td><td>1. 点燃式发动机汽车双怠速法排气污染物:CO、HC的体积分数,过量空气系数λ。
2. 压燃式发动机汽车自由加速法排气烟度:排气光吸收系数(对2001年10月1日起生产的汽车)或滤纸式烟度值(对2001年9月30日及该日期以前生产的汽车)。
3. 低速货车自由加速法排气烟度:滤纸式烟度值</td><td>过量空气系数λ的测试仅对使用闭环控制电子燃油喷射系统和三元催化转化器技术的点燃式发动机汽车进行。
采用简易工况法进行排放测量时,检验项目另行确定</td></tr>
<tr><td>制动[d](含轮重)</td><td>① 轮重;② 左、右轮最大制动力;③ 制动力增长全过程中的左右轮制动力最大差值;④ 制动协调时间;⑤ 车轮阻滞力;⑥ 驻车制动力</td><td>制动协调时间(④)在用滚筒式制动检验台检验时不要求;车轮阻滞力(⑤)仅对汽车要求</td></tr>
<tr><td>侧滑</td><td>转向轮横向侧滑量</td><td>前轴采用独立悬架的汽车侧滑量测试值不做评判依据</td></tr>
<tr><td>前照灯</td><td>① 前照灯远光光束发光强度;② 前照灯远光光束照射位置(光束中心左右偏移量及上下偏移量);③ 前照灯近光光束照射位置(明暗截止线转角折点位置)</td><td>前照灯远光光束照射位置检验仅对远光光束能单独调整的前照灯要求</td></tr>
<tr><td>车辆底盘</td><td>① 转向系;② 传动系;③ 行驶系;④ 制动系;⑤ 电器线路;⑥ 底盘其他部件</td><td>具体检查项目见附录B的表B.3</td></tr>
<tr><td>功率</td><td>底盘输出功率</td><td>仅对使用年限超过20年的非营运乘用车要求</td></tr>
</table>

表 1（续）

检验方式	检验项目		备注
路试检验	行车制动	制动距离和制动稳定性，或充分发出的平均减速度、制动协调时间和制动稳定性	通常只对无法上线检验的车辆及线内检验结果有质疑的车辆进行
	驻车制动	驻车制动性能	
	车速	车速表指示误差	仅在相关管理部门有要求时对全时四驱车辆等无法上线检测车速表指示误差的车辆进行

[a] 主要特征及技术参数是指机动车已认证（登记）的结构、构造或者特征，以及国家机动车产品主管部门公告的数据（详见附录 A）。

[b] 对全时四驱车辆等无法上线检测车速表指示误差的车辆不进行。

[c] 实行环保检验合格标志的地方，排放（排气污染物测量）不再列入安全技术检验。

[d] 轴荷超过检验设备允许承载能力的车辆、多轴无法上线的车辆不进行线内制动检验，应路试

表 2　机动车安全技术检验的检验方式和检验项目（二、三轮机动车）

检验方式	检验项目		备注
车辆唯一性认定	① 号牌号码；② 车辆类型；③ 品牌/型号；④ 颜色；⑤ 发动机号码；⑥ 车辆识别代号（或整车出厂编号）及打刻特征；⑦ 主要特征及技术参数[a]		
联网查询	查询送检机动车是否发生过交通事故及涉及尚未处理完毕的道路交通安全违法行为		
线外检验	外观检查	① 车辆外观；② 发动机运转状况；③ 照明和信号装置；④ 安全防护装置；⑤ 电器线路；⑥ 其他部件	具体检查项目见附录 C
	动态检验	① 转向系；② 离合器；③ 变速器；④ 传动装置；⑤ 制动系	具体检验项目见附录 C
线内检验	车速	车速表指示误差	仅对最高设计车速大于 40 km/h的车辆要求
	排放[b]	1. 摩托车和轻便摩托车怠速法排气污染物：CO、HC 的体积分数。 2. 三轮汽车自由加速法排气烟度：滤纸式烟度值	
	制动（含轮重）	① 轮重；② 各轮最大制动力；③ 制动力增长全过程中左右轮制动力最大差值；④ 驻车制动力	③、④仅对三轮汽车和正三轮摩托车要求
	轮偏	前后轮中心平面偏差	仅对二轮机动车和边三轮摩托车主车要求
	前照灯	① 前照灯远光光束发光强度；② 前照灯远光光束照射位置（光束中心左右偏移量及上下偏移量）；③ 前照灯近光光束照射位置（明暗截止线转角折点位置）	对装用一只前照灯的机动车只检验远光光束发光强度，远近光光束照射位置仅做功能性检查；对其他机动车，前照灯远光光束照射位置检验仅适用于远光光束能单独调整的前照灯
	下部检查	① 车架；② 电器线路固定；③ 相关部件	具体检查项目见附录 C

表 2（续）

检验方式	检验项目		备注
路试检验	行车制动	制动距离和制动稳定性，或充分发出的平均减速度、制动协调时间和制动稳定性	通常只对无法上线检验或线内检验结果有质疑的三轮机动车进行
	驻车制动	驻车制动性能	

a 主要特征及技术参数是指机动车已认证（登记）的结构、构造或者特征，以及国家机动车产品主管部门公告的数据（详见附录 A）。

b 实行环保检验合格标志的地方，排放（排气污染物测量）不再列入安全技术检验。

5 检验流程和对送检机动车的基本要求

5.1 检验流程

机动车安全技术检验的检验流程见图 1，机动车安全技术检验机构可根据自身情况对图 1 所示流程适当加以调整。

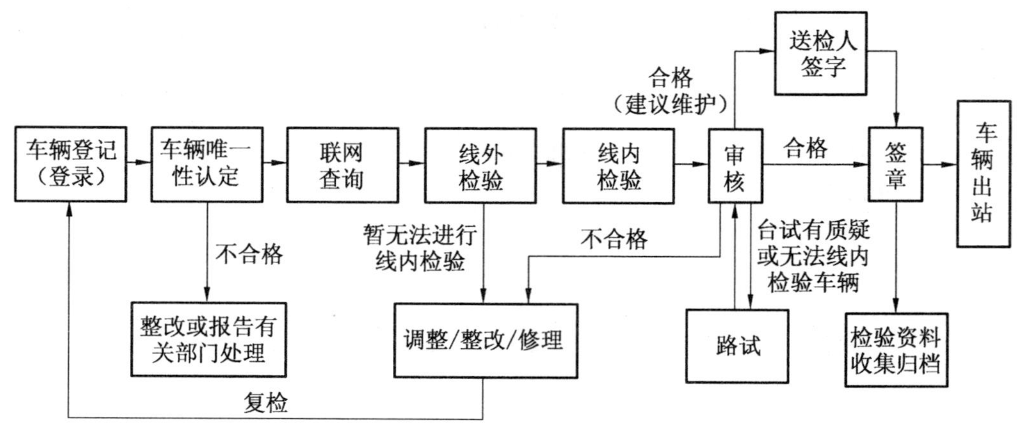

图 1 机动车安全技术检验流程图

5.2 对送检机动车的基本要求

5.2.1 送检机动车应清洁，无明显漏油、漏水、漏气现象，轮胎完好，轮胎气压正常且胎冠花纹中无异物，发动机怠速应正常。对达不到以上基本要求的送检机动车，机动车安全技术检验机构应要求整改符合要求后再进行安全技术检验。

5.2.2 在用车检验时，送检人应提供送检机动车的机动车行驶证和有效的机动车第三者责任强制保险凭证，对不能提供以上证件、凭证的送检机动车，机动车安全技术检验机构不应予以安全技术检验。

6 车辆唯一性认定

送检机动车应停放在指定位置，发动机停转。

车辆唯一性认定工作中的主要特征及技术参数认定宜结合车辆外观检查和车辆底盘检查进行。检查时常用的设备和工具主要有：长度测量工具（钢卷尺、钢直尺等）、铅锤、照明器具及称重设备。

6.1 注册登记检验

6.1.1 检验项目和要求

应逐一核对送检机动车的车辆类型、品牌/型号、颜色、车辆识别代号（或整车型号和出厂编号）和发动机号码，认定机动车的主要特征和技术参数（详见附录 A），对货车（含三轮汽车、低速货车，下同）应测算后悬，对具有牵引功能的机动车还应测算比功率，确认是否符合 GB 7258 等机动车国家安全技术标准并与国产机动车的整车出厂合格证明、进口机动车的进口凭证等证明、凭证记载及车辆产品标牌的内容一致。对货车、挂车、车长大于6 m的客车应用量具测量相关尺寸参数,对货车、挂车还应用称重设备测量相关质量参数。同时,还应核对车辆识别代号(或整车出厂编号)的拓印膜,查验车辆识别代号(或整车出厂编号)、发动机号码有无被凿改嫌疑。

6.1.2 **异常情形的处理**

6.1.2.1 发现送检机动车有被盗抢嫌疑[如车辆识别代号(或整车型号和出厂编号)、发动机号码有凿改、挖补、打磨痕迹或垫片、擅自另外打刻等异常情形的,或车辆识别代号(或整车型号和出厂编号)、发动机号码与相关证明、凭证记载不一致的]或非法拼装嫌疑时,此次安全技术检验终止,机动车安全技术检验机构及其检验员应详细登记该送检机动车的相关信息并立即向公安机关有关部门报告,等待有关部门核实查处。

6.1.2.2 发现送检机动车的外廓尺寸、后悬及整备质量、核载、比功率等主要特征及技术参数、技术指标不符合GB 7258等机动车国家安全技术标准或与公告的数据不一致时,此次安全技术检验终止,机动车安全技术检验机构及其检验员应详细登记送检机动车的车辆类型、品牌/型号、车辆识别代号(或整车型号和出厂编号)、发动机号码、整车生产厂家、生产日期、公告批次(进口机动车除外)等信息,并尽快向所在地公安机关交通管理部门和质量技术监督部门报告。

6.2 **在用车检验**

6.2.1 **检验项目和要求**

应逐一核对送检机动车的号牌号码、车辆类型、品牌/型号、颜色、车辆识别代号(或整车型号和出厂编号)和发动机号码,确认是否与送检机动车的机动车行驶证记载的内容及其他相关资料一致;核对车辆识别代号(或整车出厂编号)拓印膜,查验车辆识别代号(或整车型号和出厂编号)、发动机号码有无被凿改嫌疑。同时,还应检查送检机动车是否具有私自改装或擅自改变机动车已登记的结构、构造、特征的情形,必要时应用量具测量相关尺寸参数、用称重设备测量相关质量参数。对变更车身/车架或变更发动机后的在用机动车进行安全技术检验时,还应核对车身/车架和发动机的来历凭证及公安机关交通管理部门批准允许变更车身/车架的相关证明材料。

6.2.2 **异常情形的处理**

6.2.2.1 发现送检机动车的车辆识别代号(或整车型号和出厂编号)、发动机号码与机动车行驶证记载不一致,或者有凿改、挖补、打磨痕迹或垫片、擅自另外打刻等异常情形的,或者送检机动车有私自改装或擅自改变机动车已登记的结构、构造或者特征的情形时,此次机动车安全技术检验立即终止。送检机动车有被盗抢嫌疑时,机动车安全技术检验机构及其检验员应详细登记送检机动车的相关信息并尽快向所在地公安机关有关部门报告,等待有关部门核实查处;送检机动车有私自改装或擅自改变机动车已登记的结构、构造、特征的情形时,机动车安全技术检验机构应书面告知车主需将车辆恢复原状后才能再次进行安全技术检验,并同时将相关信息报告所在地公安机关交通管理部门和工商行政管理部门。

6.2.2.2 对变更车身/车架或变更发动机后的在用机动车进行安全技术检验时,对不能提供相关证明材料的,此次机动车安全技术检验立即终止,机动车安全技术检验机构及其检验员应详细登记送检机动车的相关信息并尽快向所在地公安机关交通管理部门报告。

7 联网查询

7.1 应联网查询送检机动车是否发生过交通事故及涉及尚未处理完毕的道路交通安全违法行为。

7.2 对发生过交通事故的送检机动车,应根据交通事故时送检机动车的损伤部位和损伤情况确定需重点检查的部位和项目。

7.3 对涉及尚未处理完毕的道路交通安全违法行为的送检机动车,应在《机动车安全技术检验报告》的"备注"栏中简要说明情况,提醒机动车所有人及时到公安机关交通管理部门处理道路交通安全违法行为。

8 线外检验

8.1 车辆外观检查

送检机动车应停放在指定位置,发动机停转("发动机运转状况"项目除外)。

检查时常用的设备和工具主要有:轮胎气压表、轮胎花纹深度计、透光率计、长度测量工具、手锤、铁钩及照明器具。

8.1.1 车身外观

8.1.1.1 目视检查以下各项,必要时应用钢直尺等量具测量相关尺寸参数:

a) 保险杠、后视镜、下视镜等部件是否完好。

b) 风窗玻璃是否完好及是否张贴有镜面反光遮阳膜。

c) 车体是否周正,车体外缘左右对称部位高度差是否符合规定,车身外部可能触及行人、骑自行车人等交通参与者的任何部件、构件是否有任何可能使人致伤的尖锐凸起物(如尖角、锐边等)。

d) 车身(车厢)及其漆面是否有明显的锈蚀、破损现象。

e) 货厢安装是否牢固,其栏板和底板是否规整及强度是否明显不足,装置的安全架是否完好无损。

f) 车长大于 7.5 m 的客车是否设置有车外顶行李架,其他客车设置的车外顶行李架是否长度不超过车长的 1/3 且高度不超过 300 mm。

g) 车身(或车厢)外部的图形和文字标志是否符合规定:

——车长大于 6 m 或总质量大于 4 500 kg 的货车、挂车,其车身(车厢)后部是否喷涂有符合规定的放大牌号;

注:地方性法规规定应喷涂放大牌号的车辆类型比《道路交通安全法实施条例》更广时,应按地方性法规规定的车辆类型检查车辆是否喷涂了符合规定的放大牌号。

——气体燃料汽车、两用燃料汽车和双燃料汽车,其车身是否按照规定标注了其使用的燃料类型;

——消防车、救护车、工程救险车和警车的车身颜色、外观制式是否符合相关规定。

h) 喷涂、粘贴的标识或车身广告是否影响安全驾驶。

i) 乘用车自行加装的前后防撞装置及货运机动车自行加装的防风罩、水箱、工具箱、备胎架,是否影响安全和号牌识别。

8.1.1.2 注册登记检验时,应记录汽车是否在前风窗玻璃右上角粘贴有符合规定的整车 3C 标志并检查以下各项:

a) 机动车是否设置了能够满足号牌安装要求的号牌板(架);

b) 车身外表面易见部位是否至少装置有一个能永久保持的商标(或厂标);

c) 汽车(三轮汽车和低速货车除外)是否设置了规定数量和类型的后视镜,其他机动车是否在左右至少各设置有一面后视镜,车长大于 6 m 的平头货车和平头客车在车前是否至少设置有一面前下视镜;

d) 乘用车和车长小于 6 m 的客车的前后部是否设置了保险杠,货车(三轮汽车除外)是否设置了前保险杠;

e) 货车货箱(自卸车、装载质量 1 000 kg 以下的货车除外)前部是否安装有比驾驶室高至少 70 mm的安全架。

8.1.2 照明和电气信号装置

8.1.2.1 目视检查以下各项:

a) 前位灯、前转向信号灯、前部危险警告信号灯、示廓灯和牵引杆挂车标志灯等前部照明和信号装置是否齐全完好，前照灯的远、近光光束变换功能，近光光形是否有明显的明暗截止线；

b) 后位灯、后转向信号灯、后部危险警告信号灯、示廓灯、制动灯、后雾灯、后牌照灯、倒车灯、后反射器是否齐全完好，制动灯的发光强度是否明显大于后位灯的发光强度；

c) 侧转向信号灯、侧标志灯和侧反射器是否齐全完好；

d) 对称设置、功能相同的灯具的光色和亮度是否有明显差异；

e) 除转向信号灯、危险警告信号及消防车、救护车、工程救险车和警车安装使用的标志灯具外，其他外部灯具是否有闪烁的情形；

f) 道路运输危险货物车辆标识是否符合相关规定，必要时应用量具测量相关尺寸参数；

g) 消防车、救护车、工程救险车和警车安装使用的标志灯具是否完好有效；

h) 附加的灯具、反射器或附属装置是否影响 GB 7258 规定安装的灯具和信号装置的性能或对其他的道路使用者造成不利影响。

8.1.2.2 检查机动车设置的喇叭是否具有连续发声功能，工作是否可靠，必要时应用声级计测量其喇叭声级是否符合规定。

8.1.2.3 对 2005 年 2 月 1 日起注册登记的总质量不小于 12 000 kg 的货车和总质量大于 3 500 kg 的挂车，检查其后部车身反光标识的粘贴技术规范及车身反光标识材料的式样(颜色、宽度等)是否符合相关标准的规定；对 2005 年 2 月 1 日起注册登记的车长不小于 10 m 的货车和总质量大于 3 500 kg 的挂车，检查其侧面车身反光标识的粘贴技术规范及车身反光标识材料的式样是否符合相关规定；必要时应使用量具测量相关尺寸参数。

8.1.2.4 注册登记检验时，应重点检查车辆外部照明和信号装置的数量、位置、光色是否符合相关标准的规定，必要时应用量具测量相关尺寸参数。对 2006 年 12 月 1 日起新出厂的总质量不小于 12 000 kg 的货车和总质量大于 3 500 kg 的挂车，还应检查其安装的车身反光标识材料的白色单元上是否加施有符合规定的 3C 标志。

8.1.3 发动机舱

8.1.3.1 打开发动机罩(或翻转驾驶室)，检查目视可见的发动机各系统机件是否齐全有效；检查蓄电池桩头与导线连接是否牢固；检查目视可见的电器导线捆扎、固定、绝缘保护等是否完好，各种管路是否完好、固定可靠。

对于使用液压制动(含液压传动离合)的汽车，目视检查储液器的液面高度及有无泄漏。

注：自 1999 年 7 月 1 日起出厂的使用液压制动的汽车，其储液器的加注口必须易于接近，且从结构设计上必须保证在不打开容器的条件下就能很容易地检查液面；若不能满足该条件，则必须安装制动液面过低报警装置。

8.1.3.2 注册登记检验时，如气缸体上打刻(或铸出)的发动机型号和出厂编号不易见，应检查在发动机易见部位是否具有能永久保持的发动机型号和出厂编号的标识。如车辆产品标牌位于发动机舱，还应检查车辆产品标牌是否能永久保持及其内容是否规范、清晰耐久。

8.1.4 驾驶室(区)

8.1.4.1 记录里程表读数，目视检查以下各项：

a) 门锁及门铰链是否完好；

b) 驾驶员座椅固定是否可靠，汽车(三轮汽车除外)驾驶员座椅前后位置调节装置能否正常工作，安全带是否齐全有效；2005 年 8 月 1 日起出厂的座位数不大于 5 的乘用车及 2006 年 2 月 1 日起出厂的座位数大于 5 的乘用车的所有座椅(第三排及第三排以后的可折叠座椅除外)是否均配置了有效的安全带；

c) 前风窗玻璃及风窗以外玻璃用于驾驶员视区部位的可见光透射比是否不小于 70%(必要时用透光率计检查可见光透射比)；

注：风窗以外玻璃驾驶人视区部位是指驾驶员驾驶时用于观察后视镜的部位。

d) 刮水器、洗涤器能否正常工作；

e) 2005年2月1日起新注册登记的车长大于9 m的长途客车和旅游客车是否安装了汽车行驶记录仪；对安装有汽车行驶记录仪的长途客车和旅游客车、道路运输危险货物车辆、半挂牵引车、总质量不小于12 000 kg的货车，其汽车行驶记录仪的固定、连接是否安全、可靠，能否正常显示；

f) 折翻式驾驶室的固定是否可靠。

8.1.4.2 注册登记检验时，还应检查：

a) 车辆是否按照规定装备了各种仪表；

b) 车辆是否设置了符合规定的操纵件、指示器及信号装置的图形标志；

c) 对乘用车和货运机动车，按照相关标准核定的乘坐人数是否与机动车注册登记证明、凭证记载的内容一致；

d) 车长大于9 m的长途客车和旅游客车是否安装了符合规定的汽车行驶记录仪；2006年12月1日起新出厂的，安装有汽车行驶记录仪的长途客车和旅游客车、道路运输危险货物车辆、半挂牵引车、总质量不小于12 000 kg的货车，其行驶记录仪主机外壳的易见部位是否加施有符合规定的3C标志；

e) 机动车的警告性文字是否有中文标注，折翻式驾驶室翻转操纵机构附近易见部位是否有提醒驾驶员如何正确使用该操纵机构的文字；

f) 车辆产品标牌[如位于驾驶室(区)]是否能永久保持及其内容是否规范、清晰耐久。

8.1.5 发动机运转状况

检查发动机能否正常起动；起动发动机，检查怠速运转、电源充电状况、各仪表及指示器工作是否正常；检查发动机急加速过程中及在较高转速时急松油门能否回至怠速状态和有无“回火”、“放炮”等异常状况；检查有无漏水、漏油、漏气现象及水温、油压指示是否正常；检查点火开关关闭后发动机能否迅速熄火；对柴油车还应检查停机装置是否灵活、有效。

8.1.6 客车内部

8.1.6.1 目视检查以下各项：

a) 客车座椅/卧铺的数量是否与机动车行驶证记载内容一致，座椅间距是否符合规定，座椅扶手和卧铺护栏安装是否牢固；

b) 车厢灯、门灯能否正常工作；

c) 客车地板密封是否良好，车内行李架的安装是否牢固；

d) 客车配备的灭火器是否齐全有效、固定可靠；

e) 长途客车和旅游客车安全出口处标注的“安全出口”字样是否完好，车内是否按照规定装备了用于击碎安全出口玻璃的专用手锤，安全门是否锁止可靠及能否正常开启；

f) 卧铺客车每个铺位的安全带是否齐全有效，长途客车和旅游客车前面没有座椅的座椅、前面护栏不能起到有效防护作用的座椅及其他按照规定应安装安全带的座椅的安全带是否齐全、有效。

8.1.6.2 注册登记检验时，还应检查客车安全出口的数量、位置和大小及座椅/卧铺位的数量和布置是否符合规定，乘客通道的宽度和高度是否能保证符合规定的通道测量装置顺利通过，通向安全门的通道宽度是否符合要求。

8.1.7 底盘件

8.1.7.1 目视检查以下各项：

a) 燃料箱是否固定可靠，燃料箱盖是否完好；

b) 挡泥板、牵引钩是否完好；

c) 蓄电池、蓄电池架的固定是否牢固可靠；

d) 贮气筒排污阀功能是否有效；

e) 钢板弹簧的形式、片数是否符合规定，有无裂纹和断片，安装是否紧固；

f) 2003年3月1日起出厂的总质量大于3 500 kg的货车和挂车，其装备的侧面及后下部防护装置是否完好有效，货车列车的牵引车和挂车之间是否装备了有效的侧面防护装置；

g) 汽车列车的牵引连接装置是否连接可靠且装有防止车辆行驶中脱开的安全装置。

8.1.7.2 注册登记检验时，应重点检查货车和挂车的侧面防护装置的下缘离地高度、防护范围和前缘形式及后下部防护装置的离地高度、宽度、横截面宽度是否符合相关规定（必要时应用量具测量相关尺寸参数），检查后下部防护装置的强度是否具有明显不足的情形。

8.1.8 **车轮**

8.1.8.1 目视检查以下各项，必要时应使用轮胎花纹深度计或量具测量：

a) 同轴两侧是否装用同一型号、规格轮胎；

b) 轮胎的型号、速度级别及胎冠花纹深度、轮胎气压是否符合规定，乘用车轮胎的胎面磨损标志是否已可见；

c) 轮胎的胎面、胎壁有无长度超过25 mm或深度足以暴露出轮胎帘布层的破裂和割伤及其他影响使用的缺损、异常磨损和变形；

d) 轮胎螺栓、半轴螺栓是否齐全、紧固。

8.1.8.2 若送检机动车装用轮胎的型号、速度级别不符合规定，或所装用轮胎的胎面、胎壁和胎冠花纹深度不符合规定，此次安全技术检验终止，应要求送检人换装符合规定的轮胎复检。若送检机动车轮胎气压不符合规定，应要求送检人将轮胎气压调整到规定气压后再进行其他项目的检验。

8.1.8.3 注册登记检验时，对2004年10月1日起出厂的使用小规格备胎的乘用车，检查在备胎附近明显位置（或其他适当位置）是否装置有能永久保持的、提醒驾驶员正确使用备胎的标识及标识的相关提示内容是否有中文。

8.2 **底盘动态检验**

起步并行驶一段距离，检验转向系、传动系、制动系。底盘动态检验可结合其他检验方式进行。

8.2.1 **转向系**

检查方向盘的最大自由转动量是否符合要求及行驶时转向是否沉重，必要时应用方向盘转向力-转向角检测仪检测；行驶时检查车辆是否具有自动回正能力及保持直线行驶的能力。

8.2.2 **传动系**

在车辆行驶过程中检查：

a) 离合器接合是否平稳，有无异响、打滑、抖动、沉重、分离不彻底等现象；

b) 变速器倒挡能否锁止，换挡是否正常，有无异响；

c) 传动轴/链有无异响、抖动；驱动桥的主减速器和差速器有无异响。

8.2.3 **制动系**

以20 km/h左右的速度正直行驶，双手轻扶方向盘，急踩制动踏板后迅速放松，初步掌握车辆制动协调时间、释放时间和有无跑偏现象。对气压制动汽车，踩下并放松制动踏板若干次，使制动气压下降至低于起步气压（未标起步气压者，按400kPa计），检查低气压报警装置是否报警；对装用弹簧储能制动器的车辆，报警后起步行驶，检查在低气压时弹簧储能制动器自锁装置是否有效。

对2005年2月1日起新注册登记的总质量大于12 000 kg的长途客车和旅游客车、总质量大于10 000 kg的挂车、总质量大于16 000 kg允许挂接总质量大于10 000 kg的挂车的货车、半挂牵引车，还应检查其装备的防抱制动装置自检功能是否正常。

8.2.4 **仪表和指示器**

底盘动态检验过程中，检验员应注意观察车辆配备的各种仪表和指示器是否有异常情形。

8.3 **发现否决项不合格时的处理**

检验出现否决项不合格的情形时，检验员应继续进行其他线外检验项目的检验。不合格项不会影响仪器设备检验结果的,还应进行线内检验。

8.4 发现其他不符合机动车国家安全技术标准情形时的处理

在车辆外观检查和底盘动态检验过程中,如发现有其他不符合 GB 7258 等机动车国家安全技术标准的情形[如:2005 年 2 月 1 日起新注册登记机动车的警告性文字没有中文;汽车(三轮汽车除外)未按规定装备三角警告牌,或装备的三角警告牌在车上未妥善放置;消防车、救护车、工程救险车和警车未装备与其功能相适应的装置,或装备的装置布局不合理、固定不可靠等],检验员应在人工检验记录单备注栏内记录不符合现象。

9 线内检验

机动车上线检验前,应对检测设备/仪器进行检查,保证其工作正常。

9.1 车速表指示误差检验

9.1.1 检验设备的选择

车速表指示误差检验宜在滚筒式车速表检验台上进行。

9.1.2 检验程序

a) 将车辆正直居中驶上检验台,驱动轮停放在测速滚筒上;

b) 降下举升器或放松滚筒锁止机构,必要时在非驱动轮前部加止动块(前轮驱动车使用驻车制动);

c) 当车速表指示 40 km/h 时,测取实际车速,检验结束;

d) 升起举升器或锁止滚筒,将车辆驶出检验台。

9.1.3 注意事项

a) 测速时车辆前、后方及驱动轮两旁不准站立人员;

b) 检验结束后,检验员不可采取任何紧急制动措施使滚筒停止转动;

c) 对于不能在车速表检验台上检验的车辆,应路试检验车速表指示误差。

9.2 排气污染物测量

按照国家环境保护行政主管部门的相关规定进行。

9.3 台试制动性能检验

9.3.1 检验设备的选择

a) 机动车制动性能的检验宜采用滚筒反力式制动检验台或平板制动检验台进行,对于前轴驱动的乘用车,更宜采用平板制动检验台测试。采用滚筒反力式制动检验台时,制动检验台的电气系统应能分别控制左右两组滚筒停机以测得左、右车轮的最大制动力。

b) 对于部分无法在滚筒反力式制动检验台上检测的车辆(如全时四轮驱动车辆、多轴半挂车等),应路试检验制动性能;平板制动检验台能检验时,可用平板制动检验台检验。

9.3.2 检验前准备

a) 制动检验台滚筒(或平板)表面应清洁,没有异物及油污;

b) 检验辅助器具应齐全;

c) 气压制动的车辆,贮气筒压力应能保证该车各轴制动力测试完毕时,气压仍不低于起步气压(未标起步气压者,按 400 kPa 计);

d) 液压制动的车辆,根据需要将踏板力计装在制动踏板上。

9.3.3 用滚筒反力式制动检验台检验

a) 被检车辆正直居中行驶,各轴依次停放在轮重仪上,并按仪器说明书规定的时间停放,分别测出静态轮荷(轮重、制动分列式)。

b) 被检车辆正直居中行驶,将被测试车轮停放在滚筒上,变速器置于空挡。

c) 起动滚筒电机,在 2 s 后开始采样并保持足够的采样时间(5 s),测取采样过程的平均值作为阻滞力。按附录D的D.1规定计算各车轮的阻滞力百分比。

d) 检验员按显示屏指示在5 s～8 s内(或按厂家规定的速率)将制动踏板逐渐踩到底(对气压制动车辆)或踩到制动性能检验时规定的制动踏板力,测得左、右车轮制动力增长全过程的数值及左、右车轮最大制动力,并依次测试各车轴;对驻车制动轴,操纵驻车制动操纵装置,测得驻车制动力数值。按附录D的D.1规定计算各车轴的制动率、左右轮制动力差百分比、整车制动率、驻车制动力百分比。

e) 制动检验时,如果被测试车轮在滚筒上抱死,但制动率未达到合格要求的,应采用f)或g)方法进行检验。

f) 在车辆上增加足够的附加质量或相当于附加质量的作用力(在设备额定载荷以内,附加质量或作用力应在该轴左右车轮之间对称作用,不计入轴荷)。为防止被检车辆在滚筒反力式制动检验台上后移,可在非测试车轮后方垫三角垫块或采取整车牵引的方法。

g) 用平板制动检验台检验制动力或按标准规定的路试方法检验制动距离或充分发出的平均减速度和制动协调时间。

h) 台试检验左右轮制动力差不合格,但底盘动态检验过程中点制动时车辆无明显跑偏现象的,应换用平板制动检验台或采用路试方法检验。

9.3.4 用平板制动检验台检验

a) 检验员将被检车辆以5 km/h～10 km/h的速度(或制动检验台生产厂家推荐的速度)滑行,置变速器于空挡后(对自动变速器车辆可位于"D"挡),正直平稳驶上平板;

b) 当被测试车轮均驶上平板时,急踩制动,使车辆停止,测得各车轮的轮荷(对乘用车应为动态轮荷)、阻滞力、最大轮制动力等数值,按照附录D的D.2规定计算各车轴的制动率、左右轮制动力差百分比、整车制动率等指标;

c) 重新起动车辆,待车辆驻车制动轴驶上平板时操纵驻车制动操纵装置,测得驻车制动力数值,按照附录D的D.2规定计算驻车制动力百分比;

d) 车辆制动停止时如被测试车轮已离开平板,则此次制动测试无效,应重新测试;

e) 对制动反应迟缓的车辆,必要时应连接踏板开关信号,检验车辆制动协调时间是否符合规定。

9.4 转向轮横向侧滑量检验

9.4.1 检验设备的选择

转向轮横向侧滑量的检验应在侧滑检验台上进行,侧滑检验台宜具有轮胎侧向力释放功能。

9.4.2 检验程序

将车辆正直居中驶近侧滑检验台,并使转向轮处于正中位置,在驱动状态以不高于5 km/h的车速平稳通过侧滑检验台,读取最大示值。

9.4.3 注意事项

a) 车辆通过侧滑检验台时,不得转动方向盘;

b) 不得在侧滑检验台上制动或停车;

c) 应保持侧滑检验台滑板下部的清洁,防止锈蚀或阻滞。

9.5 前照灯检验

9.5.1 检验设备的选择

前照灯光束照射位置检验及前照灯远光光束发光强度测量应使用具备远近光光束照射位置检验功能的前照灯检测仪。

9.5.2 检验前仪器及车辆准备

a) 检测仪受光面应清洁;

b) 对手动式前照灯检测仪应检查其电池电压是否在规定范围内;

c) 轨道内应无杂物,使仪器移动轻便;

d) 前照灯应清洁。

9.5.3 检验方法

用自动式前照灯检测仪检验时：

a) 车辆沿引导线居中行驶至规定的检测距离处停止，车辆的纵向轴线应与引导线平行，如不平行，车辆应重新停放，或采用车辆摆正装置进行拨正；

b) 置变速器于空挡，车辆电源处于充电状态，开启前照灯远光灯；

c) 给自动式前照灯检测仪发出启动测量的指令，仪器自动搜寻被检前照灯，并测量其远光发光强度及远光照射位置偏移值；

注：前照灯远光照射位置偏移值检验仅对远光光束能单独调整的前照灯进行；远光光束能单独调整的前照灯是指手工或通过使用专用工具能够在不影响近光光束照射角度的情况下调整远光光束照射角度的前照灯，通常情况下远近光束一体的前照灯其远光光束照射角度不能单独进行调整。

d) 被检前照灯转换为近光光束，自动式前照灯检测仪自动检测其近光光束明暗截止线转角（或中点）的照射位置偏移值；

e) 按上述 c)、d)步骤完成车辆所有前照灯的检测；

f) 在对并列的前照灯（四灯制前照灯）进行检验时，应将与受检灯相邻的灯遮蔽。

用手动式前照灯检测仪检验时，参照上述方法进行。

9.6 底盘输出功率测试

9.6.1 检验设备的选择

底盘输出功率测试应在汽车底盘测功机上进行。

9.6.2 测试前仪器及车辆准备

测试时发动机冷却水和润滑油温度应达到汽车使用说明书所规定的热状态。

9.6.3 测试程序

a) 将待检汽车驱动轮置于底盘测功机滚筒上，举升器下降，做好安全防护。

b) 关闭空调系统等非汽车运行所必须的耗能装置，启动汽车。手动挡汽车逐步加速并换至直接挡，使汽车以直接挡的最低车速稳定运转；自动挡汽车挂正常行车挡起步。

c) 将油门踏板踩到底，扫描最大功率点（设最大功率点速度为 V_P）。

d) 设定测功机按速度 V_P 进行定速测功。

e) 待汽车速度在设定的检测速度 V_P 下稳定 5 s 后，记录仪表显示不少于 3 s 内的汽车底盘输出功率值平均值；在读数期间，实际检测速度与设定检测速度的允差为±0.5 km/h。

g) 测试结束，车辆停车，举升器上升，车辆驶离。

9.6.4 注意事项

a) 测试时车辆前方及驱动轮两旁不准站立人员；

b) 在底盘测功机滚筒高速旋转时，不得在底盘测功机上急踩制动；

c) 如对同一辆车连续重复测试，应用风机对准发动机部位吹风散热。

9.7 车辆底盘检查

9.7.1 待检车辆准备

车辆停放在地沟上方的指定位置，发动机停止运转。

9.7.2 转向系检查

由驾驶室操作人员配合来回转动方向盘，检查转向器固定情况（宜使用汽车悬架转向系间隙检查仪）；检查转向机构各部件紧固、锁止、限位情况，检查在转向过程中有无干涉或摩擦痕迹/现象，检查各机件有无损伤和横、直拉杆是否有拼焊情况。

注：检查各部件有无损伤、管线是否固定时应使用专用手锤，以下 9.7.3～9.7.7 同。

9.7.3 传动系检查

a) 检查变速器及分动器支架连接是否可靠；

b) 检查传动各部件连接是否可靠；传动轴、万向节安装是否正确及中间轴承及支架有无裂纹和松旷现象；检查有无漏油现象。

9.7.4 行驶系检查

a) 检查钢板吊耳及销有无松旷；中心螺栓、U形螺栓是否紧固；检查有无车桥移位现象(必要时用卷尺测量左、右侧轴距差值)；

b) 检查车架纵梁、横梁有无变形、损伤，铆钉、螺栓有无缺少或松动；

c) 检查车桥与悬架之间的拉杆和导杆有无松旷和移位，检查减震器有无漏油。

9.7.5 制动系检查

a) 检查制动系部件有无擅自改动；

b) 检查制动主缸、轮缸、制动管路等有无漏气、漏油，制动软管有无老化；

c) 检查制动系管路与其他部件有无摩擦和固定松动现象。

9.7.6 电器线路检查

检查电器导线是否布置整齐、捆扎成束、固定卡紧及线路有无破损现象；检查接头是否牢固并有绝缘套，在导线穿越孔洞时是否装设绝缘套管。

9.7.7 底盘其他部件检查

a) 检查发动机的固定是否可靠；

b) 检查排气管、消声器是否完好，固定是否可靠；排气管口指向是否符合要求；

c) 检查燃料箱、燃料管路是否固定可靠；燃料管路与其他部件有无碰擦及软管有无明显老化现象。

10 路试检验

10.1 行车制动

10.1.1 路试制动性能检验应在纵向坡度不大于1%，轮胎与地面间的附着系数不小于0.7的硬实、清洁、干燥的水泥或沥青路面上进行。检验时车辆变速器应置于空挡。

10.1.2 对于无法上制动检验台检验的车辆及经台架检验后对其制动性能有质疑的车辆，用制动距离或者充分发出的平均减速度和制动协调时间判定制动性能。必要时应安装踏板力计，检查达到规定制动效能时的制动踏板力是否符合标准。

10.1.3 在试验路面上，按照GB 7258划出规定的试车道的边线，被测车辆沿着试车道的中线行驶。使用便携式制动性能测试仪进行测试时，行驶至规定初速度后，置变速器于空挡，急踩制动，使车辆停止，测量充分发出的平均减速度(MFDD)和制动协调时间，并检查车辆有无驶出车道边线；当使用第五轮仪或非接触式速度仪进行测试时，行驶至高于规定的初速度后，置变速器于空挡，滑行到规定的初速度时，急踩制动，使车辆停止，测量车辆的制动距离和检查车辆有无驶出车道边线。

10.1.4 对已在制动检验台上检验过的车辆，制动力平衡及前轴制动率符合要求，但整车制动率未达到合格要求时，用便携式制动性能测试仪检测，对于乘用车及其他总质量不大于4 500 kg的汽车的制动初速度应不低于30 km/h，对于其他汽车、汽车列车及无轨电车，制动初速度应不低于20 km/h，急踩制动后测取MFDD及制动协调时间。

10.2 驻车制动

将车辆驶上坡度为20%(总质量为整备质量的1.2倍以下的车辆为15%)，附着系数不小于0.7(混凝土或沥青路面)的坡道上，按正反两个方向保持固定不动，其时间不少于5 min，检验车辆的驻车制动是否符合要求。

10.3 车速表指示误差

对全时四驱车辆、具有驱动防滑控制功能的车辆等无法上线检验车速表指示误差的车辆，可采用第五轮仪等仪器进行路试检验。

11 二、三轮机动车检验的补充说明

11.1 线外检验

11.1.1 外观检查

外观检查时，应注意检查二、三轮机动车的前、后减振器、转向上下联板和方向把是否有变形和裂损，左右后视镜是否齐全有效，座垫、扶手(或拉带)、脚蹬和挡泥板是否齐全、牢固可靠；对无驾驶室的三轮汽车，还应检查货箱前部是否安装有高出驾驶员座垫平面至少 800 mm 的安全架，并确认安全架的强度是否明显不符合要求。外观检查的其他项目参照 8.1.1 进行。

11.1.2 动态检验

车辆静止时，检验员左右转动方向把检验转向轮转动是否灵活，有无发卡和松旷现象；起步并行驶一段距离，检查离合器、变速器换挡、转向、油门操纵是否正常；运行中检查传动轴/链有无异响、明显松旷现象；车速在 15 km/h 左右时，检验制动是否正常，检查是否有漏油及操纵发卡现象。

11.2 线内检验

11.2.1 车速表指示误差

摩托车及最高设计车速大于 40 km/h 的轻便摩托车应进行车速表指示误差检验，检验方法如下：

a) 将车辆被测试车轮推上车速表检验台的前、后滚筒之间；

b) 扶正方向把，启动夹紧装置夹紧非测试车轮，使被测车轮尽可能与滚筒成垂直状态；

c) 启动电机逐渐加速，当车辆速度表指示值达到规定的检测速度(30 km/h)时，读取车速表检验台的数值，数值在 23.6 km/h～30 km/h 时为合格；

d) 检测完毕，关闭电机，松开车轮夹紧装置，将车辆推下车速表检验台。

11.2.2 排气污染物测量

按照国家环境保护行政主管部门的相关规定进行。

11.2.3 台试制动性能检验

参照 9.3 进行。

11.2.4 轮偏检验

两轮摩托车、两轮轻便摩托车及边三轮摩托车的主车应进行轮偏检验：

a) 将被检机动车推行至轮偏检测仪，并使前、后轮分别处于相应的前、后夹紧装置的中间位置；

b) 使摩托车处于直线行驶的状态，轻扶方向把，启动车轮夹紧装置；

c) 测取前、后轮偏移量数值(mm)；

d) 测试结束后，松开前、后轮夹紧装置，把被检机动车推下轮偏检测仪。

11.2.5 前照灯检验

a) 将车辆停止在规定的位置；

b) 保持前照灯正对检测仪，有夹紧装置的将车轮夹紧；

c) 开启前照灯检测仪进行检测，检测过程中车辆应处于充电状态(挡位置于空挡，无级变速的车辆应实施制动)；

d) 对装用一只前照灯的机动车，记录前照灯远光光束发光强度。对装用两只或两只以上前照灯的机动车，还应记录近光光束明暗截止线转角(或中点)偏移值，对远光光束能单独调整的前照灯，则还应记录远光光束照射位置偏移值。

11.2.6 下部检查

检查二、三轮机动车的车架有无明显的变形、损伤；检查电器线路固定是否完好、有效；检查排气管、消声器、燃料箱及燃料管路是否完好、固定可靠。

下部检查宜与外观检查同步进行。

12 检验结果审核和检验报告处置

12.1 全自动检测线各检测设备的检验数据应通过计算机网络自动传输、存储及判断，车辆外观检查、底盘动态检验、车辆底盘检查、路试等工位的检验员应根据车辆出厂日期和注册登记日期按照 GB 7258 等机动车国家安全技术标准确认检验结果是否符合要求。车辆外观检查、底盘动态检验、车辆底盘检查等工位的不合格项目及路试、线内仪器设备检验项目的检验数据和检验结果应打印在《机动车安全技术检验报告》上。

12.2 授权签字人对检验数据应认真分析，根据检验类型(注册登记检验、在用车检验等)对检验结果逐项确认并签注整车检验评判结论，评判结论分为合格、合格(建议维护)、不合格三类：

12.2.1 送检机动车所有检验项目的检验结果均合格的，评判结论为合格。

12.2.2 送检机动车检验项目中，所有否决项的检验结果均合格，检验结果为不合格的建议维护项小于等于 6 项的，评判结论为合格(建议维护)。

12.2.3 送检机动车检验项目中，有任一否决项的检验结果不合格，或检验结论为不合格的建议维护项多于 6 项的，评判结果为不合格。

12.2.4 项目数对人工检验项目按附录 E、附录 G 编号计算，一个编号对应的项目包括多项检查内容时，有任一项检查内容不合格则该项目不合格；对仪器设备检验项目，建议维护项按 4 项计算，分别为：前照灯远光偏移、前照灯近光偏移、车速表指示误差、转向轮横向侧滑量。

12.3 发现异常情况，机动车安全技术检验机构应及时分析处理，发现误判或对检验结果有质疑时应重新检验。

12.4 检验报告评判结论为“合格(建议维护)”时，送检人应在《机动车安全技术检验报告》上签字。机动车所有人应及时调修建议维护项目。

12.5 人工检验记录单格式见附录 E 和附录 G，《机动车安全技术检验报告》格式见附录 F 和附录 H。

13 检验报告签发与资料收存

13.1 机动车安全技术检验完毕后，机动车安全技术检验机构应签发《机动车安全技术检验报告》。

13.2 机动车安全技术检验机构应妥善保管人工检验记录单(含车辆识别代号拓印膜)和《机动车安全技术检验报告》副本(纸质或电子档案)等资料，保存期限应不少于 2 年。

附 录 A
（规范性附录）
主要特征和技术参数

A.1 基本信息

制造国、制造厂名称
车辆类型、车辆品牌/型号
车辆识别代号或整车出厂编号/发动机号码
出厂日期
车身颜色

A.2 技术参数

发动机型号、排量/功率、燃料种类
外廓尺寸
货箱内部尺寸
轴数、轴距
轮距、轮胎数、轮胎规格
总质量、整备质量
核定载质量
比功率、准牵引总质量
后轴钢板弹簧片数
转向形式
核定载客人数/驾驶室载客人数

A.3 车辆安全装置配备情况

汽车安全带
汽车行驶记录仪
防抱制动装置(ABS)
侧面及后下部防护装置
车身反光标识
道路运输危险货物车辆标识
机动车用三角警告牌
灭火器

注：车辆安全装置配备情况检查仅对按照 GB 7258 等机动车国家安全技术标准及道路交通安全法律法规相关规定应配备上述车辆安全装置的车辆进行。

附 录 B
（规范性附录）
车辆外观检查、底盘动态检验和车辆底盘检查 检验项目

表 B.1 车辆外观检查项目

序号	检验项目	内 容	项目属性
1	车身外观	保险杠	注册登记检验时为否决项
		后视镜、下视镜、车窗玻璃	否决项
		车体周正、尖锐突出物	否决项
		漆面	建议维护项
		货厢、安全架、车外顶行李架	否决项
		外部喷涂与文字标志、标识和车身广告	否决项
		自行加装装置对号牌识别的影响	否决项
		号牌板(架)	注册登记检验，否决项
		商标(或厂标)	注册登记检验，否决项
2	照明和电气信号装置	前后位灯/后牌照灯/示廓灯/挂车标志灯	否决项
		转向信号灯(前、侧、后)，危险警告信号灯	否决项
		前照灯(远光、近光)	否决项
		制动灯、后反射器、后雾灯、倒车灯	否决项
		侧标志灯、侧反射器	否决项
		道路运输危险货物车辆标识	否决项
		特种车辆标志灯具	否决项
		附加的灯具、反射器或附属装置	否决项
		喇叭(功能性检查)	否决项
		车身反光标识	否决项
3	发动机舱	发动机各系统机件	建议维护项
		蓄电池桩头及联线	建议维护项
		电器导线、各种管路	否决项
		储液器(使用液压制动的汽车)	否决项
		发动机标识	注册登记检验，否决项
4	驾驶室(区)	门锁及门铰链	建议维护项
		驾驶员座椅	否决项
		安全带	否决项
		前风窗玻璃及其他风窗玻璃用于驾驶员视区的部位	否决项
		刮水器	否决项
		洗涤器	建议维护项
		汽车行驶记录仪	否决项
		驾驶室固定	否决项
		仪表数量类型，操纵件、指示器及信号装置图形标志	注册登记检验，否决项
		警告性文字的中文标注，车辆产品标牌	注册登记检验，否决项

表 B.1（续）

序号	检验项目	内　　容	项目属性
5	发动机运转状况	起动性能	否决项
		怠速、电源充电、仪表及指示器	建议维护项
		加速踏板控制	建议维护项
		漏水、漏油、漏气，水温、油压	建议维护项
		关电熄火/（柴油车）停机装置	否决项
6	客车内部	座椅/卧铺数量、座椅间距	否决项
		扶手和卧铺护栏	建议维护项
		车厢灯、门灯	建议维护项
		客车地板、车内行李架	建议维护项
		灭火器、安全出口标识、安全手锤、安全门	否决项
		安全带	否决项
		安全出口的数量、位置和尺寸	注册登记检验，否决项
		乘客通道，通往安全门的通道	注册登记检验，否决项
7	底盘件	燃料箱、燃料箱盖	否决项
		挡泥板/牵引钩、蓄电池、蓄电池架	建议维护项
		贮气筒排污阀	建议维护项
		钢板弹簧	否决项
		侧面及后下部防护装置	否决项
		牵引连接装置	建议维护项
8	车轮	轮胎型号/规格/速度级别	否决项
		轮胎胎冠花纹深度，胎面破裂/割伤、磨损/变形	否决项
		轮胎螺栓、半轴螺栓	否决项
		备胎标识	注册登记检验，否决项
9	其他	整车3C标志	注册登记检验，记录项
		其他不符合GB 7258等机动车国家安全技术标准的情形	注册登记检验时为否决项

表 B.2　底盘动态检验项目

序号	检验项目	内　　容	项目属性
1	转向系	方向盘最大自由转动量	否决项
		转向沉重	否决项
		自动回正、保持直线行驶能力	建议维护项
2	传动系	离合器	建议维护项
		变速器	建议维护项
		传动轴/链	建议维护项
		驱动桥	建议维护项

表 B.2（续）

序号	检验项目	内　　容	项 目 属 性
3	制动系	点制动跑偏(20 km/h)	建议维护项
		低气压报警装置	否决项
		弹簧储能制动器	建议维护项
		防抱制动装置指示灯(自检功能)	注册登记检验，否决项
4	驾驶区	仪表和指示器	否决项

表 B.3　车辆底盘检查项目

序号	检验项目	内　　容	项 目 属 性
1	转向系	转向器固定	否决项
		转向各部件	否决项
2	传动系	变速器及分动器支架	否决项
		传动各部件	否决项
3	行驶系	钢板吊耳及销	否决项
		中心螺栓、U 型螺栓	建议维护项
		车桥移位	否决项
		车架纵梁、横梁	建议维护项
		悬架杆系	建议维护项
4	制动系	制动系部件、结构改动	否决项
		制动主缸、轮缸、制动管路漏气、漏油	否决项
		制动软管老化	否决项
		制动管路固定	否决项
5	电器线路	电器线路检查	否决项
6	底盘其他部件	发动机固定	否决项
		排气管、消声器	否决项
		燃料管路	否决项

注：表 B.1、表 B.2、表 B.3 的项目属性栏中，“否决项”指该项目在注册登记检验和在用车检验时均要进行，且均为否决项；“建议维护项”指该项目在注册登记检验和在用车检验时均要进行，但均为建议维护项；“注册登记检验时为否决项”指该项目在注册登记检验和在用车检验时均要进行，但仅在注册登记检验时为否决项，在用车检验时则为建议维护项；“注册登记检验，否决项”指该项目仅在注册登记检验时进行且为否决项，在用车检验时不进行；“注册登记检验，记录项”指该项目仅在注册登记检验时记录相关情况。

附　录　C
（规范性附录）
二、三轮机动车人工检验项目

表 C.1　二、三轮机动车人工检验项目

序号	检验项目	内　　容	项目属性	适用车型
1	外观检查	后视镜	否决项	二、三轮机动车
		前风窗玻璃及其他风窗玻璃、刮水器	否决项	有驾驶室的三轮机动车
		货厢、安全架	建议维护项	三轮机动车
		漆面	建议维护项	二、三轮机动车
		仪表	建议维护项	二、三轮机动车
		前照灯（远、近光）	否决项	二、三轮机动车
		转向信号灯（前、后）	否决项	二、三轮机动车
		后位灯、后牌照灯、制动灯、后反射器	否决项	二、三轮机动车
		侧反射器	建议维护项	二、三轮机动车
		喇叭（功能性检测）	否决项	二、三轮机动车
		轮胎型号/规格	否决项	二、三轮机动车
		胎冠花纹深度，胎面破裂/割伤/磨损/变形	否决项	二、三轮机动车
		轮胎螺栓	否决项	三轮机动车
		前、后减振器	建议维护项	二、三轮机动车
		转向上下联板、方向把	否决项	二、三轮机动车
		座垫、扶手（或拉带）、脚蹬和挡泥板	建议维护项	二、三轮机动车
		仪表数量和类型	注册登记检验，否决项	二、三轮机动车
		车辆产品标牌	注册登记检验，否决项	二、三轮机动车
		整车 3C 标志	注册登记检验，记录项	摩托车及轻便摩托车
		其他不符合 GB 7258 等机动车国家安全技术标准的情形	注册登记检验时为否决项	二、三轮机动车
2	发动机运转状况	起动性能	否决项	二、三轮机动车
		怠速、电源充电、仪表及指示器	建议维护项	二、三轮机动车
		加速手把/踏板控制	建议维护项	二、三轮机动车
		（柴油车）停机装置	否决项	三轮汽车
3	动态检验	转向轮左右转角	否决项	二、三轮机动车
		方向盘最大自由转动量	否决项	采用方向盘转向的三轮机动车
		离合装置	建议维护项	二、三轮机动车
		变速器	建议维护项	二、三轮机动车
		传动装置	建议维护项	二、三轮机动车
		油门控制	建议维护项	二、三轮机动车
		制动性能	建议维护项	二、三轮机动车

表 C.1（续）

序号	检验项目	内　　容	项目属性	适用车型
4	下部检查	车架	建议维护项	二、三轮机动车
		电器线路固定	否决项	二、三轮机动车
		排气管/消声器	否决项	二、三轮机动车
		燃料箱	否决项	二、三轮机动车
		燃料管路	否决项	二、三轮机动车

注："否决项"指该项目在注册登记检验和在用车检验时均要进行，且均为否决项；"建议维护项"指该项目在注册登记检验和在用车检验时均要进行，但均为建议维护项；"注册登记检验时为否决项"指该项目在注册登记检验和在用车检验时均要进行，但仅在注册登记检验时为否决项，在用车检验时则为建议维护项；"注册登记检验，否决项"指该项目仅在注册登记检验时进行且为否决项，在用车检验时不进行；"注册登记检验，记录项"指该项目仅在注册登记检验时记录相关情况。

附　录　D
（规范性附录）
制动性能参数计算方法

D.1　用滚筒反力式制动检验台检验时

D.1.1　车轮阻滞力百分比为测得的该车轮阻滞力与该车轮所在轴（静态）轴荷之百分比。

D.1.2　轴制动率为测得的该轴左、右车轮最大制动力之和与该轴（静态）轴荷之百分比。

D.1.3　以同轴左、右轮任一车轮产生抱死滑移或左、右轮两个车轮均达到最大制动力时为取值终点，取制动力增长过程中测得的同时刻左右轮制动力差最大值为左右车轮制动力差的最大值，用该值除以左、右车轮最大制动力中的大值或（静态）轴荷，得到左右轮制动力差最大值百分比。

D.1.4　整车制动率为测得的各轮最大制动力之和与该车各轴（静态）轴荷之和之百分比。

D.1.5　驻车制动力百分比为测得的驻车制动力与该车各轴（静态）轴荷之和之百分比。

D.2　用平板制动检验台检验时

D.2.1　轴制动率为测得的该轴左、右车轮最大制动力之和与该轴轴荷之百分比，对乘用车轴荷取左、右轮制动力最大时刻所分别对应的左、右轮荷之和，对其他机动车轴荷取该轴静态轴荷。

D.2.2　左右轮制动力差最大值百分比、整车制动率、驻车制动力百分比等指标的计算见附录D的D.1。

附 录 E
(规范性附录)
机动车安全技术检验记录单(人工检验部分)

机动车安全技术检验记录单(人工检验部分)

号牌号码(编号): 车辆类型: 里程表读数: km

车辆出厂日期: 年 月 日 初次登记日期: 年 月 日 检验日期: 年 月 日

方式	检验项目	检验内容	判定
车辆外观检查	车辆唯一性认定*	1. 车辆号牌	
		2. 车辆类型.品牌/型号	
		3. 车身颜色	
		4. VIN(整车出厂编号)	
		5. 发动机号码	
		6. 主要特征及技术参数	
	车身外观	7. 保险杠	
		8. 后视镜*/下视镜*	
		9. 车窗玻璃*	
		10. 车体周正、尖锐突出物*	
		11. 漆面	
		12. 货箱/安全架/车外顶行李架*	
		13. 车身广告与文字标志、标识*	
		14. 自行加装装置*	
		15. 整车3C标志	
		16. 其他注册登记检验增加项目*	
	照明和电气信号装置*	17. 前位灯/后位灯、侧标志灯	
		18. 后牌照灯	
		19. 示廓灯/挂车标志灯	
		20. 转向信号灯(前、后、侧)、危险警告信号灯	
		21. 前照灯(远光、近光)	
		22. 制动灯	
		23. 后反射器、侧反射器	
		24. 后雾灯	
		25. 倒车灯	
		26. 道路运输危险货物车辆标识	
		27. 特种车辆标志灯具	
		28. 附加灯具、反射器或附属装置	
		29. 喇叭	
		30. 车身反光标识	
	发动机舱	31. 发动机各系统机件	
		32. 蓄电池桩头及联线	
		33. 电器导线、各种管路*	
		34. 液压制动储液器液面*	
		35. 发动机标识*	
	驾驶室(区)	36. 门锁及门铰链	
		37. 驾驶员座椅*	
		38. 安全带*	
车辆外观检查	驾驶室(区)	39. 风窗玻璃驾驶员视区部位*	
		40. 刮水器*	
		41. 洗涤器	
		42. 汽车行驶记录仪*	
		43. 驾驶室固定、安全带*	
		44. 仪表数量和类型*	
		45. 操纵件、指示器及信号装置的图形标志*	
		46. 警告性文字的中文标注*	
		47. 车辆产品标牌*	
	发动机运转状况	48. 起动*	
		49. 怠速、仪表、电源充电	
		50. 加速踏板控制	
		51. 漏水、油、气/水温、油压	
		52. 关电熄火/柴油车停机装置*	
	客车内部	53. 座椅/卧铺数量,座椅间距*	
		54. 扶手和卧铺护栏	
		55. 车厢灯、门灯	
		56. 客车地板、车内行李架	
		57. 灭火器、安全出口标识、安全手锤、安全门*	
		58. 安全带*	
		59. 安全出口的数量、位置和尺寸*	
		60. 乘客通道,通往安全门的通道*	
	底盘件	61. 燃料箱、燃料箱盖*	
		62. 挡泥板/牵引钩、蓄电池、蓄电池架	
		63. 贮气筒排污阀	
		64. 钢板弹簧*	
		65. 侧面及后下部防护装置*	
		66. 牵引连接装置	
	轮胎	67. 轮胎型号/规格/速度级别*	
		68. 胎冠花纹深度、胎面*	
		69. 轮胎螺栓、半轴螺栓*	
		70. 备胎标识*	
	其他	71. 其他不符合规定的情形	

机动车安全技术检验记录单(人工检验部分)(续)

号牌号码(编号)：　　　　车辆类型：　　　　里程表读数：　　km

车辆出厂日期：　年　月　日　　初次登记日期：　年　月　日　　检验日期：　年　月　日

方式	检验项目	检验内容	判定
底盘动态检验	转向系	72. 方向盘最大自由转动量 * 73. 转向沉重 *	
		74. 自动回正、直线行驶能力	
	传动系	75. 离合器 76. 变速器 77. 传动轴/链 78. 驱动桥	
	制动系	79. 点制动跑偏(20 km/h)	
		80. 低气压报警装置 *	
		81. 弹簧储能制动器	
		82. 防抱制动装置 *	
	驾驶区	83. 仪表和指示器 *	
车辆底盘	转向系 *	84. 转向器固定 85. 转向各部件	
	传动系 *	86. 变速器支架 87. 分动器支架 88. 传动各部件	
车辆底盘	行驶系	89. 钢板吊耳 * 90. 吊耳销 *	
		91. 中心螺栓 92. U 型螺栓	
		93. 车桥移位 *	
		94. 车架纵梁 95. 车架横梁 96. 悬架杆系	
	制动系 *	97. 制动系部件、结构改动 98. 制动主缸、轮缸、制动管路漏气、漏油 99. 制动软管老化 100. 制动管路固定	
	电器线路	101. 电器线路检查 *	
	底盘其他部件 *	102. 发动机固定 103. 排气管、消声器 104. 燃料管路	

检验方式	不合格项	检验员签字
车辆外观检查		
底盘动态检验		
车辆底盘检验		

备　注
(VIN 拓印膜粘贴区)

注：判定栏中✓为合格；数字为相应不合格项。带 * 项为否决项，否决项不合格，车辆检验为不合格。

附　录　F
（规范性附录）
机动车安全技术检验报告

机动车安全技术检验报告(正面)

代号:××× 检验日期:×××××× 检验流水号:××× 资格许可证号:×××× 电话:××××××

<table>
<tr><td colspan="3">号牌(自编)号</td><td colspan="3"></td><td colspan="3">所有人</td><td colspan="6"></td></tr>
<tr><td colspan="3">号牌种类</td><td colspan="3"></td><td colspan="3">车辆类型</td><td colspan="2"></td><td colspan="2">品牌/型号</td><td colspan="2"></td></tr>
<tr><td colspan="3">VIN(出厂编号)</td><td colspan="3"></td><td colspan="3">发动机号</td><td colspan="2"></td><td colspan="2">燃料类别</td><td colspan="2"></td></tr>
<tr><td colspan="3">驱动型式</td><td colspan="3"></td><td colspan="3">驻车轴</td><td colspan="2"></td><td colspan="2">转向轴悬架形式</td><td colspan="2"></td></tr>
<tr><td colspan="3">前照灯制</td><td colspan="3"></td><td colspan="5">前照灯远光光束能否单独调整</td><td colspan="4"></td></tr>
<tr><td colspan="3">初次登记日期</td><td colspan="3"></td><td colspan="3">出厂年月</td><td colspan="2"></td><td colspan="2">里程表读数</td><td colspan="2"></td></tr>
<tr><td colspan="3">检验类别</td><td colspan="3"></td><td colspan="2">检验项目</td><td></td><td colspan="2">登录员</td><td></td><td colspan="2">引车员</td><td></td></tr>
<tr><td rowspan="2">代号</td><td colspan="2" rowspan="2">台试检测项目</td><td colspan="2">轮(轴)荷(kg)</td><td colspan="2">最大制动力(10 N)</td><td colspan="2">过程差最大差值点(10 N)</td><td rowspan="2">制动率(%)</td><td rowspan="2">不平衡率(%)</td><td colspan="2">阻滞率(%)</td><td rowspan="2">项目判定</td><td rowspan="2">单项次数</td></tr>
<tr><td>左</td><td>右</td><td>左</td><td>右</td><td>左</td><td>右</td><td>左</td><td>右</td></tr>
<tr><td rowspan="7">B</td><td rowspan="7">制动*</td><td>一轴</td><td></td><td></td><td></td><td></td><td></td><td></td><td></td><td></td><td></td><td></td><td></td><td></td></tr>
<tr><td>二轴</td><td></td><td></td><td></td><td></td><td></td><td></td><td></td><td></td><td></td><td></td><td></td><td></td></tr>
<tr><td>三轴</td><td></td><td></td><td></td><td></td><td></td><td></td><td></td><td></td><td></td><td></td><td></td><td></td></tr>
<tr><td>四轴</td><td></td><td></td><td></td><td></td><td></td><td></td><td></td><td></td><td></td><td></td><td></td><td></td></tr>
<tr><td>驻车</td><td></td><td></td><td></td><td></td><td></td><td></td><td></td><td></td><td></td><td></td><td></td><td></td></tr>
<tr><td>整车</td><td></td><td></td><td></td><td></td><td></td><td></td><td></td><td></td><td></td><td></td><td></td><td></td></tr>
<tr><td colspan="3">动态轮荷(左/右)(kg)</td><td colspan="2">1 轴　/</td><td colspan="3">2 轴　/</td><td colspan="2">3 轴　/</td><td colspan="3">4 轴　/</td></tr>
<tr><td rowspan="6">H</td><td rowspan="6">前照灯</td><td rowspan="2">项目</td><td colspan="2" rowspan="2">远光发光强度*(cd)</td><td colspan="2">远光偏移</td><td colspan="4">近光偏移</td><td colspan="3" rowspan="2">灯中心高(mm)</td></tr>
<tr><td>垂直(mm/10 m)</td><td>水平(mm/10 m)</td><td colspan="2">垂直(mm/10 m)</td><td colspan="2">水平(mm/10 m)</td></tr>
<tr><td>左外灯</td><td colspan="2"></td><td></td><td></td><td colspan="2"></td><td colspan="2"></td><td colspan="3"></td></tr>
<tr><td>左内灯</td><td colspan="2"></td><td></td><td></td><td colspan="2"></td><td colspan="2"></td><td colspan="3"></td></tr>
<tr><td>右内灯</td><td colspan="2"></td><td></td><td></td><td colspan="2"></td><td colspan="2"></td><td colspan="3"></td></tr>
<tr><td>右外灯</td><td colspan="2"></td><td></td><td></td><td colspan="2"></td><td colspan="2"></td><td colspan="3"></td></tr>
<tr><td rowspan="3">X</td><td rowspan="3">排放*</td><td rowspan="2">高怠速</td><td colspan="2">CO(%)</td><td>HC(10^{-6})</td><td>λ</td><td colspan="2" rowspan="2">怠速</td><td>CO(%)</td><td colspan="2">HC(10^{-6})</td><td colspan="3"></td></tr>
<tr><td colspan="2"></td><td></td><td></td><td></td><td colspan="2"></td><td colspan="3"></td></tr>
<tr><td colspan="3">排气烟度</td><td>1)</td><td>2)</td><td colspan="2">3)</td><td colspan="3">平均值</td><td colspan="3"></td></tr>
<tr><td>S</td><td colspan="2">车速表</td><td colspan="10">km/h</td><td colspan="2"></td></tr>
<tr><td>A</td><td colspan="2">侧滑</td><td colspan="10">m/km</td><td colspan="2"></td></tr>
<tr><td colspan="3">路试制动性能*</td><td colspan="5"></td><td colspan="2">路试检验员</td><td colspan="3"></td><td colspan="2"></td></tr>
<tr><td colspan="4">人工检验项目</td><td colspan="4">不合格否决项(打编号)</td><td colspan="5">不合格建议维护项(打编号)</td><td colspan="2">检验员</td></tr>
<tr><td>1</td><td colspan="3">车辆外观检查</td><td colspan="4"></td><td colspan="5"></td><td colspan="2"></td></tr>
<tr><td>2</td><td colspan="3">底盘动态检验</td><td colspan="4"></td><td colspan="5"></td><td colspan="2"></td></tr>
<tr><td>3</td><td colspan="3">车辆底盘检查</td><td colspan="4"></td><td colspan="5"></td><td colspan="2"></td></tr>
<tr><td colspan="4">检验结论</td><td colspan="2"></td><td>批准人</td><td colspan="3"></td><td colspan="2">整车判定/总检次数</td><td></td><td colspan="2"></td></tr>
<tr><td colspan="4">备注</td><td colspan="2"></td><td>送检人(签字)</td><td colspan="3"></td><td>单位盖章</td><td colspan="4">×××××××××检测站</td></tr>
</table>

重要提示:《道路交通安全法》规定,上道路行驶的机动车未放置有效检验合格标志的,公安机关交通管理部门将扣留机动车并处以罚款。检验合格后请及时到公安机关交通管理部门办理相关手续并领取检验合格标志,有不合格建议维护项时请及时调修车辆。

机动车安全技术检验报告(反面)

说明:

(1) 报告中带"＊"项为否决项,否决项不合格,车辆检验不合格。

(2) 报告中项目判定栏及单项不合格指标后所用标记含义为:
O:合格;
×:不合格;
—:未检;
※:车轮抱死。

(3) 人工检验项目各栏中,标注为"无"则表示无不合格项。

(4) 柴油车排放测试方式及单位由微机打入空格中[光吸收系数(m^{-1})或烟度(Rb)]。

(5) 路试制动性能中 按选择的如下路试检测项目打印项目名称(单位)、数据:
制动初速度,制动距离(m),制动稳定性;
制动初速度,MFDD(m/s^2),协调时间(s),制动稳定性。

(6) 制动动态轮荷仅在使用平板制动检验台检测乘用车时需打印。

(7) 单项次数栏打印本检验周期内单项检测的次数(含初复检)、以便明确该数据是第几次检测结果。

(8) 总检次数栏打印本检验周期内该车总上线检测的次数(含初复检)。

附 录 G
（规范性附录）
二、三轮机动车安全技术检验记录单（人工检验部分）

二、三轮机动车安全技术检验记录单（人工检验部分）

号牌号码（编号）：　　　　车辆类型：　　　　里程表读数：　　km

车辆出厂日期：　年　月　日　　初次登记日期：　年　月　日　　检验日期：　年　月　日

方式	检验项目	检验内容	判定
外观检查	车辆唯一性认定 *	1. 号牌及安装 2. 车辆类型、品牌/型号 3. 车身颜色 4. VIN（整车出厂编号） 5. 发动机号	
		6. 主要特征及技术参数	
	外观	7. 后视镜 * 8. 风窗玻璃※ * 9. 刮水器※ *	
		10. 货厢、安全架※	
		11. 漆面	
	仪表照明和电气信号装置	12. 仪表	
		13. 前照灯（远、近光）* 14. 转向信号灯（前、后）* 15. 后位灯 *、后牌照灯 * 16. 制动灯 * 17. 后反射器 *	
		18. 侧反射器	
		19. 喇叭 *	
	轮胎 *	20. 轮胎型号规格 21. 轮胎花纹深度 22. 胎面破裂/割伤/磨损/变形 23. 轮胎螺栓※	
	转向系行驶系	24. 前后减振器	
		25. 转向上、下联板 * 26. 方向把 *	
	安全防护装置	27. 座垫、扶手（或拉带）、脚蹬 28. 挡泥板	
	注册登记检验项目	29. 仪表数量和类型 * 30. 车辆产品标牌 *	
		31. 整车 3C 标志	
	其他	32. 其他不符合规定情形	

方式	检验项目	检验内容	判定
外观检查	发动机运转状况	33. 起动性能 *	
		34. 怠速 35. 电源充电 36. 仪表及指示器 37. 加速手把/踏板控制	
		38. 柴油车停机装置※ *	
动态检验	转向系	39. 转向轮左右转角 * 40. 方向盘最大自由转动量※ *	
	离合器变速器传动装置	41. 离合器接合情况 42. 变速器换挡 43. 传动轴/链及传动各部件	
	油门	44. 油门控制	
	制动	45. 制动性能	
下部检查	车架	46. 车架	
	电器线路	47. 电器线路固定 *	
	相关部件	48. 排气管 * 49. 消声器 *	
		50. 燃料箱、燃料管路 *	

检验方式	不合格项	检验员
外观检查		
动态检验		
下部检查		

备　注

（VIN 拓印膜粘贴区）

标记说明：1. ※为三轮机动车检验项目，带 * 项为否决项。

2. 判定栏中√为合格；数字为相应不合格项编号。

附　录　H
（规范性附录）
二、三轮机动车安全技术检验报告

二、三轮机动车安全技术检验报告

代号：××× 检验日期：×××××× 检验流水号：××× 资格许可证号：×××× 电话：××××××

号牌(自编)号		所有人			
号牌种类		车辆类型		品牌/型号	
VIN(出厂编号)		发动机号		燃料种类	
前照灯制		前照灯远光光束能否单独调整			
初次登记日期		出厂年月		里程表读数	
检验类别		检测项目		登录员	

台试检测数据									引车员			
代号	项目		质量(kg)		制动力(10 N)		过程差最大差值点(10 N)		制动率(%)	不平衡率(%)	项目判定	单项次数
			左	右	左	右	左	右				
B	制动*	前轮										
		后轮(轴)										
		驻车										
		整车										

代号		项目	远光发光强度*(cd)	远光偏移 垂直(mm/10 m)	远光偏移 水平(mm/10 m)	近光偏移 垂直(mm/10 m)	近光偏移 水平(mm/10 m)	灯中心高(mm)	
H	前照灯	左(单)灯							
		右灯							

代号		项目						
X	排放*	摩托车/轻便摩托车	CO： %		HC： 10^{-6}			
		三轮汽车	1) Rb	2) Rb	3) Rb	平均 Rb		
S	车速表		km/h					
A	轮偏*		mm					
路试制动性能*					检验员			

人工检验项目		不合格否决项(打编号)	不合格建议维护项(打编号)	检验员
1	外观检查			
2	动态检验			
3	下部检查			

检验结论		批准人		整车判定/总检次数			
备注		送检人(签字)		单位盖章	×××××××××检测站		

标记说明：*：否决项；O：合格；×：不合格(项目判定栏及单项不合格指标后)；—：未检；※：车轮抱死。

重要提示：《道路交通安全法》规定，上道路行驶的机动车未放置有效检验合格标志的，公安机关交通管理部门将扣留机动车并处以罚款。检验合格后请及时到公安机关交通管理部门办理相关手续并领取检验合格标志，有不合格建议维护项时请及时调修车辆。

参 考 文 献

[1] GA 468—2004 机动车安全检验项目和方法

[2] 《中华人民共和国道路交通安全法》(2003 年 10 月 28 日中华人民共和国主席令第 8 号公布)

[3] 《中华人民共和国道路交通安全法实施条例》(2004 年 4 月 30 日国务院令第 405 号公布)

[4] 《机动车登记规定》(2004 年 4 月 30 日公安部令第 72 号公布)

[5] 中华人民共和国公安部文件《关于印发〈机动车驾驶证业务工作规范〉和〈机动车登记工作规范〉的通知》(公交管[2004]115 号)

[6] 中华人民共和国国家经济贸易委员会、公安部文件《关于进一步加强车辆公告管理和注册登记有关事项的通知》(国经贸产业[2002]768 号)

[7] 欧盟指令《on the approximation of the laws of the Member States relating to roadworthiness tests for motor vehicles and their trailers》(96/96/EC)

[8] 俄联邦国家标准《汽车安全行驶对技术状况的要求 检测方法》(гост25478-91)

[9] 货车验车员手册(中华人民共和国香港特别行政区运输署验车部)

[10] 私家车轻型货车(车辆总质量不超过 1.9 公吨)验车员手册

[11] 美国联邦机动车安全法规 49CFR570—Vehicle In Use Inspection Standards

[12] 《Vermont periodic inspection manual》(TA-VN-112-03/01 INTERNET CAL Reprinted: March 2001)

[13] 《Inspection standard for exported used cars》(JAAI 6-30B,March 23,1995)

GB 21861—2008《机动车安全技术检验项目和方法》国家标准第1号修改单

本修改单经国家标准化管理委员会于2010年4月2日以国标委工一函[2010]6号文批准，自批准之日起实施。

本修改单第二、三、十一、十二条为强制性，其余均为推荐性。

一、第1章范围中：第二段修改为：

“本标准适用于机动车安全技术检验机构对在我国道路上行驶的机动车进行安全技术检验，本标准也适用于进出口机动车检验机构对入境机动车进行安全技术检验。加装肢体残疾人操纵辅助装置的汽车，应按照本标准进行安全技术检验。经有关部门批准进行实际道路试验的机动车，可参照本标准进行安全技术检验。”

二、第6.1.1条在“认定机动车的主要特征和技术参数(详见附录A)，”之后增加：“加装肢体残疾人操纵辅助装置的，应检查操纵辅助装置铭牌标明的产品型号和产品编号，确认是否与操纵辅助装置加装合格证明记录的产品型号和产品编号一致；”。

三、第6.2.1条的“对变更车身/车架或变更发动机后的在用机动车进行安全技术检验时，还应核对车身/车架和发动机的来历凭证及公安机关交通管理部门批准允许变更车身/车架的相关证明材料”修改为：“加装肢体残疾人操纵辅助装置的，应检查操纵辅助装置铭牌标明的产品型号和产品编号，确认是否与操纵辅助装置加装合格证明或机动车行驶证记录的产品型号和产品编号一致。对变更车身/车架或变更发动机后的在用机动车进行安全技术检验时，还应核对车身/车架和发动机的来历凭证。”

四、删除第6.2.2.2条。

五、第8.1.1.1条增加：

“j） 对加装肢体残疾人操纵辅助装置的汽车，检查设置的残疾人机动车专用标志是否符合相关规定。”

六、第8.1.4.1条增加：

“g） 对加装肢体残疾人操纵辅助装置的汽车，检查加装的操纵辅助装置部件是否齐全完整、紧固件有无松动。”

七、增加第9.3.5条：

“9.3.5 加装肢体残疾人操纵辅助装置的汽车检验的特殊要求

对加装肢体残疾人操纵辅助装置的汽车，应通过操纵辅助装置检验制动性能。检验行车制动性能时施加在制动和加速迁延手柄表面上的正压力不应大于300 N，检验驻车制动性能时驻车制动辅助手柄的操纵力应不大于200 N。”

八、第13.1条修改为：

“13.1 机动车安全技术检验完毕后，机动车安全技术检验机构应签发《机动车安全技术检验报告》，并将安全技术检验的相关数据及图像传送给公安交通管理部门等相关部门。”

九、增加第14章：

“14 其他规定

机动车安全技术检验每个工位的最少检验时间见表3。”

十、增加表3：

表 3 机动车安全技术检验各工位最少检验时间

单位为秒

检验工位	最少检验时间		
	大(重)、中型汽车	小(轻)、微型汽车	摩托车
车辆外观检查及底盘动态检验	300	180	90
车辆底盘检查(下部检查)	100	60[a]	
制动(含轮重)[b]	60	60	30
前照灯	60[c]	60[c]	30
车速	20	20	15
排放	120[d,e]	120[d,e]	120

a 对小型、微型载客汽车为 40 s。

b 使用平板式制动检验台时,最少检验时间对汽车和摩托车均为 15 s。

c 使用左右前照灯检测仪同时检测时,最少检验时间对汽车为 40 s。

d 对柴油车最少检验时间为 60 s;使用工况法进行检测时,最少检验时间根据检测方法另行制定。

e 不包括安装转速计等准备环节的时间。

十一、在附录 A 的“A.2 技术参数”的最后增加:“操纵辅助装置的产品型号和产品编号”。

十二、在附录 B 的“表 B.1 车辆外观检查项目”的“4 驾驶室(区)”的“驾驶室固定”行下方增加一行:“操纵辅助装置,否决项”。

十三、将附录 E 的“机动车安全技术检验记录单(人工检验部分)”中的“43.驾驶室固定、安全带 *”更改为“43.驾驶室固定、操纵辅助装置 *”。

ICS 43.040.20
T 38

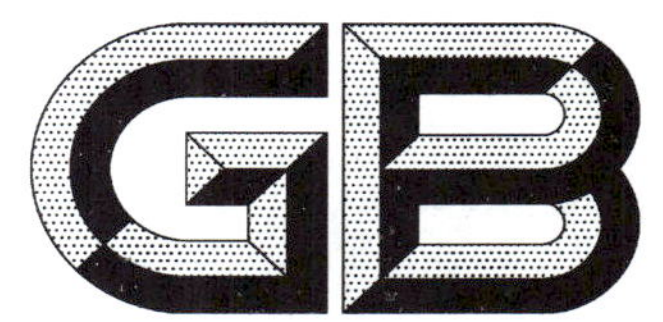

中华人民共和国国家标准

GB 23254—2009

货车及挂车 车身反光标识

Retro-reflective markings for trucks and trailers

2009-03-06 发布　　　　2009-07-01 实施

中华人民共和国国家质量监督检验检疫总局
中国国家标准化管理委员会 发布

前　　言

本标准第 4 章、第 5 章、第 6 章为强制性的，其余内容为推荐性的。

本标准的主要技术指标充分考虑了国内目前产品的技术水平。其中，产品分类参考了美国联邦机动车安全运行法规 FMVSS 571.108，附录 A 参考了联合国欧洲经济委员会法规 ECE R104。

本标准的附录 A 为规范性附录。

本标准由国家发展和改革委员会提出。

本标准由全国汽车标准化技术委员会归口。

本标准负责起草单位：公安部交通管理科学研究所、中国汽车技术研究中心。

本标准参加起草单位：国家道路交通安全产品质量监督检验中心、汉阳专用汽车研究所、东风商用车技术中心、中国重型汽车集团有限公司、中集车辆（集团）有限公司、合肥百瑞得反光材料有限公司、3M（中国）有限公司。

本标准主要起草人：应朝阳、耿磊、王军华、何云堂、吴跃玲、余博英、吴志宏、张研威、赵彬冰、王思豹。

本标准为首次制定。

货车及挂车　车身反光标识

1　范围

本标准规定了车身反光标识的要求(包括材料要求和粘贴要求)、试验方法、检验规则、包装、标志和贮存。

本标准适用于货车和挂车,不适用于道路运输爆炸品和剧毒化学品的车辆。

2　规范性引用文件

下列文件中的条款通过本标准的引用而成为本标准的条款。凡是注日期的引用文件,其随后所有的修改单(不包括勘误的内容)或修订版均不适用于本标准,然而,鼓励根据本标准达成协议的各方研究是否可使用这些文件的最新版本。凡是不注日期的引用文件,其最新版本适用于本标准。

GB/T 2423.17　电工电子产品环境试验　第2部分:试验方法　试验Ka:盐雾(GB/T 2423.17—2008,IEC 60068-2-11:1981,Basic environmental testing procedures—Part 2:tests—Test Ka:Salt mist,IDT)

GB/T 3681　塑料大气暴露试验方法(GB/T 3681—2000,neq ISO 877:1994)

GB/T 3730.1　汽车和挂车类型的术语和定义

GB/T 3978　标准照明体和几何条件

GB/T 3979　物体色的测量方法

GB 4785　汽车及挂车外部照明和光信号装置的安装规定

GB 11564　机动车回复反射器

GB/T 18833—2002　公路交通标志反光膜

3　术语和定义

GB/T 3730.1、GB 11564 和 GB/T 18833—2002 确立的以及下列术语和定义适用于本标准。

3.1

车身反光标识　retro-reflective markings of carriage

为增强车辆的可识别性而安装或粘贴在车身表面的反光材料的组合。

3.2

亮度因子　luminance factor

在相同的照明和观察条件下,样品的亮度与理想漫射体的亮度之比。

4　要求

4.1　材料要求

4.1.1　分类

按组成车身反光标识材料的不同,分为反射器型车身反光标识(以下简称反射器型)和反光膜型车身反光标识(以下简称反光膜型)。

按逆反射系数的不同,反光膜分为一级(Class Ⅰ)和二级(Class Ⅱ)。

4.1.2　反射器型

反射器分为白色和红色单元,所有性能应符合 GB 11564 中ⅣA 类的要求。

4.1.3 反光膜型

4.1.3.1 形状和外观要求

反光膜由白色、红色单元相间的条状材料组成。

反光膜的白色单元上，应有印刷、水印、激光刻印、模压或其他适当方式加施的制造商标识、材料等级标识和国家有关部门规定的其他标识，标识应易于识别。采用印刷方式加施的标识应在反光面的次表面。

反光膜表面应平滑、光洁，无明显的划痕、气泡、裂纹、颜色不均匀等缺陷或损伤。

4.1.3.2 尺寸要求

任何一种颜色单元的连续长度不应大于 450 mm，也不应小于 150 mm，两种颜色单元长度比例不应大于 2，也不应小于 0.5。

反光膜的宽度应从以下数值中选取：50 mm、75 mm、100 mm。在无法粘贴 50 mm 宽度尺寸反光膜的情况下，反光膜的宽度可为 25 mm。

4.1.3.3 色度性能

白色、红色反光膜的色品坐标和亮度因子应在表 1 规定的范围内，色品图见图 1。

表 1 反光膜颜色各角点的色品坐标及亮度因子(D_{65}光源)

颜色	色品坐标								亮度因子 Y
	①		②		③		④		
	x	y	x	y	x	y	x	y	
白色	0.350	0.360	0.300	0.310	0.285	0.325	0.335	0.375	≥0.15
红色	0.690	0.310	0.658	0.342	0.569	0.341	0.595	0.315	0.03～0.15

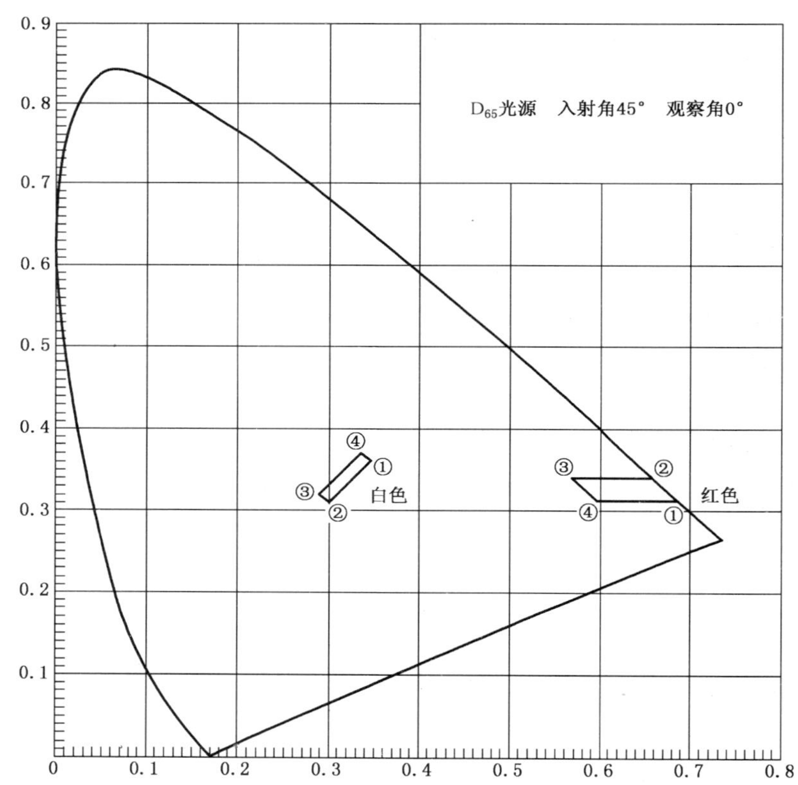

图 1 反光膜颜色色品图(D_{65}光源)

4.1.3.4 反光性能

4.1.3.4.1 逆反射系数 R'

反光膜(0°和 90°方向)的逆反射系数 R' 不应低于表 2 规定的值。

表 2 反光膜的最小逆反射系数

项目		一级(Class Ⅰ) cd/(lx·m²)				二级(Class Ⅱ) cd/(lx·m²)			
观察角		12′		30′		12′		30′	
颜色		白色	红色	白色	红色	白色	红色	白色	红色
入射角	−4°	500	120	130	30	250	60	65	15
	30°	375	90	100	25	250	60	65	15
	45°	90	25	30	8	60	15	15	4

4.1.3.4.2 逆反射性能均匀性

任意选取红、白单元各 5 个,其中同一颜色的任何一个单元的逆反射系数 R',既不应大于同一颜色所有单元逆反射系数平均值的 120%,也不应小于所有单元逆反射系数平均值的 80%。

4.1.3.4.3 湿状态下的逆反射

在观察角为 12′、入射角为 −4°条件下,湿状态下反光膜的逆反射系数 R' 应不小于表 2 规定值的 80%。

4.1.3.5 耐候性能

自然暴露试验或人工气候加速老化试验后,反光膜表面不应有明显的开裂、刻痕、凹陷、气泡、皱纹、侵蚀、剥离、粉化或变形,从任何一边均不应出现超过 1 mm 的收缩或膨胀,也不应出现从底板边缘的脱胶现象,在观察角为 12′、入射角为 −4°条件下,逆反射系数 R' 不应小于表 2 相应数值的 70%,而且色品坐标仍应在表 1 规定的范围内。

当自然暴露试验的结果与人工气候加速老化试验的结果发生冲突时,以自然暴露试验的结果为准。

4.1.3.6 附着性能

附着性试验后,反光膜背胶的 180°剥离强度不应小于 25 N。

4.1.3.7 耐盐雾腐蚀性能

盐雾试验后,反光膜不应有软化、气泡、皱纹、溶解、掉色、变色或被侵蚀的痕迹,在观察角为 12′、入射角为 −4°条件下,逆反射系数 R' 不应小于表 2 中相应数值的 70%,按 5.2.7 规定的方法测得的背胶 180°剥离强度不应小于 20 N。

4.1.3.8 抗溶剂性能

抗溶剂试验后,反光膜表面不应出现软化、皱纹、气泡、掉色、变色、开裂或表面边缘被溶解的痕迹,在观察角为 12′、入射角为 −4°条件下,逆反射系数 R' 不应小于表 2 相应数值的 80%,色品坐标仍应在表 1 规定的范围内。

4.1.3.9 抗冲击性能

冲击试验后,反光膜表面在以冲击点为圆心、半径为 6 mm 的圆形区域以外,不应出现裂缝、层间脱离或其他损坏。

4.1.3.10 耐温性能

耐温试验后,反光膜不应有皱纹、气泡、裂缝、剥落、碎裂或翘曲的痕迹,在观察角为 12′、入射角为 −4°条件下,逆反射系数 R' 不应小于表 2 相应数值的 80%,色品坐标仍应在表 1 规定的范围内。

4.1.3.11 耐弯曲性能

弯曲试验后,反光膜不应出现裂缝、剥落、层间分离的痕迹。

4.1.3.12 **耐水性能**

试验后不能用手剥开产品各组成部分。如目测观察没有发现或不能肯定有水进入，则在观察角为12′、入射角为−4°条件下测量其逆反射系数R'，不应小于表2相应的规定值。

4.1.3.13 **耐冲洗性能**

冲洗试验后，反光膜不应有破损、颜色脱落、起皱以及边缘翘曲、剥落等现象。

4.2 安装和粘贴要求

4.2.1 通用要求

4.2.1.1 按车身反光标识在车辆上安装部位的不同，分为后部车身反光标识和侧面车身反光标识。

4.2.1.2 车身反光标识应安装或粘贴在无遮挡且易见的车身后部、侧面外表面。

4.2.1.3 车身反光标识不应替代GB 4785要求安装的机动车回复反射器。

4.2.1.4 车身后部和侧面可以安装或粘贴不同类型或等级的车身反光标识，但后部车身反光标识和侧面车身反光标识应分别选用同一类型或等级的车身反光标识。

4.2.1.5 安装或粘贴时，车身后部和侧面的车身反光标识均应由白色单元开始、白色单元结束。

4.2.1.6 车辆安装或粘贴车身反光标识后，不应影响车辆其他照明及信号装置的性能。

4.2.1.7 车辆安装或粘贴车身反光标识后，不得在车身反光标识上钻孔、开槽。

4.2.2 后部车身反光标识安装和粘贴要求

4.2.2.1 基本要求

在结构允许的条件下，后部车身反光标识应左右对称分布并尽可能地体现车辆后部宽度和轮廓，横向水平安装或粘贴总长度(不含间隔部分)不应小于车辆后部宽度的80%，厢式货车在满足前述要求后，应使用车身反光标识勾勒车厢后部的轮廓。其他车辆粘贴面积达不到规定要求时，首先应体现车辆后部宽度，再采用勾勒轮廓的方法进行补偿。

车身反光标识离地面的高度最低为380 mm。

4.2.2.2 反光膜型

采用一级反光膜时，其与后反射器的面积之和不应小于0.1 m^2；采用二级反光膜时，其与后反射器的面积之和不应小于0.2 m^2。

粘贴允许中断，但每一连续段长度不应小于300 mm、且包含红、白色车身反光标识至少各一个单元。特殊情况下，允许红、白单元分开粘贴，但应保持红、白相间，每一连续段长度不应小于150 mm。

4.2.2.3 反射器型

采用反射器时，反射器应横向水平布置，红、白单元相间并且数量相当，相邻反射器的边缘距离不应大于100 mm。

4.2.2.4 车身反光标识被遮挡的，应在被遮挡的车身后部至少水平固定一块2 000 mm×150 mm的柔性反光标识。

4.2.3 侧面车身反光标识安装和粘贴要求

4.2.3.1 基本要求

侧面车身反光标识应尽可能的连续安装或粘贴，采用断续安装或粘贴时，其总长度(不含间隔部分)不应小于车长的50%，安装或粘贴长度达不到规定要求时，可采用勾勒轮廓的方法进行补偿。

4.2.3.2 反光膜型

采用反光膜时，侧面车身反光标识允许中断，但每一连续段长度不应小于300 mm，且包含红、白色车身反光标识至少各一个单元，粘贴间隔不应大于100 mm，粘贴应尽可能纵向均匀分布。特殊情况下，允许红、白单元分开粘贴，但应保持红、白相间，每一连续段长度不应小于150 mm。

4.2.3.3 反射器型

采用反射器时，反射器应横向均匀布置，红、白单元相间并且数量相当，相邻反射器的边缘距离不应大于150 mm。

4.2.3.4 车身反光标识被遮挡的，应在被遮挡的车身侧面至少水平固定一块 2 000 mm×150 mm 的柔性反光标识。

4.2.4 专用作业车安装和粘贴的补充要求

部分专用作业类车辆除驾驶室外的车身结构无连续平面，不满足 4.2.2 的要求时，车辆后部安装或粘贴的车身反光标识总长度可小于车辆后部宽度的 80%，但应能体现车辆后部宽度；不满足 4.2.3 的要求时，车身反光标识的粘贴总长度可以小于车辆长度的 50%，但不应少于车辆长度的 30%，断开间隔不受限制。

这类车辆的车身反光标识应尽可能粘贴在防护装置或车身的固定构件上。

4.2.5 其他安装和粘贴要求

尽可能选取平整的车身表面粘贴反光膜，粘贴前，应对粘贴部位作清洁处理。

反光膜应与车身表面牢固、可靠地粘结。粘贴后应与车辆外观协调，结构允许时尽可能采用水平方向或垂直方向粘贴。车身表面无法直接粘贴反光膜时，应将反光膜先粘贴在具有一定刚度、强度、抗老化的条形衬板上，再将条形衬板牢固地粘贴或铆接到车身上。固定条形衬板的铆钉孔必须采取防水、防尘措施。

粘贴后，反光膜边缘应作防水、防尘处理。

4.2.6 粘贴示例

附录 A 给出了部分典型车型的反光膜粘贴样式，反射器的安装或粘贴可参照执行。

5 试验方法

5.1 反射器型

反射器的性能测试按 GB 11564 的规定进行。

5.2 反光膜型

5.2.1 测试的准备

反光膜的测试样品按下述方法制作：撕去反光膜的防粘纸，粘贴在同样尺寸的底板上，压实后即为测试样品。底板为铝合金板，厚度为 2 mm，铝合金板表面应经酸脱脂处理。一般情况下，裁取 50 mm×150 mm 的反光膜制作样品，特殊尺寸要求见具体的试验项目。样品编号及样品分布详见表 3。

测试样品在试验前，应在温度 23 ℃±5 ℃、相对湿度不大于 75%的环境中放置 24 h，然后再进行各项试验。

除非特别指明，一般的试验应在温度 23 ℃±5 ℃、相对湿度不大于 75%的环境中进行。

5.2.2 外观检查

在照度大于 150 lx 的室内(或室外)环境中，距离测试样品表面 0.3 m～0.5 m 处，面对测试样品，目测样品。

5.2.3 尺寸测量

用精度为 1 mm 的长度测量器具测量车身反光标识的尺寸。

5.2.4 色度性能测试

采用 GB/T 3978 规定的标准照明 D_{65} 光源(色温 6 500 K)照射时，在 45°/0°或 0°/45°几何条件下，按 GB/T 3979 规定的方法，测得各种颜色的色品坐标和亮度因子。

5.2.5 反光性能测试

5.2.5.1 测试原理和装置

测试原理和装置见 GB/T 18833—2002 中图 1 和图 5 所示，其中：

a) 光源采用 GB/T 3978 规定的标准 A 光源，试样整个受照区域的垂直照度的不均匀性不应大于 5%。
b) 光探测器是经光谱光视效率曲线校正的照度计。

c) 光探测器应能移动，以保证观察角在一定范围内变化。

5.2.5.2 测试方法

按表1规定的照明观测几何条件和GB/T 18833—2002中7.4.1规定的方法测量反光膜0°和90°方向的逆反射系数R'。每个颜色单元均匀选取至少5个测量区域或测量点，其平均值即为该颜色单元0°或90°方向的逆反射系数值R'。

5.2.5.3 逆反射均匀性测试

按前述方法，在观察角为12′、入射角为-4°条件下，测试5个红、白单元的逆反射系数R'，计算同一颜色的所有单元的逆反射系数平均值。

5.2.5.4 湿状态下逆反射测试

按GB/T 18833—2002中7.4.2规定的装置和方法进行测试。

5.2.6 耐候性能试验

5.2.6.1 自然暴露试验

按GB/T 3681，把红色、白色单元各2块测试样品安装在至少高于地面1 m的暴晒架上，测试样品面朝正南方，与水平面的夹角为45°。测试样品表面不应被其他物体遮挡阳光，不应积水，暴露地点的选择尽可能近似实际使用环境或代表某一气候类型最严酷的地方。

自然暴露试验的时间为2年。测试样品开始暴晒后，每个月作一次表面检查，一年后，每三个月检查一次，直至最后。自然暴露试验结束后，检查并记录试验结果。

5.2.6.2 人工气候加速老化试验

将红色、白色单元各2块测试样品放入老化箱内，老化箱采用氙灯作为光源，测试样品正面受到波长为300 nm～800 nm光线的辐射，其辐射强度为1 000 W/m^2±50 W/m^2，光波波长低于300 nm光线的辐射强度不应大于1 W/m^2。整个测试样品面积内，辐射强度的偏差不应大于10%。在试验过程中，采用连续光照，黑板温度为63 ℃±3 ℃，相对湿度为(50±5)%，喷水周期为18 min/102 min(喷水时间/不喷水时间)。人工气候加速老化试验的时间为1 200 h。

人工气候加速老化试验结束后，用浓度为5%的盐酸溶液清洗样品表面45 s，然后用清水彻底冲洗，接着用干净软布擦干，在温度20 ℃±5 ℃、相对湿度不大于65%的环境中放置24 h后，再进行检查并记录试验结果。

5.2.7 附着性试验

5.2.7.1 试验用样品

将红色、白色单元的反光膜各裁取50 mm×150 mm，撕去100 mm长的防粘纸，粘贴在符合5.2.1要求的底板上。按5.2.1要求处置后进行试验。

5.2.7.2 试验方法

在拉伸试验机上固定好测试样品，用拉伸试验机的夹头夹住未撕去防粘纸部分的反光膜，使之与底板成180°。在试样宽度上负荷应均匀分布，然后在300 mm/min的速率下测量反光膜背胶的剥离强度。

5.2.8 盐雾腐蚀试验

5.2.8.1 试验样品

按5.2.1要求红色、白色单元各制作2块样板。

另外裁取红色、白色单元的反光膜各50 mm×150 mm，撕去100 mm长的防粘纸，粘贴在符合5.2.1要求的底板上。

5.2.8.2 试验要求

按GB/T 2423.17的要求，把化学纯的氯化钠溶于蒸馏水，配制成(5±0.1)%(质量百分比)的氯化钠溶液，pH值在6.5～7.2之间(35 ℃±2 ℃)，使该溶液在盐雾箱内连续雾化，盐雾沉降量为(1.0～2.0)mL/(h·80 cm^2)，箱内温度保持35 ℃±2 ℃。将测试样品放入盐雾箱内，其受试面与垂直方向成30°角，相邻两样品保持一定的间隙，行间距不小于10 cm，测试样品在盐雾空间连续暴露，应经历10个循环试验，每个循环连续喷雾 23 h，干燥 1 h。试验应在干燥阶段结束。试验结束后，用流动水轻轻洗掉样品表面的盐沉积物，再用蒸馏水漂洗，洗涤水温不应超过 35 ℃，然后置于室温下恢复 2 h，检查并记录试验结果。

5.2.9 抗溶剂试验

将测试样板分别浸没在 93# 无铅汽油、0# 柴油和汽车发动机润滑油中，15 min 后取出，擦干，在室温下恢复 2 h 后，检查并记录试验结果。

5.2.10 冲击试验

将红色、白色单元各 1 块测试样品的正面朝上，水平放置在厚度为 20 mm 的钢板上，在样品上方 2 m 处，用一个质量为 0.25 kg 的实心钢球自由落下，撞击测试样品的中心部位，检查并记录试验结果。

5.2.11 耐温试验

将红色、白色单元各 1 块测试样品放入 70 ℃±2 ℃环境中 24 h。然后取出样品在 20 ℃±5 ℃条件下恢复 2 h，接着将测试样品放入 −40 ℃±3 ℃的环境中 24 h。取出样品，在 20 ℃±5 ℃条件下恢复 2 h，检查并记录试验结果。

5.2.12 弯曲试验

红色、白色单元的反光膜各裁取 25 mm×150 mm，撕去防粘纸，在背胶表面撒上足够的滑石粉，将样品成 90°围绕在一直径为 3.2 mm 的圆棒上，使样品的背胶与圆棒外表面接触，放开样品，检查并记录试验结果。

5.2.13 水浸试验

将红色、白色单元各 1 块测试样品浸入 50 ℃±5 ℃的水中 24 h，其反光表面上部的最高点应在水面下 20 mm 处，然后将测试样品反转 180°，再浸 24 h，取出，检查并记录试验结果。

5.2.14 耐冲洗性能试验

5.2.14.1 试验样品

将 50 mm×1 000 mm 的红、白相间的反光膜粘贴在钢板油漆表面中间位置，钢板尺寸为 1 200 mm×500 mm×2 mm，钢板上漆膜厚度为 45 μm～55 μm。在 5.2.1 规定的环境中放置 24 h 后进行试验。

5.2.14.2 试验方法

用高压水枪从任意角度冲洗样品，水枪喷水压力为 5 MPa，喷水距离为 1 m，喷水时间 10 min。试验后检查样品。

6 检验规则

6.1 检验分类

车身反光标识的检验分为型式检验和生产一致性检验。

反射器的型式检验和生产一致性检验按 GB 11564 的规定进行，反光膜的型式检验和生产一致性检验按下述规定进行。

6.2 型式检验

6.2.1 型式检验的条件

型式检验在以下几种情况下进行：

——产品新设计试生产；

——转产或转厂；

——停产后复产；

——结构、材料或工艺有重大改变；

——正常生产后每隔两年；

——合同规定等。

6.2.2 **样品要求**

在产品型号和商标、光度和色度特性以及特定的材料、几何尺寸、产品结构等方面没有差异的车身反光标识为同一型式的车身反光标识。

选取同一型式的 50 mm×5 000 mm 的反光膜作为样品，样品应包含红色和白色单元。

6.2.3 **检验项目、方法**

型式检验的项目、要求、试验方法、样品编号和分布见表 3。

表 3 反光膜型式检验项目、要求和方法

<table>
<tr><th>序号</th><th colspan="2">检验项目</th><th>要求条款</th><th>试验方法条款</th><th>样品编号</th></tr>
<tr><td>1</td><td colspan="2">外观检测</td><td>4.1.3.1</td><td>5.2.2</td><td>#1～#13</td></tr>
<tr><td>2</td><td colspan="2">尺寸测量</td><td>4.1.3.2</td><td>5.2.3</td><td>#1</td></tr>
<tr><td>3</td><td colspan="2">色度性能测试</td><td>4.1.3.3</td><td>5.2.4</td><td>#1</td></tr>
<tr><td rowspan="3">4</td><td rowspan="3">反光性能测试</td><td>逆反射系数</td><td>4.1.3.4.1</td><td rowspan="3">5.2.5</td><td>#1</td></tr>
<tr><td>逆反射均匀性</td><td>4.1.3.4.2</td><td>#1</td></tr>
<tr><td>湿状态逆反射</td><td>4.1.3.4.3</td><td>#1</td></tr>
<tr><td>5</td><td colspan="2">人工气候加速老化试验</td><td>4.1.3.5</td><td>5.2.6</td><td>#1、#2</td></tr>
<tr><td>6</td><td colspan="2">附着性试验</td><td>4.1.3.6</td><td>5.2.7</td><td>#3</td></tr>
<tr><td>7</td><td colspan="2">盐雾腐蚀试验</td><td>4.1.3.7</td><td>5.2.8</td><td>#4、#5</td></tr>
<tr><td>8</td><td colspan="2">抗溶剂试验</td><td>4.1.3.8</td><td>5.2.9</td><td>#6、#7、#8</td></tr>
<tr><td>9</td><td colspan="2">冲击试验</td><td>4.1.3.9</td><td>5.2.10</td><td>#9</td></tr>
<tr><td>10</td><td colspan="2">耐温试验</td><td>4.1.3.10</td><td>5.2.11</td><td>#10</td></tr>
<tr><td>11</td><td colspan="2">弯曲试验</td><td>4.1.3.11</td><td>5.2.12</td><td>#11</td></tr>
<tr><td>12</td><td colspan="2">水浸试验</td><td>4.1.3.12</td><td>5.2.13</td><td>#12</td></tr>
<tr><td>13</td><td colspan="2">耐冲洗性能试验</td><td>4.1.3.13</td><td>5.2.14</td><td>#13</td></tr>
<tr><td colspan="6">注：每个编号的样品均包括白色和红色单元。</td></tr>
</table>

6.3 **生产一致性检验**

对已经型式检验合格的产品，以批量产品中随机抽取的样品来判定其生产的一致性。样品的材料、结构和尺寸应符合申请检验提供的图纸的规定。

应至少在 50 mm×10 000 m(应包含红色和白色单元)的反光膜中随机抽取不少于 50 mm×5 000 mm(应包含红色和白色单元)的样品。生产一致性检验的项目至少包括外观、色度、反光性能、附着性能、抗溶剂性能、耐温性能等，每 4 年应检验 1 次耐候性能。检验结果应符合第 4 章的相应要求。

7 包装和标志

7.1 **包装**

车身反光标识材料的包装箱应符合防潮、防尘的要求。

7.2 **标志**

包装箱上应标明以下内容：

1） 产品名称、产品标准编号、商标；

2） 生产企业名称、详细地址；

3） 产品的规格、型号、等级和数量；

4） 生产日期、批号。

7.3 **说明书和合格证书**

单个包装箱内应有中文使用说明书、合格证书。

附　录　A
（规范性附录）
部分典型车型反光膜材料粘贴示例

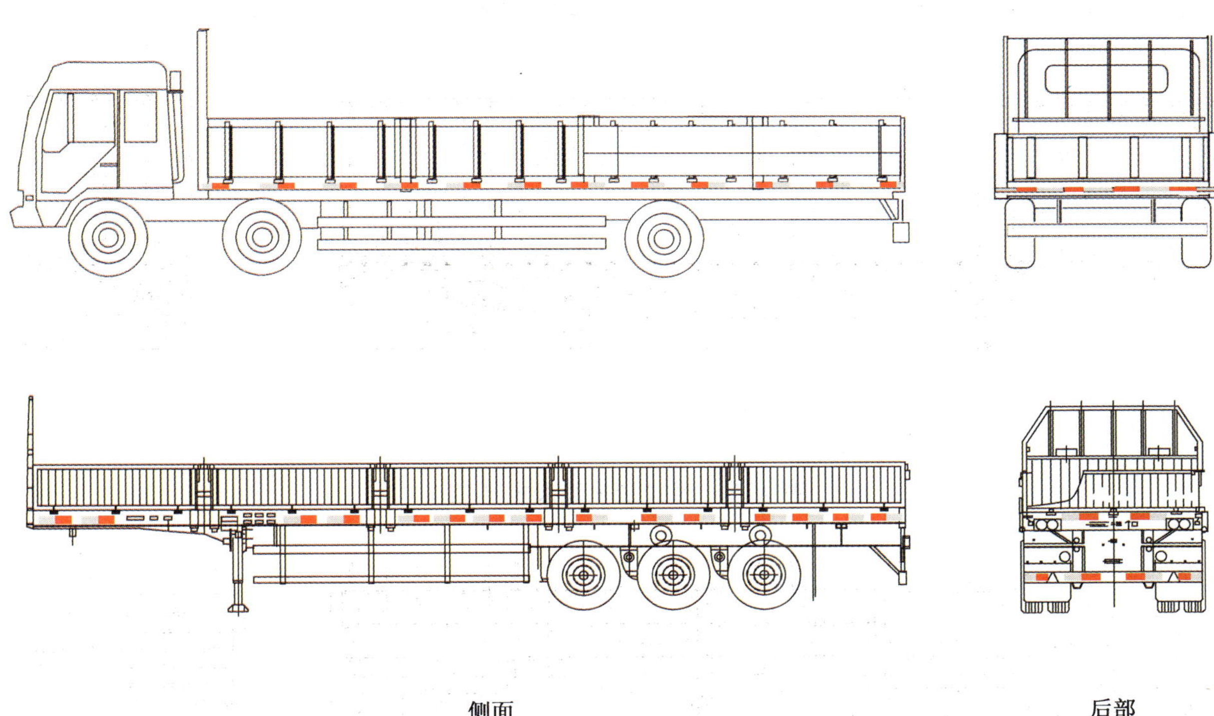

如因后部粘贴达不到规定面积，建议在货厢栏板的轮廓边缘进行补偿，勾勒出轮廓，如下所示。

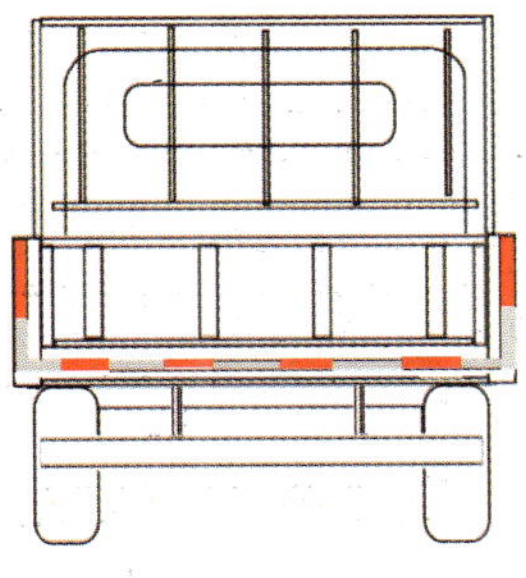

图 A.1　栏板式货车及栏板式半挂车

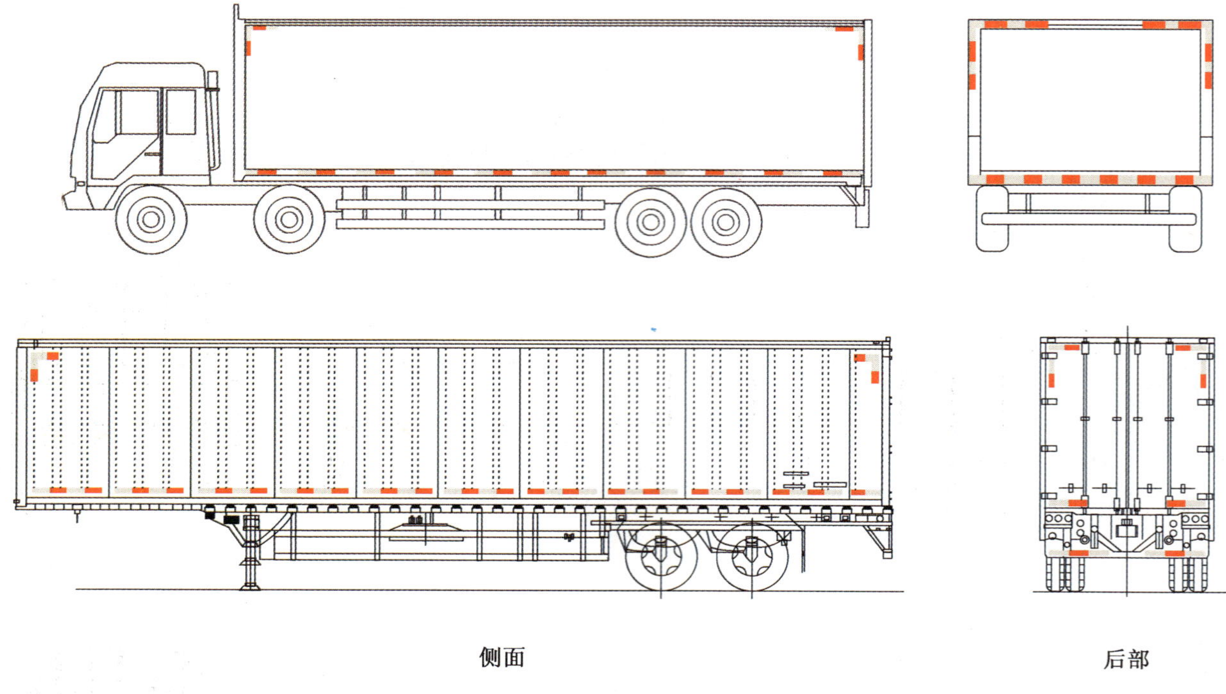

图 A.2 厢式货车及厢式半挂车

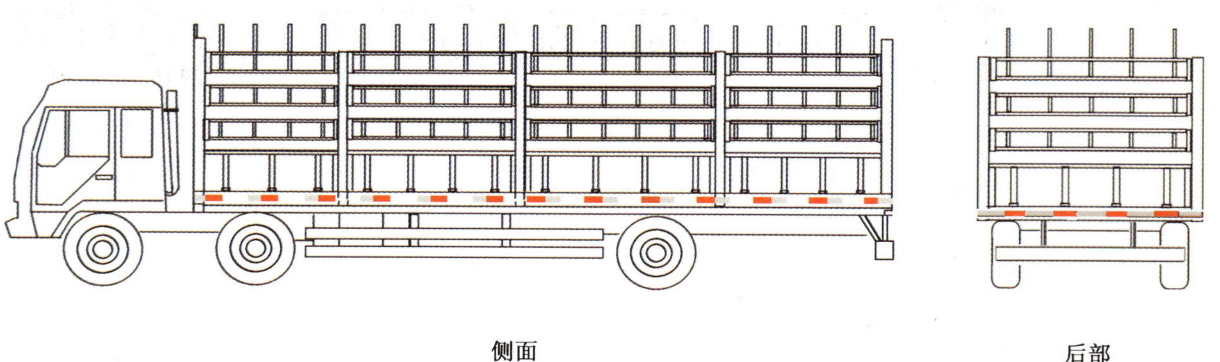

当后部粘贴面积达不到规定面积时，建议在车厢的轮廓边缘进行补偿，勾勒出轮廓，如下所示。

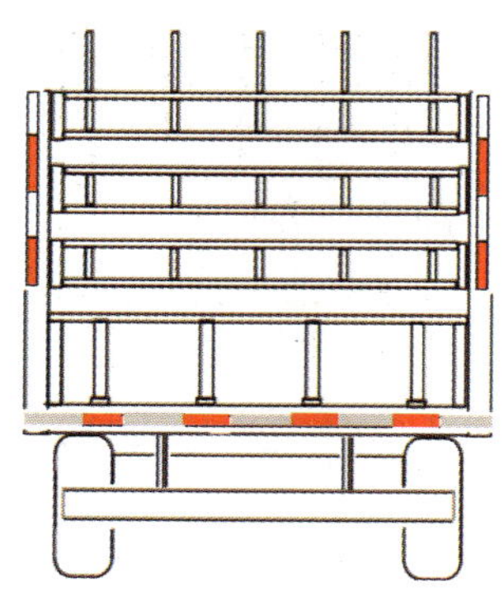

图 A.3 仓栅式货车及仓栅式半挂车

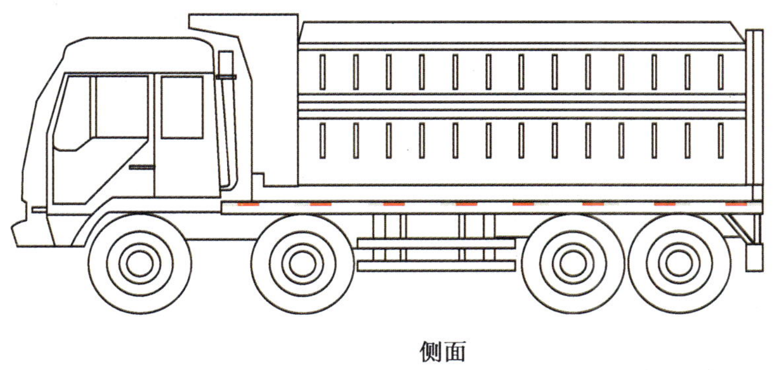

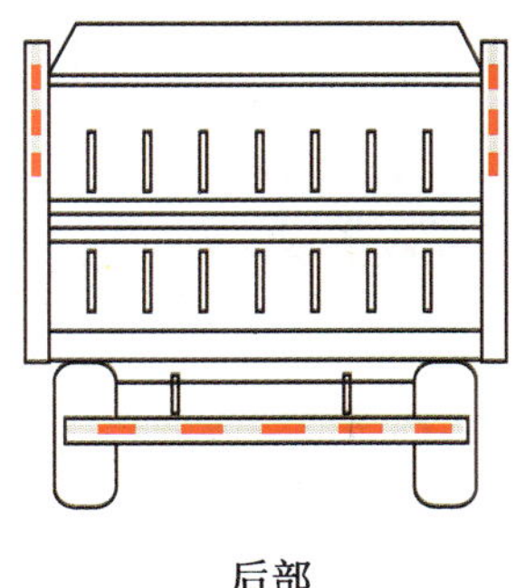

图 A.4 自卸货车及自卸半挂车

图 A.5 罐式货车及罐式半挂车

这类车辆的车身反光标识粘贴应尽可能粘贴于罐体中部最宽处以增加夜间视认效果。如底盘承载面宽度和罐体宽基本一致,也可粘贴在底盘的承载面边缘。

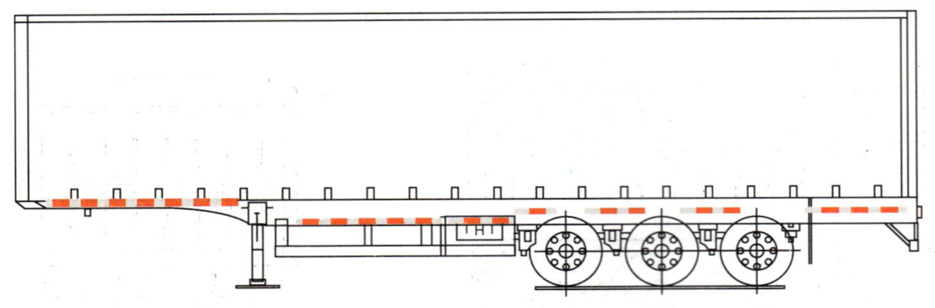
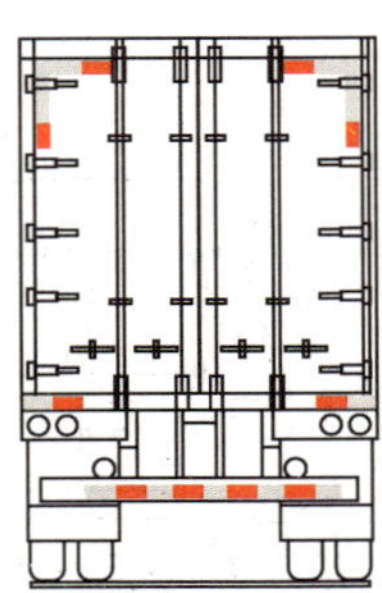

图 A.6　帘布式半挂车

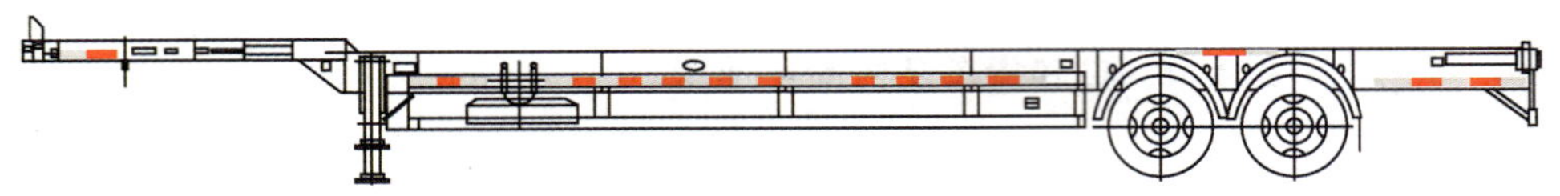
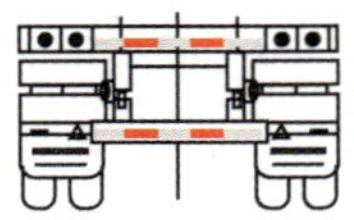

图 A.7　骨架式集装箱运输半挂车

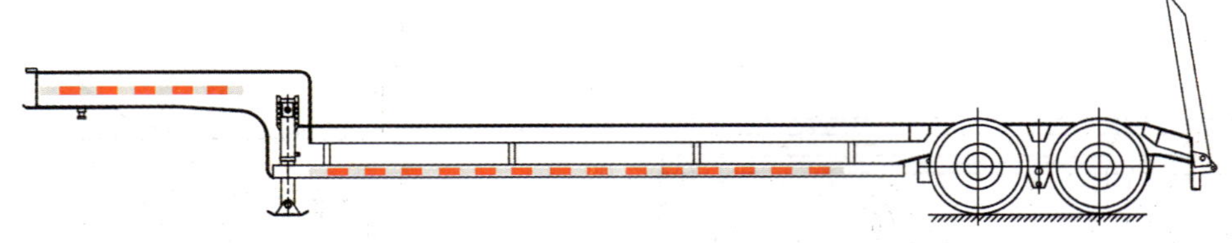
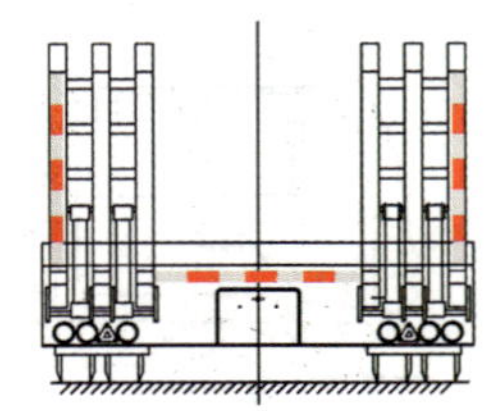

注：对尾部安装有爬梯的低平板运输半挂车，建议按图示要求进行粘贴，如无爬梯可在尾部适当位置粘贴以体现车辆尾部宽度；侧面粘贴时应尽可能体现半挂车整车长度。

图 A.8　低平板半挂车

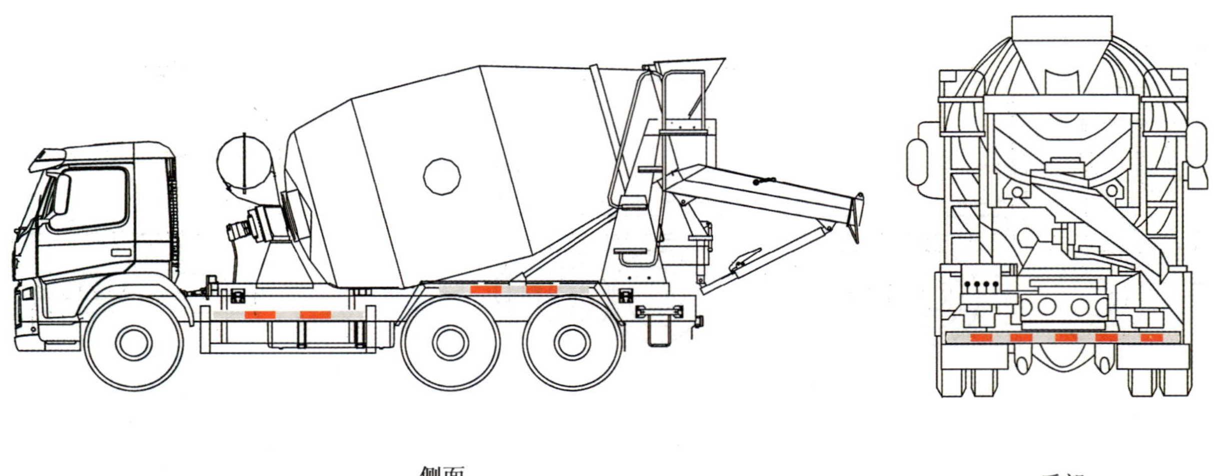

侧面　　　　后部

注：这类车辆粘贴时应尽可能沿底盘承载面位置粘贴，如特殊需要可在侧防撞护栏处补充粘贴。

图 A.9　混凝土搅拌运输车

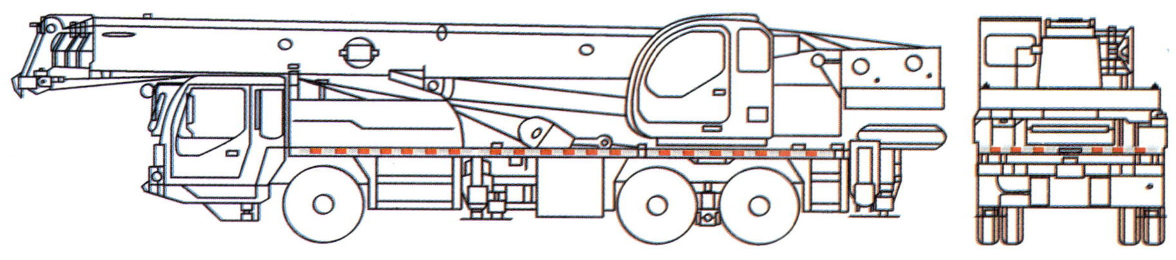

侧面　　　　　　　　　　　　　　　　　　　　后部

图 A.10　汽车起重机

ICS 43.160
T 59

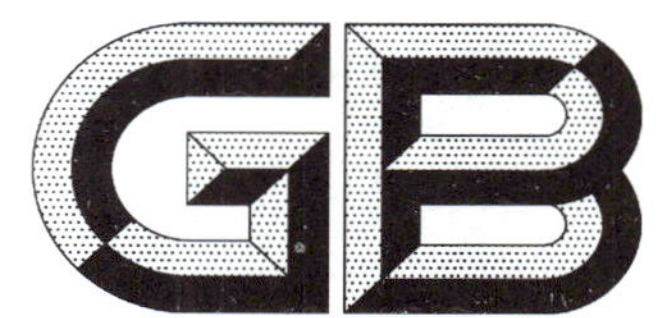

中华人民共和国国家标准

GB 24315—2009

校车标识

The marker for school bus

2009-09-30 发布　　　　2010-01-01 实施

中华人民共和国国家质量监督检验检疫总局
中国国家标准化管理委员会　发布

前　　言

本标准的第5章(5.1.3.1.2和5.1.7除外)、第6章、第7章(7.5除外)、第8章(8.3.1除外)为强制性,其余为推荐性。

本标准的附录A和附录B为规范性附录。

本标准由中华人民共和国公安部提出并归口。

本标准负责起草单位:公安部交通管理科学研究所。

本标准参加起草单位:交通部公路科学研究院、教育部基础教育司、3M中国有限公司、金龙联合汽车工业(苏州)有限公司、广州新晖汽车零部件有限公司。

本标准主要起草人:虞力英、邵咏秋、孙正良、张赟、俞伟跃、高建刚、张建军、吴云强、刘兴良、严则进、毕玉龙。

校 车 标 识

1 范围

本标准规定了校车标识的组成、式样、专用校车车身外观标识涂装、校车标牌、校车停靠预告标志、校车停靠站点标志、校车停靠站标线、更换和试验方法等。

本标准适用于校车及其相关设施的标识。

2 规范性引用文件

下列文件中的条款通过本标准的引用而成为本标准的条款。凡是注日期的引用文件，其随后所有的修改单(不包括勘误的内容)或修订版均不适用于本标准，然而，鼓励根据本标准达成协议的各方研究是否可使用这些文件的最新版本。凡是不注日期的引用文件，其最新版本适用于本标准。

GB/T 3181—2008 漆膜颜色标准

GB 5768(所有部分) 道路交通标志和标线

GB 7258—2004 机动车运行安全技术条件

GB/T 18833 公路交通标志反光膜

GA 522 警车车徽

GA 523 警车外观制式涂装用定色漆

JT/T 693 荧光反光膜和荧光反光标记材料昼间色度性能测试方法

QB/T 3523 白卡纸

3 术语和定义

GB 7258—2004 中确立的以及下列术语和定义适用于本标准。

3.1

校车 school bus

用于运送不少于5名幼儿园、小学、中学等教育机构的学生及其照管人员上下学的客车和乘用车。按乘坐对象分为幼儿校车、小学生校车和其他校车，按车辆属性分为专用校车和非专用校车。

[GB 7258—2004 第2号修改单，定义3.2.10]

3.2

校车标志 school bus stick

粘贴于专用校车上的标志性标贴。

3.3

校车轮廓标识 contour marks of school bus

用于显示校车外形轮廓和应急门轮廓的反光标识。

3.4

校车标牌 school bus plate

校车随车携带的、签注校车信息的标志牌。

3.5

校车停靠站点标志 school bus stop signs

校车规定行经路线上停靠的站点标志。

3.6

校车停靠预告标志 signs in advance for school bus stop

提供校车停靠站点标志距离的标志。

4 组成

校车标识包括专用校车车身外观标识、校车标牌、校车停靠预告标志、校车停靠站点标志和校车停靠站标线。

5 式样

5.1 专用校车车身外观标识

5.1.1 组成

专用校车车身外观标识由校车标志、中文字符“校车”、中文字符“核载人数：××人”、校车编号和校车轮廓标识组成。

5.1.2 校车标志

5.1.2.1 颜色和式样

校车标志颜色为红色和白色，其中中文字符“校车”为红色，式样见图1a)。

5.1.2.2 规格尺寸

5.1.2.2.1 7 m及以上长度的校车采用规格为460 mm×460 mm的校车标志，具体尺寸见图1b)。其中中文字符“校车”字体为华文琥珀，字符“校”和“车”高为90 mm，宽为102 mm。

a) 校车标志式样

单位为毫米

b) 校车标志尺寸

图1 校车标志

5.1.2.2.2　7 m 以下长度的校车采用规格为 380 mm×380 mm 的校车标志，具体尺寸按 5.1.2.2.1 的要求同比例缩小。

5.1.2.3　**位置**

校车标志位于车身两侧前部四分之一处到三分之一处之间。7 m 及以上长度校车的校车标志涂装粘贴位置见附录 A 的侧视图。

5.1.3　**中文字符**

5.1.3.1　**校车**

5.1.3.1.1　中文字符“校车”颜色为红色白边，字体为华文琥珀，字符“校”和“车”高为 300 mm，宽为 300 mm，白边宽为 12 mm，式样见图 2。中文字符“校车”位于车身前风窗玻璃下空白处中央，字符间距不大于校车宽度的五分之二。涂装位置见附录 A 的前视图。

图 2　中文字符“校车”式样

5.1.3.1.2　中文字符“校车”的大小和间距可根据车身尺寸和部件进行调整。

5.1.3.2　**核载人数：××人**

中文字符“核载人数：××人”字体为黑体，字高为 75 mm，颜色为黑色。中文字符“核载人数：××人”位于车身右侧校车标志右下方，涂装位置见附录 A 的右侧侧视图。

5.1.4　**校车编号**

校车编号为 4 位数字字符，颜色为黑色，字体为 Arial，字高为 100 mm，式样见图 3。校车编号有两组，位于车身两侧最后部，涂装位置见附录 A 的侧视图。

图 3　校车编号式样

5.1.5　**校车轮廓标识**

校车轮廓标识高度为 50 mm，长度为 300 mm，间隔不大于 300 mm。校车轮廓标识颜色为荧光黄绿色。校车轮廓标识贯通车身侧围中部、后围中部和应急门轮廓，涂装位置见附录 A 的侧视图和后视图。

5.1.6　**涂装式样**

5.1.6.1　车身通体底色为黄色。

5.1.6.2　专用校车涂装应符合附录 A 的要求。

5.1.7　**其他**

除上述规定涂装元素外，可在车身侧面中部或后部涂装学校名称或英文“SCHOOL BUS”，车身不应涂装其他内容。

5.2 校车标牌

5.2.1 颜色和式样

校车标牌颜色为黄色、红色和白色。校车标牌有两块，分别置于前风窗玻璃右下角和后风窗玻璃适当位置。置于前风窗玻璃右下角的校车标牌有正面和背面，式样见图 4a）和图 4b）。背面英文字符“No.”为红色，其他中文字符为黑色。置于后风窗玻璃的校车标牌正面式样见图 4a），背面为空白。

a）校车标牌正面式样

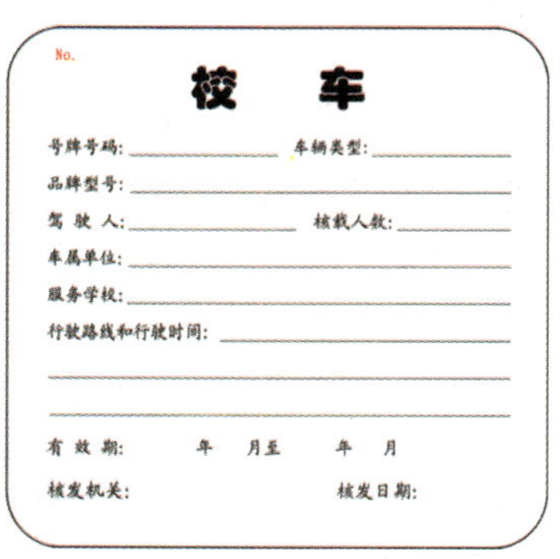

No.

校　车

号牌号码：________ 车辆类型：________

品牌型号：________

驾 驶 人：________ 核载人数：________

车属单位：________

服务学校：________

行驶路线和行驶时间：________

有 效 期：　年　月至　年　月

核发机关：　　核发日期：

b）校车标牌背面式样

图 4　校车标牌

5.2.2 规格尺寸

5.2.2.1　校车前风窗玻璃右下角放置的校车标牌规格为 300 mm×300 mm，具体尺寸见图 5。正面中文字符“校车”字体为华文琥珀，字高为 60 mm，白边宽为 2.5 mm。校车标牌背面英文字符“No.”为 10 mm 楷体；中文字符“校车”字体为华文琥珀，字高为 25 mm；“号牌号码：”、“车辆类型：”、“品牌型号：”、“驾驶人：”、“核载人数：”、“车属单位：”、“服务学校：”、“行驶路线和行驶时间：”、“有效期：　　年　　月至　　年　　月”、“核发机关：”和“核发日期：”等中文字符字体为楷体，字高为10 mm。放置式样见附录 A 的前视图。

单位为毫米

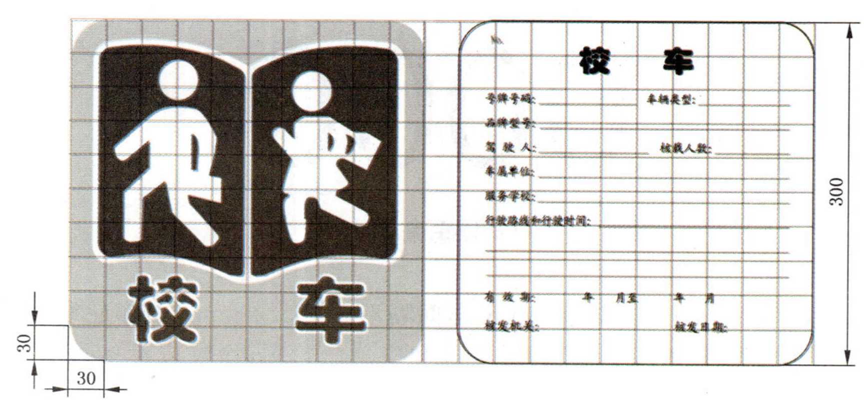

图 5　校车标牌尺寸

5.2.2.2　校车后风窗玻璃放置的校车标牌规格为 400 mm×400 mm，具体尺寸按 5.2.2.1 的要求同比例放大。放置式样见附录 A 的后视图。

5.3 校车停靠预告标志和校车停靠站点标志

5.3.1　校车停靠预告标志为上下组合标志，颜色为荧光黄绿色和黑色。式样见图 6。

图 6　校车停靠预告标志式样

5.3.2　校车停靠预告标志上下组合标志的规格尺寸见图 7a)和图 7b)。下标志中文字符为黑体，数字和英文字符为 Arial，字符高度见表 1。

单位为毫米

a) 上标志尺寸

单位为毫米

b) 下标志尺寸

图 7　标志尺寸

表 1　下标志字符高度

字　符	高　度/mm
“校车站点”	90
数字	110
英文“m”	40

5.3.3 校车停靠站点标志分为指示组合标志和告示标志两种，指示组合标志中注意儿童标志颜色为荧光黄绿色和黑色，告示标志中注意儿童图案背景颜色为荧光黄绿色。标志式样和其他颜色应符合GB 5768(所有部分)的要求。

5.4 校车停靠站标线

校车停靠站标线的式样应符合GB 5768(所有部分)的要求。

6 专用校车车身外观标识涂装

6.1 涂装方式

专用校车车身外观涂装分为喷漆和贴膜两种，涂装方式见表2。

表2 涂装方式

涂装要素	涂装方式
车身通体底色	喷漆
中文字符“校车”、校车编号、中文字符“核载人数：××人”	喷漆
车身轮廓标识	贴膜(反光材料)
校车标志	贴膜(反光材料)

6.2 喷漆外观

喷漆外观应符合以下要求：

a) 车身通体底色采用GB/T 3181—2008中的Y08(深黄)；

b) 校车编号和中文字符“核载人数：××人”采用黑色；

c) 喷漆漆面应颜色均匀，平整光滑，边缘线没有锯齿，无流挂露底。

6.3 贴膜外观

贴膜应和车身表面贴附粘牢，没有气泡、皱褶、翘角等缺陷。

6.4 材料

6.4.1 喷漆材料

喷漆除颜色外，其他性能应符合GA 523的规定。

6.4.2 校车标志贴膜材料

6.4.2.1 材料及颜色

校车标志采用柔韧性反光膜粘贴，颜色应符合附录B中B.1的要求。

6.4.2.2 反射性能

按11.4.1规定的方法测量校车标志贴膜材料的逆反射系数，应不小于表3的规定值。

表3 校车标志贴膜材料的逆反射系数

观察角	入射角	白色/($cd \cdot lx^{-1} \cdot m^{-2}$)	红色/($cd \cdot lx^{-1} \cdot m^{-2}$)
0.2°	−4°	80	14
	30°	30	6
0.5°	−4°	30	9
	30°	15	3
1.0°	−4°	5	1.8
	30°	2	0.7

6.4.2.3 色度性能

校车标志贴膜材料的色度性能，包括丝网印刷后的颜色，按照11.4.2规定的方法测试，各颜色的

11.2 校车标牌

11.2.1 外观

采用目测法对标志的外观、印刷、颜色和图案进行检查。

11.2.2 尺寸

用精度为 1 mm 的长度测量工具测量。

11.3 校车停靠预告标志和校车停靠站点标志

11.3.1 颜色

用附录 B 中颜色样板对比观察。

11.3.2 尺寸

用精度为 1 mm 的长度测量工具测量。

11.4 反光材料性能

11.4.1 反射性能测试

按 GB/T 18833 规定的方法，对校车轮廓标识、校车停靠预告标志和校车停靠站点标志用反光材料的反射性能进行测试。采用逆反射系数测量仪器和附录 B 的颜色样板对校车轮廓标识、校车停靠预告标志和校车停靠站点标志用反光材料进行对比测量。

11.4.2 色度性能测试

按 JT/T 693 规定的方法，对校车轮廓标识、校车停靠站点标志和校车停靠预告标志用荧光黄绿色反光材料的色度性能进行测试。

附　录　A
（规范性附录）
专用校车车身外观标识涂装图

A.1　专用校车外观标识涂装右侧侧视图

专用校车外观标识涂装右侧侧视图见图 A.1。

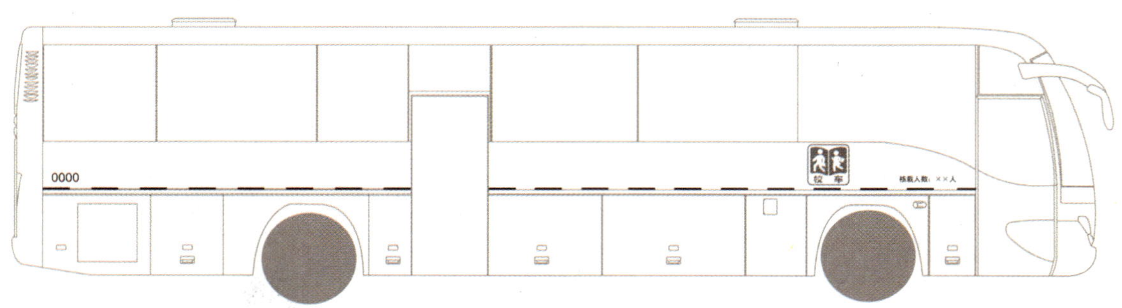

图 A.1　专用校车外观标识涂装右侧侧视图

A.2　专用校车外观标识涂装左侧侧视图

专用校车外观标识涂装左侧侧视图见图 A.2。

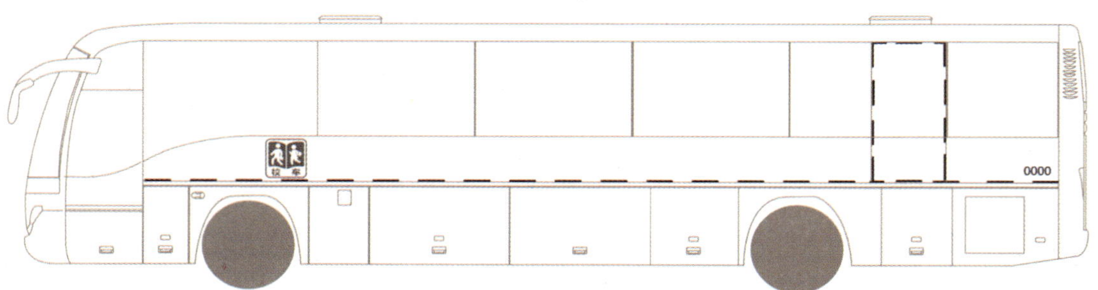

图 A.2　专用校车外观标识涂装左侧侧视图

A.3　专用校车外观标识涂装前视图

专用校车外观标识涂装前视图见图 A.3。

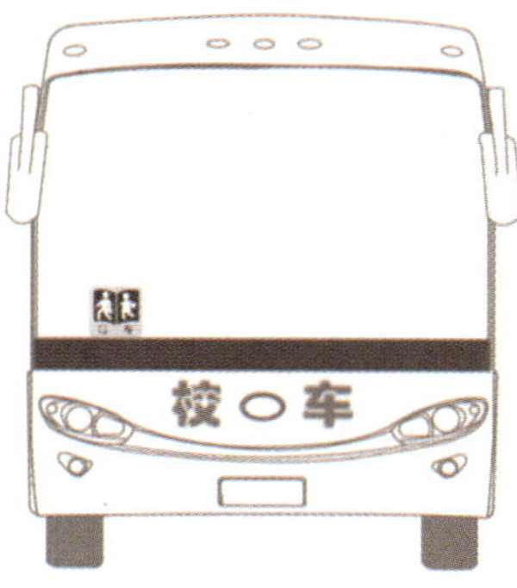

图 A.3　专用校车外观标识涂装前视图

A.4 专用校车外观标识涂装后视图

专用校车外观标识涂装后视图见图 A.4。

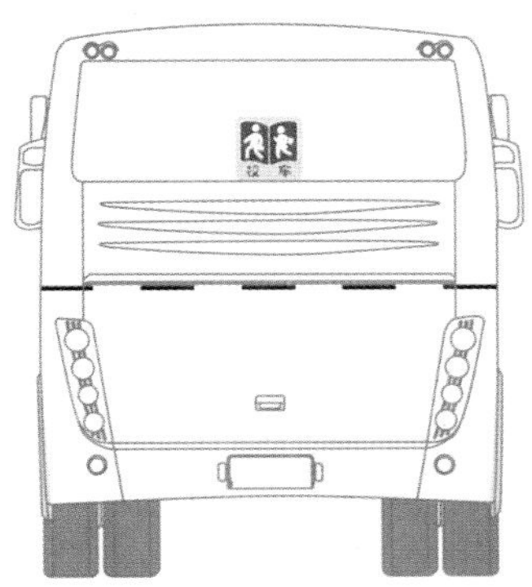

图 A.4 专用校车外观标识涂装后视图

附 录 B
（规范性附录）
校车标识用反光材料颜色样板

B.1 校车标志用反光材料颜色样板

校车标志用反光材料颜色样板见图 B.1。

图 B.1 校车标志用反光材料颜色样板

B.2 校车轮廓标识、校车停靠预告标志和校车停靠站点标志用荧光黄绿色反光材料颜色样板

校车轮廓标识、校车停靠预告标志和校车停靠站点标志用荧光黄绿色反光材料颜色样板见图 B.2。

图 B.2 校车轮廓标识、校车停靠预告标志和校车停靠站点标志用荧光黄绿色反光材料颜色样板

ICS 43.040.60
T 26

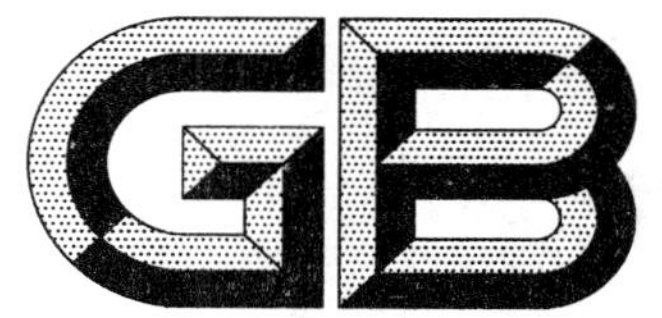

中华人民共和国国家标准

GB 24406—2012
代替 GB 24406—2009

专用校车学生座椅系统及其车辆固定件的强度

The strength of student seat systems and their anchorages of special school bus

2012-04-10 发布　　　　2012-05-01 实施

中华人民共和国国家质量监督检验检疫总局
中国国家标准化管理委员会　发布

前　言

本标准的第4章、第5章为强制性的，其余为推荐性的。

本标准按照GB/T 1.1—2009给出的规则起草。

本标准代替GB 24406—2009《专用小学生校车座椅及其车辆固定件的强度》。

本标准与GB 24406—2009的主要差异有：

a） 标准名称修改为《专用校车学生座椅系统及其车辆固定件的强度》；

b） 修改了标准适用范围，由专用小学生校车座椅扩展为专用校车学生座椅，并增加了校车上安装于座椅前方的约束隔板；

c） 为便于使用，增加了GB 13057中的相关术语（见3.3、3.4、3.5、3.7、3.8），还增加了“座椅系统”（见3.1）、“学生座椅系统”（见3.2）、“固定件”（见3.6）、“基准平面”（见3.9）、“座椅间距”（见3.10）及“约束隔板”（见3.11）的术语及定义；

d） 将验证前倾性能和座椅靠背后部的吸能特性的静态试验方法修改为动态试验方法（见5.1，2009年版4.2.1和4.2.5）；

e） 由于试验方法的修改，相应修改了抗前倾性能要求（见4.1.2，2009年版3.1.1和3.1.5）；

f） 删除了车辆固定件试验（2009年版4.2.6）；

g） 增加了与动态试验方法相关的检测仪器要求（见附录A）和允许伤害指标的确定方法（见附录B）。

本标准参照ECE R80法规《就座椅及其固定点方面批准大型客车座椅和车辆的统一规定》及FMVSS 222《学童客车乘员座椅和碰撞保护》的内容修订。

本标准由中华人民共和国工业和信息化部提出。

本标准由全国汽车标准化技术委员会（SAC/TC 114）归口。

本标准负责起草单位：中国汽车技术研究中心、郑州宇通客车股份有限公司。

本标准参加起草单位：中国公路车辆机械有限公司、国家客车质量监督检验中心、南京依维柯汽车有限公司、丹东黄海汽车有限责任公司、江苏省公路学会、中国第一汽车股份有限公司、金龙联合汽车工业（苏州）有限公司、厦门金龙联合汽车工业有限公司、北汽福田汽车股份有限公司、安徽安凯汽车股份有限公司、成都客车股份有限公司、柳州五菱汽车有限责任公司。

本标准主要起草人：李维菁、袁健、赵伟丽、周慧慈、李弢、王欣、孙鹰、刁薇、金明新、白红、李桂兰。

本标准于2009年首次发布，本次为第一次修订。

专用校车学生座椅系统及其车辆固定件的强度

1 范围

本标准规定了专用校车的学生座椅系统(以下简称“座椅”)及其车辆固定件的术语和定义、要求及试验方法。

本标准适用于专用校车上的学生座椅以及用于安装该座椅的车辆固定件,也适用于专用校车上安装于座椅前方的约束隔板。

2 规范性引用文件

下列文件对于本文件的应用是必不可少的。凡是注日期的引用文件,仅注日期的版本适用于本文件。凡是不注日期的引用文件,其最新版本(包括所有的修改单)适用于本文件。

GB 13057—2003 客车座椅及其车辆固定件的强度

GB 14166 机动车成年乘员用安全带和约束系统

GB 14167 汽车安全带安装固定点

GB 24407—2012 专用校车安全技术条件

GB 27887 机动车儿童乘员用约束系统

ISO 6487 道路车辆 碰撞试验测量技术 检测仪器(Road vehicles—Measurement techniques in impact tests—Instrumentation)

3 术语和定义

GB 24407—2012 界定的以及下列术语和定义适用于本文件。为了便于使用,以下重复列出了 GB 13057—2003 中的某些术语和定义。

3.1

座椅系统 seat system

安装在车辆上可供一个或多个乘员乘坐的设施,包括完整的装饰及配件。

3.2

学生座椅系统 student seat system

专用校车上专门供幼儿和学生乘坐的座椅系统。

3.3

调整系统 adjustment system

一种可将座椅或其部件调节到适合乘客乘坐的装置。

[GB 13057—2003,定义 3.2]

3.4

位移系统 displacement system

在没有固定的中间位置情况下,一种可使座椅或某个部件横向或纵向移动、以方便乘客进出的装置。

[GB 13057—2003,定义 3.3]

3.5

锁止系统 locking system

一种保证座椅或其部件保持在其使用位置的装置。

[GB 13057—2003,定义 3.4]

3.6

固定件 anchorage

车辆车身上可用于固定座椅的部件。

3.7

连接件 attachment fittings

用来将座椅安装到车辆固定件上的螺栓等零件。

[GB 13057—2003,定义 3.5]

3.8

辅助座椅 auxiliary seat

动态试验中被试座椅后面安装假人的座椅,代表着车辆上使用的位于被试座椅后面的座椅。

[GB 13057—2003,定义 3.7]

3.9

基准平面 reference plane

假人两脚跟与地板接触点的平面。

3.10

座椅间距 seat spacing

后方座椅靠背前部凸起部分至前方座椅靠背后部凸起部分之间的距离,在座垫上表面最高点所处平面与其上方 200 mm 高度范围内水平测量。

3.11

约束隔板 restraining barrier

安装在车身结构上,用于在前方碰撞事故或紧急制动过程中约束位于其后方乘员的装置。

4 要求

4.1 座椅要求

4.1.1 总体要求

所有座椅应前向安装。所提供的每种调整系统和位移系统都应配备自动锁止装置,试验后座椅的调整系统和锁止系统允许产生变形、部分断裂,但不允许失效。

4.1.2 抗前倾性能

4.1.2.1 按照 5.1 的规定进行动态试验,应满足以下 4.1.2.2~4.1.2.6 的要求。

4.1.2.2 乘坐的乘客能被其前方座椅和(或)安全带恰当地约束住。即:对于幼儿专用校车座椅、小学生专用校车座椅,假人躯干和头部的任何部分向前位移不应超过位于辅助座椅 G 点前 1.1 m 的横向垂面;对于中小学生专用校车座椅,假人躯干和头部的任何部分向前位移不应超过位于辅助座椅 G 点前 1.2 m 的横向垂面。

4.1.2.3 乘坐的乘客未受严重伤害。按附录 A 和附录 B 确定的允许伤害指标应满足:

a) 头部允许指标(HIC) 小于 500;

b) 胸部允许指标(ThAC) 小于 30 g(总时间小于 3 ms 者除外)($g=9.81\ m/s^2$);

c) 在使用混合Ⅲ型第5百分位人体模型进行试验时，腿部允许指标(FAC)小于10 kN。

4.1.2.4 座椅系统及其固定件足够牢固。若满足以下要求，则认为满足本条规定：

a) 座椅、座椅连接件或配件不应在试验过程中完全脱离；

b) 即使车身上一个或几个固定点有部分脱离或其周边区域产生永久变形，座椅也不应与车身完全脱开；

c) 座椅靠背的装饰件或配件不应出现可能给乘员带来伤害的危险尖角。

4.1.2.5 在试验中，形成座椅靠背的所有配件不应对乘员造成伤害。头型接触的区域的曲率半径不应小于5 mm。

4.1.2.6 若安装在刚性靠背上的装饰件或配件材料的硬度小于邵氏A50，则4.1.2.5的要求仅对刚性部分适用。

4.1.2.7 紧临其后的座椅的G点与该座椅G点的高度差应不大于72 mm，如果大于72 mm，应按照实际装车位置关系进行试验。

4.1.2.8 当座椅后部不会被未约束的乘客所撞击时(即无前向座椅直接在被试座椅后面)，可不做5.1.2和5.1.3规定的试验。

4.1.3 抗后倾性能

4.1.3.1 按照5.2的规定进行静态加载试验，应满足以下4.1.3.2～4.1.3.6的要求。

4.1.3.2 座椅靠背所受的力不应超过9 786 N。

4.1.3.3 座椅靠背的位移不应超过254 mm。

4.1.3.4 变形后的座椅不应进入相距其他座椅原始安装位置102 mm的范围内。

4.1.3.5 座椅、座椅连接件或配件不应在试验过程中完全脱离。

4.1.3.6 即使车身上一个或几个固定点有部分脱离或其周边区域产生永久变形，座椅也不应与车身完全脱开。

4.2 座垫要求

有座垫的座椅，在1 s～5 s内对座垫施加向上的大小相当于座垫重量5倍的力，保持5 s，任何安装点都不应分离。

4.3 座椅固定件要求

4.3.1 按照5.1和5.2的规定进行试验，应分别满足4.1.2.4、4.1.3.5、4.1.3.6的要求。

4.3.2 如果一种车型上有多于一种形式的固定件，每种形式的固定件都应进行试验。

4.3.3 如果几种形式的座椅其前后椅脚脚端之间的距离不等，且都能安装在相同的固定件上，试验应用脚端距离最短的座椅进行。

4.3.4 如果相应座椅位置的安全带固定点直接固定在座椅上，且这些安全带固定点符合GB 14167的要求，应认为座椅固定件符合4.3.1和4.3.2的要求。

5 试验方法

5.1 座椅动态试验

5.1.1 试验座椅或约束隔板的准备

5.1.1.1 试验座椅或约束隔板应安装在代表车身的试验平台上。

5.1.1.2 试验平台上试验座椅或约束隔板的固定件应与安装该座椅的车辆固定件相同，或具有相同的特性。

5.1.1.3 试验座椅或约束隔板的装饰件和附件应齐全，如座椅配有小桌，则应处于收起位置。

5.1.1.4 如座椅可横向调整，应处于最大伸开位置。

5.1.1.5 如座椅靠背可调整，应调整到尽可能接近制造厂推荐的正常使用值，如无制造厂特定的推荐值，应尽可能向垂线后方倾斜 25°。

5.1.1.6 如座椅靠背装有可调节高度的头枕，头枕应处于最低位置。

5.1.1.7 安装在辅助座椅和被试座椅上的安全带应符合 GB 14166 的规定。

5.1.2 试验 1

5.1.2.1 试验平台

试验平台应安装在模拟滑车上。

5.1.2.2 辅助座椅

辅助座椅可以与被试座椅型式相同，并应直接放置在被试座椅后面，两座椅高度相同，调整状态一致。对于幼儿专用校车座椅、小学生专用校车座椅，辅助座椅与被试座椅或约束隔板间距为 690 mm；对于中小学生专用校车座椅，辅助座椅与被试座椅或约束隔板间距为 780 mm。

5.1.2.3 假人

5.1.2.3.1 对于幼儿专用校车座椅，使用符合 GB 27887 中规定的 6 岁人体模型进行动态试验。对于小学生专用校车座椅、中小学生专用校车座椅，使用符合 GB 27887 中规定的 6 岁人体模型和国际通用的混合Ⅲ型第 5 百分位人体模型各进行一次动态试验。

5.1.2.3.2 假人应无约束地放在辅助座椅上，使其对称面同所述乘坐位置的对称面相一致。

5.1.2.3.3 假人的手应放在大腿上，肘部接触到靠背，腿处于最大伸展位置，如可能时应平行，脚跟接触地板。

5.1.2.3.4 每个所使用的假人应按下列程序安置在座椅上：

a) 以尽可能接近所要求的位置将假人安放在座椅上；
b) 将一块 76 mm×76 mm 的刚性平面尽可能低地放置在假人躯干的前面；
c) 以 250 N～350 N 的水平力将此平面压向假人躯干；拉动假人的肩部，将躯干向前拉到垂直位置，然后再放回到靠背上，该动作做两次；躯干不移动时，头部应处于使头内支承测量仪器的平台为水平的位置，并保持头部中心平面平行于车辆的对称平面；
d) 将该刚性平面小心地移去；
e) 将座椅上的假人向前移动，重复上述安装步骤；
f) 如果需要，下部肢体的位置应调整；
g) 碰撞时，所装仪器应对假人的运动无任何影响；
h) 试验前，测量仪器系统的温度应稳定，并尽可能保持在 19 ℃～26 ℃范围内。

5.1.2.4 碰撞模拟

5.1.2.4.1 模拟滑车的碰撞速度应为 30 km/h～32 km/h。

5.1.2.4.2 模拟滑车的减速度或加速度-时间的曲线，见图 1。

5.1.2.4.3 平均减速度或加速度应为 $6.5g$～$8.5g$。

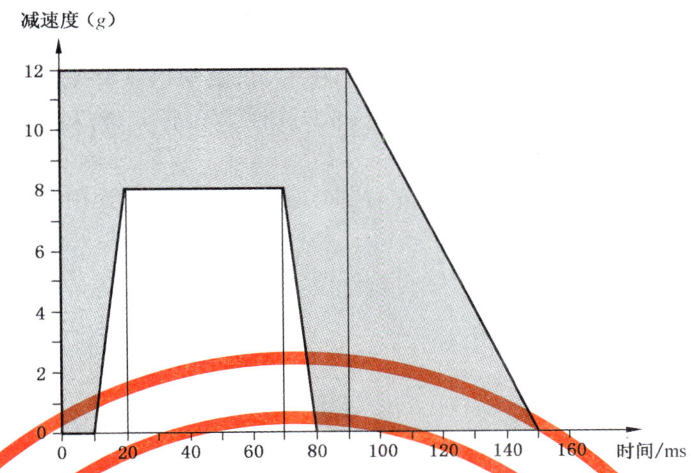

图 1　减速度或加速度-时间的曲线

5.1.3　试验 2

用坐在辅助座椅上的假人重复进行 5.1.2 规定的试验，假人佩戴安全带，并按制造厂的说明安装和调整。

5.2　静态加载试验

5.2.1　试验装置

5.2.1.1　静态试验装置模板的示意图见图 2，其曲率半径为 76 mm，加载模板的长度比每次试验中靠背宽度短 102 mm。

单位为毫米

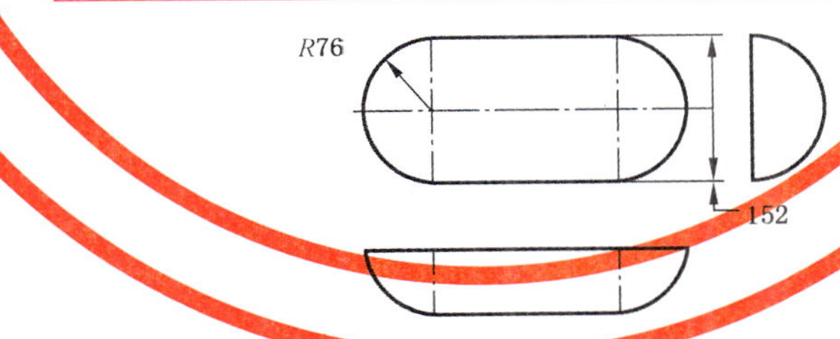

图 2　静态加载试验装置

5.2.1.2　与座椅部件接触的表面材料的硬度应不小于邵氏 A80。

5.2.1.3　每个圆柱面应至少安装一个力传感器，以测定 4.1.3.2 规定的力。

5.2.2　试验程序

5.2.2.1　试验座椅应安装在代表车身的试验平台上。

5.2.2.2　试验平台上试验座椅的固定件应与安装该座椅的车辆固定件相同，或具有相同的特性。

5.2.2.3　用 5.2.1 规定的试验装置对座椅靠背前部施力。其纵向中心轴在车辆横向平面内，施力方向水平且位于相应乘坐位置的垂直中心面内，从座椅背部向后，施力高度在座椅 R 点以上 343 mm 的水平面内。向后移动模板，直至力达到 222 N，确定模板的初始位置。

5.2.2.4　继续通过加载装置施力，在5 s～30 s内使座椅变形吸收的能量达到316 J与长条座椅座位数的乘积，在此位置保持5 s～10 s，然后在5 s～30 s内卸载。从初始位置开始测量加载装置的力-位移曲线，由曲线计算座椅变形吸收的能量。对于幼儿专用校车，长条学生座椅座垫宽度(mm)除以330后取整；对于小学生专用校车，长条学生座椅座垫宽度(mm)除以350后取整；对于中小学生专用校车，长条学生座椅座垫宽度(mm)除以380后取整。

5.2.2.5　在加载过程中应使试验装置与座椅靠背部接触，允许试验装置在水平面内转动。

附 录 A
（规范性附录）
应做的检测

A.1 总体要求

对所有应做的检测，其测量系统应符合 ISO 6487 的规定。

A.2 动态试验

A.2.1 在模拟滑车上做的测定

模拟滑车的减速度特性应通过其刚性结构件，用 CFC60 测量系统测得的减速度来确定。

A.2.2 在假人上做的测定

测量装置的读数应通过下列 CFC 独立数据通道记录：

a) 假人头部重心的三维合减速度（γ_r）应用 CFC600 测量；

b) 假人胸部重心的合减速度应用 CFC180 测量；

c) 假人腿部轴向压力应用 CFC600 测量。

附 录 B
（规范性附录）
允许伤害指标的确定

B.1 头部允许指标（HIC）

此指标应按附录 A 中 A.2.2a）测量的三维合减速度来计算，公式如下：

$$HIC = (t_2 - t_1)\left[\frac{1}{t_2 - t_1}\int_{t_1}^{t_2}\gamma_r \mathrm{d}t\right]^{2.5}$$

$$\gamma_r^2 = \gamma_1^2 + \gamma_v^2 + \gamma_t^2$$

式中：

t_1——试验期间时间的任意值，单位为秒（s）；

t_2——试验期间时间的任意值，单位为秒（s）；

γ_r——头部合成加速度，g（9.81 m/s²）；

γ_1——纵向瞬时加速度，g；

γ_v——垂直瞬时加速度，g；

γ_t——横向瞬时加速度，g。

B.2 胸部允许指标（ThAC）

此指标由合减速度（g）的绝对值和减速度持续时间（单位为 ms）确定，减速度按附录 A 中 A.2.2b）的规定测量。

B.3 腿部允许指标（FAC）

此指标由人体模型每条腿轴向传递的压载（按附录 A 中 A.2.2c）的规定测量，单位为 kN）和压载持续时间（单位为 ms）确定。

ICS 43.020
T 59

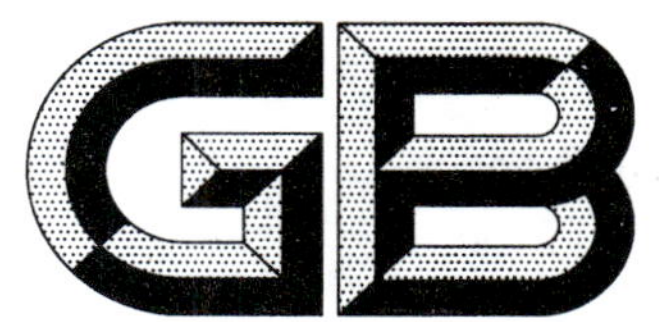

中华人民共和国国家标准

GB 24407—2012
代替 GB 24407—2009

专用校车安全技术条件

The safety technique specifications of special school

2012-04-10 发布　　2012-05-01 实施

中华人民共和国国家质量监督检验检疫总局
中国国家标准化管理委员会　发布

前　言

本标准的全部技术内容为强制性的。

本标准按照 GB/T 1.1—2009 给出的规则起草。

本标准代替 GB 24407—2009《专用小学生校车安全技术条件》。与 GB 24407—2009 相比，除编辑性修改外主要技术变化如下：

——标准名称修改为《专用校车安全技术条件》；

——标准范围（见第 1 章）进行了修改，修改为“本标准适用于幼儿园阶段 3 周岁以上及九年制义务教育阶段受教育的群体所乘坐的专用校车。”；

——修改了术语和定义（见第 3 章）：删除了 GB 24407—2009 中的 4 个术语“校车 school bus”、“小学生校车 school bus for schoolchildren”、“专用小学生校车 special school bus for schoolchildren”、“护板 fender”；修改了“专用校车 special school bus”；增加了“幼儿专用校车 special school buses for infants”、“小学生专用校车 special school buses for primary students”、“中小学生专用校车 special school buses for primary and junior middle school students”、“停车指示牌 stopping signal plate”；

——增加了“专用校车类型划分”（见第 4 章）；

——修改了前碰撞结构的要求和外观标识、车高限值、行李舱体顶部离地高度限值（见 5.1）；

——增加了动力性要求（见 5.2）；

——增加了幼儿专用校车的幼儿质量和中小学生专用校车的学生质量，修改了照管人员的质量，新增了各类专用校车的最大乘员数（见 5.3）；

——增加了转向系统（见 5.4）、制动系统（见 5.5）、传动系统（见 5.6）、行驶系统（见 5.7）、前后保险杠（见 5.8）、侧倾稳定性（见 5.9）、车身结构（见 5.10.1）、顶部结构强度（见 5.10.2）的要求；

——修改了上部结构强度的要求（见 5.10.3）；

——修改了出口的种类、位置、数量和尺寸的规定（见 5.10.4.1.1）：重新规定了乘客门的数量和位置，乘客门尺寸按照轻型和大中型分别进行了规定；增加了“应急门和应急窗不应位于排气管出口的上方，应急窗也不应位于停车指示牌的上方。”的要求；重新规定应急出口的种类和最少数量，其中应急门为基本应急出口；应急门、应急窗和撤离舱口的最小尺寸按 GB 13094 规定；

——修改了侧窗的结构要求（见 5.10.4.1.2）：增加了侧窗透明度的要求；

——修改了出口的技术要求（见 5.10.4.1.3）：增加了车辆后围上的应急门开启方式；乘客门和应急门上装玻璃窗的要求；高度小于 1 700 mm 的乘客门和应急门对乘员的安全防护要求；出口技术要求按轻型和大中型分别规定；加严了大中型专用校车对乘客门的要求；

——修改了踏步的要求（见 5.10.4.2）：补充了踏步的其他要求和伸缩踏步的要求；

——修改了乘客门引道（见 5.10.4.3.1）的要求：删除了 GB 24407—2009 图 1 中铅垂平板 2 对应的模型；删除了 GB 24407—2009 中 4.6.1.5 中对安装在轮罩上座椅前方范围的要求；删除了 GB 24407—2009 中 4.6.1.8 和 4.6.1.9；增加了引道处地板的坡度要求；

——修改了应急门引道（见 5.10.4.3.2）的要求：删除了 GB 24407—2009 中 4.6.2.2 的要求；

——修改了应急窗的通过性（见 5.10.4.3.3）：删除了 GB 24407—2009 中 4.6.3.3 中关于乘员数小于 33 人的车辆的应急出口的规定；

——修改了撤离舱口的通过性（见 5.10.4.3.4）：删除了地板出口的要求（见 GB 24407—2009 中 4.6.4.2）；

——修改了通道的要求(见 5.10.4.4):修改通道内对台阶的要求,要求车内通道内无台阶;要求 8 m 及以上专用校车通道测量装置下圆柱直径加大到 350 mm(GB 24407—2009 规定为 300 mm);要求大中型专用校车的通道高度不小于 1 800 mm;增加了通道坡度的要求;删除了GB 24407—2009 中 4.6.5.4 的规定;

——增加了驾驶员安全带及其固定点的要求(见 5.10.5.1.1.1 和 5.10.5.1.1.3);

——修改了照管人员座椅的要求(5.10.5.1.2):增加了幼儿专用校车和中小学生专用校车照管人员座位数量的要求,修改了照管人员座位位置的要求,修改了小学生专用校车上照管人员座位数量的要求;

——增加了幼儿座椅的要求,并修改了学生座椅的要求(见 5.10.5.1.3):修改了小学生安全带及其车辆固定点的要求,要求必须为 2 点式安全带,要求最多采用 2+3 座椅布置形式,增加了靠背厚度、靠背最大高度、靠背宽度的要求,调整了座椅扶手高度范围,要求驾驶员座椅 R 点所处的横向垂直平面以前不得设置幼儿及学生座椅,要求座椅必须软化处理;调整了单人座椅的宽度要求;增加了幼儿和中小学生座椅的相关项目要求;单人座椅的座垫宽度最小值由 400 mm 调整为 380 mm;删除了行动不便乘客的相应要求(GB 24407—2009 中 4.3.6);

——修改了就坐乘客空间的要求(见 5.10.5.1.4):增加了幼儿专用校车座椅座间距、中小学生专用校车座椅座间距、照管人员座椅座间距的要求,修改了座间距测量示意图;新增了位于隔离物或其他非座椅的刚性结构后面的乘客座椅座垫前沿到前部障碍物的水平距离最小限值;新增了幼儿座椅、中小学生专用校车座椅和照管人员座椅的就坐乘客的上方空间的要求;轮罩处的自由空间由1 200 mm 修改为 1 250 mm,外侧座椅椅脚靠近侧围处删除了一组尺寸;

——修改了座椅前方约束隔板的要求(见 5.10.5.2):约束隔板的位置确定由 GB 24407—2009 中的 R 点确定修改为根据 G 点确定,G 点按比 R 点靠后 100 mm;增加了幼儿专用校车座椅的约束隔板位置、中小学生专用校车座椅的约束隔板位置、照管人员座椅的约束隔板位置;增加了约束隔板软化的要求;修改细化了约束隔板下缘离地的高度要求;修改了约束隔板的要求;

——增加了适用于幼儿和小学生的扶手,完善细化了扶手的要求(见 5.10.5.3);

——增加了急救箱(见 5.10.5.5)、内装饰件(见 5.10.5.7)、信号系统(见 5.11)的要求;

——修改了火灾预防和火灾控制措施的要求(见 5.12):修改了导线耐高温和阻燃性的要求;修改了发动机舱、电涡流缓速器旁的材料阻燃性要求;增加了缓速器旁的温度报警装置配置要求;增加了电源总开关的布置要求;增加了应急开关;增加了排气系统、油路、电路的相对位置要求;增加了发动机舱灭火装备和报警装置配备要求;增加了乘员舱灭火器的要求;

——修改了驾驶员视野的要求(见 5.13):增加了乘客门关闭后驾驶员应能观察到车外乘客门附近情况的要求;增加了辅助倒车装置和前风窗除霜雾装置的要求;修改了车内视野装置的要求;

——修改了车内空气质量的要求(见 5.14):增加了车内空气成分的要求;

——修改了行车信息记录及处理系统的要求(见 5.15):增加了对行驶记录仪功能的要求和车内外录像监控系统的要求;

——增加了专用校车后围板上的停车提醒标示的要求(见 5.16);

——删除了 GB 24407—2009 中 4.10 视觉娱乐装置的位置要求;

——增加了标准实施的过渡期要求(见第 6 章);

——增加了“附录 A　顶部结构强度试验方法”、“附录 B　停车指示牌”。

本标准由中华人民共和国工业和信息化部提出。

本标准由全国汽车标准化技术委员会(SAC/TC 114)归口。

本标准负责起草单位:郑州宇通客车股份有限公司、中国汽车技术研究中心、中国公路学会客车分会。

本标准参加起草单位：国家客车质量监督检验中心、东风襄樊旅行车有限公司、南京依维柯汽车有限公司、丹东黄海汽车有限责任公司、金华青年汽车制造有限公司、扬州亚星客车股份有限公司、保定长安客车制造有限公司、中国第一汽车股份有限公司、金龙联合汽车工业（苏州）有限公司、厦门金龙联合汽车工业有限公司、北汽福田汽车股份有限公司、安徽安凯汽车股份有限公司、成都客车股份有限公司、泰乐玛汽车制动系统（上海）有限公司、江苏旷达汽车织物集团有限公司。

本标准主要起草人：周慧慈、汤望、吴晓光、马春新、张长庚、李维菁、董晓坤、张喆、卢长军、司俊德、王向阳、乔慧琳、孙鹰、刁薇、曹飞、李弢、邝勇、邓玉林、李桂兰、陈新弟、周建国、苏亮、赵天红、邓海。

本标准于2009年首次发布，本次为第一次修订。

专用校车安全技术条件

1 范围

本标准规定了专用校车术语和定义、类型划分、要求及试验方法。

本标准适用于幼儿园阶段3周岁以上及九年制义务教育阶段受教育的群体所乘坐的专用校车。

2 规范性引用文件

下列文件对于本文件的应用是必不可少的。凡是注日期的引用文件,仅注日期的版本适用于本文件。凡是不注日期的引用文件,其最新版本(包括所有的修改单)适用于本文件。

GB/T 2406.2 塑料 用氧指数法测定燃烧行为 第2部分:室温试验

GB/T 2408—2008 塑料 燃烧性能的测定 水平法和垂直法

GB 4351.1 手提式灭火器 第1部分:性能和结构要求

GB/T 5454 纺织品 燃烧性能试验氧指数法

GB 5768.2—2009 道路交通标志和标线 第2部分:道路交通标志

GB 8410—2006 汽车内饰材料的燃烧特性

GB/T 8627—2007 建筑材料燃烧或分解的烟密度试验方法

GB/T 12428—2005 客车装载质量计算方法

GB 12676 汽车制动系统 结构、性能和试验方法

GB 13057 客车座椅及其车辆固定件的强度

GB 13094—2007 客车结构安全要求

GB/T 13594 机动车和挂车防抱制动性能和试验方法

GB 13954—2009 警车、消防车、救护车、工程救险车标志灯具

GB 14166 机动车乘员用安全带、约束系统、儿童约束系统和 ISOFIX 儿童约束系统

GB 14167 汽车安全带安装固定点、ISOFIX固定点及上固定点系统

GB/T 14172 汽车静侧翻稳定性台架试验方法

GB 15083 汽车座椅、座椅固定装置及头枕强度要求和试验方法

GB 15084 机动车辆后视镜的性能和安装要求

GB 17578 客车上部结构强度要求

GB/T 17729 长途客车内空气质量要求

GB/T 18833 公路交通标志反光膜

GB 18986 轻型客车结构安全要求

GB/T 19056 汽车行驶记录仪

GB/T 19596—2004 电动汽车术语

GB 24315 校车标识

GB 24406 专用校车学生座椅系统及其车辆固定件的强度

GB/T 24545 车辆车速限制系统技术要求

GB/T 28370 长途客车内空气质量检测方法

JT/T 782 营运客车爆胎应急安全装置技术要求

3 术语和定义

GB/T 12428—2005 和 GB 13094—2007 中界定的以及下列术语和定义适用于本文件。为了便于使用，以下重复列出了 GB/T 12428—2005 和 GB 13094—2007 中的某些术语和定义。

3.1

专用校车　special school buses

设计和制造上专门用于运送幼儿或学生的校车。

3.2

幼儿专用校车　special school buses for infants

运送 3 周岁以上学龄前幼儿上下学的专用校车。

3.3

小学生专用校车　special school buses for primary school students

运送小学生上下学的专用校车。

3.4

中小学生专用校车　special school buses for primary and junior middle school students

运送九年制义务教育阶段学生(小学生和初中生)上下学的专用校车。

3.5

停车指示牌　stopping signal plate

用于警示其他车辆不得超越已停驻、待学生上下车的校车的标牌。

3.6

出口　exit

乘客门或应急出口。

[GB 13094—2007，定义 3.6]

3.7

应急出口　emergency exit

应急门、应急窗或撤离舱口。

[GB 13094—2007，定义 3.7]

3.8

应急门　emergency door

仅在异常、紧急情况下作为乘客出口的车门。

[GB 13094—2007，定义 3.8]

3.9

应急窗　emergency window

仅在紧急情况下作为乘员出口的车窗，该车窗可以不装玻璃。

[GB 13094—2007，定义 3.9]

3.10

撤离舱口　escape hatch

仅在紧急情况下供乘客作为应急出口的车顶或地板上的开口，即安全顶窗和地板出口。

[GB 13094—2007，定义 3.11]

3.11

“前”和“后”　‘front’ and ‘rear’

按正常行驶方向的车辆的前或后，“向前”、“最前”、“向后”、“最后”等应作相应解释。

[GB 13094—2007，定义 3.26]

3.12

乘员　passengers and crew

客车上乘客、驾驶员和车组人员的总称。

[GB/T 12428—2005，定义 3.1]

4　专用校车类型划分

专用校车按车辆结构和用途划分的分类见表 1。

表 1　专用校车分类及基本特征

结构类型	用　　途	基本特征
轻型专用校车	幼儿专用校车	车长大于 5 m 且小于等于 6 m
	小学生专用校车	
	中小学生专用校车	
大中型专用校车	幼儿专用校车	车长大于 6 m 且小于等于 12 m
	小学生专用校车	
	中小学生专用校车	

5　要求和试验方法

5.1　外观标识和主要结构尺寸

5.1.1　专用校车应喷涂符合 GB 24315 要求的专用校车外观标识。

5.1.2　专用校车前部应设置碰撞安全结构。若为前横置发动机，则发动机曲轴中心线应位于前风窗玻璃最前点以前；若为前纵置发动机，则发动机第一缸和第二缸的中心线应位于前风窗玻璃最前点以前；若大中型专用校车其前部碰撞性能不低于前两种结构，可以不限定发动机布置形式。

注：发动机第一缸和第二缸的中心线指发动机第一缸和第二缸缸心距的中心线。

5.1.3　铰接客车和双层客车不应作为专用校车。

5.1.4　专用校车车高不得大于 3.7 m。

5.1.5　如果有侧围行李舱体，则行李舱体顶部离地面高度应小于 1.0 m。

5.1.6　专用校车不得设置车外行李架。

5.1.7　车内外不得有容易卡住幼儿和小学生手指的孔洞，并不应存在可能致人员受伤的突起、凹陷、尖角等缺陷。

5.2　动力性

专用校车(电动专用校车除外)的比功率应不小于 9.0 kW/t。

注 1：电动专用校车指 GB/T 19596—2004 中所定义的电动汽车种类：纯电动汽车、混合动力(电动)汽车、燃料电池电动汽车。

注 2：比功率为发动机最大净功率(或 0.9 倍的发动机额定功率或 0.9 倍的发动机标定功率)与机动车最大允许总质量之比。

5.3　乘员质量和最大乘员数

5.3.1　幼儿专用校车的每个幼儿的质量按 30 kg 计算，小学生专用校车的每个学生的质量按 48 kg 计算，中小学生专用校车的每个学生的质量按 53 kg 计算，每个照管人员的质量按 68 kg 计算，驾驶员的质量按 75 kg 计算。

5.3.2 幼儿专用校车的最大乘员数应不超过 45 人；小学生专用校车和中小学生专用校车的最大乘员数应不超过 56 人。

5.4 转向系统

专用校车应采用助力转向装置。

5.5 制动系统

5.5.1 专用校车应安装符合 GB/T 13594 规定的防抱制动装置。

5.5.2 前轮应安装盘式制动器。

5.5.3 长度大于 8 m 的专用校车应安装缓速器或其他辅助制动装置，辅助制动装置性能应符合 GB 12676 规定的ⅡA 型试验要求。

5.6 传动系统

5.6.1 专用校车应安装符合 GB/T 24545 规定的限速装置，出厂时调定的最高车速应不大于 80 km/h。

5.6.2 传动轴应有防止因传动轴滑动连接(花键或其他类似装置)脱离或断裂等故障而引起危险的防护装置。

5.7 行驶系统

5.7.1 专用校车应使用无内胎子午线轮胎。

5.7.2 总质量大于 4.5 t 的专用校车，后轮应安装双轮胎。

5.7.3 若安装轮胎爆胎应急安全装置，应符合 JT/T 782 的要求。

5.8 前后保险杠

5.8.1 专用校车应安装前、后保险杠。

5.8.2 保险杠应连接到车架或车身骨架上。前保险杠应向前伸出到散热器格栅、前照灯、引擎盖部分等的前面，向外延伸到轮罩的外缘，以提供最大的保护；后保险杠应包住车身后角。

5.8.3 保险杠上不应存在可能致人员受伤的突起、凹陷、尖角。

5.9 侧倾稳定性

按 GB/T 14172 规定的方法测试，在每个座椅的座垫上平面按 5.3.1 规定的乘员质量加载(若有行李舱，行李舱不应加载)，且载荷要牢固固定到座椅上，测得的侧倾稳定角应不小于 32°；同时在空载状态下测量，测得的侧倾稳定角应不小于 35°。

5.10 车身结构、强度、出口及车内布置

5.10.1 车身结构

5.10.1.1 大中型专用校车应为车身骨架结构，同一横截面上的顶梁、立柱和底架主横梁应形成封闭环(轮罩与顶风窗处除外)，从侧窗上纵梁到底横梁之间的车身立柱应采用整体结构，中间不得通过拼焊连接。若轻型专用校车车身结构未采用上述结构，则应采用覆盖件与加强梁共同承载的结构。

5.10.1.2 幼儿专用校车乘客区应采用平地板结构，除轮罩、检修口盖等的局部结构凸起外，地板上不

得有台阶。

5.10.1.3 乘坐区、过道区和引道区域的地板覆盖层应防滑、耐磨。

5.10.2 顶部结构强度

顶部结构强度按附录A进行试验,应满足以下要求:

a) 试验中,车身结构应能够承受规定的载荷,车门没有开启,车身与底架没有分离;

b) 试验中和试验后,每一座垫上方应有不小于900 mm的净高度(从未下陷座垫的最高点所在平面向上测量);就座乘客搁脚的地板处向上应有不小于1 350 mm的净高度(对于轮罩处和质量小于等于3.5 t和座椅数小于等于12个的专用校车,地板处向上应有不小于1 200 mm的净高度);轻型专用校车的通道高度应不小于1 440 mm,大中型专用校车的通道净高度应不小于1 670 mm;乘客门、应急门、应急窗和撤离舱口应能正常打开,位于车顶的撤离舱口不要求在试验过程中打开。

5.10.3 上部结构强度

在每个座椅上的乘员质量按5.3.1的规定,并按GB 17578的规定进行加载和测试,侧翻过程中和侧翻后的乘员生存空间均应符合GB 17578的规定。

5.10.4 出口、踏步、引道、通道

5.10.4.1 出口

5.10.4.1.1 出口的种类、位置、数量和尺寸

5.10.4.1.1.1 专用校车应只有一个乘客门并位于右侧前后轮之间。轻型专用校车的乘客门尺寸应符合GB 18986的规定。大中型专用校车的乘客门尺寸应符合GB 13094的规定。

5.10.4.1.1.2 车辆的左侧、右侧应至少各有一个出口。乘客区的前半部和后半部应至少各设一个出口。后围应至少有一个出口。

5.10.4.1.1.3 为满足紧急情况下的乘员撤离和车外救助,应急出口的种类、位置、最少数量应符合表2的规定。若车顶或地板上设有一个撤离舱口,应位于车辆中部范围内(该范围的长度等于车长的1/2);若设有两个撤离舱口,二者相邻两边之间的距离(平行于车辆纵轴线测量)应至少为2 m。应急门和应急窗不应位于排气管出口的上方,应急窗也不应位于停车指示牌的上方。应急门、应急窗和撤离舱口的最小尺寸应符合GB 13094的规定。

表2 应急出口的种类、位置和最少数量

车长 L/m	基本应急出口	基本应急出口对应的附加应急出口
$L<6$	"后围应急门",或者"左侧应急门+后围应急窗"	1个左侧应急窗+1个右侧应急窗
$6\leqslant L<9$	"后围应急门",或者"左侧应急门+后围应急窗"	1个左侧应急窗+1个右侧应急窗+1个顶部撤离舱口
$9\leqslant L<12$	"后围应急门",或者"左侧应急门+后围应急窗"	2个左侧应急窗+2个右侧应急窗+2个顶部撤离舱口

5.10.4.1.2 侧窗的结构

专用校车乘客区侧窗的结构应为高度方向上至少下部1/2封闭。所有车窗玻璃的可见光透射比均

应不小于50%,且不得张贴有不透明和带任何镜面反光材料的色纸或隔热纸。

5.10.4.1.3 **出口的技术要求**

5.10.4.1.3.1 车辆后围上的应急门应铰接于侧面并向外开启。

5.10.4.1.3.2 乘客门和应急门上应装玻璃窗,玻璃窗应采用安全玻璃。

5.10.4.1.3.3 乘客门和应急门的高度小于1 700 mm时,门洞顶部内侧整个宽度范围内应安装宽度不小于75 mm、厚度不小于20 mm、邵氏硬度不大于50的防撞垫。

5.10.4.1.3.4 应急出口的锁止装置应能从车内和车外手动解锁开启,解锁力和开启力应不超过178 N。

5.10.4.1.3.5 出口的其他技术要求,对轻型专用校车应符合GB 18986的相关规定,对大中型专用校车应符合GB 13094的相关规定。

5.10.4.2 **踏步**

5.10.4.2.1 **乘客门踏步**

在车辆整备质量状态下,从地面至乘客门的第一级踏步高度 D(图1)应不大于350 mm,允许使用伸缩踏步达到要求,其他各级踏步的高度 E 应不大于250 mm。一级踏步深度 F,对轻型专用校车应不小于230 mm,对大中型专用校车应不小于300 mm。踏步的其他要求应符合GB 13094的规定。

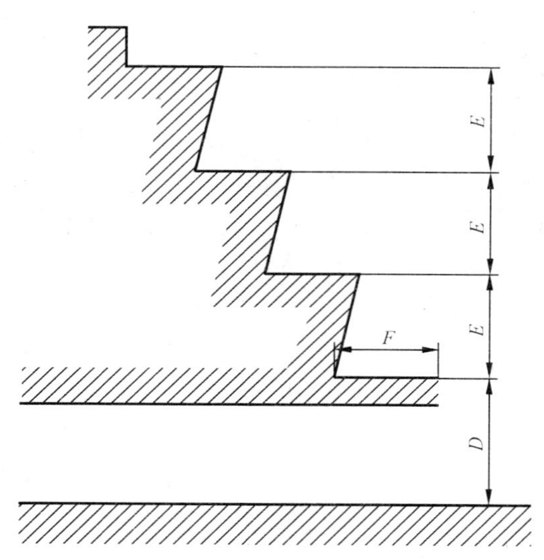

图1 乘客门踏步尺寸

5.10.4.2.2 **伸缩踏步的技术要求**

轻型专用校车的伸缩踏步的技术要求应符合GB 18986的规定;大中型专用校车的伸缩踏步的技术要求应符合GB 13094的规定。

5.10.4.3 **引道**

5.10.4.3.1 **乘客门引道**

5.10.4.3.1.1 从乘客门向车内的延伸空间应允许厚度20 mm的垂直平板1(见图2)自由通过。垂直平板1在起始位置时,靠近车辆内侧的板面应切于车门开口的最外边缘,移动时板面应保持与乘客的出入方向垂直,移动方向与乘客的出入方向一致。

单位为毫米

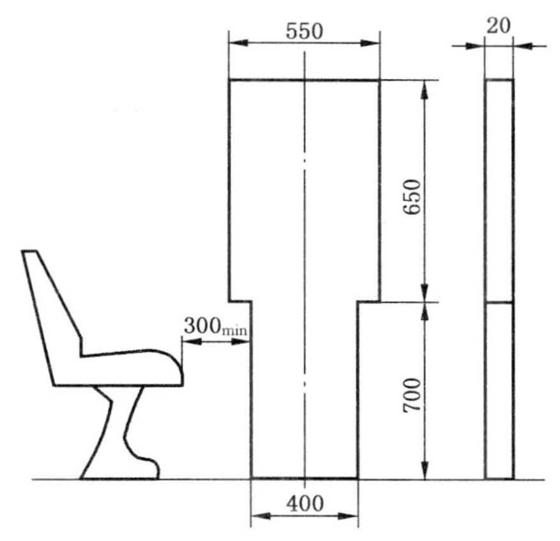

图 2 乘客门引道和垂直平板 1 图示

5.10.4.3.1.2 当垂直平板 1 的中心线从起始位置移过 300 mm 时,将平板底部接触踏步表面并保持在此位置。

5.10.4.3.1.3 用来检查通道空间的圆柱体(见图 5 和表 3)从通道开始沿乘客离开车辆的运动方向移动,直到其中心线达到最上一级踏步外边缘所在的垂直平面或上圆柱接触垂直平板 1 并保持在此位置(见图 3)。

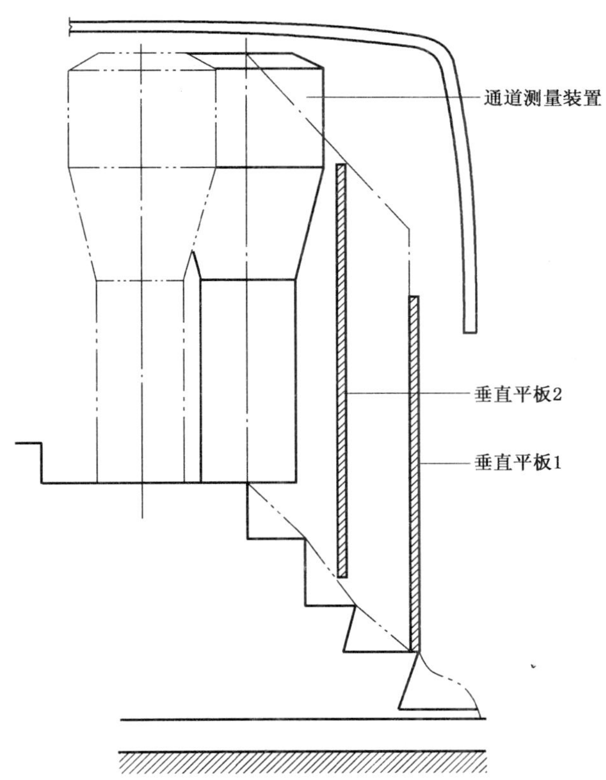

图 3 乘客门引道图示

5.10.4.3.1.4 在上述位置的圆柱体同5.10.4.3.1.2所述位置的垂直平板1之间应允许垂直平板2自由通过(见图3)。垂直平板2的形状和尺寸与5.10.4.4.1所述的圆柱体的中心截面相同,其厚度不大于20 mm。垂直平板2从与圆柱体相切的位置移动到其外侧板面与垂直平板1接触,其底部触及由踏步外边缘形成的平面,移动方向与乘客出入乘客门的方向一致。

5.10.4.3.1.5 上述测量装置自由通过的净空间,不应包括前向座椅未压缩座垫前300 mm的范围内,高度从地板至座垫最高点的空间。

5.10.4.3.1.6 对照管人员专用的折叠座椅,若符合下列要求,则允许在其折叠位置测量:

a) 在车上清楚地标示,此座椅仅供照管人员使用;
b) 座椅不使用时应能自动折叠,以便满足5.10.4.3.1.1~5.10.4.3.1.5的要求;
c) 无论该座椅处于使用位置或折叠位置,其任何部位均不得位于驾驶员座椅(处于最后位置时)座垫上表面中心与车外右后视镜中心连线所在的垂直平面的前方。

5.10.4.3.1.7 当车辆处于整车运行状态质量且车身降低系统不工作时,引道处地板的坡度不应超过5%。

5.10.4.3.2 应急门引道

5.10.4.3.2.1 在通道和应急门之间的自由空间应允许叠加圆柱(见图4)自由通过。

单位为毫米

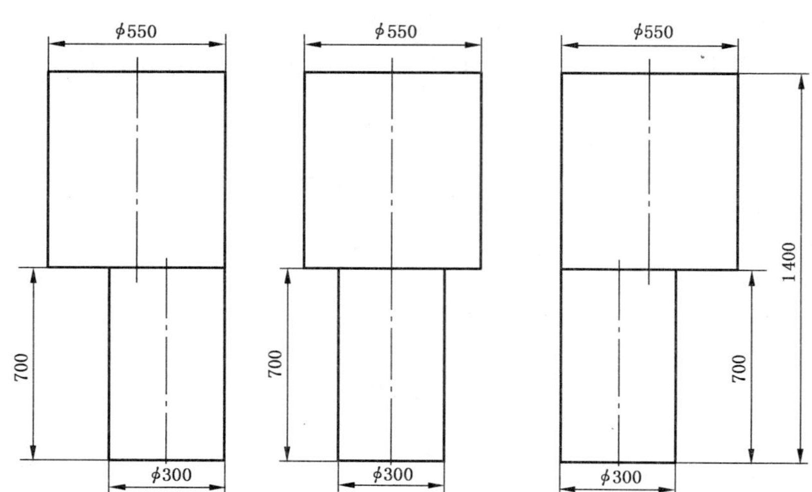

注:上圆柱直径可在顶部减为400 mm,其过渡斜面与水平面夹角不超过30°。

图4 应急门引道测量装置

5.10.4.3.2.2 下圆柱体的底部应在上圆柱体的投影内,二者可以相对位移。

5.10.4.3.2.3 沿引道侧面设有折叠座椅时,叠加圆柱通过的自由空间应在该座椅打开位置时测量。如该座椅在不使用时能自动折叠,则允许在其折叠位置测量。

5.10.4.3.2.4 可用5.10.4.4.1规定的圆柱体(见图5)替代叠加圆柱。

5.10.4.3.3 应急窗的通过性

5.10.4.3.3.1 每个应急窗应能使相应的测试量具从通道经应急窗移到车外。

5.10.4.3.3.2 测试量具的运动方向应与乘客从车内撤出的方向一致,其正面(最大端面)应与运动方向保持垂直。

5.10.4.3.3.3 测试量具是尺寸为600 mm×400 mm、圆角半径200 mm的薄板,但若应急窗在车辆后围,其尺寸可改为1 400 mm×350 mm、圆角半径175 mm。

5.10.4.3.4 **撤离舱口的通过性**

大中型专用校车撤离舱口的通过性应符合 GB 13094 的规定。

5.10.4.4 **通道**

5.10.4.4.1 对于轻型专用校车，通道应允许Ⅰ型通道测量装置自由通过；对于长度小于 8 m 的大中型专用校车，通道应允许Ⅱ型通道测量装置自由通过；对于长度大于或等于 8 m 的专用校车，通道应允许Ⅲ型通道测量装置自由通过(通道测量装置见图 5 和表 3)。通道内不应有台阶，通道应防滑，通道内的盖板高出通道表面应不大于 8 mm。

单位为毫米

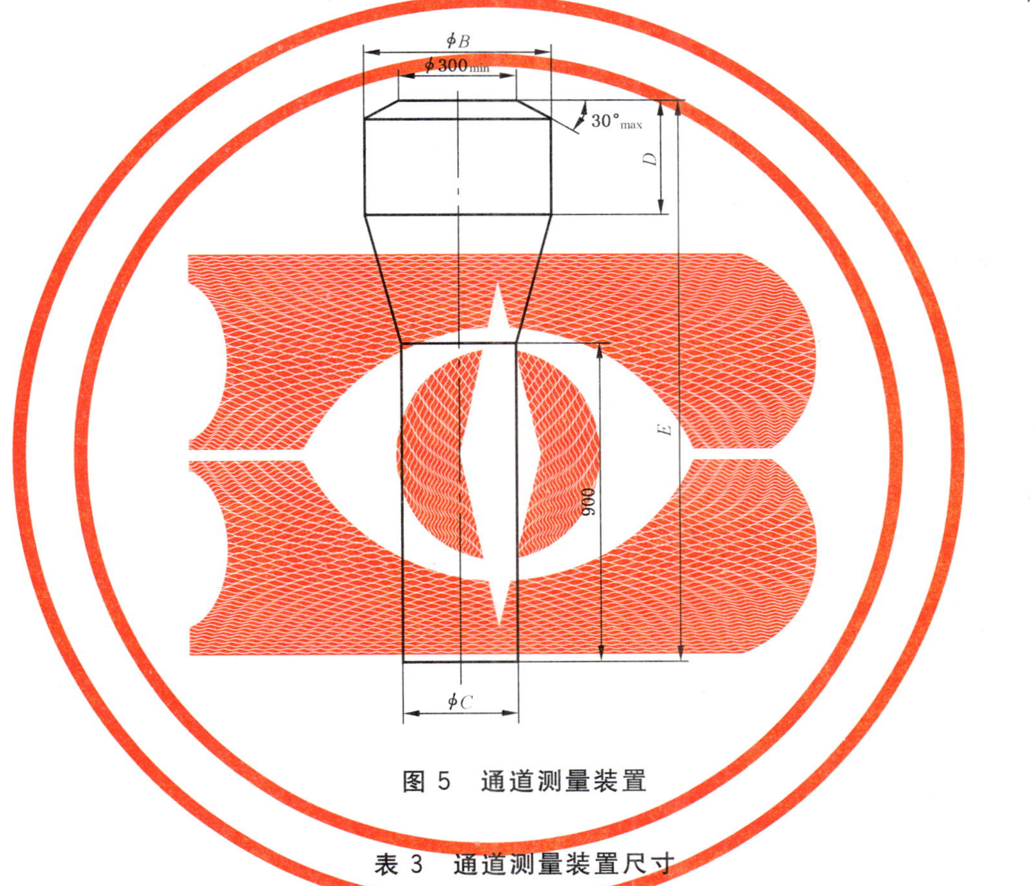

图 5 通道测量装置

表 3 通道测量装置尺寸

项　　目	Ⅰ型通道测量装置	Ⅱ型通道测量装置	Ⅲ型通道测量装置
下圆柱直径 C/mm	300	300	350
上圆柱直径 B/mm	450	450	550
上圆柱高度 D/mm	300	300	300
总高 E/mm	1 500	1 800	1 800

5.10.4.4.2 当车辆处于整车运行状态质量且车身降低系统不工作时，通道纵向坡度不应大于 8%，横向坡度(垂直于车辆纵向轴线的平面上)不应大于 5%。

5.10.5 车内布置

5.10.5.1 座椅

5.10.5.1.1 驾驶员座椅

5.10.5.1.1.1 驾驶员座椅应配备3点式安全带。
5.10.5.1.1.2 驾驶员座椅及其车辆固定件的强度应符合GB 15083的规定。
5.10.5.1.1.3 驾驶员座椅的安全带及其固定点应分别符合GB 14166和GB 14167的规定。

5.10.5.1.2 照管人员座椅

5.10.5.1.2.1 专用校车应至少安装一个照管人员座椅。当幼儿专用校车上的幼儿座椅数大于等于20个且小于40个时应安装2个或3个照管人员座椅,大于等于40个时应安装3个或4个照管人员座椅。当小学生专用校车、中小学生专用校车上的学生座椅数大于等于40个时应安装2个或3个照管人员座椅。当只有1个照管人员座椅时,照管人员座椅应位于车辆通道前端并靠近乘客门;当照管人员座椅超过1个时,应至少有1个照管人员座椅靠近应急门。
5.10.5.1.2.2 照管人员座椅应有标识。
5.10.5.1.2.3 照管人员座椅应配备安全带。
5.10.5.1.2.4 前向安装的照管人员座椅及其车辆固定件的强度应符合GB 13057的规定。
5.10.5.1.2.5 照管人员座椅的安全带及其固定点应分别符合GB 14166和GB 14167的规定。

5.10.5.1.3 幼儿及学生座椅

5.10.5.1.3.1 幼儿及学生座椅应前向布置。幼儿及学生座椅不应是折叠座椅,驾驶员座椅R点所处的横向垂直平面以前不得设置幼儿及学生座椅。幼儿及学生座椅在车辆横向上最多采用“2+3”布置。
5.10.5.1.3.2 幼儿及学生座椅及其车辆固定件的强度应符合GB 24406的要求。
5.10.5.1.3.3 每个幼儿及学生座椅应配备满足GB 14166规定的两点式安全带。
5.10.5.1.3.4 单人幼儿及学生座椅的座垫宽度应不小于380 mm。若为长条幼儿及学生座椅,应符合表4的规定。

表4 幼儿及学生座椅的尺寸

车　　型	幼儿专用校车	小学生专用校车	中小学生专用校车
每人座垫宽/mm	≥330	≥350	≥380
座垫深/mm	≥300	≥350	≥350
座垫高/mm	220～300	280～380	300～450
靠背厚度/mm	≥40	≥40	≥40
靠背高度 H/mm	600≤H≤710	710≤H≤860	710≤H≤860

5.10.5.1.3.5 每个幼儿及学生座椅应带有靠背,靠背高度和厚度按表4的规定,靠背宽不应小于座垫宽度,座椅靠背在座垫上平面与座垫上方510 mm处的水平面之间的部分在车身横向垂直平面内的投影面积不应小于0.9×510 mm×座垫宽。幼儿及学生座椅应软化。
5.10.5.1.3.6 靠近通道的幼儿及学生座椅应在通道一侧设置平行于椅垫面的座椅扶手,扶手距离座垫上平面150 mm～230 mm,并应软化处理,扶手应有足够的强度,并应使乘坐幼儿及学生易于抓握,

且每个扶手的表面应防滑。幼儿及学生座椅靠背后不应有扶手等硬质物品。

5.10.5.1.4 **就坐乘客空间**

5.10.5.1.4.1 **座间距**

座间距为座椅靠背的前面与前排座椅靠背后面之间的距离（H），在座垫上表面最高点所处水平面与其上方 200 mm 高度范围内水平测量（见图 6），幼儿专用校车座椅的座间距应不小于 500 mm，小学生专用校车座椅的座间距应不小于 550 mm，中小学生专用校车座椅的座间距应不小于 650 mm，照管人员座椅的座间距应不小于 650 mm。所有数据均在通过（单人）座椅中心线的垂直平面内测量，且座垫和靠背都未被压陷。

单位为毫米

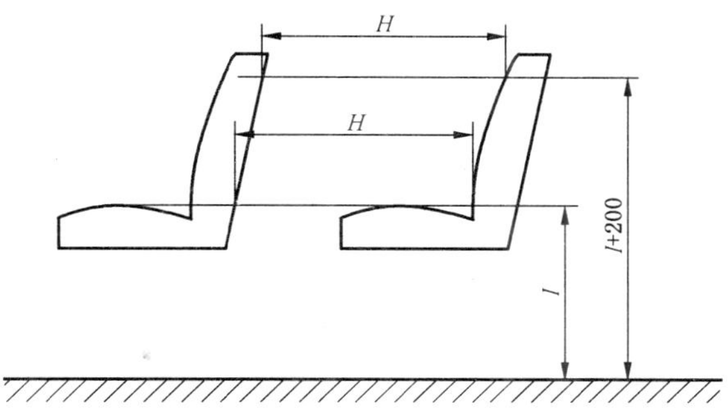

注：I 为座垫上平面最高点距离地板的高度。

图 6 座间距的测量方法示意图

5.10.5.1.4.2 **就坐乘客的前方空间**

位于隔离物或其他非座椅的刚性结构后面的乘客座椅座垫前沿到前部障碍物的水平距离为 L（见图 7），幼儿专用校车就坐乘客的前方空间不小于 220 mm，小学生专用校车就坐乘客的前方空间不小于 250 mm，中小学生专用校车就坐乘客的前方空间不小于 280 mm。

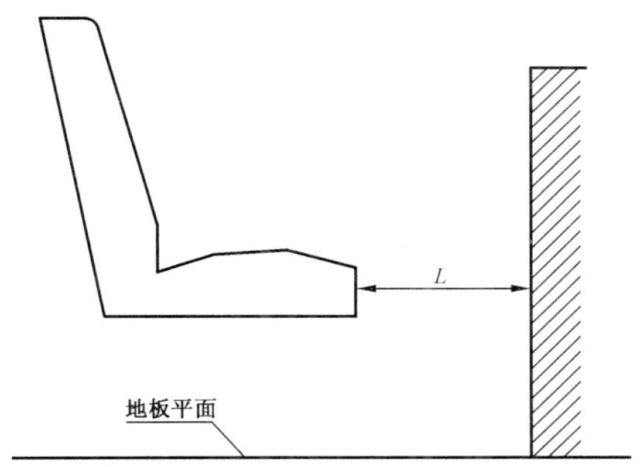

图 7 就坐乘客前方的自由空间

5.10.5.1.4.3 **座椅上方的自由空间**

每个座位上方的自由空间：

a) 每个座椅均应有一垂直净空间，从未压陷座垫的最高点所处平面向上应不小于 900 mm，从就坐乘客搁脚的地板处向上应不小于 1 350 mm(见图 8),对于轮罩处和后排座椅处,可减小为 1 250 mm。

b) 这个净空间应包括下述的全部水平区域:

   1) 横向区域:幼儿专用校车学生座椅中心垂直平面两侧各 165 mm 处的纵向垂直平面之间;小学生专用校车学生座椅中心垂直平面两侧各 175 mm 处的纵向垂直平面之间;中小学生专用校车学生座椅中心垂直平面两侧各 190 mm 处的纵向垂直平面之间;照管人员座椅中心垂直平面两侧各 200 mm 处的纵向垂直平面之间;

   2) 纵向区域:幼儿专用校车通过座椅靠背上部最后点的横向垂直平面和通过未压缩座垫前端向前 200 mm 的横向垂直平面之间;小学生专用校车通过座椅靠背上部最后点的横向垂直平面和通过未压缩座垫前端向前 200 mm 的横向垂直平面之间;中小学生专用校车通过座椅靠背上部最后点的横向垂直平面和通过未压缩座垫前端向前 280 mm 的横向垂直平面之间;通过照管人员座椅靠背上部最后点的横向垂直平面和通过未压缩座垫前端向前 280 mm 的横向垂直平面之间。测量在座椅中心垂直平面进行。

c) 该净空间可以不包括下列区域:

   1) 靠窗座椅上方邻靠侧围的横截面为一个倒置直角三角形的区域,三角形顶点位于地板上方 650 mm,底边宽 100 mm(见图 8)。

   2) 靠窗座椅上方邻靠侧围的横截面为 150 mm 高、100 mm 宽的矩形区域(见图 9)。

   3) 靠窗座椅的椅脚靠近侧围处,横截面积不超过 3×10^4 mm^2、最大宽度不超过 150 mm 的区域(见图 9)。

d) 该净空间应允许另一座椅靠背的侵入。

单位为毫米

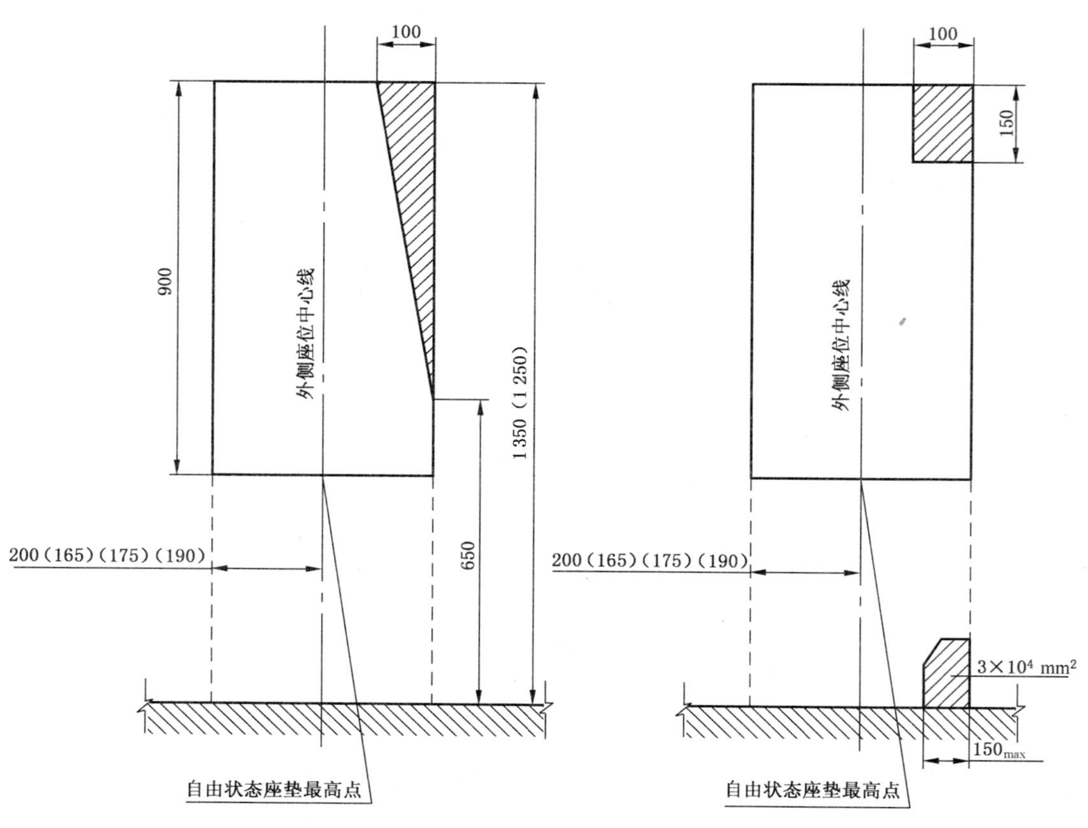

图 8　座椅上方的自由空间

图 9　外侧座椅空间的允许侵入

5.10.5.2 **座椅前方约束隔板**

5.10.5.2.1 从座椅G点沿纵向水平方向向前一定距离(该距离对幼儿专用校车和小学生专用校车座椅为710 mm,对中小学生专用校车座椅为800 mm,对照管人员座椅为850 mm)内没有另一座椅的后表面时,应在该座椅前安装约束隔板,约束隔板应使用外敷厚度不小于20 mm且邵氏硬度不大于50的软化材料。

5.10.5.2.2 约束隔板上缘距地板高度应不小于其后座椅高度,幼儿专用校车约束隔板下缘应紧贴地板,小学生专用校车和中小学生专用校车约束隔板下缘距离地板高度应不大于200 mm并避免卡住脚部,宽度应不小于前排此类座椅靠背对应的宽度。

5.10.5.2.3 按GB 24406规定的试验方法进行试验后,约束隔板应满足:

a) 隔板的变形不应影响车门正常开关;

b) 隔板的任何安装固定点不得脱开;

c) 隔板的任何部件不得分离。

5.10.5.3 **乘客门扶手**

专用校车乘客门处应安装高、低扶手,扶手上不应存在可能致伤的凸起、毛刺。

大中型专用校车高扶手应符合GB 13094的规定,轻型专用校车高扶手应符合GB 18986的规定。

低扶手应符合图10的规定,要求:

a) 在垂直方向:位于地面或每一级踏步(不包括伸缩踏步)上方600 mm~800 mm之间;

b) 在水平方向:

1) 对地面上的乘客:由第一级踏步板(不包括伸缩踏步)向里不超过250 mm;

2) 对任一级踏步板(不包括伸缩踏步)上的乘客:由踏步板外缘向里不超过450 mm。

单位为毫米

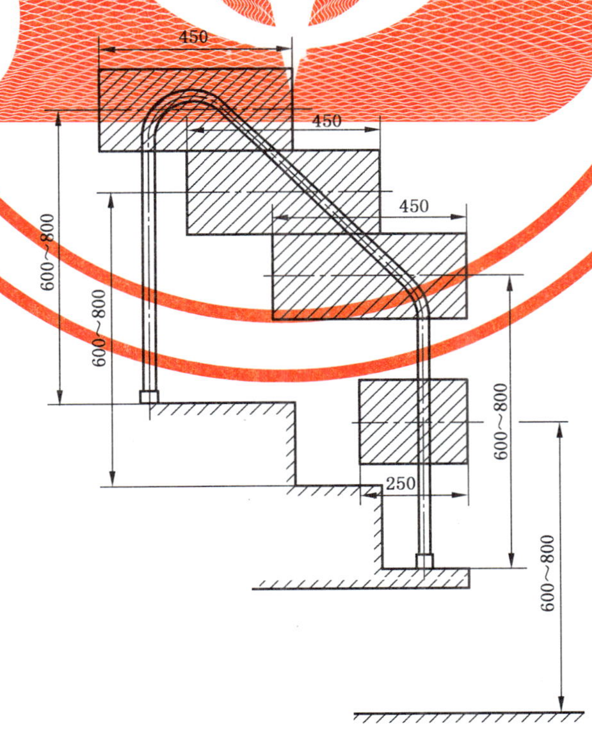

图10 低扶手位置示意图

5.10.5.4 地板上的活动盖板

车辆地板上如果设置活动盖板(如用于检修的口盖),但不是作为撤离舱口的地板出口,应安装紧固,需借助工具或钥匙方能移动或开启,提升或关闭装置凸出于地板平面以上不应超过 8 mm(若处于乘客不使用的位置,可不满足此项要求),突出的边缘应圆角过渡。

5.10.5.5 急救箱

专用校车内应设计至少一个急救箱的安装位置和安装支架。急救箱外形尺寸应不小于 240 mm×200 mm×200 mm,其安装位置处应清晰标示“急救箱”或国际通用符号,安装支架应保证医药箱安装牢靠,且便于取用。安装支架上不应存在可能使人致伤的尖角、锐边、毛刺。

5.10.5.6 车内照明

5.10.5.6.1 车内照明应覆盖如下区域:

——全部乘客区、车组人员区;

——所有踏步;

——所有出口的引道和靠近乘客门的区域;

——所有出口的内部标志和内部控制件;

——所有存在障碍物之处。

5.10.5.6.2 至少应有两条内部照明线路,当一条线路出故障时不应影响另一条线路的照明。用于进出口处常规照明的线路可作为其中之一。

5.10.5.6.3 应采取防护措施,避免驾驶员受车内照明和反射光的影响。

5.10.5.7 内装饰件

内装饰件应牢固固定在车辆上,并不应存在可能使人致伤的尖角、锐边、毛刺。

5.11 信号系统

5.11.1 停车指示牌

专用校车应按附录 B 的规定安装停车指示牌,当上、下学生时,停车指示牌应伸出以提醒后方车辆停车等候。

5.11.2 专用校车标志灯

5.11.2.1 安装位置和数量

专用校车应在车外顶部前后各安装 2 个黄色专用校车标志灯,前标志灯与车顶前部最边缘的距离应不大于 400 mm;后标志灯与车顶后部最边缘的距离应不大于 400 mm。左右两个标志灯应尽量靠近车身左右侧外缘,并与车辆纵向中心线对称。

专用校车标志灯安装后不应高出车顶蒙皮上表面 200 mm。

5.11.2.2 技术要求

5.11.2.2.1 灯具应有一个圆形透明灯罩且绕其垂直轴线 360°发光。

5.11.2.2.2 发光强度应符合 GB 13954—2009 的 5.7 中规定的二级发光强度要求。

5.11.2.2.3 外观、光源、电气性能、色度特性、闪烁特性、电源适应性、防水性能、防尘性能、耐高温性能、耐低温性能、耐盐雾腐蚀性能、耐碰撞性能、耐振动性能、机械强度、表面硬度、耐人工加速老化性能应符合 GB 13954—2009 的要求。

5.11.2.3 电路控制

专用校车标志灯由驾驶员通过手动或脚动进行控制，当处于开启状态时应通过声觉或视觉对驾驶员进行报警，以提示标志灯处于工作状态。

5.11.3 倒车信号

专用校车应有倒车语音提示系统。

5.12 火灾预防和火灾控制措施

5.12.1 燃油箱及燃油供给系统

燃油箱及燃油供给系统应符合 GB 13094 的规定。

5.12.2 电器系统

5.12.2.1 电器及导线

电器设备及导线应能耐受其环境温度和湿度，尤其能耐受发动机舱内的温度和各种污染物可能带来的损害。导线应满足负荷要求、绝缘良好并具有阻燃性能，发动机舱内和其他热源附近的线束应采用耐温不低于 125 ℃ 的阻燃导线，其他部位应采用耐温不低于 105 ℃ 的阻燃导线，波纹管应达到 GB/T 2408—2008 中表 1 规定的 V-0 级，所有电器导线均应捆扎成束、布置整齐、固定卡紧、接头牢固并在接头处有绝缘套，在导线穿越孔洞时应装设阻燃耐磨绝缘套管，电器元件应连接可靠，乘员舱外部的接插件应有防水要求。导线应妥善防护，安全地固定在不会被划伤、磨损、腐蚀的位置，除非提供专门的绝缘和保护(例如对控制排气阀的电磁线圈)，否则不应与油管、排气系统接触或承受过高温度。蓄电池安装应符合 GB 13094 的规定。

5.12.2.2 电路保护

除起动机、点火线圈(强制点火)、电热塞、发动机停机装置、充电线路和蓄电池地线外，每个电气设备的供电线路都应有熔断器或断路器。但对于低耗电设备的供电线路，如额定电流总和不超过 16 A，可设置公共熔断器或公共断路器来保护。

5.12.2.3 电源总开关

专用校车应设置电源总开关，但如在蓄电池端对所有供电线路均设置了保险装置，或车辆用电设备由电子控制单元直接驱动且具有负载监控功能、电子控制单元供电线路和个别直接供电的线路均设置有保险装置时，可不设电磁式电源总开关。车长不小于 6 m 的专用校车，还应设置能切断蓄电池和所有电路连接的手动机械断电开关。

5.12.2.4 应急开关

为降低火灾发生后造成的损失，应在驾驶员座椅附近安装有安全应急开关，可使驾驶员在其座椅上进行操作，并应采用保护盖或其他方式避免误操作，将操作方法清晰标示在应急开关处，例如“移开罩盖，打开开关！仅当车辆停稳后操作！”。

启动应急开关后，应能同时实现以下功能：

——发动机迅速停止工作；

——加热器的冷却风扇能够延时关闭；

——乘客门开启和关闭的控制系统能够正常工作；
——起动车内应急照明（部分厢灯和乘客门踏步灯）；
——接通车辆危险警告信号；
——切断电磁式电源总开关，如果没有电磁式电源总开关，在满足 5.12.2.4 上述要求的功能外所有电路都应该切断；
——以上功能的实现不仅可以通过应急开关实现，而且还可以通过独立的操作来完成，但在紧急状态下这些操作不能影响应急开关功能的实现。

5.12.3 电涡流缓速器

若安装电涡流缓速器，则电涡流缓速器与车辆其他部分之间应安装隔热材料，使用的隔热材料、用于联接隔热材料的固定夹、垫圈等的燃烧特性应达到 GB 8410—2006 中 4.6 规定的 A 级要求；安装部位应设置温度报警系统或自动灭火装置。

5.12.4 排气系统

在排气系统周围 100 mm 内不应有可燃材料，除非将其有效屏蔽。排气系统不应布置在燃油系统下方，且排气系统和燃油系统之间应适当屏蔽。排气尾管不应从加油口下面伸出。

5.12.5 发动机舱

5.12.5.1 发动机舱油路

应合理布置发动机舱并采取设置泄油孔等预防措施，尽可能避免燃料、润滑油或其他易燃物积聚在发动机舱内。

5.12.5.2 发动机舱隔热材料

发动机舱应安装隔热材料，并不应使用易浸吸燃料、润滑油或其他易燃而又无防渗透覆盖层的材料；使用的隔热材料、用于联接隔热材料的固定夹、垫圈等的燃烧特性应达到 GB 8410—2006 中 4.6 规定的 A 级要求。

5.12.5.3 发动机舱灭火装备

发动机舱应安装自动灭火装置，其灭火剂喷射范围应包括发动机舱至少两处具有着火隐患的热源（如增压器、排气管等），启动工作时应能通过视觉或声觉信号向驾驶员报警。

5.12.6 乘员舱内饰材料及灭火器

5.12.6.1 内饰材料

5.12.6.1.1 按 GB 8410—2006 规定的方法进行试验时，材料的最大水平燃烧速度应不大于 70 mm/min。

5.12.6.1.2 内饰材料的氧指数 OI≥22%，对于不同材料的试验方法按以下执行：

a) 针对纺织品及塑料、橡胶类涂附织物，试样应从距离布边 1/10 幅宽的部位剪取，每个试样的尺寸为 150 mm×58 mm。对因尺寸太小无法按照规定尺寸制样的产品不做此条要求。试验方法按 GB/T 5454 的规定执行。

b) 其他塑料材料，试样应按照表 5 规定取样。对因尺寸太小无法按照规定尺寸制样的产品不做此要求。试验方法按 GB/T 2406.2 的规定执行。

表 5　其他塑料材料取样要求

类型	型式	长/mm		宽/mm	
		基本尺寸	极限偏差	基本尺寸	极限偏差
自撑材料	Ⅰ	80～150	—	10	±0.5
	Ⅱ				
	Ⅲ				
	Ⅳ	70～150		6.5	
非自撑材料	Ⅴ	140	−5	52	

5.12.6.1.3　塑料类内饰材料烟密度等级(SDR)≤75,试验方法按 GB/T 8627—2007 的规定执行。

5.12.6.2　灭火器

乘员舱内应配备灭火器,应保证至少一个照管人员座椅附近和驾驶员座椅附近各有 1 只至少 2 kg 重的 ABC 型干粉灭火器,其要求应符合 GB 4351.1 的规定。灭火器的安装位置应清晰或清楚标识,在紧急情况易于取用。灭火器的压力表应在不移动灭火器的条件下能观察到压力情况。

5.13　驾驶员视野

5.13.1　车外视野装置

按 GB 15084 的规定确定驾驶员视野的眼点位置。驾驶员视野应满足附录 C 的要求。不应设置影响驾驶员车外视野的装置;乘客门关闭后,驾驶员应能观察到乘客门车外附近的情况。

5.13.2　辅助倒车装置

专用校车应安装后视系统,以保证驾驶员在正常驾驶状态下能看清后风窗玻璃后缘正下方地面上长 3.6 m、宽 2.5 m 范围内的情况。

5.13.3　车内视野装置

驾驶员在正常驾驶状态下,应能通过内视镜观察到所有乘客区。内视镜边缘无尖角、锐边。

5.13.4　前风窗除霜雾装置

专用校车应安装前风窗除霜雾装置。

5.14　车内空气质量

如果不能自然通风,则应安装强制通风装置。车内空气中的成分应符合 GB/T 17729 的规定,测试方法按 GB/T 28370 的规定。允许采用具有杀菌、消除有害气体功能的空气净化装置达到空气质量的要求。

5.15　行车信息记录及处理系统

专用校车应安装具有卫星定位功能并符合 GB/T 19056 规定的行驶记录仪;行驶记录仪的显示部分应易于观察,数据接口应便于移动存储介质的插拔。

专用校车应安装车内和车外录像监控系统。车内监控系统应能监控到驾驶员行为和车内通道的状况;车外监控系统应能监控到车辆前方和乘客门外的状况。

5.16 专用校车后围板上的停车提醒标示

专用校车应在车后围板外表面、后方车辆接近时可以看到的区域,清晰标示“请停车等候”及“当停车指示牌伸出时”红色字样。

“当停车指示牌伸出时”字样应在“请停车等候”字样的下方;“请停车等候”字样高度至少应为200 mm。“当停车指示牌伸出时”字样高度至少为130 mm,见图11。

请 停 车 等 候

当停车指示牌伸出时

图11 后围板上的停车提醒标示示意图

6 标准实施的过渡期要求

已获得许可或通过认证的产品自本标准实施之日起第13个月开始执行。

附 录 A
（规范性附录）
顶部结构强度试验方法

A.1 试验条件

A.1.1 环境温度

环境温度介于 0 ℃～40 ℃之间。

A.1.2 车辆条件

车窗、车门和应急出口处于完全关闭，且为拴上而不是锁住的状态。

A.2 试验装备

试验设备应能以不超过 13 mm/s 的加载速度自动完成加载及载荷保持。

A.3 试验过程

A.3.1 试验样品为整车，或按实车结构焊装在底架上并包含有车门和地板的车身骨架（骨架结构的车辆可不装内外蒙皮、附件等）。

A.3.2 试验载荷通过一个长度和宽度不小于试验车身长度和宽度的刚性平板均匀、垂直地施加在试验样品顶部结构上。

A.3.3 将施力板置于车顶，使其刚性面与垂直纵平面垂直，且与车顶的接触点不少于两处，且若从车顶向下投影观察，其纵向中心线应与车辆纵向中心线重合，施力板投影应覆盖所有乘员区。

A.3.4 试验样品安装：试验样品为整车时，应通过多处刚性支撑车辆底（车）架下平面的方式消除悬架和轮胎的变形，试验车辆的安装应保证底（车）架固定牢固；试验样品为骨架车身时，样品的安装应保证底（车）架固定牢固。

A.3.5 试验时，以不超过 13 mm/s 的加载速度沿垂直向下方向进行加载，直至达到整备质量 1.5 倍的试验载荷，并保持不少于 5 s 直至变形稳定为止。

A.3.6 检查试验期间车身结构变形状态，车门状态，车身与底架联接状态等。

附 录 B
（规范性附录）
停车指示牌

B.1 安装要求

在车辆左侧应装有一个停车指示牌。停车指示牌伸出时应在如下位置：

a） 垂直于车辆侧边，其安装允差为±5°。

b） 停车指示牌上边缘平行于与驾驶员后面乘员窗下边缘相切的水平面并位于其下方，且相距不超过 150 mm。停车指示牌的纵向安装位置，应在驾驶员能观察到的区域内。

c） 停车指示牌伸出时，其外边缘距离车辆与停车指示牌安装接触处不大于 610 mm。

d） 停车指示牌收起时，其外边缘距离车辆与停车指示牌安装接触处不大于 160 mm，且应该往车辆的后方收起。

B.2 停车指示牌技术要求

B.2.1 停车指示牌的颜色、形状、字符、图形按 GB 5768.2—2009 的图 71 执行，外接圆直径为 500 mm 或 450 mm，白边宽度为 20 mm，表面不应有可能导致伤害的尖锐凸起或拐角。

B.2.2 停车指示牌的两面应一致，其使用的逆反射材料符合 GB/T 18833 规定的二级或一级反光膜的要求。

B.2.3 在停车指示牌的外边缘沿旋转轨迹相切处施加 50 N 的力时，停车指示牌应该沿施加力的方向旋转，当旋转到与车辆平行时，停车指示牌应停止旋转；外力消除后应该能够通过电动或手动操作使停车指示牌回到正常位置。

B.2.4 如果停车指示牌出现损坏或控制系统失效，则可以通过手动使其回到收起位置。

B.2.5 停车指示牌伸出或收起时间应不超过 10 s。

B.3 控制要求

B.3.1 停车指示牌的伸出和收起由驾驶员通过手动或脚动进行控制，操作机构应在驾驶员坐在驾驶员座椅上可触及的位置。当停车指示牌伸出时，应能通过视觉或声觉信号向驾驶员报警。

B.3.2 若车辆起步时停车指示牌未收起，当车速超过 5 km/h 时，停车指示牌应能自动收起。

附 录 C
（规范性附录）
驾驶员视野的试验方法

C.1 试验条件

C.1.1 专用校车应保证驾驶员能看清图 C.1 所示圆柱体的整个顶面。

C.1.2 圆柱体 A～O 的高度和直径均为 0.3 m；圆柱体 P 的直径为 0.3 m，高度为 0.91 m。

C.1.3 圆柱体的颜色应与车辆所停靠路面形成强烈的对比。

C.2 试验步骤

将圆柱体放置在 C.2.1～C.2.7 规定的位置上，如图 C.1 所示。图 C.1 中所示距离为一个圆柱体到另一个圆柱体的俯视图的中心距离。

C.2.1 放置圆柱体 G、H 和 I，使它们与一个横向垂直平面相切，该横向垂直平面是与车辆前保险杠最前方表面相切的平面。放置圆柱体 D、E 和 F，使它们的中心位于一个横向垂直平面内，该横向垂直平面在穿过圆柱体 G、H 和 I 中心的横向垂直平面前方 1.8 m 处。放置圆柱体 A、B 和 C，使它们的中心位于一个横向垂直平面内，该横向垂直平面在穿过圆柱体 G、H 和 I 中心的横向垂直平面前方 3.6 m 处。

C.2.2 放置圆柱体 B、E 和 H，使它们的中心位于一个纵向垂直平面上，该纵向垂直平面穿过车辆纵向中心线。

C.2.3 放置圆柱体 A、D 和 G，使它们的中心位于一个纵向垂直平面上，该纵向垂直平面与汽车前保险杠左侧最外侧边缘相切。

C.2.4 放置圆柱体 C、F 和 I，使它们的中心位于一个纵向垂直平面上，该纵向垂直平面与汽车前保险杠右侧最外侧边缘相切。

C.2.5 放置圆柱体 J，使它的中心在一个纵向垂直平面上，该纵向垂直平面在穿过圆柱体 A、D 和 G 的纵向垂直平面的左方 0.3 m 处，且 J 的中心在穿过车辆前轮轴中心线的横向垂直平面上。

C.2.6 放置圆柱体 K，使它的中心在一个纵向垂直平面上，该纵向垂直平面在穿过圆柱体 C、F 和 I 的纵向垂直平面的右方 0.3 m 处，且 K 的中心在穿过车辆前轮轴中心线的横向垂直平面上。

C.2.7 放置圆柱体 L、M、N、O 和 P，使它们的中心位于通过车辆后轴中心线的横向垂直平面上。放置圆柱体 L，使它的中心在距离相切于车辆左边最外侧表面（包括后视镜系统）的纵向垂直平面 1.8 m 的纵向垂直平面上。放置圆柱体 M，使它的中心在距离相切于车辆左边最外侧表面的纵向垂直平面 0.3 m 的纵向垂直平面上。放置圆柱体 N，使它的中心在距离相切于车辆右边最外侧表面的纵向垂直平面 0.3 m 的纵向垂直平面上。放置圆柱体 O，使它的中心在距离相切于车辆右边最外侧表面的纵向垂直平面 1.8 m 的纵向垂直平面上。放置圆柱体 P，使它的中心在距离相切于车辆右边最外侧表面的纵向垂直平面 3.6 m 的纵向垂直平面上。

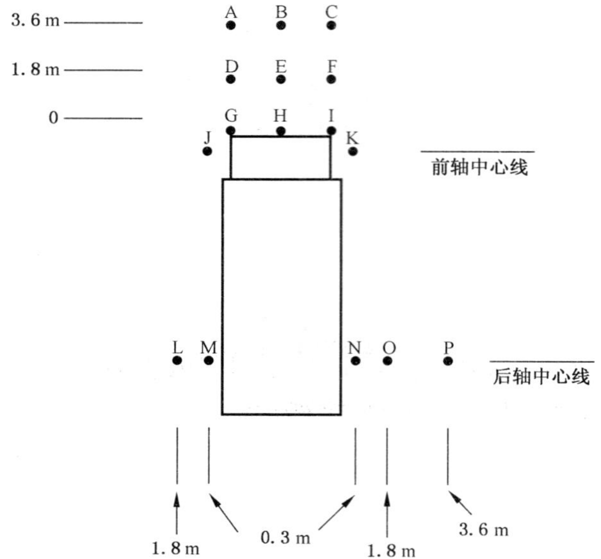

说明：

●——试验圆柱。

图 C.1 视野检验中检验圆柱体的位置

ICS 43.040.20
T 38

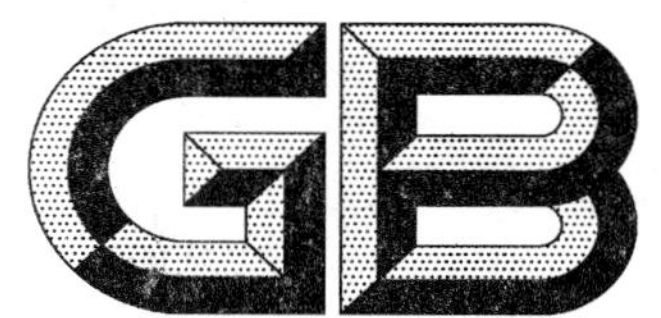

中华人民共和国国家标准

GB 25990—2010

车辆尾部标志板

Rear-marking plates for vehicles and their trailers

2011-01-10 发布 2012-01-01 实施

中华人民共和国国家质量监督检验检疫总局
中国国家标准化管理委员会 发布

前　言

本标准的第3章、附录E的E.1以及附录F的F.1为推荐性的，其余为强制性的。

本标准对应于联合国欧洲经济委员会(ECE)ECE R69—2007《关于低速车辆(结构上)及其挂车尾部标志板认证的统一规定》和ECE R70—2007《关于重型和长型车辆尾部标志板认证的统一规定》，本标准与ECE R69—2007和ECE R70—2007一致性程度为非等效，与上述两个法规的主要差异如下：

——在范围中删除了T类车以及可移动部件，明确不适用于三轮摩托车和低速载货车；

——删除了管理条款；

——删除了“检验员抽样的最低要求”附件；

——由于上述两个法规在红色回复反射器的色度要求并不一致，本标准采用了69号法规中的数值要求；

——耐候性试验采用GB/T 8427—1998《纺织品　色牢度试验　耐人造光色牢度：氙弧》(eqv ISO 105-B02:1994)；

——明确耐候性试验后的淋雨试验，采用GB/T 10485—2007中第12章规定的方法A和方法B；

——上述两个法规对于标志板的定义不同，本标准中对定义进行了更改。

本标准的附录B、附录C、附录D、附录E、附录F是规范性附录，附录A是资料性附录。

本标准由中华人民共和国国家发展和改革委员会提出。

本标准由全国汽车标准化技术委员会(SAC/TC 114)归口。

本标准起草单位：上海汽车灯具研究所、国家道路交通安全产品质量监督检验中心、中国汽车技术研究中心。

本标准主要起草人：费音、王华、王军华、赵斌、高尚。

车辆尾部标志板

1 范围

本标准规定了为增加重型和长型车辆、低速车辆及其挂车后部可见度而使用的标志板的技术要求、试验方法和检验规则等。

本标准适用于：

a) 重型和长型车辆包括：

1) 铰接式的Ⅱ级和Ⅲ级 M 类车辆；

2) 除半挂牵引车外的 N_3 类车辆；

3) 长度超过 8.0 m 的 O_1、O_2 和 O_3 类车辆；

4) 以及 O_4 类车辆；

b) 低速车辆：由于结构原因，其最高设计车速不大于 40 km/h 的 M、N、O 类车。

2 规范性引用文件

下列文件中的条款，通过本标准的引用而成为本标准的条款。凡是注日期的引用文件，其随后所有的修改单(不包括勘误的内容)或修订版均不适用于本标准，然而，鼓励根据本标准达成协议的各方研究是否可使用这些文件的最新版本。凡是不注日期的引用文件，其最新版本适用于本标准。

GB/T 3978 标准照明体和几何条件

GB 4785 汽车及挂车外部照明和光信号装置的安装规定

GB/T 8427—1998 纺织品 色牢度试验 耐人造光色牢度：氙弧(eqv ISO 105-B02:1994)

GB/T 10485—2007 道路车辆 外部照明和光信号装置 环境耐久性

GB 11564 机动车回复反射器

3 术语和定义

GB 4785 和 GB 11564 确立的以及下列术语和定义适用于本标准。

3.1 基础术语

3.1.1

样品 sample unit

现行生产的一种完整的可供车辆安装的标志板成品。

3.1.2

标志板 rear marking plate

具有特定形状和图样，且表面具有回复反射和/或荧光材料或装置，为了增加相应车辆的可见度以易于被识别的平板。

3.1.3

回复反射材料 retroreflective material

当受到方向性照射时，大部分入射光被回复反射的一种表面或装置。

3.1.4

回复反射装置 retroreflecting device

由一个或多个回复反射光学单元组成的，可供使用的组合件。

3.1.5

荧光 fluorescence

当某些材料靠近紫外或蓝色光源时，经常会发出比激发光波长更长的光的现象。由于这些材料可反射部分入射光，并且还能发射荧光，所以在昼间和微光条件下，荧光色比正常色更为明亮；而在夜间，荧光色不比正常色明亮。

3.2 标志板的类别

3.2.1

1类低速车辆标志板 SMV rear marking plate (class 1)

具有回复反射和荧光材料或装置，形状为截去顶角的三角形，低速车辆用的标志板。

3.2.2

2类低速车辆标志板 SMV rear marking plate (class 2)

只具有回复反射材料或装置，形状为截去顶角的三角形，低速车辆用的标志板。

3.2.3

1类重型车辆标志板 rear marking plate for heavy vehicles (class 1)

由红色荧光材料和黄色回复反射材料带交替构成，形状为矩形的标志板。

3.2.4

2类长型车辆标志板 rear marking plate for long vehicles (class 2)

边框由红色荧光材料构成，中心由黄色回复反射材料构成的，形状为矩形的标志板。

3.2.5

3类重型车辆标志板 rear marking plate for heavy vehicles (class 3)

由红色和黄色回复反射材料带交替构成，形状为矩形的标志板。

3.2.6

4类长型车辆标志板 rear marking plate for long vehicles (class 4)

边框由红色回复反射材料构成，中心由黄色回复反射材料构成的，形状为矩形的标志板。

3.3 几何定义

注：参见附录A图A.1。

3.3.1

基准中心 reference centre

回复反射表面上或其邻近的一点，作为规定装置性能的中心。

3.3.2

照射轴线 illumination axis

基准中心与光源之间的连接线。

3.3.3

观察轴线 observation axis

基准中心与光度探头之间的连接线。

3.3.4

观察角 observation angle (symbol α)

α

照射轴线与观察轴线间的夹角，通常为正的。对于回复反射情况，观察角限于小角度。最大范围为 $0 \leqslant \alpha \leqslant 80°$。

3.3.5

观察半平面 observation half-plane

始于照射轴线，并包含观察轴线的半平面。

3.3.6

基准轴线　reference axis

始于基准中心，用来描述回复反射器角度位置的轴线。

3.3.7

照射角　entrance angle（symbol $\boldsymbol{\beta}$）

β

照射轴线与基准轴线间的夹角，通常不大于 90°，但为了完整性，定义其整个范围为 $0 \leqslant \beta \leqslant 180°$。$\beta$ 角的取向由 β_1 和 β_2 两个分量确定。

3.3.8

第一轴线　first axis

通过基准中心，且垂直于观察半平面的轴线。

3.3.9

照射角的第一分量　first component of the entrance angle（symbol $\boldsymbol{\beta_1}$）

β_1

照射轴线与包含有基准轴线和第一轴线平面间的夹角，其范围为 $-180° < \beta_1 \leqslant 180°$。

3.3.10

照射角的第二分量　second component of the entrance angle（symbol $\boldsymbol{\beta_2}$）

β_2

包含观察半平面的平面与基准轴线间的夹角，其范围为 $-90° \leqslant \beta_2 \leqslant 90°$。

3.3.11

第二轴线　second axis

通过基准中心，且垂直于第一轴线和基准轴线两者的轴线。如附录 A 图 A.1 所示，当 $-90° < \beta_1 < 90°$ 时，第二轴线的正方向位于观察半平面内。

3.3.12

转动角　angle of rotation $\boldsymbol{\varepsilon}$

ε

样品环绕其垂直轴线，从任何任意位置起转动的角度。当从照射方向观察时，逆时针方向为正（$+\varepsilon$），顺时针方向为负（$-\varepsilon$）。若回复反射材料或装置上具有 TOP 标志，则该标志即为起始位置。转动角 ε 的范围为 $-180° < \varepsilon \leqslant 180°$。

3.4　光度

3.4.1

回复反射系数　coefficient of retroreflection（$\boldsymbol{R'}$）

R'

由观察方向上回复反射区域的发光强度 I、在回复反射面位置上垂直于入射光方向的照度 $E_{\perp}$ 以及样品被照面积 A 给出，即 $R' = I/(E_{\perp} \cdot A)$，系数 R' 的单位为 cd / (lx · m²)。

3.4.2

回复反射器样品的角直径　angular diameter of the retroreflector sample（symbol $\boldsymbol{\eta}$）

η

回复反射样品的最大尺寸对照明光源中心，或对接收器中心的张角。

3.4.3

亮度系数　luminance factor

在相同的照明和观察条件下，被研究物体的亮度与理想漫射体的亮度之比。

4 标志板的不同型式

在以下主要方面有差异的标志板：

a) 商标名称或商标；

b) 回复反射材料的特性；

c) 荧光材料的特性；

d) 影响回复反射材料或装置性能的部件。

但是，对于重型和长型车辆使用的标志板，形状和尺寸不同，不构成不同的型式。

5 要求

5.1 一般要求

5.1.1 标志板在正常使用条件下，应保持其应有的功能，并连续工作。此外，应无任何影响其功能发挥的设计或制造方面的缺陷。

5.1.2 标志板的部件应不易拆卸。

5.1.3 标志板固定在车辆后部的方式应稳定、持久，例如使用螺钉或铆合。

5.1.4 标志板的外表面应易于清洁，表面应不粗糙，其任何突出物应无碍于清洁。

5.2 形状、尺寸和结构的规定

5.2.1 低速车辆的标志板形状和尺寸见附录B。

5.2.1.1 低速车辆的标志板的形状为一个截去顶角的等边三角形，其中一个顶角端朝上。

5.2.1.2 低速车辆的标志板(1类)的边缘为红色回复反射材料，中央为红色荧光材料；低速车辆的标志板(2类)中央为回复反射材料。回复反射材料允许是回复反射膜、回复反射层或塑料三直角锥反射器。

5.2.1.3 低速车辆的标志板中央的红色荧光材料或回复反射材料三角形的底边长度应为：最小350 mm，最大365 mm。边缘的红色回复反射材料发光面的宽度应为：最小45 mm，最大48 mm。

5.2.2 重型和长型车辆的标志板形状和尺寸见附录B。

5.2.2.1 重型和长型车辆的标志板形状为矩形。

5.2.2.2 安装在挂车和半挂车上的标志板，为黄色回复反射标志板，具有红色荧光或回复反射边框；安装在非铰接车辆(牵引车或载货车)上的标志板，由黄色回复反射和红色荧光或回复反射材料或装置的交替斜条纹组成。

5.2.2.3 一组标志板由一块、两块或四块具有回复反射和荧光材料的标志板组成，其总长度应不小于1 130 mm，不大于2 300 mm。

5.2.2.3.1 成组的标志板的形状应是成对的。

5.2.2.3.2 安装在挂车和半挂车上的标志板高度为200^{+30}_{-5} mm，红色边框的宽度应为40 mm±1 mm；安装在牵引车或载货车上的标志板高度为140 mm±10 mm，斜条纹带的斜度应为45°±5°，带宽应为100 mm±2.5 mm。

5.2.2.3.3 如附录B图B.2和图B.3中的示例2和示例3所示，如果增加矩形标志板的高度，每块标志板的面积不小于735 cm^2，不大于1 725 cm^2，则两块一组的每块标志板的最小长度允许减小至130 mm。

5.3 标志板的色度性能

5.3.1 回复反射材料或装置

5.3.1.1 使用相当于GB/T 3978规定的D_{65}光源照射，以照射角为45°，法线方向测量(45/0照明和观测条件)，反射光的色坐标应位于表1中4点所围成的四边形区域内：

表 1 色坐标 x 和 y

颜色	坐标	1	2	3	4
黄色	x	0.545	0.487	0.427	0.465
	y	0.454	0.423	0.483	0.534
红色	x	0.690	0.595	0.560	0.650
	y	0.310	0.315	0.350	0.350

5.3.1.2 使用符合 GB/T 3978 规定的 A 光源照射，以 $\beta_1=\beta_2=0°$照射和法线方向测量，如果有镜面反射效应，则以 $\beta_1=\pm5°$，$\beta_2=0°$照射，以 20′观察角测量，反射光的色坐标应位于表 2 中 4 点所围成的四边形区域内：

表 2 色坐标 x 和 y

颜色	坐标	1	2	3	4
黄色	x	0.585	0.610	0.520	0.505
	y	0.385	0.390	0.480	0.465
红色	x	0.720	0.735	0.665	0.643
	y	0.258	0.265	0.335	0.335

5.3.2 红色的荧光材料

5.3.2.1 使用相当于 GB/T 3978 规定的 D_{65} 光源照射，以照射角为 45°，法线方向测量（45/0 照明和观测条件），反射光的色坐标应位于表 3 中 4 点所围成的区域内：

表 3 色坐标 x 和 y

颜色	坐标	1	2	3	4
红色	x	0.690	0.595	0.569	0.655
	y	0.310	0.315	0.341	0.345

5.4 标志板的光度性能

5.4.1 回复反射材料或装置的回复反射系数 R'（单位：cd/lx·m²），应至少如表 4 所示。

表 4 回复反射系数 R'

单位为坎德拉每勒克斯平方米

照射角 β						
照射角 β	β_1	0°	0°	0°	0°	0°
	β_2	5°	20°	30°	40°	60°
观察角 α 20′	黄色回复反射材料	300	—	180	75	10
	红色回复反射材料[a]	120	60	30	10	—
	红色回复反射材料[b]	10	7	4	—	—

[a] 仅应用于低速车辆的标志板边缘使用的回复反射材料。

[b] 除低速车辆的标志板边缘使用的回复反射材料外。

5.4.2 回复反射材料和荧光材料的亮度系数应至少如表 5 所示。

表 5 亮度系数

颜色和材料	亮度系数
红色荧光材料	≥0.30
红色回复反射材料	≥0.03
黄色回复反射材料	≥0.16

5.5 标志板的环境试验

标志板应经受下列环境试验：

——耐候性试验(色牢度试验)；

——耐腐蚀性试验；

——耐燃油性试验；

——粘接强度试验(适用于粘贴材料)；

——防水性试验；

——耐碰撞性试验(塑料三直角锥反射器除外)；

——耐清洗性试验；

——耐温性试验；

——坚固性试验。

6 试验方法

6.1 一般要求及形状、尺寸和结构试验

对5.1和5.2的规定以目视法进行判定。

6.2 标志板色度试验

6.2.1 以标准色度样板和被测样品或样块，在相当于GB/T 3978规定的标准光源的照射下进行目视比较，定性地判断是否符合光色规定。

6.2.2 如对目视比较的定性判断有异议，则取最有异议的样品，按5.3要求，使用定量方法测定色度坐标，确定其是否符合规定。

6.3 标志板光度试验

6.3.1 标志板的光度测试实验条件如附录A图A.2所示。

6.3.2 光源对样品的张角应不大于80′。

6.4 反射器的环境试验

6.4.1 耐温性试验

样品长度不小于300 mm。

6.4.1.1 低速车辆的标志板样品应在65 ℃±2 ℃的干燥大气环境中连续放置48 h；重型和长型车辆的标志板样品应在65 ℃±2 ℃的干燥大气环境中连续放置12 h(对于模制塑料回复反射器为48 h)。

6.4.1.2 之后，在温度23 ℃±2 ℃的环境条件下冷却1 h。

6.4.1.3 之后，在温度－20 ℃±2 ℃的环境条件下放置12 h。

6.4.1.4 试验后，在正常实验室条件下放置4 h，对样品表面进行目视检验，特别是光学单元表面应无裂痕或明显变形。

6.4.2 耐候性试验(色牢度试验)

6.4.2.1 每次试验取2只样品，其中1只样品作为基准样品存放在暗处的干燥容器内。

6.4.2.1.1 按GB/T 8427—1998中4.2.1和6.2规定，应经受照射源照射。对于第2只样品为回复反射器材料，应曝露至经受相同条件照射的7号蓝色标准羊毛的照射部分和未照射部分的色差达到灰色样卡4级为止。

6.4.2.1.2 按GB/T 8427—1998中4.2.1和6.2规定，应经受照射源照射。对于第2只样品为荧光材料，应曝露至经受相同条件照射的5号蓝色标准羊毛的照射部分和未照射部分的色差达到灰色样卡4级为止。

6.4.2.2 用稀释的中性洗涤液清洗样品，干燥后符合6.4.2.3～6.4.2.5规定要求。

6.4.2.3 外观检验：目视检验样品受照射区应无任何裂痕，封缝，凹痕，起泡，分层，变形，粉化，发暗或

侵蚀。在任何直线方向上的收缩量应不超过 0.5%，应无粘贴失效的迹象，例如边缘从衬底上翘起。

6.4.2.4　不褪色性：受照样品的色度仍应满足表 1，表 2 和表 3 的要求。

6.4.2.5　对回复反射材料的影响

6.4.2.5.1　按 6.3 规定，在照射角为 5°和观察角为 20′时，测量样品的回复反射系数，测量值应不小于表 4 规定值的 80%。

6.4.2.5.2　样品按 GB/T 10485—2007 中第 12 章规定方法 A 和方法 B 进行淋雨试验。试验后，复测样品的回复反射系数应至少达到 6.4.2.5.1 中测量值的 90%。

6.4.3　耐腐蚀性试验

6.4.3.1　样品应经受 50 h 盐雾试验，其中喷雾 24 h，间隔 2 h，再喷雾 24 h(2 h 间隔期间允许样品在试验箱内自然干燥)。其试验温度为 35 ℃±2 ℃，盐雾浓度重量百分比：盐∶水(杂质不超过 0.02%)为 5∶95。

6.4.3.2　试验后，样品应无有损装置效率的腐蚀。样品放置 48 h 后，去除样品表面的盐沉积，按 6.3 规定，在照射角为 5°和观察角为 20′时，测量回复反射系数，测量值应不小于表 4 的规定值。

6.4.4　耐燃油性试验

长度不小于 300 mm 的样品，浸入到体积百分比为 70% *n*-庚烷和 30% 甲苯混合液中，1 min 试验后，表面用软布擦干，目视检验应无影响性能的变化。

6.4.5　粘接强度试验(适用于粘贴材料)

6.4.5.1　应确定回复反射和荧光材料是分层还是涂层粘贴的。

6.4.5.2　对于涂层材料，不使用工具，或不损坏材料，应无法去除。

6.4.5.3　对于分层材料，将粘贴膜从其衬底上去除，应至少在每 25 mm 的宽度上施加 10 N 的力，且撕去速度为 300 mm/min。

6.4.6　防水性试验

长度不小于 300 mm 的样品，浸入温度 23 ℃±5 ℃的蒸馏水中 18 h；之后取出，在正常实验室条件下干燥 24 h。目视检验，离样品边缘 10 mm 内的部分，应无影响其有效性的变化。

6.4.7　耐碰撞性试验(塑料三直角锥反射器除外)

在环境温度 23 ℃±5 ℃条件下，从高度 2 m，以一直径为 25 mm 的光滑实心钢球垂直自由落到带有支撑板的样品上，样品材料应无裂痕，并且距离碰撞区大于 5 mm 处的材料不与其衬底分离。

6.4.8　耐清洗性试验

对于被清洗润滑油和石墨混合物污染的样品，如果使用一种温和的脂类溶剂(例如：*n*-庚烷)擦拭，并用中性洗涤剂清洗后，污染物应被清除，且不损坏样品回复反射面或荧光面。

6.4.9　坚固性试验

6.4.9.1　对于低速车辆的标志板

6.4.9.1.1　用夹具固定三角牌的一边，夹具对样品的支撑长度不超过 20 mm。垂直于样品平面，在与固定边相反的顶角位置施加 10 N 的力，顶角位移不应超过 40 mm。

6.4.9.1.2　试验后顶角的位置与初始位置距离不应大于 5 mm。

6.4.9.2　对于重型和长型车辆的标志板

6.4.9.2.1　样品安放在两个支撑架上，支撑架与标志板的短边平行，且与样品边缘的距离应不大于 $L/10$ (L 是牌的长边尺寸)。然后利用细粒或干沙子袋进行加载，直至均匀分布的压强为 1.5 kN/m^2。测量位于两个支撑点中间位置处的偏移距离。

6.4.9.2.2　在加载情况下，标志板的最大位置偏移应不大于 6.4.9.2.1 两支撑间距离的 1/20。将重量卸载后，残留的位置偏移应不大于加载情况下偏移值的 1/5。

7 检验规则

7.1 型式判定

标志板的不同型式按第 4 章规定判定。

7.2 标志板检验

标志板应进行型式检验和生产一致性检验。

7.3 型式检验

7.3.1 制造商应提供以下材料。

7.3.1.1 足以识别该标志板型式的图纸一式三份，图上应标明标志板相对车辆的安装位置。

7.3.1.2 有关回复反射材料和荧光材料的一份简明的技术说明书。

7.3.1.3 低速车辆的标志板，应提交 5 只标志板样品，试验顺序见附录 C；载重车和牵引车应提交两块大的人字纹型标志板，对于挂车和半挂车应提交两块大的标志板或者等面积的较小的标志板，试验顺序见附录 D。

7.3.2 按照 6.1 目视法检验样品，均应符合 5.1 和 5.2 的规定。

7.3.3 取 1 只完整的样品，按照 6.4.9 试验方法进行坚固性试验，应符合相应规定。

7.3.4 对所有样品进行 6.4.1 的耐温性试验，样品长度应不小于 300 mm，试验结果应符合其规定，对于低速车辆的标志板，应保留第 5 只样品作为试验期间的基准。

7.3.5 按照 6.2 色度试验方法对其他所有样品进行检验，均应符合 5.3 的规定。

7.3.6 按照 6.3 光度试验方法对其他所有样品进行检验，均应符合 5.4 的规定。

7.3.7 按照 6.4.1～6.4.8 规定的环境试验方法对样品进行检验，均应符合相应规定。

7.4 生产一致性检验

7.4.1 对型式检验合格的产品，用从批量产品中随机抽取的样品来判定其生产的一致性。

7.4.2 随机抽取的样品，应符合 7.3.1 规定。

7.4.3 随机抽取的样品数量规定为 1 只，回复反射系数 R' 的值应至少等于 5.4 规定值的 80%，否则再随机抽取样品 5 只，测得的回复反射系数 R' 的平均值应至少等于 5.4 规定值，但任何一个测量值不应低于规定值的 50%。

附　录　A
（资料性附录）
光学坐标系统图示

光学坐标系统图示见图 A.1。

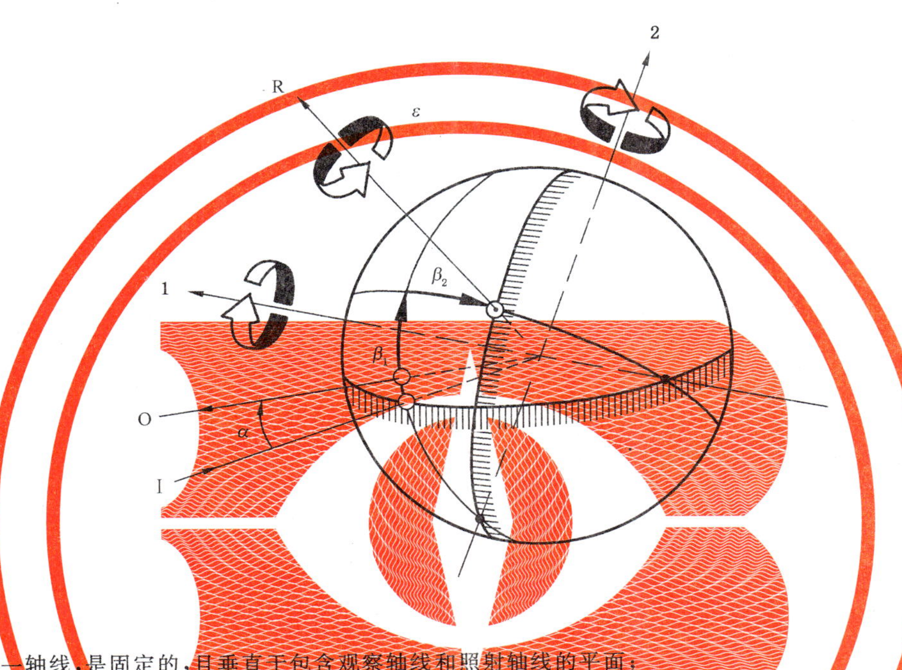

1——第一轴线，是固定的，且垂直于包含观察轴线和照射轴线的平面；
2——第二轴线，垂直于第一轴线和基准轴线两者。
I——照射轴线，是主要的固定轴线；
R——基准轴线，基准轴线固定在回复反射器中，且允许随 β_1 和 β_2 移动；
O——观察轴线；
α——观察角；
β_1、β_2——照射角；
ε——转动角。
注：图中标出所有轴线、角度和转动的正方向。

图 A.1　说明和测量回复反射器的光学系统

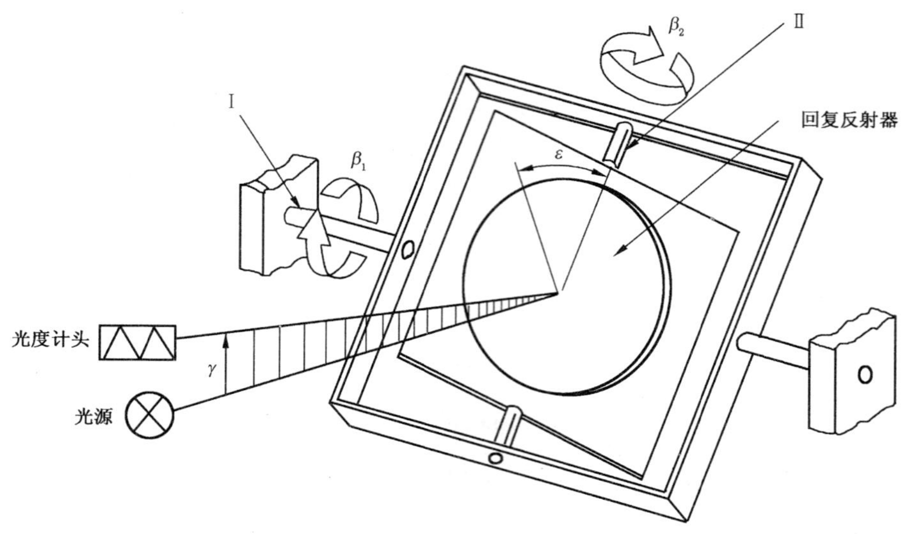

Ⅰ——固定轴线，提供环绕第一轴线的运动；

Ⅱ——可移动的轴线，提供环绕第二轴线的运动。

注：图 A.2 中标注了所有角度和转动的正方向。图 A.2 是一种依据 CIE 几何结构进行回复反射测量的测角计的图示。图 A.2 中光度探头位于入射光源正上方，只是一种示例。第一轴线是固定的，呈水平方向，且垂直于观察半平面。也允许使用与之等效的任何布局。

图 A.2　规定和测量回复反射器用的一种测角计结构示意图

附　录　B
（规范性附录）
后标志板布置示例

单位为毫米

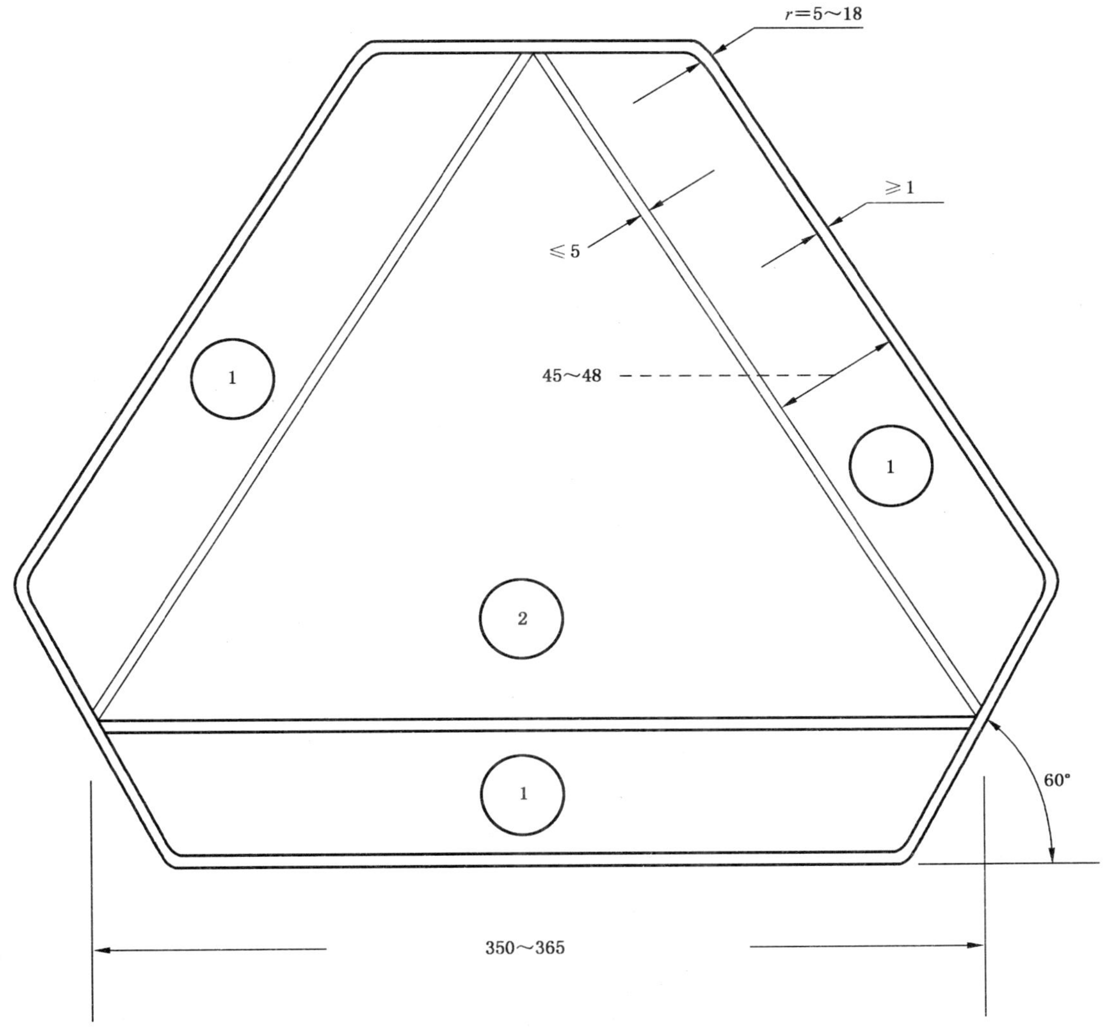

1——红色回复反射材料或直角型回复反射器(1类或2类)；

2——红色荧光材料(1类)或回复反射材料(2类)。

图 B.1　低速车辆的标志板布置示例

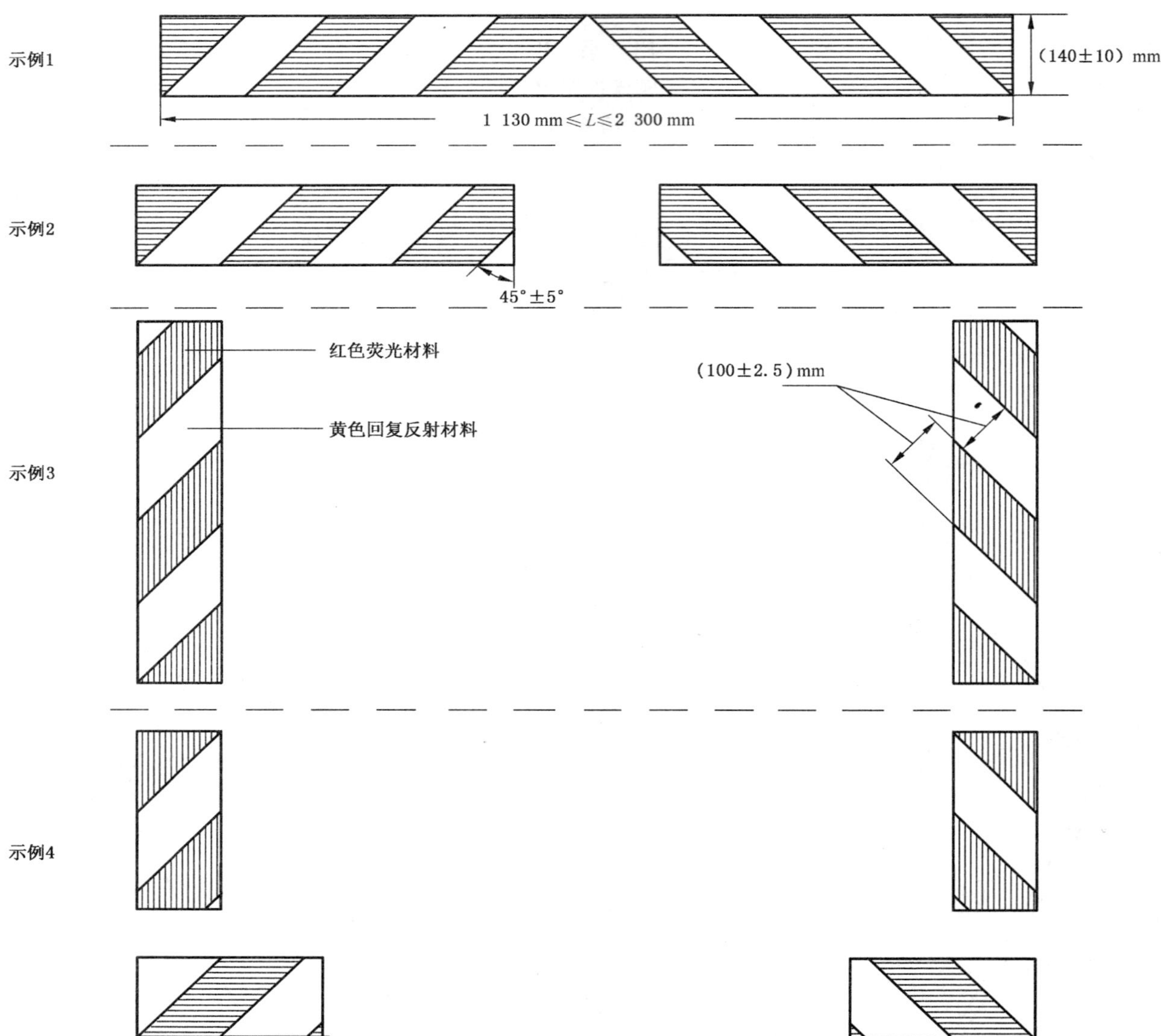

图 B.2 重型和长型车辆的标志板(1类和3类)
(载货车和牵引车用)标志板布置示例

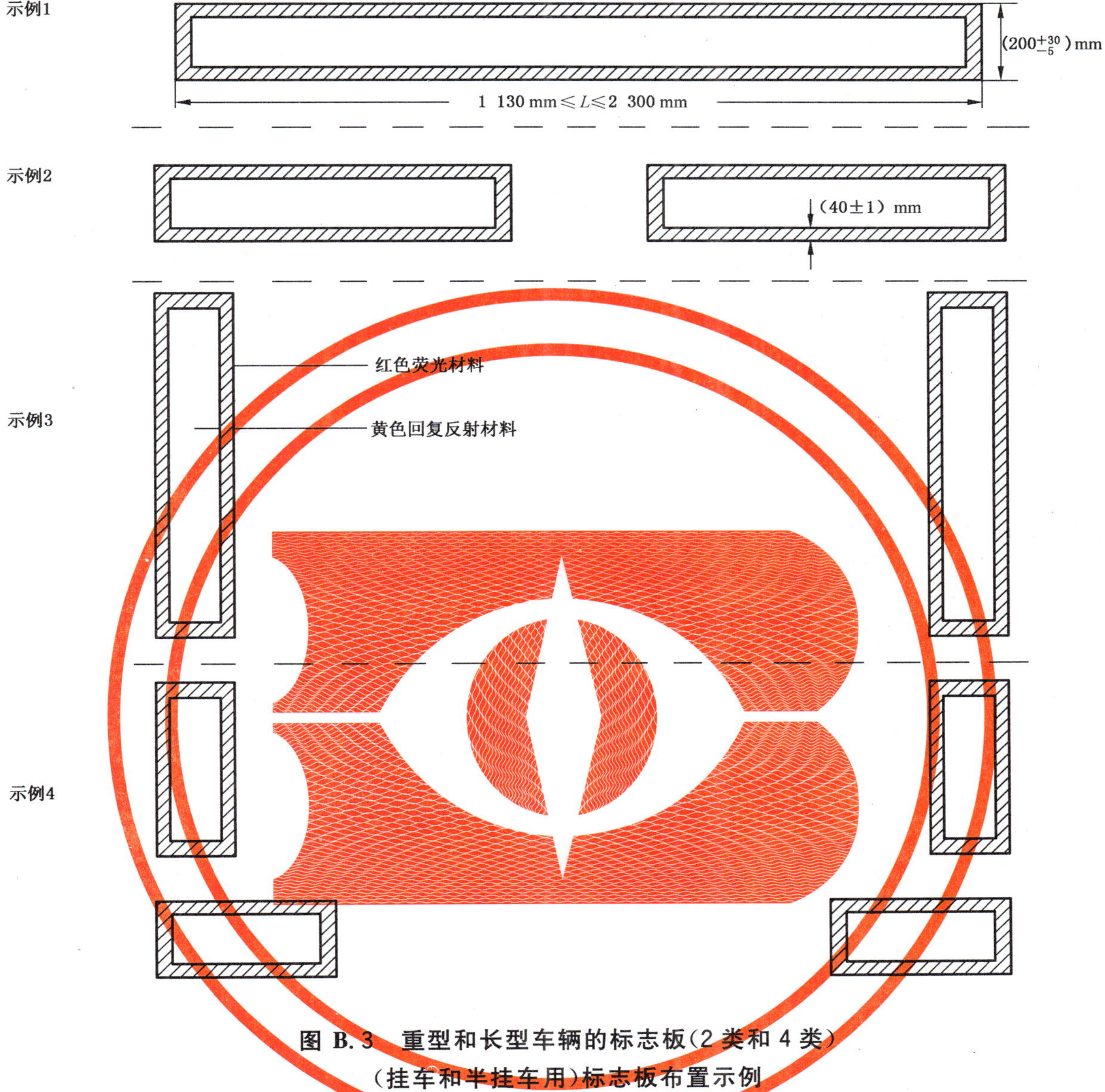

图 B.3 重型和长型车辆的标志板(2类和4类)
(挂车和半挂车用)标志板布置示例

附 录 C
（规范性附录）
低速车辆的标志板试验顺序

按 7.3.1.3 规定提供的样品试验见表 C.1

表 C.1

序号	依据条款	试验项目及试验简述	样品				
			1	2	3	4	5
1	5.1、6.1	一般技术要求	√	√	√	√	√
2	5.2、6.1	形状和尺寸规定	√	√	√	√	√
3	5.5、6.4.1	耐温性：(65 ℃±2 ℃)/(48 h)→(23 ℃±2 ℃)/1 h→(−20 ℃±2 ℃)/12 h	√	√	√	√	留存
4	5.3、6.2	色度规定	√	√	√	√	
5	5.4、6.3、附录 A	光度规定(回复反射系数 R')	√	√	√	√	
6	5.5、6.4.2	耐候性： 辐照：试验后进行外观、不褪色性检验，回复反射系数 R' 测量($\alpha=20'$，$\beta=5°$；$R'\geqslant 80\%$)。 淋雨：试验后，$R'\geqslant 72\%(80\%\times 90\%)$	√				
7	5.5、6.4.3	耐腐蚀性(48 h 盐雾)： 试验后，测量 $R'(\alpha=20'，\beta=5°)$		√			
8	5.5、6.4.4	耐燃油性： 试样长度不小于 300 mm		√			
9	5.5、6.4.5	粘接强度(适用于粘贴材料)：应至少是加 10 N/25 mm(宽度)的力，且速度(撕去)为 300 mm/min，才应除去分层材料			√		
10	5.5、6.4.6	防水性：试件长度不小于 300 mm。试验后，目视检验离切边 10 mm 内的部分应无影响有效性的变化			√		
11	5.5、6.4.7	耐碰撞性(直角型塑料回复反射器除外)：直径 25 mm 的钢球，跌落高度 2 m				√	
12	5.5、6.4.8	耐清洗性：使用软性脂族溶液擦拭以及中性洗涤剂，清洗润滑油和石墨混合物污染的试样				√	
13	5.5、6.4.9.1	坚固性：用夹具固定三角牌的一边，垂直于样品平面，在与固定边相反的顶角位置施加 10 N 的力，顶角位移不应超过 40 mm。试验后顶角的位置与初始位置距离不应大于 5 mm					

附 录 D
（规范性附录）
重型和长型车辆的标志板试验顺序

按 7.3.1.3 规定提供的样品试验见表 D.1

表 D.1

序号	依据条款	试验项目及试验简述	样品	
			1	2
1	5.1、6.1	一般技术要求	√	√
2	5.2、6.1	形状和尺寸规定	√	√
3	5.5、6.4.1	耐温性：(65 ℃±2 ℃)/(12 h,48 h)→(23 ℃±2 ℃)/1 h→(−20 ℃±2 ℃)/12 h	√	√
4	5.3、6.2	色度规定	√	√
5	5.4、6.3、附录 A	光度规定(回复反射系数 R')	√	√
6	5.5、6.4.2	耐候性： 辐照：试验后进行外观、不褪色性检验，回复反射系数 R' 测量($\alpha=20'$，$\beta=5°$；$R'\geqslant 80\%$)。 淋雨：试验后，$R'\geqslant 72\%(80\%\times 90\%)$	√	√
7	5.5、6.4.3	耐腐蚀性(48 h 盐雾)： 试验后，测量 R' ($\alpha=20'$，$\beta=5°$)	√	√
8	5.5、6.4.4	耐燃油性： 试样长度不小于 300 mm	√	√
9	5.5、6.4.5	粘接强度(适用于粘贴材料)：应至少是加 10 N/25 mm(宽度)的力，且速度(撕去)为 300 mm/min，才应除去分层材料	√	√
10	5.5、6.4.6	防水性：试件长度不小于 300 mm。试验后，目视检验离切边 10 mm 内的部分应无影响有效性的变化	√	√
11	5.5、6.4.7	耐碰撞性(直角型塑料回复反射器除外)：直径 25 mm 的钢球，跌落高度 2 m	√	√
12	5.5、6.4.8	耐清洗性：使用软性脂族溶液擦拭以及中性洗涤剂，清洗润滑油和石墨混合物污染的试样	√	√
13	5.5、6.4.9.2	坚固性：施加 15 kN/m² 的压强后，最大位置偏移不大于两支撑间距的 1/20。卸载后，残留偏移不大于加载条件下测量值的 1/5		

附 录 E
（规范性附录）
低速车辆尾部标志板安装规定

E.1 配备

速度不大于 40 km/h 的 M、N、O 类车选装。

E.2 数量

至少 1 块。

E.3 布局

尾部标志板的顶端应朝上，每个部件应在 5°内，位于一横向垂直平面内，后者垂直于车辆纵向轴线，尾部标志板的每一个部件应朝后。

E.4 安装位置

横向：若只有 1 块尾部标志板，则应位于车辆纵向对称平面与行驶方向相反的一侧。

高度：离地高度不小于 250 mm(下边缘)，不大于 2 100 mm(上边缘)。

纵向：位于车后。

E.5 几何可见度

水平方向角：向内，向外各 30°。尾部标志板表面允许被车辆必不可少的结构部件覆盖 10%。

垂直方向角：水平面上、下各 15°。

方向：朝后。

附 录 F
（规范性附录）
重型和长型车辆尾部标志板安装规定

F.1 配备

Ⅱ级和Ⅲ级 M 类车辆，除半挂牵引车外的 N_3 类车辆，长度超过 8.0 m 的 O_1、O_2 和 O_3 类车辆，O_4 类车辆选装。

F.2 数量

1 块、2 块或 4 块。

F.3 布局

每块尾部标志板固定时，其较低的边缘应呈水平。尾部标志板的每个部件应在 5°内，位于一横向垂直平面内，后者垂直于车辆纵向轴线，并且朝后。一组尾部标志板应相对于车辆纵向中平面对称布置。

F.4 安装位置

F.4.1 横向：无单独规定。

F.4.2 高度：离地高度不小于 250 mm（下边缘），不大于 2 100 mm（上边缘）。

F.5 几何可见度

水平方向角：向内，向外各 30°。

垂直方向角：水平面上、下各 15°。

方向：朝后。

ICS 43.040.20
T 38

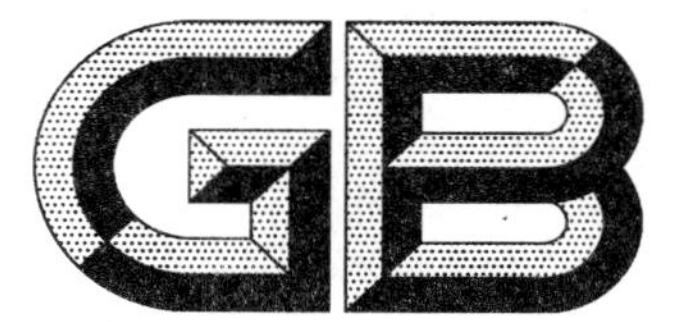

中华人民共和国国家标准

GB 25991—2010

汽车用 LED 前照灯

Automotive headlamps with LED light sources and/or LED modules

2011-01-10 发布　　2012-01-01 实施

中华人民共和国国家质量监督检验检疫总局
中国国家标准化管理委员会　发布

前　言

本标准的第5章(5.10除外)、第6章(6.8除外)为强制性的，其余为推荐性的。

本标准的附录A、附录B、附录C为规范性附录。

本标准由中华人民共和国国家发展和改革委员会提出。

本标准由全国汽车标准化技术委员会(SAC/TC 114)归口。

本标准起草单位：中国汽车技术研究中心、上海汽车灯具研究所、天津市汽车灯厂、飞利浦(中国)投资有限公司、长春海拉车灯有限公司、欧司朗(中国)照明有限公司、天津工大海宇半导体照明有限公司、上海小糸车灯有限公司、常州星宇车灯股份有限公司。

本标准主要起草人：何云堂、许谋和、欧阳涛、黄春维、黄翀雯、赵斌、徐志强、于雅丽、刘熙娟、叶林、牛萍娟、朱明华、金宇清、孟庆恩。

汽车用 LED 前照灯

1 范围

本标准规定了汽车用 LED 光源/模块或含有 LED 光源/模块的前照灯配光性能、光色、温度循环等试验方法和检验规则等。

本标准适用于 M、N 类汽车使用的 LED 前照灯、或主要由 LED 光源或 LED 模块形成远光或近光的 LED 前照灯。

2 规范性引用文件

下列文件中的条款，通过本标准的引用而成为本标准的条款。凡是注日期的引用文件，其随后所有的修改单(不包括勘误的内容)或修订版均不适用于本标准，然而，鼓励根据本标准达成协议的各方研究是否可使用这些文件的最新版本。凡是不注日期的引用文件，其最新版本适用于本标准。

GB 4599—2007 汽车用灯丝灯泡前照灯

GB 4785 汽车及挂车外部照明和光信号装置的安装规定

GB/T 7922 照明光源颜色的测量方法

GB 15766.1 道路机动车辆灯丝灯泡 尺寸、光电性能要求

3 术语和定义

GB 4599—2007 和 GB 4785 中确立的，以及下列术语和定义适用于本标准。

3.1

目标光通量 objective luminous flux

可更换光源或光源模块光通量的设计值。

3.2

光源失效 failure of light source

LED 或 LED 模块在正常使用条件下，一个或多个 LED 失去发光功能、变暗、色度超标、或出现闪烁的现象。

3.3

LED 模块 LED module

仅含有 LED 的光源模块。

4 前照灯的不同型式

在以下主要方面有差异的前照灯：

——商品名称或商标；

——光学系统的特性；

——通过反射、折射、吸收和/或工作时的变形，改变光学效果的部件；

——提供的光束种类(近光，远光或远、近光)；

——配光镜及其涂层的材料；

——LED 光源/模块类型和参数(电压、功率、光通量、色度、显色性)。

5 要求

5.1 一般要求

5.1.1 LED 前照灯应设计和制造成在正常使用条件下,即使受到振动,仍能保证满足使用要求和符合本标准规定。

5.1.2 LED 前照灯应具有良好的散热性,防止 LED 光源热堆积。LED 前照灯即使在低温凝冻的环境下仍能正常工作。

5.1.3 LED 前照灯应具有良好的电磁兼容性能。

5.1.4 当前照灯装有 LED 光源或 LED 模块时其性能均应满足本标准要求;当 LED 前照灯中装有灯丝灯泡或 HID 光源实现远光或近光功能时,其配光性能和检测应分别满足其相应标准的要求。

5.1.5 前照灯应具有光束调整装置。当近光灯和远光灯形成一组合体,并各自装有 LED 光源/模块、灯丝灯泡(或灯光组)时,调整装置应能对它们分别进行调整,这些要求不适用于远光灯和近光灯不能单独调节的前照灯。

5.1.6 LED 前照灯应包含有如下内容的标识:

——LED 前照灯;

——电压;

——基准中心。

5.2 LED 模块和电子光源控制器的一般要求

5.2.1 LED 模块应使用发出可见光的 LED 光源,其他形式的光源不允许使用。

5.2.2 LED 模块在正常使用条件下,应保持良好的工作状态,无设计和制造缺陷,当有一个 LED 光源损坏视为整个模块失效。

5.2.3 LED 模块上的 LED 应装在适当的固定基板上,固定基板应具有很好的强度和稳定性,以保护 LED 和 LED 模块。

5.2.4 LED 模块(在灯体内)应定位准确,固定良好,防止窜动。

5.2.5 对于可更换的 LED 模块,更换时,应使用符合设计要求的 LED 模块;同一灯体内不同规格的 LED 模块不能互换。

5.2.6 无论电子光源控制器置于灯体内或外置,均视为 LED 前照灯的一部分。

5.2.7 如果制造商没有特别说明,LED 模块应在制造商递交的前照灯内进行试验。

5.3 配光性能

5.3.1 前照灯近光应具有足够的照明并不产生眩目,远光应具有良好的照明。弯道照明可以通过附加光源来实现,该附加光源是近光灯的一部分,如附加光源失效,则配光性能仍应满足近光要求。

5.3.2 配光性能应在距离前照灯基准中心前 25 m 的垂直平面配光屏幕上测量,各测试点、区的位置如图 1 所示。

单位为毫米

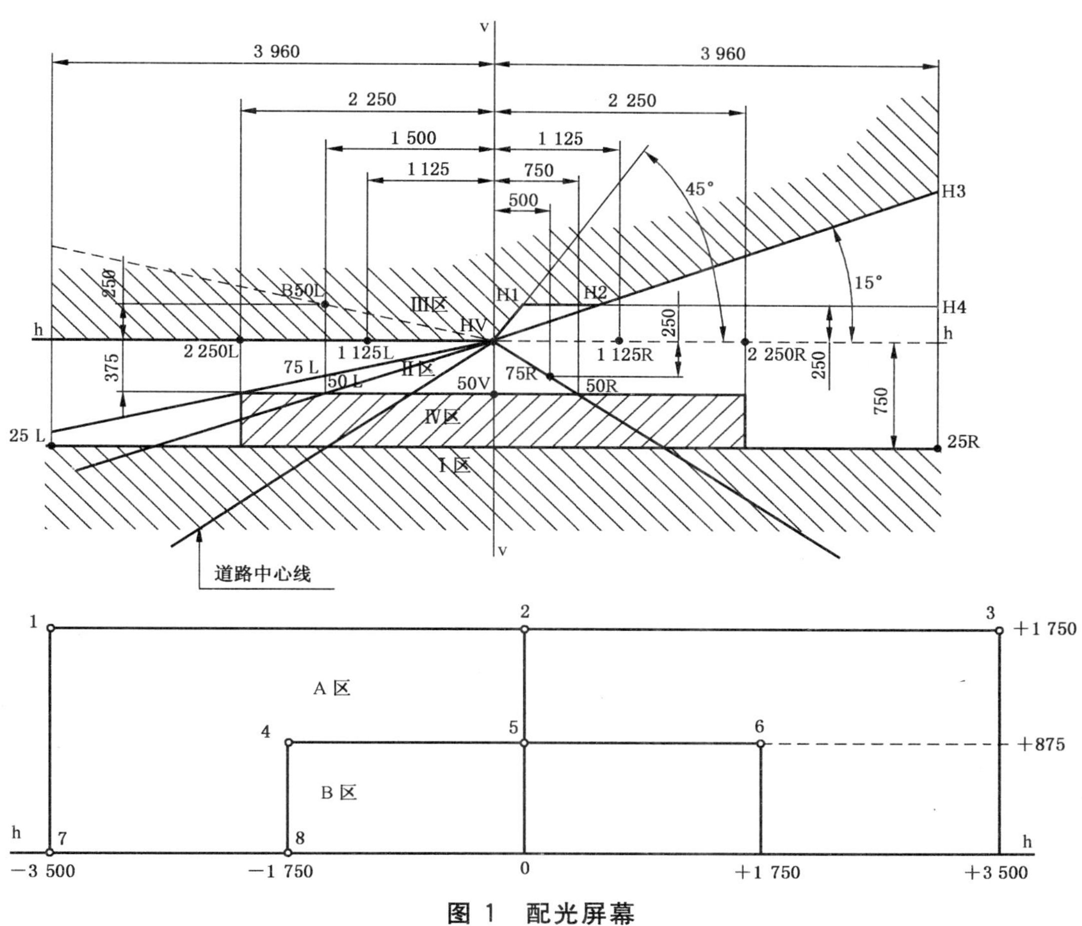

图 1 配光屏幕

5.3.3 近光的配光要求

5.3.3.1 在配光屏幕上，近光应产生明显的明暗截止线，其水平部分位于 v-v 线左侧，右侧为 HV-H2-H3 线或 HV-H1-H2-H4 线。不允许有多条明暗截止线目视可见。

在配光屏幕上的照度限值，应符合表 1 规定。

表 1

点、线段、区域	水平距离 mm	垂直距离 mm	照度/ lx
HV	0	0	≤0.7
B50L	L 1 500	U 250	≤0.4
75R	R 500	D 250	≥12
75L	L 1 500	D 250	≤12
50L	L 1 500	D 375	≤15
25L	L 3 960	D 750	≥2
50V	0	D 375	≥6
50R	R 750	D 375	≥12
25R	R 3 960	D 750	≥2
Ⅰ区任何点			≤2 · E_{50R}[a]
Ⅲ区任何点			≤0.7
Ⅳ区任何点			≥3

[a] E_{50R} 为 50R 的实测照度值。

5.3.3.2 对于 LED 前照灯，在配光屏幕上，测试点 1 至 8 的照度限值应符合如下规定：

——测试点 1+2+3≥0.3 lx；

——测试点 4+5+6≥0.6 lx；

——0.7 lx≥测试点 7≥0.1 lx；

——0.7 lx≥测试点 8≥0.2 lx。

5.3.3.3 对于反射镜可调的 LED 前照灯，在制造商规定的反射镜每个使用位置上，应符合 5.3.3.1、5.3.3.2 规定。

5.3.3.4 在Ⅰ、Ⅱ、Ⅲ和Ⅳ区内，应无影响良好可见度的横向照度变化。

5.3.3.5 如果弯道照明光束通过下列方法获得，上面表 1 的要求也适用于设计成提供弯道照明光束的前照灯：

——旋转近光光束或水平移动明暗截止线转折处；

——移动前照灯的一个或多个光学部件，而明暗截止线转折处在水平方向保持不动；

——增加一个光源，而明暗截止线转折处在水平方向保持不动。

5.3.4 远光的配光要求

5.3.4.1 远光在配光屏幕上的照度限值应符合表 2 规定。

表 2

单位为勒克斯

测试点或区域	照 度
E_{max}	≥48 且≤240
HV 点	≥0.80E_{max}
HV 点至 1 125L 和 R	≥24
HV 点至 2 250L 和 R	≥6

5.3.4.2 对于反射镜可调的 LED 前照灯，在制造商规定的反射镜每个使用位置上，应符合 5.3.4.1 规定。

5.3.4.3 对于远、近光 LED 前照灯，其远光最大照度值应不大于近光 75R 测量照度值的 16 倍。

5.3.5 配光屏幕上照度测量的有效面积，应包含在边长 65 mm 的正方形内。

5.4 光色

LED 前照灯的光色应为白色，以 CIE 色度坐标表示，其色度特性应符合 GB 4785 的规定。

5.5 光源

LED 前照灯应使用符合本标准规定的 LED 光源或 LED 模块；前照灯中含有的其他光源应使用符合 GB 15766.1 或 ECE R37 规定的光源。

前照灯近光用 LED 光源或 LED 模块目标光通量应不小于 1 000 lm。

5.6 显色性

LED 前照灯或 LED 模块的显色性应满足光谱最低红光成分要求：

$$k_{red}=\frac{\int_{\lambda=610\ nm}^{780\ nm}E_e(\lambda)V(\lambda)d\lambda}{\int_{\lambda=380\ nm}^{780\ nm}E_e(\lambda)V(\lambda)d\lambda}\geq 0.05$$

式中：

$E_e(\lambda)$——发光光谱能量，单位为瓦(W)；

$V(\lambda)$——光谱发光效率，单位为 1；

(λ)——波长，单位为纳米(nm)。

该值应用不大于 5 nm 间距进行计算。

5.7 LED 前照灯的配光性能稳定性

LED 前照灯在按本标准规定测量了配光性能之后，其整灯应符合附录 A 的要求。

5.8 LED 前照灯照度和色度温度稳定性

5.8.1 LED 前照灯在点亮 1 min 后和光度稳定后，其测试点、区的照度值均应满足最大值和最小值要求。在所有试验过程中，光度输出不应小于初始光通量 70%。

5.8.2 LED 前照灯或 LED 模块在点亮 1 min 和光度稳定后，其光色均应在所要求的范围之内。

5.8.3 试验方法见附录 B。

5.9 LED 前照灯塑料配光镜和塑料光学组件

5.9.1 前照灯的塑料配光镜按 6.7.1 试验后，应符合 GB 4599—2007 附录 B 的要求。

5.9.2 LED 前照灯抗 UV 辐射

5.9.2.1 LED 前照灯内部装有塑料材料制造的光学组件(含透射、反射等部件)时，按 6.7.2 进行试验，试验后，前照灯的色度应符合 5.4 的要求，样品的表面不应出现裂纹、变形、(涂层)剥离等缺陷。

5.9.2.2 LED 前照灯使用低 UV 辐射型式的 LED 模块，或者有关光学组件已使用了抗 UV 辐射的防护，如使用滤光镜，则不需要进行试验。

低 UV 辐射型式的 LED 前照灯或 LED 模块应满足：

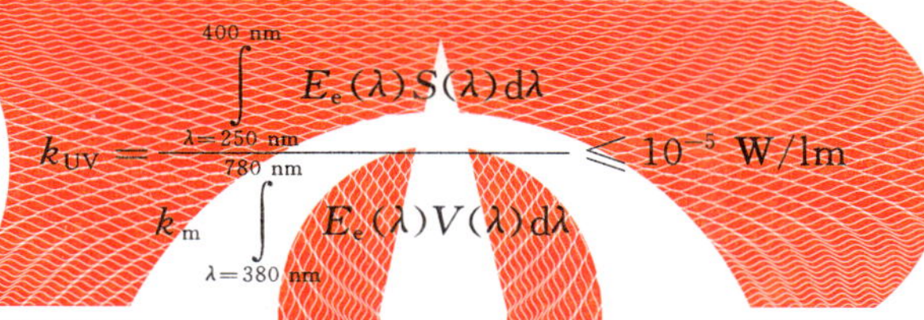

$$k_{\mathrm{UV}}=\frac{\int_{\lambda=250\ \mathrm{nm}}^{400\ \mathrm{nm}} E_{\mathrm{e}}(\lambda)S(\lambda)\mathrm{d}\lambda}{k_{\mathrm{m}}\int_{\lambda=380\ \mathrm{nm}}^{780\ \mathrm{nm}} E_{\mathrm{e}}(\lambda)V(\lambda)\mathrm{d}\lambda}\leqslant 10^{-5}\ \mathrm{W/lm}$$

式中：

$S(\lambda)$——光谱(效应)权重函数，单位为 1；

k_{m}——发光体最大发光功效极限值，$k_{\mathrm{m}}=683$ lm/W；

其他符号含义见 5.6。

该值应用不大于 5 nm 间距进行计算。

UV 辐射光谱权重表依据 270 nm 波长为典型值[即 $S(\lambda)=1$]；其他波长 UV 辐射光谱权重值，依据表 3 以内插值替代：

表 3 UV 辐射光谱权重值

λ/nm	S(λ)	λ/nm	S(λ)	λ/nm	S(λ)
250	0.430	305	0.060	355	0.000 16
255	0.520	310	0.015	360	0.000 13
260	0.650	315	0.003	365	0.000 11
265	0.810	320	0.001	370	0.000 09
275	0.960	325	0.000 50	375	0.000 077
280	0.880	330	0.000 41	380	0.000 064
285	0.770	335	0.000 34	385	0.000 530
290	0.640	340	0.000 28	390	0.000 044
295	0.540	345	0.000 24	395	0.000 036
300	0.300	350	0.000 20	400	0.000 030

5.10 LED 前照灯耐温度循环试验

按附录 C 进行试验，在最后一个循环的点灯期间，检查 LED 模块有无长久或间歇失效。如果有失效，则不符合要求；如果没有失效，则检查其配光性能，应符合5.3相应要求。

5.11 **LED前照灯电源的极性反接和过电压**

试验后，试件的LED光源和电子光源控制器无任何部分或全部失效。

6 试验方法

6.1 试验暗室、装置及设备

6.1.1 试验暗室应无漏光，其环境条件应不影响光束的透射性能和仪器精确度。

6.1.2 配光屏幕应足够宽，以便于检查和调整近光明暗截止线；配光屏幕颜色应便于光束照准，配光测试时应消除杂散光影响。

6.1.3 配光测试应采用直流稳压电源，电气仪表准确度不低于0.2级，照度计应为国家检定规程中规定的一级照度计(其示值误差不超过±4%)。

6.2 测试环境

光电性能测试的环境温度23 ℃±5 ℃，相对湿度20%～80%。

6.3 配光试验

6.3.1 测试前，前照灯的LED模块应进行15 h的老炼，然后冷却至室温。

6.3.2 如无另行说明，配光测试时的电压：13.2 V±0.1 V(标称电压24 V为28.0 V±0.1 V)。当使用电子光源控制器应按照生产商的规定的参数进行测试。

6.3.3 灯具应按照附录B连续点亮直到出现光度稳定状态后进行测试。

6.3.4 近光照准

6.3.4.1 在垂直方向，明暗截止线的水平部分应位于h-h线以下25 cm处；

6.3.4.2 在水平方向，明暗截止线的转折处应位于v-v线上，若转折处不清晰，则以满足75R和50R的照度值为准。

6.3.4.3 照准时为使明暗截止线清晰易见，允许遮蔽部分配光镜。

6.3.4.4 照准与否，以目视检验v-v线两侧各5°(219 cm)范围内的明暗截止线为准。

6.3.4.5 按上述照准后，若近光不满足要求，则允许明暗截止线在水平方向左、右各1°(44 cm)，垂直方向不超过h-h线的范围内进行调整。

6.3.4.6 当弯道照明光束通过旋转近光光束或水平移动明暗截止线转折处的方法获得时，测量应在前照灯总成完成水平重新照准后进行(如采用测角仪)。

6.3.4.7 当弯道照明光束通过移动前照灯的一个或多个光学部件，而明暗截止线转折处在水平方向保持不动的方法获得时，测量应在这些光学部件位于极端操作位置时进行。

6.3.4.8 当弯道照明光束通过增加一个光源，而明暗截止线转折处在水平方向保持不动的方法获得时，测量应在该光源接通时进行。

6.3.5 远光照准

光束最大照度区域中心位于HV点。

对可以单独调节的远光，需要进行远光的照准，否则，以近光作为照准基准，即在近光照准后，测量远光时不允许再作调整。

6.3.6 对于反射镜可调的LED前照灯

6.3.6.1 相对于光源的中心与配光屏幕上HV点的连接线，在试验测角计上实现与可调反射镜的每个使用位置相对应的位置。之后，移动反射镜位置按6.3.4和6.3.5规定照准。

6.3.6.2 在按6.3.4规定初始定位反射镜后，近光应符合5.3.3规定，远光应符合5.3.4规定。

6.3.6.3 按下述规定进行附加试验：

垂直方向移动反射镜±2°(或者，若反射镜从其初始位置起，调整范围小于2°，则移动至最大调整位置)，之后，利用试验测角计反方向进行重新照准。此时，近光Ⅲ区(HV点)和75R以及远光E_{max}和E_{HV}点照度值应符合本标准规定。

6.3.6.4 若制造商规定反射镜有几个使用位置，则在每个使用位置上均按 6.3.6.1 至 6.3.6.3 规定试验。

6.3.6.5 若制造商未规定反射镜使用位置，则应在反射镜平均调整位置上按 6.3.6.1 至 6.3.6.2 规定试验。之后，在反射镜移动至最大调整位置上，按 6.3.6.3 规定进行附加试验。

6.3.7 LED 前照灯配光性能的实际测量值乘以 0.7 为各测试点/区域的照度值。

6.3.8 如果 LED 前照灯某一功能配光（远光或近光）由 LED 模块和灯丝灯泡共同获得，分别测量后相加。

6.4 光色检验

按照 GB/T 7922 照明光源颜色的测量方法，照准后（1 min 或稳定后），近光直接测量 50 V；远光测量 HV 点。测量时的电压按照配光性能试验电压值。

6.5 LED 前照灯的配光性能稳定性

试验方法见附录 A。

6.6 LED 前照灯照度和色度温度稳定性

试验方法见附录 B。

6.7 LED 前照灯塑料配光镜和塑料光学组件

6.7.1 塑料配光镜前照灯的配光镜或材料试样和整灯试验

塑料配光镜前照灯的配光镜或材料试样和整灯试验见 GB 4599—2007 附录 B。但是，试验中点亮光源的场合，均用前照灯内置光源，按试验电压点亮。

6.7.2 LED 前照灯塑料材料组件抗 UV 辐射

前照灯的每种相关塑料件样品或含有塑料光学组件的前照灯样品各一件用 LED 模块发出的光进行 1 500 h 的连续照射。如果使用光学组件试验，每种相关塑料件样品与 LED 模块相对位置应与在其前照灯中的角度、距离等相同。

6.8 LED 前照灯耐温度循环试验

试验方法见附录 C。

6.9 显色性测量

用光谱分析仪测量最低红光成分。

在近光 50 V 点或（和）远光的 HV 点测量，测量结果应符合 5.6 规定。

6.10 LED 前照灯电源的极性反接、过电压试验

6.10.1 极性反接试验

对 12 V 电压系统，给产品电源控制器输入端施加 14±0.1 V 的反向电压 1 min；对 24 V 电压系统，给产品电源控制器输入端施加 28±0.2 V 的反向电压 1 min。

6.10.2 电源的过电压试验

对 12 V 电压系统，给产品电源控制器输入端施加 18±0.2 V 的电压 60 min；对 24 V 电压系统，给产品电源控制器输入端施加 36±0.2 V 的电压 60 min。

7 检验规则

7.1 不同型式判定

前照灯的不同型式按第 4 章规定判定。

7.2 型式检验和生产一致性检验

前照灯检验分为型式检验和生产一致性检验。符合 7.3 或 7.4 规定的，则认为该产品通过型式检验或生产一致性检验。

7.3 型式检验

7.3.1 制造商应提供的文件和样品数量

7.3.1.1 足以识别该型式前照灯的图纸一式三份，图上应表明配光镜或反射镜的特性结构，并标明基准轴线，基准中心和安装在车辆上的几何位置，反射镜的使用位置和调整范围。对于按 5.3.3.5 提供弯道照明的前照灯，应提供调整范围。

7.3.1.2 一份简明的技术说明书。包括 LED 模块的规格、尺寸、光电参数和目标光通量以及电子光源控制器通电连接端子等信息；前照灯中若含有灯丝灯泡，应规定所使用的灯丝灯泡类型。

7.3.1.3 样灯两只，对于塑料配光镜和塑料光学组件的塑料材料试验。

7.3.1.4 利用批量生产方法制造的配光镜 14 块[1)]。其中 13 块配光镜按 GB 4599—2007 附录 C 中表 C.1 进行试验，另外 1 块配光镜进行抗 UV 辐射试验(如果需要)。

LED 前照灯光学组件中的每种相关塑料件样品或含有塑料光学组件的前照灯样品各一件。每种样品应具有与受检灯具相同的外观、颜色和表面处理特性。

7.3.1.5 不带配光镜的整灯一只(包括反射镜)。

7.3.2 型式检验项目

应符合 5.1、5.2、5.3、5.4、5.5、5.6、5.7、5.8、5.9(对于使用塑料配光镜和塑料光学部件的前照灯)、5.10 和 5.11 规定。其中，有关配光镜和涂层材料的特性说明，若已进行过试验，则附上有关试验报告。

7.4 生产一致性检验

7.4.1 对型式检验合格的产品，用随机抽取的样灯来判定其生产的一致性。

7.4.2 随机抽取的样灯，应符合 5.1、5.2 和 5.5 的规定。

7.4.3 按第 6 章规定进行试验，随机抽取的样灯的配光性能应符合下列规定：

7.4.3.1 近光两种要求中任选一种：

a) 近光照度限值按 5.3.3.1 规定放宽 20%，但其中 B50L 放宽 0.2 lx，Ⅲ区放宽 0.3 lx；

b) 把近光 B50L、75R、50V、25R 和 25L 的有效测试区域扩大为以各测试点为圆心，半径为15 cm 的圆。Ⅳ区高度从 37.5 cm 降至 22.5 cm，宽度不变。其照度限值除 B50L 放宽0.1 lx，Ⅲ区(HV 点)放宽 0.2 lx 外，其余照度限值仍按原规定。

7.4.3.2 远光照度限值按 5.3.4.1 放宽 20%，其中 HV 点放宽为 $0.75E_{max}$。

7.4.4 样灯应符合附录 A 的 A.2.3 规定。

7.4.5 对于使用塑料配光镜的前照灯，还应符合 5.9.1 规定。

---

1) 其中 6 块配光镜，可以用最小尺寸为 60 mm×80 mm 的 6 块材料试样替代，其外表面的曲率半径不小于 300 mm，中间有一个供测量用的尺寸至少为 15 mm×15 mm 的足够平的区域。

附 录 A
（规范性附录）
LED 前照灯的配光性能稳定性试验

A.1 配光性能的稳定性试验

试验应在温度为 23 ℃±5 ℃的干燥、静止的空气中进行，整灯应安装在能正确表示其装车位置的支架上。

A.1.1 清洁的前照灯

前照灯应按 A.1.1.1 规定点亮 12 h，并按 A.1.1.2 规定检验。

A.1.1.1 试验方法

前照灯应按下述规定的方式点亮：

A.1.1.1.1 功能组合情况如下：

a) 对于远光灯或近光灯，相应的灯丝/LED 模块点亮 12 h[2)]；

b) 当近光和远光混合时（双灯丝灯泡或两只灯丝灯泡/LED 模块）：

1) 若制造商规定，前照灯每次使用时点亮一根灯丝/LED 模块[3)]，则依次点亮近光灯丝/LED 模块和远光灯丝/LED 模块各 6 h；

2) 在所有其他情况下[2),3)]，近光灯丝/LED 模块点亮 15 min，全部灯丝/LED 模块点亮 5 min；并以此方式点亮共 12 h；

c) 对于组合照明功能的情况：

按 a）规定，同时点亮所有的单独功能至规定的时间；按制造商规定，也可以考虑使用混合照明功能 b）的点亮方式。

A.1.1.1.2 试验电压如下：

——对于 LED 模块按照 6.3 的规定；

——对于装有灯丝灯泡 LED 组合前照灯，应按 GB 15766.1 或 ECE R37 所规定的 90%最大功率调节灯丝灯泡电压；

——除非制造商另有规定，否则在所有情况下是使用标称电压 12 V 的灯丝灯泡功率。在前一种情况下，应以功率最大的灯丝灯泡进行试验。

A.1.1.2 试验结果

A.1.1.2.1 目视检验

前照灯一旦冷却至环境温度，应以干净的湿棉布清洁其配光镜，目视检验配光镜应无明显变形，扭曲，裂纹或变色。

A.1.1.2.2 配光试验

为符合本标准要求，应检验近光 50R、B50L、HV 和远光 E_{max} 的配光值。包括配光方法公差在内，试验前、后，照度值允许偏差 10%。

由于支架可能受热变形，允许进行照准调节（明暗截止线的垂直位置变化按 A.2 规定）。

A.1.2 污染的前照灯

A.1.2.1 前照灯准备

前照灯按 A.1.1 规定试验后，应按 A.1.2.2 规定试验混合物准备样灯，然后按 A.1.1.1 规定点亮 1 h，之后按 A.1.1.2 规定检验。

---

2) 当被试验的前照灯与信号灯组合，和/或混合时，信号灯应在试验期间点亮。对于转向信号灯，应以闪烁方式点亮，点亮和熄灭的时间比近于为 1∶1。

3) 当前照灯以闪烁方式工作时，两个或者两个以上灯的灯丝同时点亮，但这不是灯丝正常使用情况。

A.1.2.2 试验混合物

A.1.2.2.1 对于玻璃配光镜前照灯

涂在前照灯配光镜上的试验混合物组成(重量比)如下:

——9份颗粒度介于0～100 μm硅沙;

——1份颗粒度介于0～100 μm植物性炭粉;

——0.2份NaCMC[4]和适量的蒸馏水(其电导率小于1 mS/m)。

试验混合物的有效期不超过14天。

A.1.2.2.2 对于塑料配光镜前照灯

涂在前照灯配光镜上的试验混合物组成(重量比)如下:

——9份颗粒度介于0～100 μm硅沙;

——1份颗粒度介于0～100 μm植物性炭粉;

——0.2份NaCMC;

——13份蒸馏水(电导率小于1 mS/m);

——(2±1)份表面活性剂。

表面活性剂的用量公差使试验混合物能散布在整个配光镜上。试验混合物的有效期不超过14天。

A.1.2.3 试验混合物敷涂

试验混合物应均匀地涂在前照灯整个透光面上,待干燥后重复敷涂,直至远光 E_{max},近光50R和50V照度值下降至初始值的15%～20%。

A.1.2.4 测量设备

应使用与型式检验相类似的测量设备。对于半封闭式前照灯,配光性能测量应使用标准灯丝灯泡。

A.2 在受热影响下,明暗截止线垂直位置的变化试验

本试验用来检验在受热影响下,近光明暗截止线的垂直位置偏移是否超过规定值。

按A.1规定试验后的前照灯,在不从试验支架上卸下或不作重新调整的情况下,应按A.2.1规定试验。

A.2.1 试验

试验应在温度为23 ℃±5 ℃的干燥、静止空气中进行。

使用至少已老炼1 h的批量生产LED模块/灯丝灯泡,按A.1.1.1.2规定调节试验电压点亮前照灯。

对于介于v-v线和通过B50L点垂直线之间的明暗截止线,分别测量前照灯工作3 min(r_3)和60 min(r_{60})时的垂直位置。

在保证准确度和复现性情况下,可使用任何方法测量明暗截止线的垂直位置变化。

A.2.2 试验结果

当 $\Delta r_{\mathrm{I}}=|r_3-r_{60}|\leqslant 1$ mrad时,应予以接收。

若1 mrad$<\Delta r_{\mathrm{I}}\leqslant 1.5$ mrad时,则第二只前照灯应按A.2.1规定试验。此时,前照灯近光应先经历1 h点亮,1 h熄灭三个时间循环。点亮电压应按A.1.1.1.2规定调节。

试验后,若$(\Delta r_{\mathrm{I}}+\Delta r_{\mathrm{II}})/2\leqslant 1$ mrad,则应予以接收。

A.2.3 生产一致性

先经受A.2.2规定的三个连续时间循环,再按A.2.1规定试验,若 $\Delta r_{\mathrm{I}}\leqslant 1.5$ mrad,则应予以接收。

若1.5 mrad$<\Delta r_{\mathrm{I}}\leqslant 2.0$ mrad,则第二只前照灯应按规定试验。当$(\Delta r_{\mathrm{I}}+\Delta r_{\mathrm{II}})/2\leqslant 1.5$ mrad,则应予以接收。

---

4) NaCMC表示羧化甲基纤维素钠盐,通常以CMC表示。试验混合物使用的NaCMC,在20 ℃时,其2%溶液的置换度(DS)为0.6～0.7,黏度为200 cp～300 cp。

附 录 B
（规范性附录）
LED 前照灯照度和色度温度稳定性试验

B.1 照度

B.1.1 前照灯的光度应在某种功能点亮 1 min 后测量以下测试点。测试时，可以大致进行照准，但应在完成比例测量时一直保持这种照准位置。

测试点： 近光 50 V

远光 HV

B.1.2 灯具应连续点亮直到出现光度稳定状态：B.1.1 要求的测试点的光度变化值在 15 min 内小于 3%。

达到稳定状态时，记录 B.1.1 要求的测试点的光度，按照 6.3.4 或 6.3.5 的要求照准，进行所有测试点的光度测量。

B.1.3 按 B.1.1 和 B.1.2 测试点的光度值进行计算比例。

B.1.4 此计算比例应用到所有测试点，计算出 1 min 点亮时的所有测试点的光度。

B.1.5 1 min 时和光度稳定后测量的照度值均应满足最大值和最小值要求。

B.2 光色

在点亮 1 min 和按照 B.1.2 所描述光度稳定后进行光色测量，其光色均应在所要求的范围之内。

B.3 近光的 LED 模块的目标光通量的测量

B.3.1 LED 模块的外形应符合 7.3 规定的技术说明书的描述。应拆除二次光学元件。这个过程和按以下描述的测试条件，应记录于试验报告。

B.3.2 应递交每种型式的 LED 模块 3 只及详细的说明书，如果应用光源控制器则一并提交。

B.3.3 测试时模块的热量散发情况应模拟其在相应的前照灯中的情况。

测试前，模块应在与前照灯正常使用相同条件下老炼 72 h。

使用光通积分球时，积分球最小尺寸为 1 m，并且至少为 LED 模块最大尺寸的 10 倍。光通测量也可以用测角光度计求积（室温下）测量。

LED 模块应在密闭的积分球内或测角光度计内点亮大约 1 h。

光通量应按照 B.1.2 所描述的 LED 模块稳定后进行测试。

每种形式 3 个 LED 模块的测量平均值被认为该 LED 模块目标光通量，每种形式的 LED 模块目标光通量应取 3 个 LED 模块的测量平均值。

附　录　C
（规范性附录）
LED 前照灯耐温度循环试验

C.1　试验条件

C.1.1　试验前、后应检验配光性能。

C.1.2　放置试样前，箱内气流为 1 m/s～2 m/s。

C.1.3　试样与箱壁间距离应大于 200 mm。

C.2　试验方法

C.2.1　两只试样应安装在试验支架上，放置在试验箱内时，其基准轴线平行于冷却气流的主方向。

C.2.2　试样应经历图 C.1 所示的 5 个高低温循环试验，每个循环历时 8 h。

循环开始温度：20 ℃；

低温：－30 ℃/至少 2 h；

高温：50 ℃/至少 2 h；

温度转换速率：0.6 ℃/min～5.0 ℃/min；

点灯方式：在图 C.1“A”点开始点灯至“B”点关闭；

试验电压：13.2 V±0.1 V（对于 24 V 标称电压 LED 前照灯则试验电压为 28.0±0.1 V）。

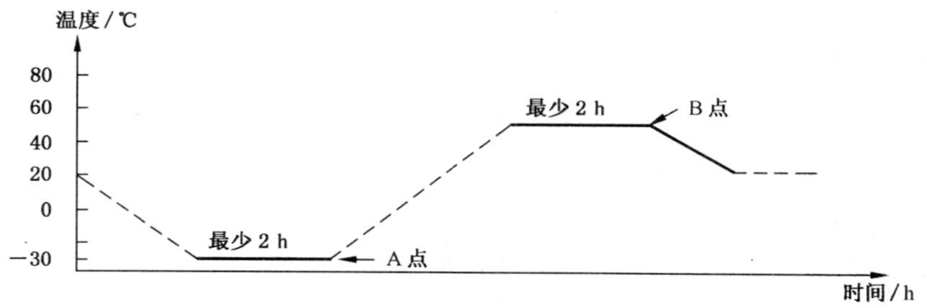

图 C.1　热循环试验的温度-时间曲线

C.2.3　试验结束后，从箱内取出试样，在室温 23 ℃±5 ℃和相对湿度 30%～60%的环境条件下存放 1 h。

ICS 43.020
T 04

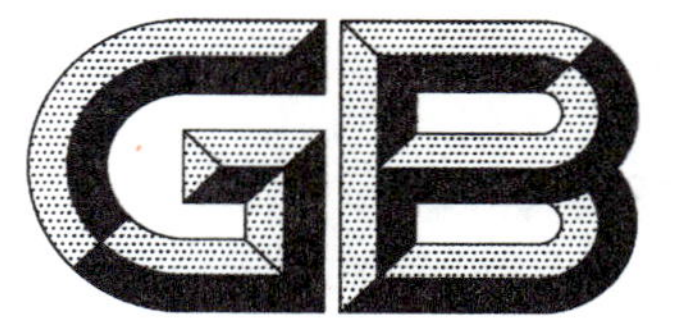

中华人民共和国国家标准

GB/T 25978—2010

道路车辆　标牌和标签

Road vehicle—Plate and label

2011-01-10 发布　　　　2011-05-01 实施

中华人民共和国国家质量监督检验检疫总局
中国国家标准化管理委员会　发布

前　言

本标准由中华人民共和国国家发展和改革委员会提出。

本标准由全国汽车标准化技术委员会(SAC/TC 114)归口。

本标准负责起草单位:中国汽车技术研究中心、3M中国有限公司、德莎胶带(上海)有限公司。

本标准参加起草单位:公安部交通管理科学研究所、泛亚汽车技术中心有限公司、东风汽车有限公司、广州丰田汽车有限公司、江铃汽车股份有限公司、一汽集团技术中心、上海大众汽车有限公司、上海汽车工业(集团)总公司、奇瑞汽车股份有限公司、长安汽车集团有限责任公司。

本标准主要起草人:朱彤、耿磊、王新、方潇湧、徐昌曦、郭淼、王军华、孙红芬、郭琛健、张家民、孙大兴、梅南、苏玉萍、周毅、姚洪华、秦义勇、封渝英。

道路车辆　标牌和标签

1　范围

本标准规定了道路车辆上使用的用于说明车辆信息的标牌和标签的定义、性能要求及试验方法。

本标准适用于道路车辆上使用的用于说明车辆制造信息、警告性信息、操纵及指示性信息等内容的各类标牌和标签。

本标准不适用于在车辆或车辆部件本体上通过打刻、蚀刻、铸造、喷涂、印制，或者缝制在部件本体上等方式直接形成的车辆标识。

本标准不适用于车辆非信息类标牌和标签。

本标准不适用于在车辆生产、运输、交接中使用的(车辆正常使用前可去除的)车辆或部件的标识。

用于车辆零部件及总成的各类标牌和标签可参照采用。

2　规范性引用文件

下列文件中的条款通过本标准的引用而成为本标准的条款。凡是注日期的引用文件，其随后所有的修改单(不包括勘误的内容)或修订版均不适用于本标准，然而，鼓励根据本标准达成协议的各方研究是否可使用这些文件的最新版本。凡是不注日期的引用文件，其最新版本适用于本标准。

GB/T 250—2008　纺织品　色牢度试验　评定变色用灰色样卡(idt ISO 105-A02:1993)

GB/T 3280—2007　不锈钢冷轧钢板和钢带

GB 8410—2006　汽车内饰材料的燃烧特性

GB/T 13306—1991　标牌

3　术语和定义

下列术语和定义适用于本标准。

3.1

标牌　plate

刚性结构的、载有车辆信息的通过铆接、焊接、胶带粘贴等方式安装在车辆上的牌子。标牌分为金属标牌和非金属标牌。

3.2

标签　label

柔性结构的、载有车辆信息的通过粘贴等方式安装在车辆上的牌子。按照标签在车辆上的使用位置，标签可分为发动机舱标签、暴露的外部标签、非暴露的外部标签、暴露的内部标签、非暴露的内部标签。

3.2.1

发动机舱标签(A 类)　engine compartment labels (A type)

位于发动机舱内、粘贴在除发动机本体之外的标签。

例如：粘贴在发动机舱内喷涂过的钣金件上、塑料饰盖、蓄电池或容器上的标签等。

3.2.2

暴露的外部标签(B 类)　exposed exterior labels (B type)

位于车身外部、粘贴的位置可见的标签。

例如：挂车栓钩标签、行李架或滑雪橇架载荷标签等。

3.2.3

非暴露的外部标签(C 类) non-exposed exterior labels (C type)

位于车身活动部件的接合部,在开启车身活动部件后方可见的标签。

例如:贴在门柱上或门柱内侧的标签、油箱加注口盖标签等。

3.2.4

暴露的内部标签(D 类) exposed interior labels (D type)

位于车辆内部、在部件正常使用(折叠部件处于收起状态)状态可见的、暴露在日光照射下的标签,以及位于遮阳板外表面(可见表面)的标签。

例如:遮阳板上的安全气囊标签、安全带标签、VIN 标签等。

3.2.5

非暴露的内部标签(E 类) non-exposed interior labels (E type)

位于车辆内部可见的(对于折叠部件,当其处于打开状态时可见的),不暴露在日光照射下的标签;以及只有放下遮阳板或打开门时方暴露的标签。

例如:粘贴在遮阳板内表面的标签、粘贴在可折叠部件内表面的标签、行李舱标签等。

4 标牌和标签的性能要求

4.1 标牌的性能要求

标牌的涂层附着力、颜色的耐晒牢度、耐磨性能、耐盐雾性能、耐湿热性能、耐霉菌性能应满足 GB/T 13306—1991 的相关要求。标牌的性能要求亦可由供需双方协商确定。

4.2 标牌胶带粘贴的性能要求

4.2.1 剥离强度

经供需双方协商,可通过 180°剥离强度或 90°剥离强度(任选其一)对胶带的剥离强度性能进行评价。

4.2.1.1 初粘时剥离强度

经 5.2.3.3 试验后,180°剥离强度应大于等于 5 N/cm,90°剥离强度应大于等于 4 N/cm。

4.2.1.2 标准环境下剥离强度

经 5.2.3.4 试验后,180°剥离强度应大于等于 10 N/cm,90°剥离强度应大于等于 8 N/cm。

4.2.1.3 高温下剥离强度

经 5.2.3.5 试验后,180°剥离强度应大于等于 4 N/cm,90°剥离强度应大于等于 3 N/cm。

4.2.1.4 热老化后剥离强度

经 5.2.3.6 试验后,180°剥离强度应大于等于 8 N/cm,90°剥离强度应大于等于 8 N/cm。

4.2.1.5 温水老化后剥离强度

经 5.2.3.7 试验后,180°剥离强度应大于等于 8 N/cm,90°剥离强度应大于等于 8 N/cm。

4.2.1.6 循环老化后剥离强度

经 5.2.3.8 试验后,180°剥离强度应大于等于 10 N/cm,90°剥离强度应大于等于 8 N/cm。

4.2.1.7 耐湿老化后剥离强度

经 5.2.3.9 试验后,180°剥离强度应满足大于等于 8 N/cm,90°剥离强度应大于等于 8 N/cm。

4.2.2 拉拔力性能

经 5.2.4 试验后,拉拔力应大于等于 125 N。

4.2.3 动态剪切强度

4.2.3.1 初粘时动态剪切强度

经 5.2.5.1 试验后,动态剪切强度应大于等于 20 N/cm^2。

4.2.3.2 标准环境下动态剪切强度

经5.2.5.2试验后,动态剪切强度应大于等于30 N/cm²。

4.2.3.3 高温下动态剪切强度

经5.2.5.3试验后,动态剪切强度应大于等于20 N/cm²。

4.2.3.4 热老化后动态剪切强度

经5.2.5.4试验后,动态剪切强度应大于等于40 N/cm²。

4.2.3.5 温水老化后动态剪切强度

经5.2.5.5试验后,动态剪切强度应大于等于30 N/cm²。

4.2.3.6 循环老化后动态剪切强度

经5.2.5.6试验后,动态剪切强度应大于等于30 N/cm²。

4.2.3.7 挡风玻璃洗涤剂老化后动态剪切强度

经5.2.5.7试验后,动态剪切强度应大于等于40 N/cm²。

4.2.4 静态剪切强度

经5.2.6试验后,静态保持时间应大于等于10 000 min。

4.3 标签的性能要求

4.3.1 一般要求

4.3.1.1 180°剥离强度

经5.3.2试验后,180°剥离强度均应大于等于4.4 N/cm。

4.3.1.2 耐磨损性能

经5.3.3试验后,标签应外观完好;无粘接分离现象;无磨损;与试验前样品相比表面没有变化;经供需双方协商,允许有轻微的色彩变化;如果标签上有条形码,试验后条形码应可读。

4.3.1.3 耐液体性能

经5.3.4试验后,标签应外观完好;无粘接分离现象;与试验前样品相比表面没有变化;经供需双方协商,允许有轻微的色彩变化;如果标签上有条形码,试验后条形码应可读。

4.3.1.4 耐湿性能

经5.3.5试验后,标签应外观完好;无粘接分离现象;与试验前样品相比表面没有变化;经供需双方协商,允许有轻微的色彩变化;如果标签上有条形码,试验后条形码应可读。

4.3.1.5 热循环性能

经5.3.6试验后,标签应外观完好;无粘接分离现象;与试验前样品相比表面没有变化;经供需双方协商,允许有轻微的色彩变化;如果标签上有条形码,试验后条形码应可读。

4.3.1.6 热老化性能

经5.3.7试验后,标签应外观完好;无粘接分离现象;与试验前样品相比表面没有变化;经供需双方协商,允许有轻微的色彩变化;如果标签上有条形码,试验后条形码应可读。

4.3.1.7 色牢度性能

经5.3.8试验后,标签产生的色差至少应达到GB/T 250—2008规定的灰色样卡4级的要求。

4.3.1.8 人工气候加速老化性能

经5.3.9试验后,标签应外观完好;无粘接分离现象;与试验前样品相比表面没有变化;经供需双方协商,允许有轻微的色彩变化;如果标签上有条形码,试验后条形码应可读。

4.3.1.9 阻燃特性

经5.3.10试验后,燃烧速度应小于100 mm/min。

4.3.2 附加要求

对于需要具有防篡改性能的标签应满足4.3.2.1的要求,对于需要具有防伪性能的标签应满足4.3.2.2的要求。

4.3.2.1 **防篡改性能**

4.3.2.1.1 标签的清除应采用如下方式：

a) 通过撕毁标签或使标签上的信息不可辨认，导致标签的自毁；

b) 可辨认地改变粘贴标签的部件区域的外观，保留标签的残余部分或粘合剂，以便于检查者得到原先存在标签的证据。

4.3.2.1.2 标签信息的更改必须留下原始信息的痕迹，或者标签材料的外观有明显的改变。

4.3.2.2 **防伪性能**

4.3.2.2.1 标签应防伪造。

4.3.2.2.2 标签材料应包含有制造商的标识或一些其他独特标识，该标识的更改或消除应能可辨认地改变标签的外观。

5 标牌和标签的试验方法

5.1 标牌的试验方法

按照 GB/T 13306—1991 的规定进行试验。

5.2 标牌胶带粘贴的试验方法

5.2.1 试验环境

在未特殊定义的情况下，所有试验需在标准环境(23 ℃±2 ℃，50%±5% RH)下进行，同时试验胶带和测试板在标准环境下放置 4 h 后再进行粘贴。

5.2.2 样品制备

测试板：长度为 125 mm±1 mm，宽度为 50 mm±1 mm，厚度 1.5 mm～2.0 mm，测试板材质为 GB/T 3280—2007 规定的 1Cr18Ni9Ti(SUS304)。供需双方协商亦可选取标牌实际粘贴的车辆部位外侧油漆板或电镀板作为测试板。在胶带粘贴在测试板之前，需要用脱脂纱布和清洁剂清洁测试板表面。

胶带：胶带尺寸参照不同试验的具体要求，每个试验需要至少制作 3 个样品，试验结果为各样品试验结果的平均值。测试用的胶带是一侧覆有隔离纸的成卷的双面胶带，没有隔离纸的一侧称为敞开面，敞开面是粘贴到标牌上的一侧。而把覆有隔离纸另一侧称为覆盖面，覆盖面是贴到车体或电镀件表面的一侧。

5.2.3 剥离强度试验

5.2.3.1 **180°剥离强度试验**

在标准环境下，制备宽 25 mm，长 200 mm 的胶带样品。为保证胶带在剥离时不被拉伸变形，需在胶带的敞开面上贴附厚度为 20 μm～60 μm 聚酯薄膜。同时为确保聚酯薄膜与胶带的粘贴强度，在贴附聚酯薄膜前，先把底涂剂涂布在聚酯薄膜的粘接表面，并在底涂剂干燥后再在胶带上贴附聚酯薄膜。

将贴附有聚酯薄膜的胶带的覆盖面粘附在测试板上，然后用 2 kg 的压辊以 300 mm/min 的速度在其表面辊压一个往复，确保胶带粘贴完全。

在 5.2.3.3 至 5.2.3.9 的不同试验条件下，将试验样品的自由端对折 180°，并从测试板上剥离 25 mm 的试验样品，把试验样品的自由端和测试板分别夹在拉力试验机的上、下夹持器上，应使剥离面与拉力试验机力线保持一致。拉力试验机以 300 mm/min 的剥离速度连续剥离胶带，通过自动记录仪绘出剥离曲线，剥离曲线的前 20 mm 的测量数值不计，记录剥离曲线的 20 mm～80 mm 间的测量数值，(见图 1)。

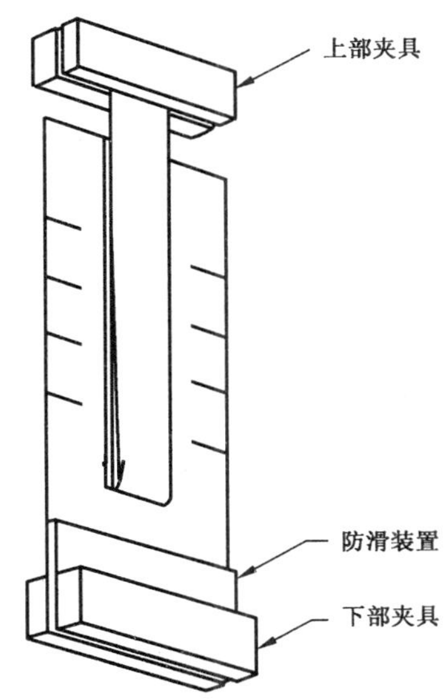

图 1　180°剥离强度试验示意图

5.2.3.2　90°剥离强度试验

在标准环境下，制备宽 25 mm，长 200 mm 的胶带样品。为保证胶带在剥离时不被拉伸变形，需在胶带的敞开面上贴附厚度为 20 μm～60 μm 聚酯薄膜。同时为确保聚酯薄膜与胶带的粘贴强度，在贴附聚酯薄膜前，先把底涂剂涂布在聚酯薄膜的粘接表面，并在底涂剂干燥后再在胶带上贴附聚酯薄膜。

将贴附有聚酯薄膜的胶带的覆盖面粘附在测试板上，然后用 2 kg 的压辊以 300 mm/min 的速度在其表面辊压一个往复，确保胶带粘贴完全。

在 5.2.3.3 至 5.2.3.9 的不同试验条件下，将试验样品的自由端对折 90°，并从测试板上剥离覆盖面 25 mm，把试验样品的自由端和测试板分别夹在拉力试验机的上、下夹持器上。应使剥离面与拉力试验机力线保持一致。拉力试验机以 300 mm/min 的剥离速度连续剥离胶带，通过自动记录仪绘出剥离曲线，剥离曲线的前 20 mm 的测量数值不计，记录剥离曲线的 20 mm～80 mm 间的测量数值。(见图 2)。

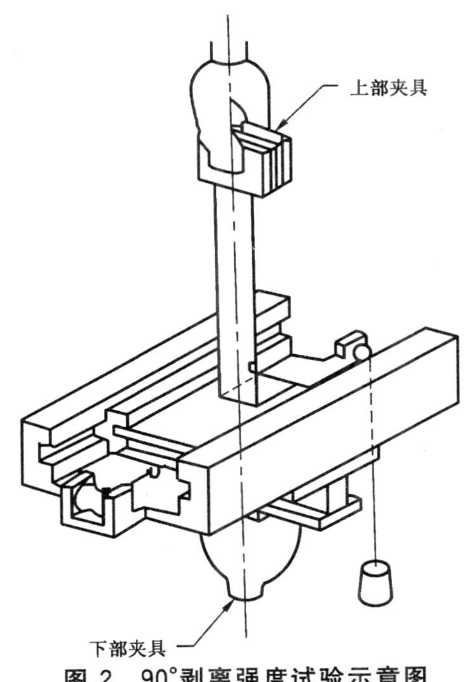

图 2　90°剥离强度试验示意图

5.2.3.3 初粘时剥离强度试验

样品制备粘贴完成后，将试验样品放置在标准环境下 20 min 后，按照 5.2.3.1 或 5.2.3.2 所述的试验方法进行试验。

5.2.3.4 标准环境下剥离强度试验

将试验样品放置在标准环境下 72 h 后，按照 5.2.3.1 或 5.2.3.2 所述的试验方法进行试验。

5.2.3.5 高温下剥离强度试验

将试验样品放置在标准环境下 24 h 后，按照 5.2.3.1 或 5.2.3.2 所述的试验方法在温度为 80 ℃±2 ℃ 的条件下进行试验。

5.2.3.6 热老化后剥离强度试验

将试验样品放置在标准环境下 24 h 后，将其放置在 80 ℃±2 ℃的老化箱内 240 h，老化完成后，将样品放置在标准环境下 24 h。按照 5.2.3.1 或 5.2.3.2 所述的试验方法进行试验。

5.2.3.7 温水老化后剥离强度试验

将试验样品放置在标准环境下 24 h 后，将其浸入 40 ℃±2 ℃的水浴槽中 240 h，在老化结束后，将表面水分彻底擦除，并在标准环境下放置 24 h 后，按照 5.2.3.1 或 5.2.3.2 所述的试验方法进行试验。

5.2.3.8 循环老化后剥离强度试验

将试验样品放置在标准环境下 24 h 后，将试验样品放置在循环老化箱内，按如下温度循环进行老化试验：

a) 在−30 ℃的条件下，放置 17 h；

b) 在 70 ℃的条件下，放置 72 h；

c) 在 38 ℃、100% RH 的条件下，放置 24 h；

d) 在−30 ℃的条件下，放置 7 h；

e) 在 38 ℃、100% RH 的条件下，放置 17 h；

f) 在 70 ℃的条件下，放置 7 h。

在老化完成后，将试验样品放置在标准环境下 24 h 后，按照 5.2.3.1 或 5.2.3.2 所述的试验方法进行试验。

5.2.3.9 耐湿老化后剥离强度试验

将试验样品放置在标准环境下 24 h 后，将试验样品放入 38 ℃±2 ℃、95% RH 老化箱内 240 h，老化结束后，将样品放置在标准环境下 24 h 后，按照 5.2.3.1 或 5.2.3.2 所述的试验方法进行试验。

5.2.4 拉拔力性能试验

在标准环境下，制备宽 12.5 mm，长 25 mm 的胶带和铝块。

将胶带不带隔离纸的一侧粘贴到铝块上，然后用 2 kg 的压辊以 300 mm/min 的速度在其表面辊压一个往复，确保胶带粘贴完全。然后将另一侧的隔离纸撕去并粘贴在测试板上（见图 3）。在标准环境下放置 72 h 后，然后以 60 mm/min 的拉伸速度拉拔铝块，测量铝块被拔落时最大的拉力。

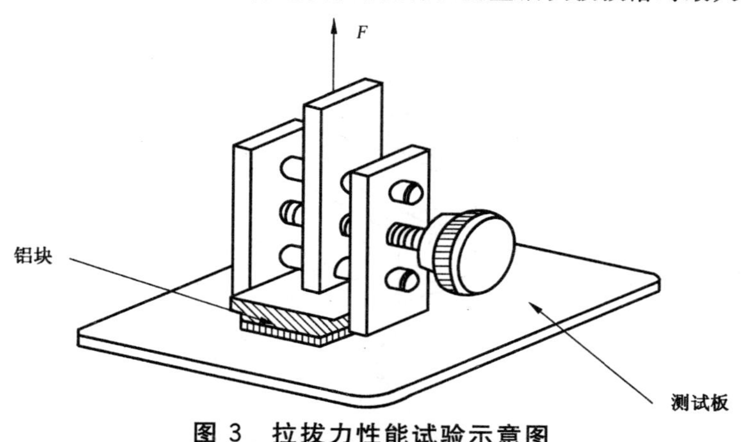

图 3 拉拔力性能试验示意图

5.2.5 **动态剪切强度试验**

在标准环境下，制备宽 25 mm，长 25 mm 的胶带样品。

将胶带粘贴到测试板上，然后用 2 kg 的压辊以 300 mm/min 的速度在其表面辊压一个往复，确保胶带粘贴完全。在 5.2.5.1 至 5.2.5.7 的不同试验条件下，以 50 mm/min 的拉伸速度拉伸测试板，测量两板在脱离时的粘贴强度(见图 4)。

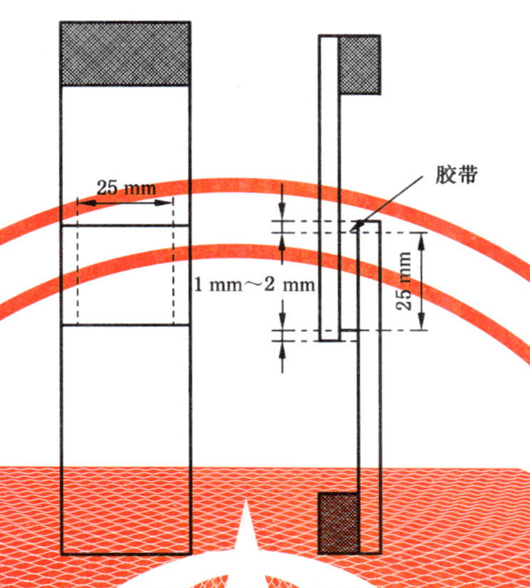

图 4 动态剪切强度试验示意图

5.2.5.1 **初粘时动态剪切强度试验**

样品制备粘贴完成后，将试验样品放置在标准环境下 20 min 后，按照 5.2.5 所述的试验方法进行试验。

5.2.5.2 **标准环境下动态剪切强度**

将试验样品放置在标准环境下 72 h 后，按照 5.2.5 所述的试验方法进行试验。

5.2.5.3 **高温下动态剪切强度**

将试验样品放置在标准环境下 24 h 后，按照 5.2.5 所述的试验方法在温度为 80 ℃±2 ℃的条件下进行试验。

5.2.5.4 **热老化后动态剪切强度试验**

将试验样品放置在标准环境下 24 h 后，将其放置在 80 ℃±2 ℃的老化箱内 240 h，老化完成后，将样品放置在标准环境下 24 h。然后按照 5.2.5 所述的试验方法进行试验。

5.2.5.5 **温水老化后动态剪切强度试验**

将试验样品放置在标准环境下 24 h 后，将其浸入 40 ℃±2 ℃的水浴槽中 240 h，在老化结束后，将表面水分彻底擦除，并在标准环境下放置 24 h 后，按照 5.2.5 所述的试验方法进行试验。

5.2.5.6 **循环老化后动态剪切强度试验**

将试验样品放置在标准环境下 24 h 后，将试验样品放置在循环老化箱内，按如下温度循环进行老化试验：

a) 在－30 ℃的条件下，放置 17 h；
b) 在 70 ℃的条件下，放置 72 h；
c) 在 38 ℃、100% RH 的条件下，放置 24 h；
d) 在－30 ℃的条件下，放置 7 h；
e) 在 38 ℃、100% RH 的条件下，放置 17 h；
f) 在 70 ℃的条件下，放置 7 h。

在老化完成后，将试验样品放置在标准环境下 24 h 后，按照 5.2.5 所述的试验方法进行试验。

5.2.5.7 挡风玻璃洗涤剂老化后动态剪切强度试验

在清水中加入如下试剂：

a) 20%(体积比)的乙醇(纯度为95%,含1%的丁醇)；

b) 10%(体积比)的异丙醇(纯度>98%)；

c) 0.09%(质量比)的十二烷基硫酸钠(SDS,纯度为95%)；

d) 0.6%(质量比)的乙二醇(纯度>98%)。

在标准环境下把制备好的试验样品完全浸入以上溶液中,浸泡30 min后在标准环境下放置2 h,按照5.2.5所述的试验方法进行试验。

5.2.6 静态剪切强度试验

在标准环境下,制备宽25 mm,长25 mm的胶带样品。

将胶带粘贴到测试板上,然后用2 kg的压辊以300 mm/min的速度在其表面辊压一个往复,确保胶带粘贴完全。然后在标准环境下放置72 h后,在其垂直方向的下端施加2 kg的重物,测量两测试板的脱离时间(见图5)。

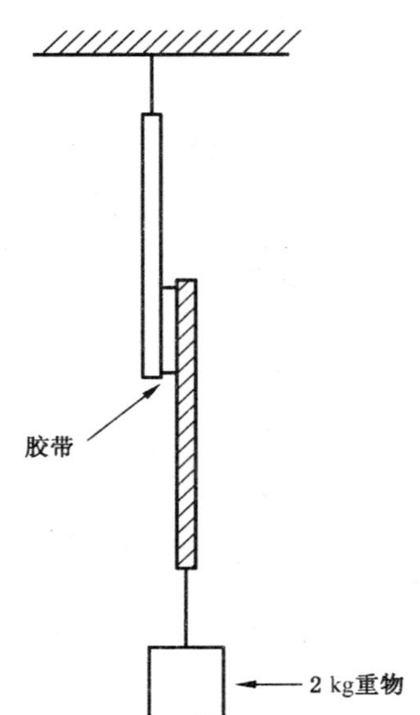

图5 静态剪切强度试验示意图

5.3 标签的试验方法

5.3.1 试验准备

除耐磨损试验外,所有的标签都应粘贴在测试板(测试板材质为GB/T 3280规定的1Cr18Ni9Ti)或实际使用表面上进行试验。在标签粘贴之前,需要用脱脂纱布和清洁剂清洁测试板表面。

在未特殊定义的情况下,试验用标签应选用车辆上实际使用的标签,测试板的尺寸应与试验用标签相匹配。

将标签粘贴在测试板上,然后用2 kg的压辊以300 mm/min的速度在其表面辊压一个往复,确保标签粘贴完全。在进行试验之前,准备好的试验样品应在标准环境(23 ℃±2 ℃、50%±5% RH)条件下存放至少24 h。每个试验需要至少制作3个试验样品,试验结果为各样品试验结果的平均值。

5.3.2 180°剥离强度试验

在标准环境下,制备宽25 mm,长200 mm的标签样品。将标签粘贴在测试板(长度为125 mm±1 mm,宽度为50 mm±1 mm,厚度1.5 mm～2.0 mm)上,然后用2 kg的压辊以300 mm/min的速度在其表面辊压一个往复,确保标签粘贴完全。

在下述试验条件下：

a) 标准环境下存放 24 h；

b) 在耐湿试验(5.3.5)后，在标准环境下存放 1 h；

c) 在热循环测试(5.3.6)以后，在标准环境下存放 1 h。

将试验样品的自由端对折 180°，并从测试板上剥离 25 mm 的试验样品，把试验样品的自由端和测试板分别夹在拉力试验机的上、下夹持器上，应使剥离面与拉力试验机力线保持一致。拉力试验机以 300 mm/min 的剥离速度连续剥离胶带，通过自动记录仪绘出剥离曲线，剥离曲线的前 20 mm 的测量数值不计，记录剥离曲线的 20 mm～80 mm 间的测量数值。

180°剥离强度试验不适用于具有 4.3.2.1.1 中 a)的特性的标签。

5.3.3 耐磨损试验

使用 CS-10 号砂轮，通过 Taber 磨损试验机，在 500 g 负载下，进行下述磨损循环：

a) A、C、D、E 类标签应进行 100 个磨损循环；

b) B 类标签应进行 300 个磨损循环。

所有参与磨损试验的标签均应被粘接到由 Taber 磨损试验机的制造者所提供的共同的纸板基体上。

5.3.4 耐液体试验

5.3.4.1 耐清洁剂试验

在标准环境下，将试验样品垂直浸没在 2%的清洁剂水溶液中，保持 4 h±0.5 h，取出试验样品，用棉布擦净，目测。

5.3.4.2 耐发动机油试验

在标准环境下，将试验样品垂直浸没在 120 ℃发动机油中，保持 4 h±0.5 h，取出试验样品，用棉布擦净，目测。

耐发动机油试验仅适用于 A 类标签。

5.3.4.3 耐风挡玻璃清洗液试验

在标准环境下，将试验样品垂直浸没在风挡玻璃清洗液中，保持 4 h±0.5 h，取出试验样品，用棉布擦净，目测。

耐风挡玻璃清洗液试验仅适用于 A 类、B 类、C 类标签。

5.3.4.4 耐制动液试验

在标准环境下，将试验样品垂直浸没在制动液中，保持 4 h±0.5 h，取出试验样品，用棉布擦净，目测。

耐制动液试验仅适用于 A 类标签。

5.3.4.5 耐燃料试验

在标准环境下，将试验样品垂直浸没在燃料(汽油、柴油、乙醇汽油 E85——85%乙醇及 15%的汽油)中保持 10 s±1 s，取出干燥 20 s±1 s，上述为一循环，共进行 10 个循环。10 个循环后，在标准环境下垂直放置 1 h，目测。

耐燃料试验仅适用于 A 类、B 类标签和 C 类标签中粘贴在燃料容器上的标签。

5.3.4.6 耐酸试验

在标准环境下放置 72 h 后，使用滴管用电池硫酸溶液(比重为 1.28)将全部标签与被粘贴测试板间边缘和标签部分表面浸湿，以 24 h 为时间间隔重复此浸湿程序 7 天，目测。

耐酸试验仅适用于 A 类标签中粘贴在蓄电池的标签。

5.3.5 耐湿试验

将试验样品放置于 40 ℃±2 ℃、100% RH 的老化箱内 144 h。

试验后，在标准环境下存放 1 h，目测。

5.3.6 热循环试验

持续暴露在下述5个循环[从a)至d)代表1个循环]:

a) 对于A类和粘贴在仪表板和后窗台板的D类标签,在120 ℃条件下暴露30 min;对于粘贴在除仪表板和后窗台板以外的D类标签、B类、C类、E类标签,在80 ℃条件下暴露30 min;

b) 在23 ℃±2 ℃、50%±5% RH的条件下,暴露15 min;

c) 在-30 ℃条件下,暴露30 min;

d) 在23 ℃±2 ℃、50%±5% RH的条件下,暴露15 min。

试验后,在标准环境下存放1 h,目测。

5.3.7 热老化试验

暴露在下述温度条件的老化箱7天:

a) 对于A类和粘贴在仪表板和后窗台板的D类标签,温度为120 ℃;

b) 对于粘贴在除仪表板和后窗台板以外的D类标签、B类、C类、E类标签,温度为80 ℃。

试验后,在标准环境下存放1 h,目测。

5.3.8 色牢度试验

将试验样品放入老化箱内,老化箱采用氙灯作为光源,试验样品正面受到波长为300 nm~400 nm光线的辐射,其辐射强度为45 W/m^2~60 W/m^2。测试样品所受累积辐射能量应达到28 MJ/m^2。在试验过程中,老化箱湿度为0~20% RH,黑板温度为100 ℃±3 ℃。

色牢度试验仅适用于D类标签。

5.3.9 人工气候加速老化试验

将试验样品放入老化箱内,老化箱采用氙灯作为光源,试验样品正面受到波长为340 nm光线的辐射,其辐射强度为0.27 W/m^2,测试样品所受累积辐射能量应达到1 944 kJ/m^2。在试验过程中,按照光照17 min、光照并且喷水3 min的循环,采用连续光照,黑板温度为63 ℃±3 ℃。

试验后,在标准环境下存放1 h,目测。

人工气候加速老化试验仅适用于B类标签。

5.3.10 阻燃特性试验

将标签粘贴在实际使用表面上,按照GB 8410—2006的规定进行试验。

阻燃特性试验仅适用于D类和E类标签中粘贴在GB 8410—2006规定的汽车内饰件上的标签。

ICS 43.020
R 80

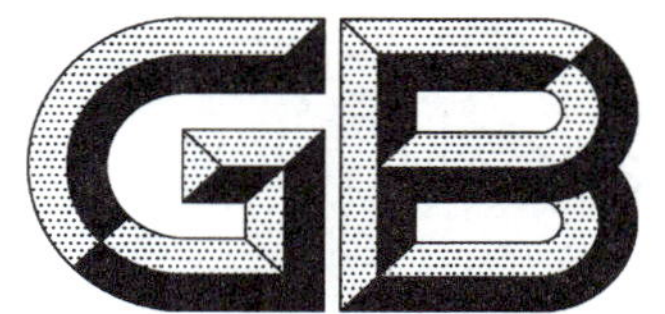

中华人民共和国国家标准

GB/T 26765—2011

机动车安全技术检验业务信息系统及联网规范

Specifications for power-driven vehicle safety inspection business information system and networking

2011-07-20 发布　　2012-02-01 实施

中华人民共和国国家质量监督检验检疫总局
中国国家标准化管理委员会　发布

前　言

本标准按照 GB/T 1.1—2009 给出的规则起草。

本标准由中华人民共和国国家质量监督检验检疫总局提出。

本标准由中华人民共和国国家质量监督检验检疫总局产品质量监督司归口。

本标准负责起草单位:公安部交通管理科学研究所。

本标准参加起草单位:深圳市安车检测技术有限公司、成都成保股份有限公司、石家庄华燕交通科技有限公司、深圳市公安局交通警察支队车辆管理所。

本标准主要起草人:孙正良、张捷、吴晓东、包勇强、黄金、是建荣、罗伟国、潘康、贺宪宁、高建国、郝庆温、沈继春。

机动车安全技术检验业务信息系统及联网规范

1 范围

本标准规定了机动车安全技术检验业务信息系统的检验业务办理、检验过程控制、检验过程监控、系统管理等模块功能要求和联网技术要求。

本标准适用于机动车安全技术检验机构的机动车安全技术检验业务信息系统的开发、建设和应用。

2 规范性引用文件

下列文件对于本文件的应用是必不可少的。凡是注日期的引用文件,仅注日期的版本适用于本文件。凡是不注日期的引用文件,其最新版本(包括所有的修改单)适用于本文件。

GB 7258 机动车运行安全技术条件

GB 14050 系统接地的型式及安全技术要求

GB/T 20271 信息安全技术 信息系统通用安全技术要求

GB 21861 机动车安全技术检验项目和方法

GA 24.2 机动车登记信息代码 第2部分:定期检验情况代码

GA 24.7 机动车登记信息代码 第7部分:号牌种类代码

GA 24.8 机动车登记信息代码 第8部分:车身颜色基本色调代码

GA 24.9 机动车登记信息代码 第9部分:燃料(能源)种类代码

GA 36 中华人民共和国机动车号牌

GA/T 134 机动车安全检测站条件

GA 329.2 全国道路交通管理信息数据库规范 第2部分:机动车登记信息数据结构

GA 380 全国公安机关机构代码编制规则

GA 408.1 道路交通违法管理信息代码 第1部分:交通违法行为分类与代码

GA/T 708 信息安全技术 信息系统安全等级保护体系框架

GA 801 机动车查验工作规程

GA 811 机动车检验合格标志

ISO/IEC 15444.1 信息技术 JPEG 2000图像编码系统:核心编码系统(Information technology—JPEG 2000 image coding system:Core coding system)

IEEE 802.3 信息技术标准 系统间通信和信息交换 局域和城域网 专门要求 第3部分:带碰撞探测的载波侦听多通路访问(CSMA/CD)访问方法和物理层规范(Standard for Information Technology—Telecommunications and Information Exchange Between Systems—Local and Metropolitan Area Networks—Specific Requirements—Part 3:Carrier Sense Multiple Access with Collision Detection (CSMA/CD) Access Method and Physical Layer Specifications)

IEEE 802.11 信息技术标准 系统间的远程通讯和信息交换 局域网和城域网 特殊要求 第11部分:无线局域网媒体访问控制(MAC)和物理层(PHY)规范(Standard for Information Technology—Telecommunications and Information Exchange Between Systems—Local and Metropolitan Area Networks—Specific Requirements—Part 11:Wireless LAN Medium Access Control (MAC) and Physical Layer (PHY) Specifications)

3 术语和定义

下列术语和定义适用于本文件。

3.1

工位 station

检验通道上的一段可以容纳一辆受检机动车进行一个或多个项目检验的区域。

3.2

工位控制计算机 station computer

控制一个或多个工位的检验设备进行检验的计算机。

3.3

总控计算机 center computer

与工位控制计算机连接,对机动车安全技术检验业务过程进行总体控制的计算机。

3.4

检验业务信息系统 inspection business information system

对机动车安全技术检验业务全过程进行管理的信息系统,由检验业务办理、检验过程控制、检验过程监控和系统管理等四个模块组成。

3.4.1

检验业务办理模块 inspection business transact module

具有检验业务信息登录、联网查询、检验结果处理、机动车外观远程查验信息采集和数据交换等功能的模块。

3.4.2

检验过程控制模块 inspection process control module

具有控制检验设备进行项目检验、检验设备校准、检验结果数据存储等功能的模块。

3.4.3

检验过程监控模块 inspection process monitoring module

具有机动车安全技术检验过程视频监控和图片监控等功能的模块。

3.4.4

系统管理模块 system manager module

具有检验业务信息系统用户管理、参数管理、日志记录、内部查询和统计分析等功能的模块。

3.5

一般故障 general failure

需要重新启动检验业务信息系统部分软/硬件并在 30 min 内能恢复正常工作的故障。

3.6

重大故障 major failure

任何导致机动车安全技术检验工作停顿 30 min 以上的软/硬件故障。

4 检验业务信息系统架构

检验业务信息系统总体架构见图 1。检验业务信息系统通过规定的接口,与行政管理部门信息系统实现机动车注册登记、机动车交通违法、机动车检验结果、机动车安全技术检验图片、机动车安全技术检验机构信息、机动车交通事故责任强制保险等信息的交换。其中,检验过程监控模块用于传输机动车安全技术检验过程监控视频信息到行政管理部门信息系统;检验过程控制模块用于控制检验设备完成项目检验,获取并存储检验结果数据。

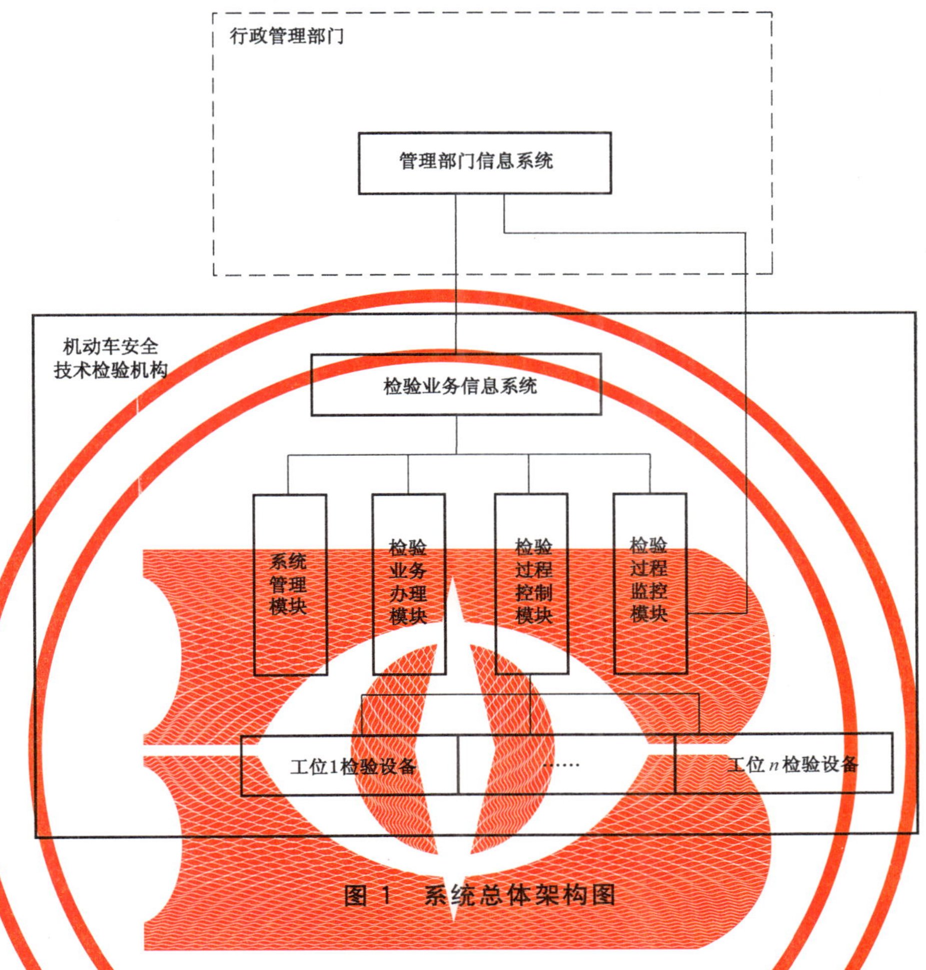

图1 系统总体架构图

5 检验业务信息系统运行基本要求

5.1 网络

采用基于IEEE 802.3标准的快速以太网或基于IEEE 802.11标准的无线通信网络。

5.2 操作系统

采用Windows、Unix操作系统或专用系统。

5.3 数据库管理系统软件

数据库管理系统软件应满足以下要求:

a) 应支持SQL和ODBC两种工业标准;

b) 应具有C2级安全性。

5.4 其他

检验业务信息系统运行还应满足以下要求:

a) 检验业务信息系统采集的所有数据应存储到机动车安全技术检验机构,数据保存时间不得小于 2 年；

b） 检验业务信息系统每年发生的一般故障不得多于 12 次；

c） 检验业务信息系统每年发生的重大故障不得多于 4 次。

6 检验业务信息系统功能要求

6.1 检验业务办理模块

6.1.1 功能

检验业务办理模块应包括以下功能：

a） 信息登录；

b） 联网查询；

c） 检验结果处理；

d） 机动车外观远程查验信息采集。

6.1.2 信息登录

检验业务办理模块应具有以下检验业务信息登录功能：

a） 机动车技术参数、检验类别、检验项目和检验人员等信息录入功能，能够随机分配引车员、外检员等检验人员。录入信息的数据格式见表 A.1。

b） 机动车交通事故责任强制保险单信息录入功能。录入信息的数据结构见表 B.3。

c） 宜具备机动车号牌自动识别功能。同时，提供机动车号牌自动识别结果人工修改功能，并记录人工修改操作日志。

6.1.3 联网查询

检验业务办理模块应具有以下联网查询功能：

a） 机动车登记信息联网查询功能。对已注册登记的检验机动车，能够通过附录 D 中机动车注册信息关联接口，从行政管理部门获取机动车登记信息。

b） 机动车道路交通违法信息联网查询功能。对已注册登记的检验机动车，能够通过附录 D 中机动车道路交通违法信息查询接口，从行政管理部门确认机动车有无尚未处理完毕的道路交通违法行为。

c） 缺陷机动车召回信息查询功能。能够通过附录 D 中缺陷机动车信息查询接口，从行政管理部门确认机动车是否属于缺陷召回机动车，对属于缺陷召回机动车的，获取缺陷召回原因。

6.1.4 检验结果处理

检验业务办理模块应具有以下检验结果处理功能：

a） 路试结果录入功能。录入信息存储数据格式见表 A.5。

b） 检验结果自动判定功能。能够按照 GB 7258、GB 21861 和 GA 801 要求，对每个检验项目的检验结果自动进行合格性判定。

c） 检验结果自动判定信息上传功能。能够通过附录 B 中的机动车单项检验结果上传接口，实时将机动车每个检验项目的检验结果判定信息上传到行政管理部门。

d） 检验结果总体判定信息上传功能。全部检验项目完成、授权签字人签署总体判定意见后，能够通过附录 B 中的机动车安全技术检验判定结果上传接口，实时将检验结果总体判定信息上传到行政管理部门。

e) 机动车安全技术检验报告单打印功能。全部检验项目完成后，能够打印符合 GB 21861 要求的机动车安全技术检验报告单。同时，应在机动车安全技术检验报告单右上角增加打印包含号牌号码、号牌种类等信息的一维条码。

f) 机动车检验合格标志打印功能。代办核发检验合格标志的，应使用专用打印机和计算机设备打印符合 GA 811 要求的机动车检验合格标志。

g) 检验结果详细信息和制动力检验曲线信息上传功能。能够通过附录 B 中的机动车安全技术检验结果上传接口和机动车安全技术检验制动力曲线上传接口，实时将每个检验项目的检验结果详细信息和制动力检验曲线信息上传到行政管理部门。

h) 机动车交通事故责任强制保险信息上传功能。能够通过附录 B 中的机动车交通事故责任强制保险记录上传接口，将机动车交通事故责任强制保险信息上传到行政管理部门。

i) 机动车安全技术检验资料图片采集功能。机动车安全技术检验总体判定合格后，能够人工采集机动车行驶证、机动车牌证申请表(申请检验合格标志)、机动车交通事故责任强制保险凭证、机动车安全技术检验报告单和查验单等凭证的图片信息，并通过附录 B 中的机动车安全技术检验图片上传接口把信息上传到行政管理部门。图片采用符合 ISO/IEC 15444.1 编码要求的 JPEG 格式，图片存储数据结构见表 A.4。

6.1.5 机动车外观远程查验图片采集

检验业务办理模块应具有机动车外观远程查验图片采集功能。按照附录 E 要求采集机动车外观远程查验图片，并通过附录 B 中的机动车安全技术检验图片上传接口，把机动车外观远程查验图片上传到行政管理部门。图片采用符合 ISO/IEC 15444.1 编码要求的 JPEG 格式，图片存储数据结构见表A.4。

6.2 检验过程控制模块

6.2.1 功能

检验过程控制模块应包括以下功能：

a) 项目检验；

b) 系统校准。

6.2.2 项目检验

检验过程控制模块应具有以下项目检验功能：

a) 检验设备控制功能。能够控制检验设备进入检验工况，并通过指示器引导检验人员完成相关检验项目的检验工作。控制过程中不应改变检验设备的测试原理、分辨力、测量数据的有效位数和检验结果数据。检验项目和检验方法应符合 GB 21861 要求。

b) 检验结果数据自动采集功能。能够采集测量对象有效状态的全过程数据，但不提供人工输入或修改检验结果的功能。对于模拟量输出检验设备，能够自动去除零点漂移对检验结果造成的误差。在采集制动力曲线信息时，采集点时间间隔不大于 10 ms，左右轮制动力采集点同步误差不超过 0.5 ms，制动力曲线信息存储数据结构见表 A.3。

c) 标准的检验结果数据自动换算功能。能够将采集到检验结果数据按照 GB 7258、GB 21861 和 GA 801 要求自动换算成标准的检验结果数据。

d) 人工检验结果输入功能。能够输入外观检验、底盘动态检验和底盘检查等人工检验项目的检验结果。

6.2.3 系统校准

检验过程控制模块应具有对检验设备进行系统校准的功能。对模拟量输出检验设备进行校准时，能够显示检验设备各模拟输入通道的零点输出、AD值和校准值；对数字量输出检验设备进行校准时，能够显示检验设备的检验结果数字值。

6.3 检验过程监控模块

6.3.1 功能

检验过程监控模块包括以下功能模块：

a) 视频监控；

b) 图片监控。

6.3.2 视频监控

检验过程监控模块应具有以下视频监控功能：

a) 检验过程视频实时采集功能。能够通过视频监控制设备实时采集各工位在检机动车的检验过程视频信息。视频清晰度应能满足人工认定各工位检验过程的要求。

b) 机动车外观查验视频实时采集功能。能够通过视频监控设备实时采集检验员对机动车进行外观查验过程的视频信息。视频清晰度应能满足人工认定机动车外观查验过程和查验部位拍摄过程的要求。

c) 检验合格标志打印视频实时采集功能。具有检验合格标志打印功能的，能够实时采集检验合格标志打印过程的视频信息。视频清晰度应能满足人工认定打印过程的要求。

d) 监控视频上传功能。能够将监控信息实时上传到行政管理部门。

6.3.3 图片监控

检验过程监控模块应具有以下图片监控功能。监控图片采用符合 ISO/IEC 15444.1 编码要求的JPEG格式，图片存储数据结构见表A.4。

a) 灯光检验和制动检验图片自动采集功能。在灯光检验时，应具有在检机动车左前方图片的自动采集功能；在制动检验时，应具有在检机动车右后方图片的自动采集功能。图片清晰度应能满足人工对机动车类型、颜色和号牌号码等进行认定的要求。

b) 机动车外观查验和查验部位拍摄的工作场景图片采集功能。图片清晰度应能满足人工对工作人员外观查验和拍摄动作、机动车类型和颜色等进行认定的要求。

c) 监控图片上传功能。能够通过附录B中的机动车安全技术检验图片上传接口将监控图片信息传送至行政管理部门。

6.4 系统管理模块

6.4.1 功能

系统管理模块应包括以下功能：

a) 用户管理；

b) 参数管理；

c) 日志记录；

d) 内部查询；

e) 统计分析。

6.4.2 用户管理

系统管理模块应具有以下用户管理功能：

a) 增加、删除和编辑检验业务信息系统管理员、信息登录员、引车员、外检员、底盘检验员、动态检验员等用户的功能；

b) 检验业务信息系统用户密码修改功能；

c) 检验业务信息系统用户权限管理功能。

6.4.3 参数管理

系统管理模块应具有以下参数管理功能：

a) 检验合格标准、系统运行等参数增加、删除和编辑功能。

b) 机动车安全技术检验机构信息增加、删除和编辑功能。机动车安全技术检验机构信息存储数据格式见表 A.6。同时，能够通过附录 B 中的机动车安全技术检验机构信息上传接口将信息上传到行政管理部门。

c) 机动车安全技术检测线检验设备等信息增加、删除和编辑功能。机动车安全技术检测线检验设备等信息存储数据格式见表 A.7。同时，能够通过附录 B 中的机动车安全技术检测线信息上传接口将信息上传到行政管理部门。

6.4.4 日志记录

系统管理模块应具有检验业务信息系统的系统管理、检验业务办理、检验设备校准等操作日志记录功能。

6.4.5 内部查询

系统管理模块应具有检验业务信息系统用户、参数、日志、检验过程等信息的查询功能。

6.4.6 统计分析

系统管理模块应具有初检机动车总数、初检合格率、上线检验总次数、分项初检次数、分项合格率、分项检验总次数、人员工作量和检验合格率等信息的统计功能。统计报表样式见附录 C。

7 检验业务信息系统资料要求

检验业务信息系统应具有以下资料：

a) 检验业务信息系统安装介质；

b) 用户手册；

c) 安装手册；

d) 软件设计文档；

e) 软件测试文档；

f) 其他必备的文件资料。

8 验证要求

8.1 验证一般要求

8.1.1 验证条件

应在符合 5.1、5.2、5.3 要求的机动车安全技术检验机构实际环境中进行验证。

8.1.2 验证设备

a) 机动车安全技术检验设备；
b) 视频监控和图片采集设备；
c) 打印设备；
d) 终端计算机；
e) 服务器；
f) 机动车。

8.1.3 验证方法

验证方法包括以下方法：

a) 演示法：通过操作检验业务信息系统，查看检验业务办理、检验过程控制、检验过程监控和系统管理等模块实际运行情况及检验数据，验证功能是否达到规定的要求；
b) 审查法：对检验业务信息系统资料进行可视化检查，以确定有关功能是否达到规定的要求；
c) 实际运行法：将通过演示法和审查法验证合格的检验业务信息系统投入实际运行，在一定周期内检查系统运行情况，以确定有关功能及稳定性是否达到规定的要求。

8.2 验证详细过程

8.2.1 检验业务办理模块

8.2.1.1 信息登录

按照以下步骤对信息登录功能进行验证，结果应符合 6.1.2 要求：

a) 对按照第 7 章要求提供的资料，采用审查法检查信息登录功能内容；
b) 采用演示法，进行机动车技术参数、检验类别、检验项目和检验人员、机动车交通事故责任强制保险单等的信息登录操作。

8.2.1.2 联网查询

按照以下步骤对联网查询功能进行验证，结果应符合 6.1.3 要求：

a) 对按照第 7 章要求提供的资料，采用审查法检查联网查询功能内容；
b) 采用演示法，在信息登录操作时，查看机动车登记信息、机动车交通违法信息和缺陷机动车召回信息联网查询结果。

8.2.1.3 检验结果处理

按照以下步骤对检验结果处理功能进行验证，结果应符合 6.1.4 要求：

a) 对按照第 7 章要求提供的资料，采用审查法检查检验结果处理功能内容；
b) 采用演示法，进行路试结果录入和机动车安全技术检验资料图片采集操作；
c) 采用演示法，在机动车安全技术检验过程中，查看检验结果自动判定、检验结果自动判定信息上传、机动车安全技术检验报告单打印、检验结果详细信息和制动力检验曲线信息上传、检验结果总体判定信息上传、机动车交通事故责任强制保险信息上传、机动车安全技术检验资料图片上传结果。

8.2.1.4 机动车外观远程查验图片采集

按照以下步骤对机动车外观远程查验图片采集功能进行验证，结果应符合 6.1.5 要求：

a) 对按照第7章要求提供的资料，采用审查法检查机动车外观远程查验图片采集功能内容；
b) 采用演示法，进行机动车外观远程查验图片采集操作；
c) 采用演示法，查看机动车外观远程查验图片上传结果。

8.2.2 检验过程控制模块

8.2.2.1 项目检验

按照以下步骤对项目检验功能进行验证，结果应符合6.2.2要求：
a) 对按照第7章要求提供的资料，采用审查法检查项目检验功能内容；
b) 采用演示法，进行机动车安全技术检验操作。

8.2.2.2 系统校准

按照以下步骤对系统校准功能进行验证，结果应符合6.2.3要求：
a) 对按照第7章要求提供的资料，采用审查法检查系统校准功能内容；
b) 采用演示法，进行检验设备系统校准操作。

8.2.3 检验过程监控模块

8.2.3.1 视频监控

按照以下步骤对视频监控功能进行验证，结果应符合6.3.2要求：
a) 对按照第7章要求提供的资料，采用审查法检查视频监控功能内容；
b) 采用演示法，在机动车安全技术检验过程中，查看检验过程、机动车外观查验视频监控采集和监控视频上传结果。

8.2.3.2 图片监控

按照以下步骤对图片监控功能进行验证，结果应符合6.3.3要求：
a) 对按照第7章要求提供的资料，采用审查法检查图片监控功能内容；
b) 采用演示法，在机动车安全技术检验过程中，查看灯光检验、制动检验、机动车外观查验和查验部位拍摄的工作场景图片采集及图片上传结果。

8.2.4 系统管理模块

8.2.4.1 用户管理

按照以下步骤对用户管理功能进行验证，结果应符合6.4.2要求：
a) 对按照第7章要求提供的资料，采用审查法检查用户管理功能内容；
b) 采用演示法，进行用户增加、用户删除、用户编辑、密码修改和权限管理等操作。

8.2.4.2 参数管理

按照以下步骤对参数管理功能进行验证，结果应符合6.4.3要求：
a) 对按照第7章要求提供的资料，采用审查法检查参数管理功能内容；
b) 采用演示法，进行检验合格标准、系统运行参数、机动车安全技术检验机构信息和检测线检验设备信息等的增加、删除和编辑操作。

8.2.4.3 日志记录

按照以下步骤对日志记录功能进行验证，结果应符合6.4.4要求：

a） 对按照第 7 章要求提供的资料，采用审查法检查日志记录功能内容；

b） 采用演示法，进行系统管理、检验业务办理、检验设备校准等操作，并查看操作日志记录信息。

8.2.4.4 内部查询

按照以下步骤对内部查询功能进行验证，结果应符合 6.4.5 要求：

a） 对按照第 7 章要求提供的资料，采用审查法检查内部查询功能内容；

b） 采用演示法，进行系统用户、参数、日志、检验过程等信息的查询操作。

8.2.4.5 统计分析

按照以下步骤对统计分析功能进行验证，结果应符合 6.4.6 要求：

a） 对按照第 7 章要求提供的资料，采用审查法检查统计分析功能内容；

b） 采用演示法，进行初检机动车总数、初检合格率、上线检验总次数、分项初检次数、分项合格率、分项检验总次数、人员工作量和检验合格率等信息的统计分析操作。

8.2.5 其他

采用实际运行法对检验业务信息系统的数据保存时间、一般故障和重大故障发生情况等进行检查，结果应符合 5.4 要求。

附 录 A
（规范性附录）
机动车安全技术检验业务信息系统数据结构

A.1 机动车安全技术检验登录信息表

机动车安全技术检验登录信息见表 A.1。

表 A.1 机动车安全技术检验登录信息

序号	名 称	类型	长度	是否可空	说 明
1	检验流水号	字符	17	可空	6 位行政区划＋YYMMDD＋5 位顺序号
2	检测线代号	字符	11	不可空	9 位安检机构许可证号＋2 位代号
3	机动车序号	字符	14	可空	
4	号牌种类	字符	2	可空	按 GA 24.7。在用车不可空
5	号牌号码	字符	15	可空	在用车不可空
6	车辆识别代号	字符	25	不可空	填写完整的 VIN 号或车架号
7	发动机/电动机号码	字符	30	可空	
8	车身颜色	字符	5	不可空	按 GA 24.8
9	使用性质	字符	1	不可空	按 GA 24.3
10	初次登记日期	日期	8	可空	按“YYYYMMDD”格式填写
11	最近定检日期	日期	8	可空	按“YYYYMMDD”格式填写
12	检验有效期止	日期	8	不可空	按“YYYYMMDD”格式填写
13	保险终止日期	日期	8	可空	按“YYYYMMDD”格式填写
14	燃料种类	字符	3	不可空	可同时输入三种，每种按 GA 24.9
15	功率	数值	5	可空	单位为千瓦(kW)，四位整数，一位小数
16	轴数	数值	1	不可空	
17	轴距	数值	5	不可空	单位为毫米(mm)
18	前轮距	数值	4	可空	单位为毫米(mm)
19	后轮距	数值	4	可空	单位为毫米(mm)
20	总质量	数值	8	不可空	单位为千克(kg)
21	整备质量	数值	8	不可空	单位为千克(kg)
22	出厂日期	日期	8	不可空	按“YYYYMMDD”格式填写
23	驱动形式(驱动轴位)	字符	5	不可空	组合串：如 1234(1 表示一轴……)
24	驻车轴数	数值	1	不可空	
25	驻车轴位	字符	5	不可空	组合串：如 1234(1 表示一轴……)
26	主轴数	数值	1	不可空	

表 A.1（续）

序号	名　称	类型	长度	是否可空	说　明
27	制动力源	字符	1	不可空	0——气压制动，1——液压制动，2——气推油制动
28	前照灯制	字符	2	不可空	01——四灯远近光，02——四灯远光，03——二灯远近光，04——二灯近光，05——一灯远光
29	远光单独调整	字符	1	不可空	0——不能单独调整，1——单独调整
30	转向轴(前轴)悬架形式	字符	1	不可空	0——独立悬架，1——非独立悬架
31	里程表读数	数值	8	不可空	单位为千米(km)
32	检验项目[a]	字符	100	不可空	
33	检验类别	字符	2	不可空	00——注册登记检验； 01——在用车检验； 02——临时检验； 03——特殊检验。对肇事车和特殊用车等的检验。
34	不合格项	字符	50	可空	
35	初次登录时间	日期	8	不可空	
36	登录时间	日期	8	不可空	
37	检验次数	数值	2	不可空	
38	登录员	字符	30	可空	
39	引车员	字符	30	可空	
40	外检员	字符	30	可空	
41	动态检验员	字符	30	可空	
42	底盘检验员	字符	30	可空	
43	收费标志	字符	1	不可空	
44	检验状态	字符	1	不可空	

[a] 检验项目说明：项目代码1项目代码2……；各项目代码为：B1——一轴制动，B2——二轴制动，B3——三轴制动，B4——四轴制动，B0——驻车制动，H1——左外灯或二三轮机动车的左灯，H2——左内灯，H3——右内灯，H4——右外灯或二三轮机动车的右灯，X1——高怠速排放，X2——怠速排放，X3——烟度，S1——车速表，A1——侧滑或二三轮汽车的轮偏，P1——功率检验，R1——路试，F1——车辆外观检验，C1——底盘检验，DC——动态底盘检验。

A.2　机动车安全技术检验结果信息表

机动车安全技术检验结果信息见表 A.2。

表 A.2 机动车安全技术检验结果信息

序号	名　　称	类型	长度	是否可空	说　　明
1	检验流水号	字符	17	可空	6位行政区划+YYMMDD+5位顺序号
2	检测线代号	字符	11	不可空	9位安检机构许可证号+2位代号
3	机动车序号	字符	14	可空	
4	号牌种类	字符	2	可空	按GA 24.7。在用车不可空
5	号牌号码	字符	15	可空	在用车不可空
6	车辆品牌	字符	32	不可空	
7	车辆型号	字符	32	不可空	
8	车辆识别代号	字符	25	不可空	填写完整的VIN号或车架号
9	发动机/电动机码	字符	30	可空	
10	机动车所有人	字符	128	不可空	
11	燃料种类	字符	3	不可空	可同时输入三种,每种按GA 24.9
12	出厂日期	日期	8	不可空	按"YYYYMMDD"格式填写
13	初次登记日期	日期	8	可空	按"YYYYMMDD"格式填写
14	驱动形式(驱动轴位)	字符	5	可空	组合串:如1234(1表示一轴……),摩托车无此参数
15	驻车轴数	字符	2	可空	摩托车无此参数
16	驻车轴位	字符	5	可空	组合串:如1234(1表示一轴……),摩托车无此参数
17	前照灯制	字符	2	不可空	01——四灯远近光,02——四灯远光,03——二灯远近光,04——二灯近光,05——一灯远光
18	前照灯远光光束能否单独调整	字符	1	不可空	0——不能,1——能
19	转向轴(前轴)悬架形式	字符	1	可空	0——独立悬架,1——非独立悬架,摩托车无此参数
20	里程表读数	数值	8	可空	
21	检验类别	字符	2	不可空	00——注册登记检验; 01——在用车检验; 02——临时检验; 03——特殊检验。对肇事车和特殊用车检验
22	检验项目	字符	100	不可空	
23	登录员	字符	30	可空	
24	引车员	字符	30	可空	
25	一轴左轮重值	数值	6	可空	单位为千克(kg)
26	一轴右轮重值	数值	6	可空	单位为千克(kg)
27	一轴求和时左制动力值	数值	6	可空	单位为daN

表 A.2（续）

序号	名　称	类型	长度	是否可空	说　明
28	一轴求和时右制动力值	数值	6	可空	单位为 daN
29	一轴求差时左制动力值	数值	6	可空	单位为 daN
30	一轴求差时右制动力值	数值	6	可空	单位为 daN
31	一轴制动率	数值	4	可空	包括一位小数(百分比)
32	一轴不平衡率	数值	4	可空	包括一位小数(百分比)
33	一轴左阻滞力值	数值	6	可空	单位为 daN
34	一轴右阻滞力值	数值	6	可空	单位为 daN
35	一轴左阻滞比值	数值	4	可空	包括一位小数(百分比)
36	一轴右阻滞比值	数值	4	可空	包括一位小数(百分比)
37	一轴制动判定	字符	1	可空	0——未检,1——合格,2——不合格
38	检验一轴制动次数	数值	2	可空	
39	二轴左轮重值	数值	6	可空	单位为千克(kg)
40	二轴右轮重值	数值	6	可空	单位为千克(kg)
41	二轴求和时左制动力值	数值	6	可空	单位为 daN
42	二轴求和时右制动力值	数值	6	可空	单位为 daN
43	二轴求差时左制动力值	数值	6	可空	单位为 daN
44	二轴求差时右制动力值	数值	6	可空	单位为 daN
45	二轴制动率	数值	4	可空	包括一位小数(百分比)
46	二轴不平衡率	数值	4	可空	包括一位小数(百分比)
47	二轴左阻滞力值	数值	6	可空	单位为 daN
48	二轴右阻滞力值	数值	6	可空	单位为 daN
49	二轴左阻滞比值	数值	4	可空	包括一位小数(百分比)
50	二轴右阻滞比值	数值	4	可空	包括一位小数(百分比)
51	二轴制动判定	字符	1	可空	0——未检,1——合格,2——不合格
52	检验二轴制动次数	数值	2	可空	
53	三轴左轮重值	数值	6	可空	单位为千克(kg)
54	三轴右轮重值	数值	6	可空	单位为千克(kg)
55	三轴求和时左制动力值	数值	6	可空	单位为 daN
56	三轴求和时右制动力值	数值	6	可空	单位为 daN
57	三轴求差时左制动力值	数值	6	可空	单位为 daN
58	三轴求差时右制动力值	数值	6	可空	单位为 daN
59	三轴制动率	数值	4	可空	包括一位小数(百分比)
60	三轴不平衡率	数值	4	可空	包括一位小数(百分比)
61	三轴左阻滞力值	数值	6	可空	单位为 daN

表 A.2（续）

序号	名　　称	类型	长度	是否可空	说　　明
62	三轴右阻滞力值	数值	6	可空	单位为 daN
63	三轴左阻滞比值	数值	4	可空	包括一位小数(百分比)
64	三轴右阻滞比值	数值	4	可空	包括一位小数(百分比)
65	三轴制动判定	字符	1	可空	0——未检,1——合格,2——不合格
66	检验三轴制动次数	数值	2	可空	
67	四轴左轮重值	数值	6	可空	单位为千克(kg)
68	四轴右轮重值	数值	6	可空	单位为千克(kg)
69	四轴求和时左制动力值	数值	6	可空	单位为 daN
70	四轴求和时右制动力值	数值	6	可空	单位为 daN
71	四轴求差时左制动力值	数值	6	可空	单位为 daN
72	四轴求差时右制动力值	数值	6	可空	单位为 daN
73	四轴制动率	数值	4	可空	包括一位小数(百分比)
74	四轴不平衡率	数值	4	可空	包括一位小数(百分比)
75	四轴左阻滞力值	数值	6	可空	单位为 daN
76	四轴右阻滞力值	数值	6	可空	单位为 daN
77	四轴左阻滞比值	数值	4	可空	包括一位小数(百分比)
78	四轴右阻滞比值	数值	4	可空	包括一位小数(百分比)
79	四轴制动判定	字符	1	可空	0——未检,1——合格,2——不合格
80	检验四轴制动次数	数值	2	可空	
81	驻车左制动力值	数值	6	可空	单位为 daN
82	驻车右制动力值	数值	6	可空	单位为 daN
83	驻车制动率	数值	4	可空	包括一位小数(百分比)
84	驻车制动判定	字符	1	可空	0——未检,1——合格,2——不合格
85	检验驻车次数	数值	2	可空	
86	整车制动率	数值	4	可空	包括一位小数(百分比)
87	整车制动判定	字符	1	可空	0——未检,1——合格,2——不合格
88	制动判定	字符	1	可空	0——未检,1——合格,2——不合格
89	检验制动次数	数值	2	可空	
90	一轴左轮动态轮荷	数值	6	可空	单位为千克(kg)
91	一轴右轮动态轮荷	数值	6	可空	单位为千克(kg)
92	二轴左轮动态轮荷	数值	6	可空	单位为千克(kg)
93	二轴右轮动态轮荷	数值	6	可空	单位为千克(kg)
94	三轴左轮动态轮荷	数值	6	可空	单位为千克(kg)
95	三轴右轮动态轮荷	数值	6	可空	单位为千克(kg)

表 A.2(续)

序号	名　称	类型	长度	是否可空	说　明
96	四轴左轮动态轮荷	数值	6	可空	单位为千克(kg)
97	四轴右轮动态轮荷	数值	6	可空	单位为千克(kg)
98	最大功率时速度	数值	4	可空	单位为千米/小时(km/h),包括一位小数
99	定速时平均输出功率	数值	5	可空	单位为千瓦(kW),四位整数,一位小数
100	左灯高	数值	4	可空	单位为毫米(mm)
101	右灯高	数值	4	可空	单位为毫米(mm)
102	左外远光强度值	数值	5	可空	单位为坎德拉(cd)
103	左外远光水平偏差值	数值	3	可空	单位为 mm/10 m
104	左外远光垂直偏差值	数值	3	可空	单位为 mm/10 m
105	左近光水平偏差值	数值	3	可空	单位为 mm/10 m
106	左近光垂直偏差值	数值	3	可空	单位为 mm/10 m
107	左内远光强度值	数值	5	可空	单位为坎德拉(cd)
108	左内远光水平偏差值	数值	3	可空	单位为 mm/10 m
109	左内远光垂直偏差值	数值	3	可空	单位为 mm/10 m
110	左外灯判定	字符	1	可空	0——未检,1——合格,2——不合格
111	左内灯判定	字符	1	可空	0——未检,1——合格,2——不合格
112	检验左外灯次数	数值	2	可空	
113	检验左内灯次数	数值	2	可空	
114	右外远光强度值	数值	5	可空	单位为坎德拉(cd)
115	右外远光水平偏差值	数值	3	可空	单位为 mm/10 m
116	右外远光垂直偏差值	数值	3	可空	单位为 mm/10 m
117	右近光水平偏差值	数值	3	可空	单位为 mm/10 m
118	右近光垂直偏差值	数值	3	可空	单位为 mm/10 m
119	右内远光强度值	数值	5	可空	单位为坎德拉(cd)
120	右内远光水平偏差值	数值	3	可空	单位为 mm/10 m
121	右内远光垂直偏差值	数值	3	可空	包括二位小数
122	右外灯判定	字符	1	可空	0——未检,1——合格,2——不合格
123	右内灯判定	字符	1	可空	0——未检,1——合格,2——不合格
124	检验左外灯次数	数值	2	可空	
125	检验左内灯次数	数值	2	可空	
126	前照灯判定	字符	1	可空	0——未检,1——合格,2——不合格
127	高怠速 CO 值	数值	3	可空	包括一位小数(百分比)
128	高怠速 HC 值	数值	5	可空	
129	高怠速 λ 值	数值	3	可空	两位小数,一位整数

表 A.2（续）

序号	名　　称	类型	长度	是否可空	说　　明
130	低怠速 CO 值	数值	3	可空	包括一位小数(百分比)
131	低怠速 HC 值	数值	5	可空	
132	低怠速 λ 值	数值	3	可空	两位小数,一位整数
133	稳态工况法 CO 值	数值	3	可空	包括一位小数(百分比)
134	稳态工况法 HC 值	数值	5	可空	
135	稳态工况法 λ 值	数值	3	可空	两位小数,一位整数
136	尾气判定	字符	1	可空	0——未检,1——合格,2——不合格
137	检验尾气次数	数值	2	可空	
138	平均烟度值	数值	3	可空	包括一位小数
139	烟度值 1	数值	3	可空	包括一位小数
140	烟度值 2	数值	3	可空	包括一位小数
141	烟度值 3	数值	3	可空	包括一位小数
142	烟度判定	字符	1	可空	0——未检,1——合格,2——不合格
143	检验烟度次数	数值	2	可空	
144	平均光吸收系数	数值	3	可空	包括一位小数
145	光吸收系数值 1	数值	3	可空	包括一位小数
146	光吸收系数值 2	数值	3	可空	包括一位小数
147	光吸收系数值 3	数值	3	可空	包括一位小数
148	光吸收系数判定	字符	1	可空	0——未检,1——合格,2——不合格
149	检验光吸收系数次数	数值	2	可空	
150	车速表实测值	数值	4	可空	单位为千米/小时(km/h),包括一位小数
151	车速表判定	字符	1	可空	0——未检,1——合格,2——不合格
152	检验车速表次数	数值	2	可空	
153	侧滑量	数值	3	可空	单位为 m/km,对二、三轮车表示轮偏值,单位为毫米(mm)
154	侧滑判定	字符	1	可空	0——未检,1——合格,2——不合格
155	检验侧滑次数	数值	2	可空	
156	路试制动性能	字符	1	可空	0——未检,1——合格,2——不合格
157	路试员姓名	字符	100	可空	
158	外检不合格项——否决	字符	300	可空	外检(每项用三位标识)
159	外检不合格项——维护	字符	300	可空	外检(每项用三位标识)
160	外检员	字符	30	可空	
161	底盘动态检验不合格项——否决	字符	200	可空	外检(每项用三位标识)
162	底盘动态检验不合格项——维护	字符	200	可空	外检(每项用三位标识)

表 A.2(续)

序号	名　称	类型	长度	是否可空	说　明
163	动态检验员	字符	30	可空	
164	底盘检验不合格项——否决	字符	200	可空	底盘检验(每项用三位标识)
165	底盘检验不合格项——维护	字符	200	可空	底盘检验(每项用三位标识)
166	底盘检验员	字符	30	可空	
167	检验结论	字符	1 024	可空	
168	批准人	字符	30	可空	
169	总检验次数	数值	2	可空	
170	检验的整车整备质量	数值	8	可空	
171	标准的整车整备质量	数值	8	可空	
172	整车整备质量百分比	数值	5	可空	第170项减去第171项的绝对值除以第171项,包括两位小数
173	检验时间	日期	8	不可空	按"YYYYMMDD"格式填写
174	备注	字符	1 024	可空	

A.3　机动车制动力曲线表

机动车制动力曲线信息见表A.3。

表 A.3　机动车制动力曲线

序号	名　称	类型	长度	是否可空	说　明
1	检验流水号	字符	17	可空	6位行政区划+YYMMDD+5位顺序号
2	检测线代号	字符	11	不可空	9位安检机构许可证号+2位代号
3	机动车序号	字符	14	可空	
4	号牌号码	字符	15	可空	
5	号牌种类	字符	2	可空	
6	车辆识别代号	字符	25	不可空	填VIN号或车架号
7	检验次数	字符	2	不可空	
8	检验时间	日期	8	不可空	
9	被检轴数	数值	1	不可空	表示被检机动车的轴数
10	一轴制动力曲线	二进制数据流		可空	曲线数据存储格式:"[左制动力]#[右制动力]$[左制动力]#[右制动力]…",制动力单位为daN
11	二轴制动力曲线	二进制数据流		可空	同上
12	三轴制动力曲线	二进制数据流		可空	同上
13	四轴制动力曲线	二进制数据流		可空	同上

A.4 在检机动车照片表

在检机动车照片信息见表 A.4。

表 A.4 机动车照片表

序号	名　称	类型	长度	是否可空	说　明
1	检验流水号	字符	17	可空	6 位行政区划＋YYMMDD＋5 位顺序号
2	检测线代号	字符	11	不可空	9 位安检机构许可证号＋2 位代号
3	机动车序号	字符	14	可空	
4	号牌号码	字符	15	可空	在用车不可空
5	号牌种类	字符	2	可空	在用车不可空
6	车辆识别代号	字符	25	不可空	填 VIN 号或车架号
7	照片序号	数字	2	不可空	
8	照片	二进制数据流		不可空	图片分辨率至少 300DPI
9	拍摄时间	日期	8	不可空	
10	照片种类	字符	2	不可空	01——机动车行驶证，02——检验合格标志申请表，03——机动车交通事故责任强制保险凭证，04——机动车安全技术检验报告单，05——机动车查验单； 11——车前斜视 45 度照片，12——车后斜视 45 度照片，13——车辆识别代号照片，14——机动车侧面照片，15——车内最前方向后照片，16——灭火器照片，17——安全手锤照片，18——行驶记录仪照片； 21——灯光工位拍摄照片，22——制动工位拍摄照片； 99——其他

A.5 机动车安全技术检验路试结果表

机动车安全技术检验路试结果信息见表 A.5。

表 A.5 机动车安全技术检验路试结果表

序号	名　称	类型	长度	是否可空	说　明
1	检验流水号	字符	17	不可空	6 位行政区划＋YYMMDD＋5 位顺序号
2	检测线代号	字符	11	不可空	9 位安检机构许可证号＋2 位代号
3	机动车序号	字符	14	可空	

表 A.5（续）

序号	名　　称	类型	长度	是否可空	说　　明
4	号牌号码	字符	15	可空	在用车不可空
5	号牌种类	字符	2	可空	在用车不可空
6	车辆识别代号	字符	25	不可空	即 VIN 号或车架号
7	发动机号	字符	30	不可空	
8	记录状态	字符	1	不可空	
9	最近定检日期	日期	8	不可空	按“YYYYMMDD”格式填写
10	初次检验时间	日期	8	不可空	
11	检验时间	日期	8	可空	
12	检验项目	字符	40	可空	初次检验时确定的检验项目
13	不合格项	字符	40	可空	
14	登录员	字符	30	可空	
15	引车员	字符	30	可空	
16	外检员	字符	30	可空	
17	动态检验员	字符	30	可空	
18	检验次数	数值	2	可空	填整数
19	外检不合格项	字符	200	可空	外检项目(每项用两位标识)
20	行车空载制动距离	数值	4	可空	包括一位小数
21	行车满载制动距离	数值	4	可空	包括一位小数
22	行车空载 MFDD	数值	3	可空	包括一位小数
23	行车满载 MFDD	数值	3	可空	包括一位小数
24	路试驻车制动判定	字符	1	可空	0——未检，1——合格，2——不合格
25	应急制动距离	数值	4	可空	包括一位小数
26	应急 MFDD	数值	3	可空	包括一位小数
27	路试制动判定	字符	1	可空	0——未检，1——合格，2——不合格
28	路试结果	字符	1	可空	0——未检，1——合格，2——不合格

A.6　机动车安全技术检验机构信息表

机动车安全技术检验机构信息表见表 A.6。

表 A.6　机动车安全技术检验机构信息表

序号	名　　称	类型	长度	是否可空	说　　明
1	机动车安全技术检验机构编号	字符	10	不可空	由各省(直辖市、自治区)级管理机关对辖区内机动车安全技术检验机构进行编号 6 位序号头，4 位顺序号

表 A.6（续）

序号	名　　称	类型	长度	是否可空	说　　明
2	机动车安全技术检验机构名称	字符	128	不可空	
3	资格许可证书编号	字符	32	不可空	
4	资格许可有效期始	日期	8	不可空	按“YYYYMMDD”格式填写
5	资格许可有效期止	日期	8	不可空	按“YYYYMMDD”格式填写
6	设计日检验能力	数字	4	不可空	
7	实际日检验能力	数字	4	不可空	
8	检验人员总数	数字	3	不可空	
9	外检工位人数	数字	3	不可空	
10	录入工位人数	数字	3	不可空	
11	引车员人数	数字	3	不可空	
12	底盘工位人数	数字	3	不可空	
13	总检工位人数	数字	3	不可空	
14	其他工位人数	数字	3	不可空	
15	通过省级质检部门考核人数	数字	3	不可空	
16	未通过省级质检部门考核人数	数字	3	不可空	
17	备注	字符	128	可空	

A.7　机动车检测线信息表

机动车检测线信息表见表 A.7。

表 A.7　机动车检测线信息表

序号	名　　称	类型	长度	是否可空	说　　明
1	机动车安全技术检验机构编号	字符	10	不可空	由各省(直辖市、自治区)级管理机关对辖区内机动车安全技术检验机构进行编号 6 位序号头，4 位顺序号
2	检测线代号	字符	11	不可空	9 位安检机构许可证号＋2 位代号
3	机动车安全技术检验机构名称	字符	128	不可空	
4	检测线名称	字符	128	可空	
5	检测线类别	字符	1	不可空	1——汽车，2——摩托车
6	检测线控制方式	字符	1	不可空	1——全自动，2——单工位检验，9——其他
7	制动检验设备名称	字符	128	可空	
8	汽油车尾气测量范围	字符	32	可空	按照设备设计的测量气值填写，如：HC、CO 等

表 A.7（续）

序号	名　　称	类型	长度	是否可空	说　　明
9	汽油车尾气检验设备启用时间	日期	8	可空	
10	汽油车尾气检验设备检定有效期止	日期	8	可空	
11	汽油车尾气检验设备状态	字符	1	可空	1——正常，2——故障维修，3——报废
12	柴油车尾气检验设备名称	字符	128	可空	
13	柴油车尾气检验设备型号	字符	32	可空	
14	柴油车尾气检验设备生产厂家	字符	128	可空	
15	柴油车尾气检验最少时间	数字	4	可空	单位为秒(s)
16	柴油车烟度测量范围	字符	32	可空	按照设备设计的测量气值填写，如：烟度、光吸收系数等
17	柴油车烟度检验设备启用时间	日期	8	可空	按“YYYYMMDD”格式填写
18	柴油车烟度检验设备检定有效期止	日期	8	可空	按“YYYYMMDD”格式填写
19	柴油车烟度检验设备状态	字符	1	可空	1——正常，2——故障维修，3——报废
20	速度检验设备名称	字符	128	可空	
21	速度检验设备型号	字符	32	可空	
22	速度检验设备生产厂家	字符	128	可空	
23	速度检验最少时间	数字	4	可空	单位为秒(s)
24	速度检验设备启用时间	日期	8	可空	按“YYYYMMDD”格式填写
25	速度检验设备检定有效期止	日期	8	可空	按“YYYYMMDD”格式填写
26	速度检验设备状态	字符	1	可空	1——正常，2——故障维修，3——报废
27	侧滑检验设备名称	字符	128	可空	
28	侧滑检验设备型号	字符	32	可空	
29	侧滑检验设备生产厂家	字符	128	可空	
30	侧滑检验最少时间	数字	4	可空	单位为秒(s)
31	侧滑检验设备启用时间	日期	8	可空	按“YYYYMMDD”格式填写
32	侧滑检验设备检定有效期止	日期	8	可空	按“YYYYMMDD”格式填写
33	侧滑检验设备状态	字符	1	可空	1——正常，2——故障维修，3——报废
34	称重设备名称	字符	128	可空	
35	称重检验设备型号	字符	32	可空	
36	称重检验设备生产厂家	字符	128	可空	
37	称重检验最少时间	数字	4	可空	单位为秒(s)
38	制动检验设备型号	字符	32	可空	
39	制动检验设备生产厂家	字符	128	可空	
40	制动检验最少时间	数字	4	可空	单位为秒(s)
41	制动检验方式	字符	1	可空	1——平板，2——滚筒

表 A.7(续)

序号	名　　称	类型	长度	是否可空	说　　明
42	平板制式	字符	1	可空	1——二板式,2——四板式
43	单平板长度	数字	5	可空	单位为毫米(mm)
44	平板间距	数字	5	可空	单位为毫米(mm)
45	滚筒式制动台制式	字符	1	可空	1——齿槽式,2——粘砂式
46	滚筒式制动台制式	字符	1	可空	1——第三滚筒,2——时间停机
47	制动检验设备启用时间	日期	8	可空	按"YYYYMMDD"格式填写
48	制动检验设备检定有效期止	日期	8	可空	按"YYYYMMDD"格式填写
49	制动检验设备状态	字符	1	可空	1——正常,2——故障维修,3——报废
50	灯光检测设备名称	字符	128	可空	
51	灯光检测设备型号	字符	32	可空	
52	灯光检测设备生产厂家	字符	128	可空	
53	灯光检测最少时间	数字	4	可空	单位为秒(s)
54	灯光检测方式	字符	1	可空	1——双灯同检,2——单灯检测
55	灯光检验是否有车身偏移修正功能	字符	1	可空	1——有,2——无
56	灯光检测设备启用时间	日期	8	可空	按"YYYYMMDD"格式填写
57	灯光检测设备检定有效期止	日期	8	可空	按"YYYYMMDD"格式填写
58	灯光检测设备状态	字符	1	可空	1——正常,2——故障维修,3——报废
59	汽油车尾气检验设备名称	字符	128	可空	
60	汽油车尾气检验设备型号	字符	32	可空	
61	汽油车尾气检验设备生产厂家	字符	128	可空	
62	汽油车尾气检验最少时间	数字	4	可空	单位为秒(s)
63	汽油车尾气检验方式	字符	1	可空	1——怠速法,2——工况法
64	称重范围	数字	6	可空	填写设备设计最大承受车辆轴重范围,单位为千克(kg)
65	称重检验设备检定有效期止	日期	8	可空	按"YYYYMMDD"格式填写
66	称重检验设备启用时间	日期	8	可空	按"YYYYMMDD"格式填写
67	称重检验设备状态	字符	1	可空	1——正常,2——故障维修,3——报废
68	测功检验设备名称	字符	128	可空	
69	测功检验设备型号	字符	32	可空	
70	测功检验设备生产厂家	字符	128	可空	
71	测功检验最少时间	数字	4	可空	单位为秒(s)
72	测功检验设备启用时间	日期	8	可空	按"YYYYMMDD"格式填写
73	测功检验设备检定有效期止	日期	8	可空	按"YYYYMMDD"格式填写
74	测功检验设备状态	字符	1	可空	1——正常,2——故障维修,3——报废

表 A.7（续）

序号	名　　称	类型	长度	是否可空	说　　明
75	全线检验时间	数字	4	可空	单位为秒(s)
76	项目 1	字符	16	可空	
77	项目 2	字符	16	可空	
78	项目 3	字符	16	可空	
79	项目 4	字符	16	可空	
80	项目 5	字符	16	可空	
81	项目 6	字符	16	可空	
82	项目 7	字符	16	可空	
83	项目 8	字符	16	可空	
84	项目 9	字符	16	可空	
85	备注	字符	128	可空	

附　录　B
（规范性附录）
机动车安全技术检验业务信息系统上传数据接口

B.1　机动车单项检验结果上传接口

B.1.1　输出过程

机动车安全技术检验机构通过调用行政管理部门提供的 WebService 接口，将机动车单项检验结果信息（各单项检验是否合格）上传到行政管理部门。

B.1.2　接口数据格式

系统应将机动车安全检验各项目具体检验结果信息实时上传到行政管理部门。信息存储格式见表 B.1。

表 B.1　机动车安全技术检验记录表

序号	名　　称	类型	长度	是否可空	说　　明
1	检验流水号	字符	17	可空	6 位行政区划＋YYMMDD＋5 位顺序号
2	检测线代号	字符	11	不可空	9 位安检机构许可证号＋2 位代号
3	机动车序号	字符	14	可空	
4	号牌号码	字符	15	不可空	
5	号牌种类	字符	2	不可空	按 GA 24.7
6	车辆识别代号	字符	25	可空	即 VIN 号或车架号
7	检验日期	日期	8	不可空	按“YYYYMMDD”格式填写
8	检验有效期止	日期	8	不可空	按“YYYYMMDD”格式填写
9	承检单位	字符	64	不可空	
10	经办人	字符	30	不可空	
11	检验综合结果	字符	1	不可空	按 GA 24.2。以下为分项判定结果
12	外检判定	字符	1	可空	0——未检，1——合格，2——不合格，3——建议维护
13	底盘动态判定	字符	1	可空	0——未检，1——合格，2——不合格，3——建议维护
14	车速表判定	字符	1	可空	0——未检，1——合格，2——不合格，3——建议维护
15	汽油车尾气判定	字符	1	可空	0——未检，1——合格，2——不合格，3——建议维护
16	柴油车烟度判定	字符	1	可空	0——未检，1——合格，2——不合格，3——建议维护

表 B.1（续）

序号	名　称	类型	长度	是否可空	说　明
17	制动判定	字符	1	可空	0——未检，1——合格，2——不合格，3——建议维护
18	灯光发光强度判定	字符	1	可空	0——未检，1——合格，2——不合格，3——建议维护
19	灯光偏移判定	字符	1	可空	0——未检，1——合格，2——不合格，3——建议维护
20	功率判定	字符	1	可空	0——未检，1——合格，2——不合格，3——建议维护
21	侧滑判定	字符	1	可空	0——未检，1——合格，2——不合格，3——建议维护
22	底盘判定	字符	1	可空	0——未检，1——合格，2——不合格，3——建议维护
23	路试判定	字符	1	可空	0——未检，1——合格，2——不合格，3——建议维护
24	整车整备质量判定	字符	1	可空	0——未检，1——合格，2——不合格，3——建议维护

B.1.3　接口定义

Public String　writeObjectOut (String xtlb，String jkxlh，String jkid，String WriteXmlDoc)。

B.1.4　接口参数说明

xtlb：系统类别，“01”；

jkxlh：接口序列号，由行政管理部门信息系统授权生成下发；

jkid：接口标识，为"01C71"；

WriteXmlDoc：封装写入数据的 XML 格式文档。

WriteXmlDoc 的文档格式要求如下：

```
〈? xml version = "1.0" encoding = "GBK"?〉
〈root〉
〈vehInspection〉
    ……
    〈jclsh〉-〈/jclsh〉
    ……
    〈! -附表 B.1 的 1 到 24 项内容--〉
〈/vehInspection〉
〈/root〉
```

结果返回类 XML 文档定义：

```
〈? xml version = "1.0" encoding = "GBK"?〉
〈root〉
```

〈head〉
〈code〉1〈/code〉　　〈! --0:写入失败,1:写入成功--〉
〈message〉数据保存成功〈/message〉　　〈! --如果失败,表示失败描述--〉
〈/head〉
〈/root〉

B.2 机动车安全技术检验判定结果上传接口

B.2.1 输出过程

机动车安全技术检验机构通过调用行政管理部门提供的 WebService 接口,将机动车安全技术检验判定结果(该车检验是否合格)记录上传到行政管理部门。

B.2.2 接口数据格式

机动车安全技术检验结果见表 B.2。

表 B.2 机动车安全技术检验结果表

序号	名　称	类型	长度	是否可空	说　明
1	号牌号码	字符	15	不可空	
2	号牌种类	字符	2	不可空	按 GA 24.7
3	车辆识别代号	字符	25	可空	即 VIN 号或车架号
4	检验结果	字符	1	不可空	1——合格,2——不合格,3——建议维护
5	检验日期	日期	8	不可空	按“YYYYMMDD”格式填写
6	承检单位	字符	64	不可空	

B.2.3 接口定义

Public String writeObjectOut (String xtlb,String jkxlh,String jkid,String WriteXmlDoc)。

B.2.4 接口参数说明

xtlb:系统类别,“01”;
jkxlh:接口序列号,由行政管理部门信息系统授权生成下发;
jkid:接口标识,为“01C72”;
WriteXmlDoc:封装写入数据的 XML 格式文档。
WriteXmlDoc 的文档格式要求如下:

〈? xml version = "1.0" encoding = "GBK"?〉
〈root〉
〈vehInspection〉
……
〈hphm〉-〈/hphm〉

```
        ……
        〈! -附表 B.2 的 1 到 6 项内容--〉
    〈/vehInspection〉
    〈/root〉
```

结果返回类 XML 文档定义：

```
    〈? xml version = "1.0" encoding = "GBK"?〉
    〈root〉
    〈head〉
      〈code〉1〈/code〉                          〈! --0:写入失败,1:写入成功--〉
      〈message〉数据保存成功〈/message〉        〈! --如果失败,表示失败描述--〉
    〈/head〉
    〈/root〉
```

上传机动车安全技术检验判定信息时，根据根据“输入参数 clsbdh”或“输入参数 hpzl 和 hphm”可以唯一确定该机动车安全技术检验判定结果信息，实际调用该接口时，只需输入其中一个条件即可。

B.3 机动车安全技术检验机构信息上传接口

B.3.1 输出过程

机动车安全技术检验机构通过调用行政管理部门提供的 WebService 接口，把新增或更新后的机动车安全技术检验机构信息上传到行政管理部门。

B.3.2 接口定义

Public String writeObjectOut (String xtlb, String jkxlh, String jkid, String WriteXmlDoc)。

B.3.3 接口参数说明

xtlb：系统类别，“01”；

jkxlh：接口序列号，由行政管理部门信息系统授权生成下发；

jkid：接口标识，为“01C73”；

WriteXmlDoc：封装写入数据的 XML 格式文档。

WriteXmlDoc 的文档格式要求以下：

```
    〈? xml version = "1.0" encoding = "GBK"?〉
    〈root〉
    〈InspectionStation〉
        ……
        〈jczdh〉-〈/jczdh〉
        ……
        〈! -附表 A.6 的所有内容--〉
    〈/InspectionStation 〉
    〈/root〉
```

结果返回类 XML 文档定义：

```
〈? xml version = "1.0" encoding = "GBK"?〉
〈root〉
〈head〉
  〈code〉1〈/code〉                          〈! --0:写入失败,1:写入成功--〉
  〈message〉数据保存成功〈/message〉          〈! --如果失败,表示失败描述--〉
〈/head〉
〈/root〉
```

B.4 机动车检测线信息上传接口

B.4.1 输出过程

机动车安全技术检验机构通过调用行政管理部门提供的 WebService 接口，把新增或更新后的机动车安全检测线信息上传到行政管理部门。

B.4.2 接口定义

Public String writeObjectOut (String xtlb,String jkxlh,String jkid,String WriteXmlDoc)。

B.4.3 接口参数说明

xtlb:系统类别,“01”;
jkxlh:接口序列号,由行政管理部门信息系统授权生成下发;
jkid:接口标识,为“01C74”;
WriteXmlDoc:封装写入数据的 XML 格式文档。
WriteXmlDoc 的文档格式要求如下:

```
〈? xml version = "1.0" encoding = "GBK"?〉
〈root〉
〈InspectionLine〉
    ……
    〈jczdh〉-〈/jczdh〉
    ……
    〈! -附表 A.7 的所有内容--〉
〈/InspectionLine 〉
〈/root〉
```

结果返回类 XML 文档定义:

```
〈? xml version = "1.0" encoding = "GBK"?〉
〈root〉
〈head〉
  〈code〉1〈/code〉                          〈! --0:写入失败,1:写入成功--〉
  〈message〉数据保存成功〈/message〉          〈! --如果失败,表示失败描述--〉
〈/head〉
〈/root〉
```

B.5 机动车交通事故责任强制保险记录上传接口

B.5.1 输出过程

机动车安全技术检验机构通过调用行政管理部门提供的 WebService 接口，将可以采集到的机动车交通事故责任强制保险记录上传到行政管理部门。

B.5.2 接口数据格式

对于已经采集的机动车交通事故责任强制保险记录信息，机动车安全技术检验业务信息系统应将该信息上传到行政管理部门。信息存储格式见表 B.3。

表 B.3 机动车交通事故责任强制保险信息表

序号	名　称	类型	长度	是否可空	说　明
1	机动车序号	字符	14	可空	
2	号牌种类	字符	2	可空	按 GA 24.7。在用车不可空
3	号牌号码	字符	15	可空	
4	车辆识别代号	字符	25	不可空	即 VIN 号或车架号
5	保险凭证号	字符	20	可空	
6	保险金额	数字	10	可空	
7	保险公司	字符	64	可空	保险公司名称
8	生效日期	日期	8	不可空	按“YYYYMMDD”格式填写
9	终止日期	日期	8	不可空	按“YYYYMMDD”格式填写

B.5.3 接口定义

Public String writeObjectOut (String xtlb,String jkxlh,String jkid,String WriteXmlDoc)。

B.5.4 接口参数说明

xtlb:系统类别，“01”；
jkxlh:接口序列号，由行政管理部门信息系统授权生成下发；
jkid:接口标识，为“01C75”；
WriteXmlDoc:封装写入数据的 XML 格式文档。
WriteXmlDoc 的文档格式要求如下：

```
<? xml version = "1.0" encoding = "GBK"?>
<root>
<vehInspection>
    ……
    <bxpzbh>-</bxpzbh>
    ……
    <! -附表 B.3 的 1 到 9 项内容-->
</vehInspection>
```

```
〈/root〉
```

结果返回类 XML 文档定义：

```
〈? xml version = "1.0" encoding = "GBK"?〉
〈root〉
〈head〉
  〈code〉1〈/code〉                               〈! --0:写入失败,1:写入成功--〉
  〈message〉数据保存成功〈/message〉              〈! --如果失败,表示失败描述--〉
〈/head〉
〈/root〉
```

B.6 机动车安全技术检验结果上传接口

B.6.1 输出过程

机动车安全技术检验机构调用行政管理部门提供的 WebService 接口，实时上传机动车的整个检验详细结果记录。

B.6.2 接口定义

Public String writeObjectOut(String xtlb,String jkxlh,String jkid,String WriteXmlDoc)。

B.6.3 接口参数说明

xtlb:系统类别,“01”;

jkxlh:接口序列号,由行政管理部门信息系统授权生成下发;

jkid:接口标识,为“01C81”;

WriteXmlDoc:封装写入数据的 XML 格式文档。

WriteXmlDoc 的文档格式要求如下：

```
〈? xml version = "1.0" encoding = "GBK"?〉
〈root〉
〈vehInspection〉
    ……
    〈jclsh〉-〈/jclsh〉
    ……
    〈! -附表 A.2 的 1 到 174 项内容--〉
〈/vehInspection〉
〈/root〉
```

结果返回类 XML 文档定义：

```
〈? xml version = "1.0" encoding = "GBK"?〉
〈root〉
〈head〉
  〈code〉1〈/code〉                               〈! --0:写入失败,1:写入成功--〉
  〈message〉数据保存成功〈/message〉              〈! --如果失败,表示失败描述--〉
〈/head〉
```

〈/root〉

B.7 机动车安全技术检验制动力曲线上传接口

B.7.1 输出过程

机动车安全技术检验机构调用行政管理部门提供的 WebService 接口，实时上传机动车的制动力曲线记录。

B.7.2 接口定义

Public String writeObjectOut(String xtlb,String jkxlh,String jkid,String WriteXmlDoc)。

B.7.3 接口参数说明

xtlb:系统类别，“01”；
jkxlh:接口序列号，由行政管理部门信息系统授权生成下发；
jkid:接口标识，为“01C82”；
WriteXmlDoc:封装写入数据的 XML 格式文档。
WriteXmlDoc 的文档格式要求如下：

〈? xml version = "1.0" encoding = "GBK"?〉
〈root〉
〈vehBrake〉
……
〈jclsh〉-〈/jclsh〉
……
〈! -附表 A.3 的 1 到 13 项内容，其中 1 到 4 轴的制动力曲线是对二进制数据流经 Base64 编码后的字符串--〉
〈/vehBrake〉
〈/root〉

结果返回类 XML 文档定义：

〈? xml version = "1.0" encoding = "GBK"?〉
〈root〉
〈head〉
〈code〉1〈/code〉 〈! --0:写入失败，1:写入成功--〉
〈message〉数据保存成功〈/message〉 〈! --如果失败，表示失败描述--〉
〈/head〉
〈/root〉

B.8 机动车安全技术检验图片上传接口

B.8.1 输出过程

机动车安全技术检验机构通过调用行政管理部门提供的 WebService，上传保存的机动车资料和机动车安全技术检验的图片信息。

B.8.2 接口定义

Public String writeObjectOut (String xtlb,String jkxlh,String jkid,String WriteXmlDoc)。

B.8.3 接口参数说明

xtlb:系统类别,"01";

jkxlh:接口序列号,由行政管理部门信息系统授权生成下发;

jkid:接口标识,为"01C83";

WriteXmlDoc:封装写入数据的 XML 格式文档。

WriteXmlDoc 的文档格式要求如下:

```
<? xml version = "1.0" encoding = "GBK"?>
<root>
<vehPhoto>
    ……
    <jclsh>-</jclsh>
    ……
    <! -附表 A.4 的 1 到 9 项内容,其中照片是对二进制数据流经 Base64 编码后的字符串-->
</vehPhoto>
</root>
```

结果返回类 XML 文档定义:

```
<? xml version = "1.0" encoding = "GBK"?>
<root>
<head>
  <code>1</code>                          <! --0:写入失败,1:写入成功-->
  <message>数据保存成功</message>          <! --如果失败,表示失败描述-->
</head>
</root>
```

附 录 C
（资料性附录）
机动车安全技术检验业务信息系统统计报表

C.1 车辆类型分类合格率汇总表

机动车车辆类型分类合格率统计表样式见表C.1。

表C.1 车辆类型分类合格率汇总表

机动车安全技术检验机构名称：　　　　　　　　统计范围：　年　月　日—　年　月　日

序号	车辆类型	总检					一次合格		复检合格	
		车辆数	合格数	合格率	不合格数	不合格率	车辆数	合格率	车辆数	合格率
合计										

C.2 检验类别分类合格率汇总表

机动车安全技术检验类别分类合格率统计表样式见表C.2。

表C.2 检验类别分类合格率汇总表

机动车安全技术检验机构名称：　　　　　　　　统计范围：　年　月　日—　年　月　日

序号	检验类别	总检					一次合格		复检合格	
		车辆数	合格数	合格率	不合格数	不合格率	车辆数	合格率	车辆数	合格率
合计										

C.3 区县分类合格率汇总表

机动车区县分类合格率统计表样式见表C.3。

表C.3 区县分类合格率汇总表

机动车安全技术检验机构名称：　　　　　　　　统计范围：　年　月　日—　年　月　日

序号	区县名称	总检					一次合格		复检合格	
		车辆数	合格数	合格率	不合格数	不合格率	车辆数	合格率	车辆数	合格率
合计										

C.4 检验项目分类合格率汇总表

机动车安全技术检验项目分类合格率统计表样式见表 C.4。

表 C.4 检验项目分类合格率汇总表

机动车安全技术检验机构名称： 统计范围： 年 月 日— 年 月 日

序号	检验项目	总检					一次合格		复检合格	
		车辆数	合格数	合格率	不合格数	不合格率	车辆数	合格率	车辆数	合格率
合计										

C.5 客车和危货车辆检验情况月报表

客车和危货车辆检验情况统计月报表式样见表 C.5。

表 C.5 客车和危货车辆检验情况月报表

机动车安全技术检验机构名称： 统计范围： 年 月 日— 年 月 日

车辆类别	检验车辆数量(辆)	复检一次合格数	复检率最高外检项目	复检率(%)
客车(座椅)				
客车(卧铺)				
危货(易燃易爆)				
危货(非易燃易爆)				
校车				
合计				

C.6 各检测线车辆数分布统计表

检测线车辆数分布统计报表式样见表 C.6。

表 C.6 检测线车辆数分布统计表

机动车安全技术检验机构名称： 统计范围： 年 月 日— 年 月 日

线号	初检(辆)	合格(辆)	合格率	一次复检(辆)	合格率	二次复检(辆)	合格率	三次以上复检(辆)	合格率

附　录　D
（规范性附录）
机动车安全技术检验业务信息系统关联数据接口

D.1　机动车注册信息关联接口

D.1.1　输入过程

机动车安全技术检验机构通过调用行政管理部门提供的 WebService 接口，从行政管理部门获取机动车注册信息。

D.1.2　接口数据格式

行政管理部门提供的机动车注册信息见表 D.1。

表 D.1　机动车注册信息表

序号	名　　称	类型	长度	是否可空	说　　明
1	机动车序号	字符	14	不可空	按 GA 24.7
2	号牌种类	字符	2	不可空	
3	号牌号码	字符	15	不可空	
4	车辆识别代号	字符	25	不可空	即 VIN 号或车架号
5	发动机/电动机码	字符	30	可空	按 GA 24.8
6	车身颜色	字符	5	不可空	
7	使用性质	字符	1	不可空	按 GA 24.3
8	初次登记日期	日期	8	可空	按“YYYYMMDD”格式填写
9	车辆型号	字符	32	不可空	按 GA 24.9
10	燃料种类	字符	3	可空	
11	功率	数值	5	可空	单位为千瓦(kW)
12	轴数	数值	1	不可空	
13	轴距	数值	5	不可空	单位为毫米(mm)
14	前轮距	数值	4	可空	单位为毫米(mm)
15	后轮距	数值	4	可空	单位为毫米(mm)
16	总质量	数值	8	可空	单位为千克(kg)
17	整备质量	数值	8	可空	单位为千克(kg)
18	出厂日期	日期	8	可空	按“YYYYMMDD”格式填写
19	强制报废期止	日期	8	可空	按“YYYYMMDD”格式填写

D.1.3　接口定义

Public String　queryObjectOut(String xtlb，String jkxlh，String jkid，String QueryXmlDoc)。

D.1.4 接口参数说明

xtlb:系统类别,“01”;

jkxlh:接口序列号,由行政管理部门信息系统授权生成下发;

jkid:接口标识。为“01C01”;

QueryXmlDoc:封装查询条件的 XML 格式文档。

QueryXmlDoc 的文档格式要求如下:

```
〈? xml version = "1.0" encoding = "GBK"?〉
〈root〉
〈QueryConditon〉
    〈hpzl〉-〈/hpzl〉〈! —号牌种类--〉
    〈hphm〉-〈/hphm〉〈! —号牌号码,包含汉字,发证机关身份头,如“京”、“津”等--〉
    〈clsbdh〉-〈/clsbdh 〉〈! —车辆识别代号--〉
    〈fdjh〉-〈/fdjh〉〈! —发动机号--〉
〈/QueryConditon〉
〈/root〉
```

查询返回结果 ResultXML 文档格式如下:

```
〈? xml version = "1.0" encoding = "GBK"?〉
〈root〉
〈head〉
〈code〉1〈/code〉〈! --0:未查询到结果,1:已查询到结果--〉
〈message〉数据下载成功〈/message〉〈! --如果失败,表示失败描述--〉
〈rownum〉1〈/rownum〉
〈/head〉
〈body〉
〈veh id = "0"〉
        〈xh〉51010000000002〈/xh〉
        ......
        〈! --如果查询成功,则输出附表 D.1 的 1 到 19 项内容--〉
〈/veh〉
〈/body〉
〈/root〉
```

D.2 机动车交通违法信息查询接口

D.2.1 输入过程

机动车安全技术检验机构通过调用行政管理部门提供的 WebService 接口,从行政管理部门查询机动车有无尚未处理完毕道路交通安全违法行为。

D.2.2 接口定义

Public String queryObjectOut(String xtlb,String jkxlh,String jkid,String QueryXmlDoc)。

D.2.3 接口参数说明

xtlb:系统类别,“04”;
jkxlh:接口序列号,由行政管理部门信息系统授权生成下发;
jkid:接口标识,为“04C01”;
QueryXmlDoc:封装查询条件的XML格式文档。
QueryXmlDoc的文档格式要求如下:

```
<? xml version = "1.0" encoding = "GBK"?>
<root>
<QueryConditon>
    <hpzl>-</hpzl><! —号牌种类-->
    <hphm>-</hphm><! —号牌号码,包含汉字,发证机关身份头,如“京”、“津”等-->
</QueryConditon>
</root>
```

查询结果ResultXML文档格式

```
<? xml version = "1.0" encoding = "GBK"?>
<root>
<head>
<code>1</code><! --0:未查询到结果,1:已查询到结果-->
<message>数据查询成功</message><! --如果失败,表示失败描述-->
<rownum>1</rownum>
</head>
<body>
<vio id = "0">
    <wfbj>0</wfbj><! --1-有未处理完毕道路交通安全违法行为,0-没有-->
</vio>
</body>
</root>
```

D.3 缺陷机动车信息查询接口

D.3.1 输入过程

机动车安全技术检验机构通过调用行政管理部门提供的WebService接口,从行政管理部门查询机动车是否属于缺陷召回机动车。

D.3.2 接口定义

Public String queryObjectOut(String xtlb,String jkxlh,String jkid,String QueryXmlDoc)。

D.3.3 接口参数说明

xtlb:系统类别,“01”;
jkxlh:接口序列号,由行政管理部门信息系统授权生成下发;
jkid:接口标识,为“01C84”;

QueryXmlDoc:封装查询条件的 XML 格式文档。

QueryXmlDoc 的文档格式要求如下:

```
〈? xml version = "1.0" encoding = "GBK"?〉
〈root〉
〈QueryConditon〉
    〈zzcmc〉-〈/zzcmc〉〈! —制造厂名称—〉
    〈clpp〉-〈/clpp〉〈! —车辆中文品牌—〉
    〈clxh〉-〈/clxh〉〈! —车辆型号—〉
    〈clzzrq〉-〈/clzzrq〉〈! —车辆制造日期—〉
〈/QueryConditon〉
〈/root〉
```

查询结果 ResultXML 文档格式:

```
〈? xml version = "1.0" encoding = "GBK"?〉
〈root〉
〈head〉
〈code〉1〈/code〉〈! —0:未查询到结果,1:已查询到结果—〉
〈message〉数据查询成功〈/message〉〈! —如果失败,表示失败描述—〉
〈rownum〉1〈/rownum〉
〈/head〉
〈body〉
〈veh id = "0"〉
    〈zhcl〉1〈/zhcl〉〈! —0:不属于召回车辆,1:属于召回车辆—〉
〈zhyy〉〈/zhyy〉〈! —如果属于召回车辆,表示召回原因—〉
〈/veh〉
〈/body〉
〈/root〉
```

附　录　E
（规范性附录）
机动车外观远程查验拍照要求

E.1　各车型外观远程查验拍照要求

表 E.1　机动车外观远程查验拍照要求

序号	车辆类型	拍摄照片	要　求
1	所有车辆	车左前斜视 45°拍照	能清晰显示车辆的前外观、车辆号牌和轮胎；对三轮汽车以外的车辆同时拍摄三角警告牌；对货车和挂车应能清晰辨别车身反光标识；除半挂牵引车外的总质量大于 3 500 kg 的载货汽车和挂车，能清晰辨别侧面防护装置；对危险化学品运输车、专用校车、燃气汽车能清晰辨别外部标识、文字；对警车、消防车、救护车和工程救险车，能清晰辨别车辆外观制式、标志灯具和车用电子警报器
		车右后斜视 45°拍照	能清晰显示车辆的后外观、车辆号牌、轮胎；对货车和挂车应能清晰辨别车身反光标识；除半挂牵引车外的总质量大于 3 500 kg 的载货汽车和挂车，能清晰辨别侧面及后下部防护装置；对危险化学品运输车、专用校车、燃气汽车能清晰辨别外部标识、文字；对警车、消防车、救护车和工程救险车，能清晰辨别车辆外观制式、标志灯具和车用电子警报器
		车辆识别代号拍照	能清晰显示车辆识别代号，对于无法清晰拍摄的机动车，允许拍摄车辆识别代号的拓印膜
2	微、小型载客汽车	侧面拍照	能清晰显示侧窗完整性和车内安全带
3	中型载客汽车	车内最前方向后拍照	能清晰显示车内座位数；对于公路客运载客汽车和旅游客运载客汽车能辨别汽车安全带
		灭火器拍照	能清晰显示灭火器的安装情况及器身表明的有效期限
4	大型载客汽车	车内最前方向后拍照	能清晰显示车厢内座位数和汽车安全带；车长大于 6 000 mm 的，应能清晰显示车辆的安全出口；车长大于 7 000 mm 的，应清晰显示车顶安全出口
		灭火器拍照	能清晰显示灭火器的安装情况及器身表明的有效期限
		安全手锤拍照	能清晰显示安全手锤及安装情况
		行驶记录仪拍照	对 2005 年 2 月 1 日起注册登记且车长大于 9 000 mm 的公路客运载客汽车和旅游客运载客汽车进行拍照，能清晰显示行驶记录装置及安装情况
5	载货汽车（包括半挂牵引车）	侧面拍照	对最大设计车速大于 100 km/h 的车辆进行拍照，能清晰辨别车内安全带
6	危险化学品运输车	灭火器拍照	能清晰显示灭火器的安装情况及器身表明的有效期限
		行驶记录仪拍照	对 2006 年 11 月 1 日起出厂的道路运输爆炸品和剧毒化学品车辆进行拍照，能清晰显示行驶仪装置及安装情况

参 考 文 献

[1] GB/T 2260 中华人民共和国行政区划代码
[2] GB 9245 信息技术设备的无线电骚扰限值和测量方法
[3] GB 9361 计算站场地安全要求
[4] GA 648 交通技术监控信息数据规范